KB264524

풀어쓰는 정치학

풀어쓰는 정치학

배 찬 복

한국학술정보[주]

글을 씀에 있어서

　소련이 붕괴되고 군부통치가 종식되면서 한국의 온 세상은 민주화시대가 열리는 것으로 믿었다. 민주화의 장애물은 바로 공산주의와 군부통치 때문으로 인식되어 있었기 때문이다. 공산주의는 주로 군사정부에서 민주화의 유보와 정권유지를 위해, 군부통치는 주로 야당이나 재야에서 脫군부와 정권획득을 위한 수단으로 제시된 정략적 가치가 곁들여져 있었던 것을 훨씬 그 이후에야 알게 된다.

　민주주의로 가는 길(the Korean way to democracy)은 열정과 환멸, 희망과 실망을 넘나드는 어려움이 있다 해도 정치의 주도세력이 군부엘리트냐 민간엘리트(the government by the military elite or the civilian elite)냐에 의해 좌우되는 것은 아니고 민주시민·참여정치문화 등에 의해 결정된다는 것도 숱한 세월의 시행착오 이후에나 알게 된다.

　한국에는 왜 민주사회가 오지 않는가? 아직도 권위주의 유령이 도처에 숨어 있는 한국사회에서 과연 수입된 민주주의는 성공할 수 없는 것인가? 권위주의적 행태로 민주주의를 외치는 한국에서 민주주의란 과연 무엇이며, 언젠가 우리들의 것으로 희망을 가져도 되는 건지, 그렇다면 민주화의 구체적인 장애가 무엇이며 무엇부터 해야 하는가? ‘말 따로 행동 따로’, ‘아는 것과 행하는 것’은 당연히 별개의 문제처럼 받아들인 우리의 역사적 유산은 어떻게 할 것인가? 특히 기업을 비롯한 기타 부분들은 그래도 업종전문화란 말을 익히 쓰는데, 정치 분야만은 아직도

無主物先占이라도 되듯 '쥐는 자가 임자'인 식이다. 이렇게 정치는 누구나 할 수 있는 것으로 알려져 무모하게 정치에 뛰어든 사람들은 물론 그렇지 않는 사람들도 마치 전문가처럼 행세하고 정치에 대한 이야기를 흥미진진하게 엮어대면서 '정치는 현실이야'란 한 마디로 자신의 무지와 잘못된 모든 것을 정당화시키려 얼버무리는 것을 도처에서 보게 된다.

정치는 업종전문화 영역으로서 누구나 할 수 있는 것이 아니라 누구든 하려면 전문 식견을 갖추어야 한다. 정치는 국민의 살림살이를 챙기는 국가경영의 다른 말이다. 개인의 권력에 대한 탐욕으로 잘못 시작된 국가경영이 딱 한번 왔다 가는 수많은 사람들의 인생을 그릇되게 한다면 무엇으로도 보상할 수 없는 중요한 문제이다.

정치학교수 20년이 된 무렵에야 이런저런 의문에서 헤매다 의문투성이에 초점을 맞춰 글을 쓰기 시작했다. 그래서 본서는 정치학 일반에 대한 복잡한 이론과 실제를 쉽게 풀어 써 국민들의 의식과 행태의 변화 및 일치를 유도해 내려고 하였다. 그래서 장과 장 사이의 도입부분에서 더러는 중복을 피할 수가 없었다. 글을 씀에 있어서 정치학의 주 연구대상인 구성원으로서의 국민대중을 늘 염두에 두었고, 개인의 특성을 별로 고려하지 않고 누구나 돈만 좀 벌면 정치하겠다고 나서는 문외한의 정치지망생들을 위해 국내외 정치 전반을 쟁점별로 파악케 하려 애를 썼다. 이러한 분위기 속에서 다음과 같은 점에 특히 역점을 두었다.

첫째, 민주시민, 참여적 정치문화, 정치권력은 언제나 억제의 대상, 권위주의 유전인자, 현대판 제왕정치의 악순환, 제도정치와 생활정치, 정당과 파당, 부패의 구조적 상존성, 한국정치의 당면과제와 극복방안 등에 관심을 기울였다.

둘째, 정부형태로서 미국의 대통령제는 성공하는데 한국의 대통령제는 왜 실패하는가? 영국의 의원내각제 자양분은 무엇이며 그러한 자양분이 결여된 한국의 의원내각제가 순기능보다 역기능이 나타나 자유방임주의나 무질서사회를 초래할 가능성이 있다면 대안이 있는 것인가? 한국인의 의식구조나 정치문화를 고려해 권력억제와 反부패의 길로서 이원집정부제 형태를 하나의 정책대안으로서 제시해 보았다.

셋째, 변해야 산다는 세계화시대에 무엇이 무엇으로 바뀌어야 하며, 세계화의 최대 함정은 무엇인가? 봐주기 없는 전 지구적 무한경쟁·완전경쟁의 신자유주의 시대에 살아남기 위해 개인과 국가의 생존전략은 어떻게 수립할 것인가에 대한 문제의식과 정책대안을 제시하려 했다.

넷째, 수없이 생성·소멸하는 정치현상들 앞에 '웃기만 할 수도, 울기만 할 수도 없는' 처지의 '뜨거운 감자'에 해당하는 주제들을 이 책에서 제시하는 분석틀에 의해 CBS해설위원으로서 방송을 하였다. 그 주제만이라도 모아 부록으로 담는 것이 이론과 현실을 접목시키는 데 도움이 될 것 같아 그렇게 하기로 했다.

한국정치의 선진화는 국가경영 시스템 자체를 개선하려는 노력이 전제될 때 가능하다는 말을 남기면서 이 글을 마친다.

탈고를 하고 보니 과거 어느 작품 때보다 힘들었던 지난 2년여의 세월이 참으로 혹독했다는 생각이 든다. 출발할 때의 엄청난 각오와는 달리 넘기기 힘든 고비도 많았다. 하던 일들을 줄이지 않았기에 언제나 시간에 쫓겨 밤을 지샐 때가 많아 몸져누울 때는 몇 번이나 絶筆하려 했던 것도 고비였지만 1983년 첫 책을 낸 이후 20년이 되도록 조금도 변하지 않은 권위주의적 국가경영과 이를 본받은 삶의 터전인 각 직장 단위조직의 비민주적 운영에 부딪쳐 성실한 대부분의 사람들이 엉거주춤하게 살아간다는 것이 더 서글픈 일이었다. 정치학의 주 테마는 언제나 누구에게나 '민주주의'이지만 굳이 식민지시절이 아니라도 아직 상벌이 바뀌고 아첨하는 사람이 앞을 가리는 우리 사회는 여전했기에 연구할수록 시간낭비라는 생각마저 든 것이 솔직한 심정이다.

계절감각을 잊은 채 흘러버린 세월이 아쉬워 꽃이 있어 좋은 봄날, 장대비 쏟아지는 시골길, 풀벌레 울어대는 이슥한 밤, 눈 내리는 山寺를 다시 찾을까 한다.

곱게 단장해준 한국학술정보의 박신연 씨와 편집부, 교정에 애를 써준 정난진 대리와 김경미 선생, 첫 책을 쓸 때 재롱을 부리던 한 살배기가 벌써 대학생이 되어 도표 처리와 일부 교정까지 해준 성희한테도 고마움을 표한다.

2002년 8월

蟄居의 생활을 마치며

著 者

수정증보판에 부쳐

초판 탈고를 얼마 앞둔 지난여름 무던히도 길고 더웠다. 언제나 그랬듯이 마무리하는 순간의 고비는 인내력을 뛰어넘는 고통스러운 것들이었다. 탈고의 홀가분함이 가시기도 전에 생을 걸었던 기대가 엄청난 시련과 절망으로 끝나야만 하는 2002년 끝자락에서 다시 돌아올 것 같은 12월을 절규하며 지내던 어느 날 우연히 발견한 '12월 32일'이란 음악은 지금도 내게는 유효하다. 아직도 그로부터 헤어나지 못한 즈음에 재판을 내게 되어 마침 정권도 바뀌고 국가경영스타일도 달라져 이를 담아내려고 하였다.

대중들은 방향감각을 상실한 채 정권 때마다 그랬듯이 도처에서 인간에 대한 인간의 비인간성을 목격하며 예측불가의 불확실시대를 또 살아야만 한다. 집권당에서 정권창출은 했다고 하나 시스템에 의하지 않는 후진국형정치가 계속되는 한 모든 것은 권력자의 의중에 맞게 바뀌어 나간다. 권력에 줄을 된 인간들의 배신과 아첨의 속도에 비례해 정체성위기가 오고 가치혼란은 가중된다.

그러한 소용돌이 속에서도 바뀌지 않는 것이 있다면 초판에서 이미 규명한 권위주의 정치의 악순환이다. 우리의 가슴(정치문화)에 癌적 존재인 '권위주의 유전인자'를 떼어내지 못하는 한 세월이 가고 정권은 바뀌어도 포장을 벗기면 모양만 달리한 권위주의 정치의 악순환은 거듭하게 된다. 21세기 지식정보시대라고 하지만 우리는 아직도 가진 자가 연출하는 포퓰리즘에 마춰되어 상과 벌이 뒤바뀐 세상을 울며 부대기며 살아가는 것이다. 권력

의 편에 선 사람들은 속박으로부터 탈출하여 자유를 얻었다고
말은 하지만 소외·불안·무력감으로 가득한 대중들에게 자유는
사치이고 인간의 개인적 자아실현은 먼 산의 장미 빛이다.

시간에 쫓긴 나머지라고 하지만 초판을 다시 읽을 땐 부끄러
움이 앞섰다. 빠뜨린 것도 많았고 오자 탈자도 많았다. 그동안
바뀐 것도 새로운 것도 많아 기왕에 수정증보판을 내기로 했다.
아울러 필자가 정치담당 해설위원으로서 방송한 것을 목차만이
라도 초판 이후 부분을 첨가하기로 한다. 책과 방송은 이론과 실
제라는 연계성을 지니기 때문이다.

수정증보판이라고 하나 淺學菲才한 필자로서는 역시 고통스런
일이었다. 창가에 비라도 뿌리는 날이면 비감에 젖어 정치가 만
들어낸 더 깊은 상처와 왜곡을 찾아 내 공감 속에 글을 메울 수
있어 좋았다. 원인 분석에 그치지 않고 대안을 찾으려 할 때는
애를 태우기도 했지만 머리글을 쓰는 지금은 보람된 느낌이다.
새로운 장을 설정하려 했으나 역시 시간에 쫓겨 아쉽지만 다음
기회로 미루기로 한다.

2003년 6월

서울 桃花洞 寓居에서

著 者

3정증보판을 내며

지난 1년 내내 요동을 치던 정치권은 흑색선전·덮어씌우기가 난무했던 대선기간의 소용돌이 못지않게 편 가르기를 해 我田引水격으로 서로 자기편을 향해 잡아당기고 있다. 탄핵정국이 그러했었고 신행정수도 이전의 위헌결정이 그러했었다. 개혁선거법에 의한 17대 총선도 권력 앞에는 막무가내다. 포퓰리즘·지역주의·미란다가 판을 친 17대 총선은 여대야소로 바뀐 것 외 정치행태는 그 이전과 다름없이 극한 대립과 갈등의 연속이다. 난공불낙의 권위주의 정치는 계속되고 정치 불신은 하늘을 찌르며 소외를 넘어 자살자가 급증하고 있다. '알젠틴병'이 염려된다.

국민과 함께하는 생활정치만이 존재성을 지닌다. 인간의 삶의 터전인 단위조직의 민주적 경영이야 말로 삶의 질을 높이는 생활민주주의로 가는 길목이 된다. 마치 전통문화처럼 각인된 손쉬운 권위주의정치를 민주주의정치로 전환키 위해 그동안 오만가지 방법으로 제도변화를 시도했지만 생활 속에 나타나는 것은 민주주의가 아닌 독재보다 더 무서운 권위주의적 독선뿐이다. 이념논쟁과 민주화논쟁은 별개의 것임에도 등식화 시켜 가장비민주자가 가장민주자처럼 위장되어 개혁과 민주화를 독식하려는 愚를 범하는데서 혼돈의 시대는 거듭되고 있다.

'아는 것'(cognition)과 '행동하는 것'(behavior)이 다른 사회에서 생활정치는 불가능한 것 같아 대안으로서 코프라티즘을 제시하였다. 권위주의를 민주주의로 전환하는 중간단계에 민주주의 숙련단계로서 코프라티즘체제가 유효할 것이라 판단되어 새로운 장을 신설한 것이다.

'권력의 약화' '민권신장'이란 두개의 키워드를 중심축으로 영국의 시민혁명(청교도혁명·명예혁명), 프랑스의 대혁명, 미국의 독립혁명 등이 일어났으며 현대민주주의의 꽃을 피운 밀알이 되었다. 말과 제도로만 존재하는 한국의 민주주의 이제는 생활 속으로 옮겨야 할 시점이다. 제왕적 권력이라는 고질병을 치유하기 위해 거론되는 이원집정부제나 분권형대통령제가 단순히 권력구조의 이원화나 권력분산을 의미하는 것이 아니라 대통령에 대한 총리의 견제기능이 핵심요체이다. 한국의 현행헌법 테두리에서 책임총리제는 시행 가능하다 해도 견제기능을 할 수 없는 구조이기에 무의미하다.

'테러와의 전쟁'과 '강력한 미국'을 앞세워 재선에 성공한 부시2기 집권은 세계질서재편과 남북관계의 변화를 예고하는 의미가 있어 어느 때 보다 국민통합과 한반도평화문제 재정립해야 할 시점이다. 국내외 정치권의 요동을 체계화하려고 책 전반을 손질하는 동안 계절은 또 바뀌고 안타까운 일도 많았다.

풀벌레소리 요란하던 여름날에 시작된 3정증보판이 은행잎 쏟아지던 즈음 겨우 끝점에 도달했다. 이념을 초월해 부패하지 않았기에 퇴임 후 더욱 존경받는 이광요·모택동·등소평·호치민 등을 연구하려는 야심에 처음으로 얻은 안식년을 3정증보판에 쏟아 붓는 것 같아 초조함과 아쉬움이 떠나지 않던 그런 날 들이었다. 역시 淺學菲才가 책을 쓴다는 것은 길고 지루한 자신과의 싸움 외에 길은 없었다. 때론 전쟁을 방불케 하는 긴박감과 처절함이 있어 지금으로서는 또다시 책을 쓰겠다고 되풀이 하는 일은 없을 것 같다.

2004년 11월
서울 桃花洞 寓居에서
著　者

제6장　정당은 살고 싶은 모습을 담는 그릇

제7장　정치문화는 모든 제도의 인프라

제1장 정치란 무엇인가

Ⅰ. 정치가 없던 먼 옛날 인간의 생활

아주 먼 옛날 인간은 어떠한 모습으로 살았을까? 아마도 원시 공동생활이라는 집단생활을 하기 이전의 사람들은 이웃에 누가 무엇을 하는지에 관심을 갖지 않아도 일생을 살아가는 데 큰 지장이 없었을 것이다. 정처 없이 길을 걷다 배고프면 자연 속에 풍부하게 널려 있는 열매를 따먹거나 물고기를 잡아먹었을 것이고, 졸리면 아무 데서나 적절한 방법으로 잠을 취했을 것이다.

이러한 생활을 하는 데는 굳이 집단생활이나 조직생활을 할 필요도 없었을 것이고, 인간의 생활에 있어서 오늘날과 같이 복잡하게 얽힌 이해관계를 해결하기 위해 이웃과의 조정관계에 필요한 각종 규범이나 도덕도 존재할 필요가 없었을 것이다. 이때까지만 해도 지구의 크기는 지금과 마찬가지인데 인구는 매우 적었을 것이기에 지구 위에 존재하는 다양한 가치의 공급은 인간이 필요로 하는 가치의 수요보다 많았을 것이기 때문이다. 자연 상태에서 먹을거리가 먹고자 하는 만큼보다 더 많은 관계, 즉 '공급＞수요'의 관계에 있었을 것이다.

적어도 인간의 생활에 필요한 모든 가치의 수요가 공급을 능가하지 않는다는 것은 인간 사이에 소유를 놓고 서로 먹고 가지려는 다툼을 할 필요가 없다는 것이다. 이것은 인간 사이에 가치 쟁탈을 적절히 조정하고 가치배분을 공정하게 해야 할 정치가 필요하지 않다는 것을 의미한다. 이러한 관점에서 정치란 '가치의 권위적 배분(the authoritative allocation of value)'을 의미한다고 이스턴(David Easton)은 정의하고 있다.[1]

이와 같이 아주 먼 옛날 어떤 권위체로 하여금 인간에게 가치를 배분할 필요가 없었을 때는 정치가 존재할 이유가 없었고 또 정치가 없어도 인간은 무난하게 생활할 수 있었다. 이것은 정치가 인간의 생활과 처음부터 공존한 것이 아니라 어느 즈음에 와서야 인간의 공정한 공동생활의 필요성 때문에 인간에 의해 만들어졌다는 것을 의미한다. 즉, 인간이 필요로 하는 모든 가치(특히 먹을거리·재산·권력)가 존재하는 가치보다 같거나 더 많은 관계(수요≥공급)로 바뀌는 즈음부터 정치가 생겨나기 시작했고 존재 의의도 지닌다는 것을 말한다.

이러한 관점에서 보면 정치는 본질적으로 왜, 언제, 누가, 무엇을, 어떻게 만들어야 하느냐 하는 것을 명확히 해야 하고 이를 규명하는 일은 매우 중요하다.

II. 정치는 왜·언제·누가 만들어야 되나

세월은 흐르고 인간은 기하급수적으로 늘어난 데 비해 지구는 그만큼 팽창하지도 생산증가도 하지 않았다. 더욱이 더 많은 가치를 소유하려는 인간의 욕망은 무한하기에 아무리 가치창출을 한다 해도 그 욕망을 다 채울 수가 없어 인간의 생활에는 항시

---

1) Stephen D. Transey, 「Politics」, Roultledge, 1996, p. 5.

‘더 많은 것’, ‘더 좋은 것’, ‘더 높은 것’을 향해 서로 차지하려는 경쟁과 갈등 때로는 투쟁이 존재하게 된다.

다시 말해 인간은 생태적인 무한한 욕망 때문에 일생을 갈등과 소외와 더불어 살아가게 된다. 동물은 생존과 생식만으로써 만족을 느끼지만 인간은 그와 더불어 자기 자신을 확장시키려는 무한한 욕망을 가지고 있다. 이를테면 왕뱀(boa constrictor)과 같은 것은 먹을 것을 잔뜩 먹었을 경우 다시 식욕이 일어날 때까지는 잠만 자고 있다든지, 늑대와 호랑이 같은 맹수들도 일단 배불리 먹고 나면 더 좋은 먹이 앞에서도 꼬리를 내린 채 거들떠보지도 않고 지나가 버린다. 바로 이러한 점 때문에 인간을 제외한 다른 생명체의 세계에서는 자연 상태에서도 분배를 위한 인위적인 정치가 필요하지 않는 것인지도 모른다.

그러나 인간은 제1차적인 필요를 충족시키고 난 후에도 마음의 상상력이라는 것에 이끌려 더 좋은 것, 더 많은 것, 더 높은 곳을 향해 식욕·소유욕·권력욕을 채우지 않고서는 잠시라도 가만히 앉아 있을 수 없는 존재이다. 바로 인간의 이러한 점 때문에 인간의 자연 상태는 ‘만인에 대한 만인의 투쟁’ 상태로 빠지지 않을 수 없다고 영국의 정치사상가 홉스(Thomas Hobbes)는 그의 저서 『리바이던』(Leviathan: 1651) 제1부 제13장에서 밝히고 있다. 특히 정치권력의 분배에 있어서 인간은 양(羊)이라기보다 늑대의 측면이 강하다. 그래서 인간의 역사는 피로 쓰여졌으며 다른 인간의 의지를 꺾기 위해 힘이 사용된 폭력의 역사이다.

여기서 우리는 ‘인간의 세계에는 항시 가지려는 것(수요)이 있는 것(공급)보다 더 많다’는 엄청난 법칙을 발견하게 되고 동시에 ‘적은 것을 많은 사람이 나누어야 한다’는 딜레마에 직면하게 된다. 이 딜레마를 풀려는 인간의 의지와 노력이 표출되던 시점부터 정치가 이 땅에 존재하기 시작했다. 따라서 정치의 역사는 인간에 의해 정치가 무엇인가가 연구되고 정리되기 시작한

古代보다 훨씬 이전으로 거슬러 올라가야 한다. 아마 인간의 집단생활이 처음 시작되던 때부터 집단생활의 보장을 위해 정치가 존재했다고 본다면 인간의 집단생활 그 자체가 바로 정치의 시작점인 것이다. 집단생활은 필연코 개별 구성원들이 무엇을 어떻게 나누어 가져야 하는 분배문제가 발생하기 때문이다.

이러한 점에서 흔히 인간을 두고 '정치적 동물'로 표현하거나 또는 인간은 직업, 지위, 貴賤, 지식, 교육의 정도와 관계없이 정치의 주체와 객체가 된다고 표현한다. 이러한 점에서 인간은 누구나 정치의 주인공인 동시에 어떠한 경우도 정치적 범주로부터 완전히 벗어나 생활할 수 없게 된다. 결국 정치는 인간의 집단생활 또는 조직생활을 공정하고 원만하게 할 수 있도록 떠받치는 역할을 하기 때문이다. 그러므로 무엇을 어떻게 라는 정치의 내용과 방법을 정할 때는 구성원의 이익을 위해 구성원의 참여와 합의라는 대원칙을 상정하게 된다.

이러한 점에서 '수도이전문제'나 '국가보안법 개정이냐 폐지냐의 문제'와 같이 국민들 사이에 利害가 첨예하게 대립되고 주장이 다른 문제는 당연히 국민의 의사가 우선되어야 한다. 그럼에도 한국정치사에 무수히 있어왔듯이 국민여론과 무관하게 정치인들 간의 이해관계에 따라 결정한다면 정치의 본질에 반하게 된다.

그래서 헌법재판소는 2004년 10월 21일 8:1이라는 압도적다수로 그동안 말썽 많던 '신행정수도 건설을 위한 촉진법'은 국민의 참정권인 국민투표권을 침해했다고 판단해 위헌이라고 결정하였다. 관습헌법상의 수도를 국회 다수결로 이전할 수 있다는 정치권의 야합 내지 선거 전략을 배척하고 국민합의를 더 중시한 것은 정치자체의 존재이유가 국민에게 있다는 것을 상징하는 것으로서 중요한 의미를 지닌다.

Ⅲ. 축복과 재앙 사이를 넘나드는 정치

정치를 어떻게 定義하든 누가 어떻게 만들어 누구를 위해 운영하느냐에 따라 인간에게 祝福의 대상이 될 수도 있고 災殃의 대상이 될 수도 있다. 본질적으로는 국가의 정치를 맡은 정치엘리트가 정치의 대상인 국민대중들의 뜻을 받들어 국가경영을 해야 함에도, 현실적으로는 정치엘리트가 권력욕에 사로잡혀 그들의 욕심을 채우기 위해 국가경영을 하게 되면 국민대중들은 정치의 주인이라고 하지만 엄청나게 시달리는 거꾸로 된 인생을 살게 된다. 다시 말해 인간이 정치를 하기 때문에 정치가 국민들에게 재앙으로 나타난다면 정치는 사람들이 자진해서 만든 감옥에 불과하게 된다. 설사 축복이라 해도 인간에게 있어서 정치란 한편으로는 일종의 필요악이자 굴레이다. 단지 이 굴레는 현재보다 더 자유롭게 더 잘살기를 바라는 사람들에게 행복이란 커다란 수레를 만들어 모두가 타게 하는 굴레이어야 한다. 이러한 점에서는 정치가 必要惡적인 존재가 되기도 한다. 만약 인간이 이러한 必要惡적인 정치를 통하지 않더라도 인간의 본능적인 욕망인 식욕·소유욕·권력욕과 인간의 본질적인 심성인 理性的·精神的·欲情的인 마음이 '보이지 않는 손'을 통해 자율적인 기능 조화를 이루어 인간과 인간 사이에 정의로운 분배관계를 형성할 수 있다면 정치는 존재하지 않아도 될 것이다.

그러나 인간에게 자율적이든 타율적이든 일정한 규범이 있고 그 규범을 관리하는 정부나 정치엘리트가 없어도 과연 정의로운 인간사회를 산출할 수 있을까. 많은 정치사상가들은 이를 부정하고 있다. 플라톤은 인간사회에 있어서 理性이 정신을 지배하는 용기와, 욕정이 이성에 복종하는 節制가 적절히 조화를 이루는 정의가 자율적으로 이루어지기란 어렵다고 보고 있다. 플라톤이

『국가론』에서 국가기원에 있어서의 社會契約論의 출현을 예견한 것도 바로 이러한 원인이다.

홉스(Thomas Hobbes, 1588-1679)의 『리바이던』에 의하면 인간의 자연 상태는 매우 평등하다. 따라서 어느 누구도 기꺼이 타인에게 복종하지 않으려 한다. 그 결과 개개인은 자기 자신의 안전을 확보하기 위하여 생활상 더 좋은 것, 더 높은 것, 더 많은 것을 획득하려는 데서 상호 투쟁상태 즉 '만인의 만인에 대한 투쟁'의 상태에 빠지게 된다. 영국 자유주의 창시자로 알려진 로크(John Locke, 1632-1704) 역시 『政府論』 2篇에서 자연 상태에의 인간은 바로 투쟁상태(the state of war)에 빠지는 것이 아니라 인간의 무한한 욕망에 의해 自然法을 위배하는 경우 누구나 그 자신을 투쟁상태에 빠뜨리게 된다는 것이다.

이렇게 사람들은 독립적으로 그들의 여러 목표를 추구하는 동안 상호 충돌하게 된다. 마치 투석자의 손을 떠난 돌멩이같이 인간의 행동은 사람들 사이의 관계를 발생시키며 그럼으로써 사회적 연관성을 창출하게 된다. 서로 다른 사람들이 동일한 일을 하고자 원하거나 또는 동일한 목표를 지닐 경우 그들의 야심과 포부는 그들을 서로 충돌시키게 할 수밖에 없는 것이다. 모든 사람이 동등한 만족을 얻기란 불가능하기 때문에 각자는 우위를 차지하여 경쟁자를 물리치고자 투쟁으로 빠지게 되는 것이다.

이러한 투쟁에서 손해를 입는 모든 사람들은 그를 害치는 행동으로부터의 보호를 요청하게 된다. 이러한 요청은 손해를 입는 행동을 통제하기 위하여 자신들을 집단으로 조직하여 관리케 함으로써 보호받게 된다. 바로 이런 이유로 정치가 때로는 인간에게 억압기구로 등장함에도 불구하고 있어야 하는 필요악적 존재인 것이다.

이러한 경우 정치는 구성원(국민대중)들에게 내려진 어떤 해결책이 모든 당사자들에게 정당하고 공정토록 해야 하는 데 초점을 맞추어야 한다. 이러한 관점에서 보면 정치란 무엇을(내용), 어떻게(과정과 방법)보다 누가(주체) 하느냐가 매우 중요하다. 설사 내용과 방법은 매우 국민 편의적이라 해도 통치자가 법과 약속을 지키지 않을 경우 제도에 불과한 내용과 방법은 아무리 민주적이라해도 지켜지지 않기 때문에 소용없는 것이 된다.

IV. 정치는 누가 · 무엇을 · 어떻게 해야 하나

정치란 누가 누구를 위해 하느냐가 매우 중요하다. 특히 민주정치의 핵심은 누가, 누구의 뜻을 받들어, 어떤 목표를 향해, 어떤 방식으로 나라를 이끌어 가느냐에 있다. 설사 민주적으로 선출된 정권이라 해도 누구의 뜻을 어떻게 받들 것인지는 결코 간단한 문제가 아니다. 실질적인 민주화의 수준이 낮은 한국의 경우 정치위기에 직면할 때가 많은 것도 그러한 이유이다. '정치인을 위한 정치'란 말은 그를 두고 하는 말이다. 최근 한국의 각종 선거를 보더라도 국민을 위해 존재해야 할 선거가 '입후보자들만의 잔치' 또는 '당선자들만의 잔치'로 끝날 때가 많았다. 최근 지방의회 선거 시 후보자 합동연설에서 후보자 수보다 청중이 적다는 웃지 못 할 일이 벌어지기도 했다. 2002년 6 · 13지방선거에서는 투표율이 50% 이하로 떨어졌다. 많은 사람들은 부패정치에 기인된 정치불신이 낳은 결과라고 보았다. 그러나 이미 간간이 치렀던 각종 재 · 보궐 선거들에서는 20%대의 투표율을 보인지 오래다. 2003년 4.24 국회의원 재 · 보궐 선거에서는 1965년 이후 가장 낮은 투표율 26%를 기록했다. 2004년 6.5 재 · 보궐 선거 시 광역의원의 경우엔 20.1%였다.

제도로 된 정치를 하지 않는데서 정치불신이 높아진 것이 투표의욕을 상실케 한 셈이다. 이제는 투표에 참여하는 소수의 유권자집단이 집단이기주의를 쫓아서 정치인과 유착관계를 만들고, 그것이 국민 전체의 공익을 유린할 지경에 이르렀다.

이러한 현상을 민주주의 위기로 파악한 미국은 투표자에게 일정 부문의 소득세 할인혜택을 주자는 법안이 미국 의회에서 계속 제안되고 있다. 호주는 1924년에 연방선거에 대한 투표의무제를 채택, 현재 96% 이상의 투표율을 지속하고 있다. 이 밖에 투표의무제를 실시하고 있는 나라는 오스트리아 대통령 선거 및 3개주 선거, 프랑스 상원선거, 이탈리아, 벨기에, 스페인, 스위스 일부 주, 아르헨티나, 브라질, 리히텐슈타인, 자이르 등이다.

특히 결선투표제를 채택하지 않고 있는 한국의 경우 낮은 투표율과 후보자 난립 때문에 대통령선거를 비롯해 각종 선거가 실질적으로 유권자의 20%만 얻어도 당선된다. 이러한 경우 '정치 따로 민심 따로'가 될 가능성이 매우 높다. 투표율 저조는 국민들이 후보자들을 믿을 수 없다고 생각하며, 지금의 정치구조로서는 능력 있는 사람이 후보자가 되기도 어렵고 당선되기란 더욱 어렵다고 판단할 때 일어나는 현상이다.

최근 한국은 지난 김영삼정권의 실정과 외환보유고 위기로 인해 엄청난 경제파탄, 김대중정권의 구조조정이라는 생소한 용어 하에 대량실직, 노사간의 극한대결, 노숙자(homeless) 양산, 금융 및 기업퇴출, 노무현정권의 수도이전문제, 과거사청산문제, 국가보압법 폐지발언 등으로 불안한 정치가 계속되고 있다. 수도이전문제는 헌재결정이 있었음에도 딴죽을 걸어 불안하기는 마찬가지이다. 이러한 불안한 정치와 경제파탄으로 인해 가족체계가 파괴되고 생활고로 인해 자살자가 급증하고 오만가지의 사회질병이 만연하고 있다.

정권 측은 물론 개별 정당이나 국회의원은 언제나 경제살리기를 최우선과제로 꼽으면서도 실제는 국회가 제대로 열리지 못하고 개점휴업상태이거나 밥그릇 싸움만 일삼고 있다. 이러한 틈바구니에서 식물국회와 국회무용론이 대두되고 부패는 극에 달해 역대대통령 아들들의 구속이 관행처럼 이루어지고 있다. 특히 김영삼 김대중 대통령의 경우 재직 시 아들들이 엄청난 비리연루로 구속되자 국정파탄의 정신적 공황상태에서 청와대를 포함한 3權이 송두리째 썩어 들어가듯 부패에 연루되기도 하였다.

결국 5.6공화국의 부패청산을 외치던 문민정부와 문민정부의 부패청산을 외치던 국민의 정부가 부패청산도 제대로 하지 못한 채 스스로 부패의 늪에 빠진 셈이다. 16대 대통령 선거를 앞두고 야당인 한나라당의 소위 '차떼기'불법대선자금 모금도 17대 총선에서 반사이익을 노린 열린우리당의 선거 전략으로 이용한 것 외에 흐지부지 수사로 종결되어 정치권 전반에 대한 불신과 혐오감을 불러일으키는데 충분하다.

2003년의 노무현 정권은 집권 2개월 만에 치러진 4.24 국회의원 재·보궐 선거와 2004년 6.5재보선에서 완패했는가 하면, 정권 초기 국정수행 지지도는 59.6%로서[2] 김영삼 대통령의 초기인 93년 4월의 86.3%, 김대중 대통령의 초기인 98년 4월의 70.7%에 비해 뒤떨어지고 있다. 특히 임기 1년 8개월의 노무현대통령의 국정지지도는 심리적마지노선인 30%마저 무너지고 있다.[3] 이것은 참여정부의 트레이드마크인 개혁[4]이 국민의 공감대를 얻지

---

2) 국민의식 2차조사, 조선일보 2003. 5. 5

3) 주요 여론조사기관의 노무현 대통령 국정수행 지지도 변화 추이: 한국갤럽은 취임 100일 날 40.2%, 2003년 9.10.12월과 2004년 2. 7월에는 '심리적 마지노선'인 30%선이 무너졌다. 한길리서치는 유보층에게도 '잘한다, 못한다'를 끝까지 묻는 방식을 채택, 지지도가 갤럽보다는 조금 높게 나왔다. 2003년 8월 40.7%로 떨어진 뒤 2004년 8월 현재 30%대에 머무르고 있다. 갤럽조사에 따르면 노 대통령 지지도는 2004년 2월의 25.1%가 3월 탄핵정국에서 33.5%로 '반짝 상승'했다. 한길리서치 조사에서도 5월 직무복귀 직후 지지율이 53.9%로 2003년 8월 이후 가장 높았다. 그러나 2004년 7월에 들어서면서 지지도는 다시 급락, 탄핵 이전으로 돌아갔다.

4) 여당이 국감 중반에 국가보안법폐지안, 사립학교개정법안, 과거사기본법,

못하고 있다는 것을 반증하는 것이다. 개혁이 성공하려면 국민들의 참여가 필수적이다. 국민들의 자발적 참여 없는 개혁은 혁명이나 쿠데타에 불과하다. 개혁의 목표와 가치를 국민들에게 충분히 전달하고 그 반응을 살펴야만 한다. 개혁의 목표와 가치는 국민이익위에 두어야지 집권편의나 정권창출 정파이익 등 정략적이어서는 잠시는 몰라도 중장기적으로 국민공감대를 유도하기 어렵다. 물론 참여정부의 개혁이 홍보부족으로 국민들의 이해를 끌어내지 못했다는 측면도 있지만 牽强附會해서도 안된다.

1. 누가

국민에게 더 많은 이익·선·자유·행복을 담보하는 정치가 되려면 무엇보다 누가 정치하느냐가 매우 중요하다. 이것은 곧 정치의 주체가 누구이냐 하는 말이다. 정치란 국가경영의 다른 말이다. 국가경영을 크게는 '사람에 의한 국가경영'과 '시스템에 의한 국가경영'으로 대별할 수 있다.

사람에 의한 국가경영보다는 시스템에 의한 국가경영이 훨씬 민주적이고 안정적이며 예측 가능한 정치가 가능하다. 그래서 사람에 의한 국가경영은 후진국형 정치의 전형적인 모습이고, 시스템에 의한 국가경영은 선진국형 정치의 모습이다. 사람은 아무래도 태생적인 탐욕으로부터 자유로울 수가 없기에 극히 몇몇 예외를 제외하고는 사람에 의한 국가경영은 곧 독재정치나 권위주의

언론개혁법 등 4대개혁입법을 국감 중반인 2004년 10월 20일 제출하자 17대국회의 62.5%를 차지하는 신생 국회의원마저 민생국감 약속과는 달리 정쟁과 성토 위주의 국감에 휩싸여 버렸다. 특히 국감막판에 수도이전을 위한 '신행정수도건설을 위한 특별조치법'은 위헌이라는 헌재결정이 나오자 민생국감은 완전히 정쟁국감과 성토국감으로 바뀌었다.

정치와 접목되었음이 역사적 경험이다. 또 권력을 쥔 사람은 곧 그 측근 몇 사람에 의해 눈이 가려지기에 보편적인 가치관을 지니기도 어렵다. 그렇다고 후진국형 정치를 단기간에 선진국형 정치로 바꿀 수 있는 방법은 없기에 사람 중에서도 어떠한 유형의 사람이 정치 지도자가 되어야 하느냐 하는 문제는 남는다. 따라서 사람에 의한 국가경영을 하는 후진국형 정치를 하는 경우 누가 정치의 실질적인 주체인가는 매우 중요하다.

한국 현대정치사 반세기가 넘도록 줄곧 쟁점이 되었던 대통령중심제냐 의원내각제냐의 논쟁은 국민이익적인 정치의 입장에서는 그렇게 중요하지 않다. 왜냐하면 한국 현대정치사에서 대통령중심제와 의원내각제 중 어느 것이 더 적실성이 높고 국민이익적이냐에 대한 논쟁을 해온 것이 아니라 여야간 정권획득 경쟁의 산물로서 선거 전략상 어느 제도가 어느 정당후보에 유리하냐에 따라 그때마다 주장과 선전을 달리해 온 것에 불과했기 때문이다. 이것은 국민이 정치의 주체로서의 위상과 역할을 다하지 못한 데서 비롯되고 그만큼 정치의 후진성을 의미하기도 한다.

정치를 누가 하느냐 하는 것의 중요성은 아무리 강조해도 지나치지 않다. 이러한 관점에서 정치를 최고권력자 혼자서 하는 경우로부터 소수자⇨다수자⇨국민에로 옮겨가는 정도에 따라 독재정치냐 민주정치냐, 혹은 어느 정도의 민주정치이냐를 구분하는 기준이 되기도 한다.

링컨의 ‘국민에 의한 정치’(the government by the people)란 바로 정치의 주체가 국민이어야 하고 국민이면 누구나 다양한 방법으로 정치에 참여하여야 한다는 뜻이다. 그러나 현대정치에 있어서 국민 모두가 정치에 직접 참여하여 국정을 논의한다는 것은 매우 어려운 일이다. 첫째, 무엇보다도 평범한 시민의 입장에서 현대정치를 이해하기란 너무 복잡하고 고도의 기술을 필요로 하기 때문이다. 둘째, 루소(Rousseau), 플라톤(Plato), 아리스토텔레스(Aristotle) 등의 정치철학자가 지적하듯이 국민 모두에 의한 직접정치는 국민 상호간에 쉽게 접촉할 수 있을 정도의 소규모 정치공동체의 경우에만 가능하기 때문이다.

플라톤에 의하면 직접민주정치를 위한 적정 인구규모를 5,040명으로 산정하고 있다. 물론 이에 대한 반론이 없지 않다. 바버(Benjamin R. Barber)는 그의 저서 『튼튼한 민주주의(strong democracy)』에서 정보화시대에는 미디어에 의한 遠隔정치(tele-politics)가 성립되므로 직접정치의 가능성에 대한 규모의 제한은 과거처럼 크게 문제될 것이 없다고 한다. 그러나 직접정치의 핵심적 요소는 어렵고 복잡한 정치에 대한 충분한 토론에 있으므로 여전히 한계가 있다고 보아야 한다.

이러한 한계를 극복하고자 현대국가에서는 대체로 代議民主制를 실시하고 있다. 문제는 대의민주제가 정치의 주체자인 국민의 의사를 정책결정과정에 제대로 반영시켜 내느냐 하는 것이다. 사실 국민에 의한 정치라고 하지만 국민은 복잡한 현대국가의 대의민주제 하에서 대표를 선출하는 투표행위 외에는 정치과정에 주체자로서 이렇다할 영향력 행사를 하지 못하고 있다. 이를 두고 샷슈나이더(Schattschneider)는 현대정치에서 국민의 정치적 위상과 역할은 그의 저서 『반쪽 주권국민(The semisovereign people)』에서 밝히듯 국민대중을 주권국민이라 하지만 주권은 반쪽밖에 지니지 못한 '반쪽짜리 주권자'로 전락하였다고 지적한다. 이러한 현상은 입법부인 국회의원들이 전문성 부족으로 인해 제 기능을 수행 못하거나, 권력욕에 사로잡히면 더욱 심각해 '대의민주제의 위기'(the crisis of representative democracy)에 직면하게 된다.

그럼에도 국민이 정치의 주체자로서 명실상부 국민에 의한 정치가 되려면 국정 및 국가경영자 측에 대한 국민의 감시기능을 효율화해 反국민이익적인 정치는 감히 이 땅에 존재하지 못하도록 제도화·문화화해 나가야 한다. 감시기능의 제도화·효율화·

정착화·문화화를 위한 방안은 정치문화를 취급하는 章에서 구체적으로 연구·제시될 것이다. 단지 정치문화수준이 낮은 나라의 정치에서는 시민단체 등 감시기구 마저 정권의 앞잡이(agent, spy)로 전락하는 경우가 있음을 유의해야 한다.

2. 무엇을

인간은 그들의 소망을 대체로 '평화로운 세상에서 자유롭고 행복하게 살고 싶다'고 표현한다. 그러면서도 다른 한편 인간은 그들의 삶에 있어서 당연히 더 맛있는 많은 것이 내 입에 들어와야 하고(식탐욕), 더 많은 재물이 내 손에 들어와야 하며(소유욕), 더 높고 좋은 자리를 차지하고자 하는 무한한 욕심과 심술(권력욕)을 가지는 속성을 지니고 있다. 바로 이렇게 인간은 하나의 가슴에 '소망'과 '속성'이라는 상호 조화되기 어려운 二律背反的 과제를 동시에 품고 있다. 정치는 바로 이율배반적인 두 가지 과제를 동시에 충족·조화·조정시킬 수 있는 내용을 찾아내어 국민들에게 서비스해야 한다.

인간의 가슴으로부터 강하게 요구되는 소망과 속성은 동시공존과 조정이 가능한 부분도 있고, 상호 배타적이고 이율배반적이어서 相剋되는 부분도 있다. 따라서 무엇이 인간의 소망과 속성을 동시에 충족시킬 수 있는 것인가를 찾아내고 만들어낸다는 것은 매우 어려운 난제일 뿐 아니라 실천한다는 것은 더욱 어렵다. 특히 같은 내용과 방법의 정치라 해도 적용지역의 ① 국민성 ② 정치문화 ③ 적용시기에 따라서 국민에게 축복이 될 수도 있고 재앙이 될 수도 있다. 따라서 정치가 국민에게 무엇을 서비스해야 하느냐의 내용상 문제는 근본적으로 국민으로부터 요구되어지는 것이어야 한다. 이러한 점에서는 설사 혁명이나 개혁의 상황에서도 국민의 기본권에 해당하는 내용을 취소하거나 제약하는 것은 '악의 정치'(politics of devils)가 되고 만다.

정치가 국민에게 무엇을 서비스해야 하느냐의 문제를 논의할 때 가장 우선되어야 할 방향은 '삶의 질'을 향상시키는 쪽으로 잡아 나가야 한다. 삶의 질에 관한 문제는 본문 전체를 통해 주된 연구의 대상이므로 본 항에서는 문제 제기로 그치고 그 해답은 본문 전반을 통해 도출될 것이다.

단지 삶의 질에 관한 문제는 현실적으로 국민으로부터 위임받아 정치를 하고 있다고 해서 국가경영자 측에 전적으로 맡겨서는 자칫 愚民政治를 초래하게 된다는 것이 역사적 경험이다. 이러한 우민정치에 의해 '국민을 위한 정치'는 말로만 하고 실제는 '정치인을 위한 정치'로 둔갑되는 것이 보통이다. 이러한 둔갑을 막기 위해 국민으로 하여금 국가에 대한 효율적 감독·감시·비판 기능 등에 대한 능력과 기술을 익히도록 연구와 훈련을 하는 정치사회화(political socialization)가 매우 중요하다.

3. 어떻게

국민이익적인 정치, 국민요구나 여론을 바탕한 정치를 통해 국민의 삶의 질을 높이려면 어떠한 수단을 강구해야 하느냐의 문제에 부딪치게 된다. 어떠한 국가의 역사를 보더라도 국민이 똑똑해 자기 몫을 챙길 수 있을 때 민주정치가 가능했고, 代議政治도 順機能해 국민이 名實共히 주인으로서 살아가게 된다. 국민이 똑똑하지 못할 경우 주인은커녕 되레 하인 대접을 받게 되고, 군부정치·문민정치·국민정치·참여정치 등 이름을 무엇으로 달든 간에 국민은 엄청나게 빼앗기며 살게 되는 것이 역사적 교훈이다. 국민이 똑똑해진다는 것은 한편 효율적으로 국가경영을 감독·감시할 수 있는 능력과 자기이익을 실현할 수 있는 능력을 가져야 하고, 다른 한편 참여정치문화가 형성되었음을 의미하므로 쉽게 달성될 수 없는 어려운 문제이다. 정확한 장기적 프로그램에 의해 국가경영자층(정치엘리트)과 국민대중 모두가 역사적 소명의식을 함께 하며 훈련을 할 때 참여정치문화가 이루어질 수 있다는 것이 서구사회의 역사적 경험이다.

서구사회의 정치발전 변천史를 보면 진정한 민주정치 또는 국민정치시대를 여는 데 바탕이 되는 土臺는 열린 국민의식과 정치참여의 문제였고, 토대 위에 세워야 할 건축물에 해당하는 上部構造는 민주정치의 참뜻을 보장하는 각종 제도와 정치방법상의 문제였다.

요컨대, 국민이익적인 민주정치란 집권층의 민주화선언이나 학자들의 당위적인 말의 성찬을 글로 묶은 것에 의해 이루어지는 것이 아니다. 국민 스스로가 자기 몫을 다하려는 의지를 가지고 자기이익실현(self interest)을 위해 끊임없는 교육적 실천적 노력을 할 때 이루어진다.

제2장 잘못 끼워진 한구정치의 첫 단추

I. 정권욕에 상과 벌이 뒤바뀐 세상

1. 친일파의 등장

1910년 일제가 우리나라를 식민지로 만들고 그 여세를 대동아로 확장해 나가는 데에는 노예가 필요했다. 일본은 당시 조선인을 노예적 근성이 있다고 보고 그들의 확장정책에 노예가 필요했기에 조선을 강점하는 데 필요한 다양한 전략을 구사했다. 일본은 그들의 전략적 가치를 앞장서 정당화해줄 매판세력으로서 친일파 조선인을 만들기 시작했고 또 일부 식자층을 포함한 관리들은 스스로 앞 다투어 친일 매판세력이 되기도 하였다. 그들은 그 이후 관직과 물자를 얻은 대가로 같은 조선인을 오만가지 방법으로 얽어매어 일본의 식민지 정책을 정당화시키는 매개 역할을 하였다.

친일파들은 이렇게 민족을 배반하고 민족을 팔아 얻은 대가로 엄청난 혜택을 누렸다. 시인 서정주의 말처럼 "일본의 지배가 1～2백 년은 더 갈 듯해서" 민족의 지도급 인사의 상당수가 '대동아 공영권 건설'과 정신대·징병·징용에 젊은이들을 끌어내는 침략전쟁의 앞잡이로 전락했다.

해방의 날 최남선은 중추원 참의를 지내며 경기도 사능리에서 전원생활을 즐기고 있었고, 이광수는 서재에 일장기를 걸어 놓고 아침저녁으로 목례를 하며 남대문을 지날 때는 두 손을 합장하며 조선 신국을 향해 묵도를 하면서 친일에 넋을 잃고 있었다.

정비석·유진오·조용만·모윤숙·김용제·최정희·장덕조·노천명·오영진·곽종원·조연현·양명문·김동인·주요한·박종화·김팔봉·김소운·백철·유치진·최재서 등 문인들은 줄줄이 친일의 글을 썼고, 배정자·이각종·박춘금·이종형·전봉덕·김석원·방홍식·김연수·진학문·장덕수·서춘·신태악·김활란·고황경·황신덕·이능화·최린·이종욱·권상로·홍난파·김은호·김기창·정춘수 등 각계 지도급 인사들은 일제의 승전을 위해 온갖 방법으로 친일에 앞장서고 있었다.

다른 한편 일제 말기 당시 2만여 명의 애국인사들이 정치범으로 감옥에 갇혀 있었다. 김창숙은 왜관 경찰서에 갇힌 몸이었고, 조만식은 평양에 칩거하면서 독립의 꿈을 버리지 않고 있었다. 홍명희는 충북 괴산에 은신하고, 김병로는 경기도 가평으로 내려가고, 김준연·이영·정백·김약수·이인·최용달·원세훈 등은 일제의 위협과 유혹을 피해 민족의 대의와 지조를 지키고 있었다.

2. 친일파의 숙청과 재등장

20세기 초 일본의 야심은 세계제패였다. 일본은 이웃나라들을 식민지화 또는 흡수합병하는 과정에 노예가 필요했다. 대한제국의 지난 36년(1910~45)간의 운명은 친일파와 일본의 간계에 의해 매우 기괴망측한 노예로서의 역할을 하게 되었다. 일본은 매매계약에 의한 흡수합병이란 모양을 갖추어 놓고 세계 열강국에는 대한제국의 소유권을 주장하고, 한국민에게는 커먼웰스(commonwealth) 비슷한 말로 얼버무리며 달래곤 하였다.

한일합병 이후 갑작스럽게 우리의 농어촌에 파고든 일본인들은 당시만 해도 외국문물에 어두워 의아해하는 우리 농어민들에게 다음과 같이 달콤한 말로 설득시켜 나갔다. "일본이나 한국과 같이 조그마한 영토를 지닌 나라는 역사적으로 보아 언제나 러시아와 청나라를 비롯해 유럽열강들의 노략질의 대상이 되어 왔다. 따라서 그러한 위기가 닥칠 가능성이 있을 때는 두 나라가 흐느적한 연방 정도로 힘을 합쳐 막고, 평시에는 주권독립국가로서의 관계를 갖는다"는 것이다. 이러한 詐術에 솔깃했던 우리 국민들 중에는 당시의 상황을 식민지나 흡수합병으로 이해했던 사람은 그리 많지 않았다. 지식인을 중심으로 당시 나라가 처한 위태로운 상황을 알았던 사람들 중 일부는 독립운동과 항일운동에 나섰지만, 일부 인사들은 오히려 한 수 더 떠 친일파노릇을 자청했거나 일본관헌의 유혹과 강요를 뿌리치지 못해 민족반역 행위를 하게 된 것이다.

제2차 세계대전 끝에 패망할 것을 꿈에도 생각지 못한 일본은 세계제패를 위해 궂은일을 해야 할 노예가 필요했다. 바로 이러한 일본의 입장에서 우리 민족을 영구히 노예로 활용키 위해 그들의 천인공노할 만행은 그들이 직접 하지 않고 친일파 관리들로 하여금 대행시킨 것이다. 이렇게 되어 친일파 관리들은 조선민족 탄압에 일제의 관헌보다 더욱 악랄한 짓을 서슴지 않았다.

친일파 관리들에 의한 매판행위나 반민족행위가 없었던들 일제가 그렇게도 손쉽게 대한제국을 접수하고 엄청난 경제수탈과 더불어 지배질서를 확립할 수 있었겠느냐, 더욱이 잔인무도한 통치와 제암리사건과 같은 집단학살이 가능했겠느냐 하는 의문을 던져볼 수 있다. 바로 이러한 관점에서 당시 우리 민족은 일제 못지않게 친일파 관리에 대한 처벌과 숙청을 외쳐 왔던 것이다.

특히 당시 우리 국민들은 반민족적이고 반국가적인 행위자들에 대한 처벌과 숙청으로부터 국권을 회복하고 나라의 기강을 잡아나가야 한다고 생각했다. 이러한 점에서 친일파에 대한 처벌과 숙청은 반드시 행해져야 할 역사적·정치적 당위성을 지니게 된다. 이렇게 친일파에 대한 끈질긴 처벌과 숙청의 요구는 일제의 관헌보다 더욱 잔인하고 악랄한 방법으로 우리 민족을 괴롭혀 온 데 대한 민족적 분노뿐 아니라, 친일파들이 일제기간 동안 구축해 놓은 기득권과 기반을 이용해 또다시 독립국가에 끼여드는 것을 막아야 한다는 현실적 중요성 때문이다.

이렇게 하여 친일파는 바람 앞의 등불처럼 위태로운 지경에 처하게 되었다. 일본패전 초기에 사회 곳곳에서 친일파를 처단하자는 기운이 크게 일자 친일파들은 민중의 기세에 눌려 쥐구멍만 찾는 형세였다. 그런데 해방 후 미군정이 들어서게 되자 이들은 어느새 미군정과 손을 잡고 새 나라를 세우는 일꾼으로 둔갑하였다. 밀정으로 조선인을 일제에 밀고했던 사람이 어느 날 갑자기 독립운동가로 자처하고 다녔으며, 어떤 사람은 학교를 세워 교육자로 둔갑하였고, 또 어떤 사람은 달아난 일본인을 대신하여 공장을 차지하였다.

1948년 8월 대한민국 정부가 세워지자 곧바로 이러한 친일파를 나라의 지도적인 위치에서 몰아내야 한다는 주장이 크게 일었다. 이러한 주장을 하였던 사람들은 대부분 제헌의원으로 뽑힌 젊은 소장파 의원들이었다. 이들은 곧 특별법을 만들어 친일파를 숙청하려는 계획을 세웠으며 많은 국민들로부터 큰 호응을 받았다. 1948년 9월 10일 국회에서는 김인식 의원 등 12명의 제안으로 전문 32조로 이루어진 '반민족행위처벌법'을 만들었다.

일제패망 직후부터 1946년까지는 이 시기에 창당된 대부분의 정당 및 사회단체는 물론 미소공동위원회까지 친일파의 처벌과 숙청에 대한 견해를 같이했다. 예컨대 조선인민당(45. 11), 조선신민당, 조선민족혁명당(46. 2), 한국독립당(46. 3), 신한민족당(46. 3)

등은 친일파에 대해 처벌과 재산몰수 및 숙청방안까지 내놓은 상태였다. 단지 송진우·김성수계의 한국민주당처럼 처벌주장을 전혀 내놓지 않은 정당들도 소수 있기는 했다. 또 46년 6월 1일 미소공동위원회는 통일임시정부 수립을 위한 협의에 앞서 친일파 문제에 대해 정당·단체들의 견해를 자문해 줄 것을 요청했다. 이에 대해 당시 우파의 정당·단체의 협의체인 '임시정부수립 대책협의회'는 점진적 숙청을 하되 계급투쟁이나 정치투쟁이 되지 않도록 하고, 처벌대상자는 민족에 해를 끼치고 민중원성이 높은 자를 도·군별 특별조사위원회가 조사하여 1년 이내에 처단해야 한다고 자문하였다. 이에 반해 좌파협의체인 '민주주의민족전선'은 정부의 모든 기구에서 친일파의 활동을 봉쇄하고, 처벌법을 제정하여 최고형, 체형, 공민권 박탈 등으로 처벌하고, 일제에 악질적으로 협력한 관공리는 물론 사익을 위해 군수생산과 경제자원을 제공한 자 및 친일단체나 皇民化운동에 열성적으로 협력한 자도 그 대상으로 해야 한다고 자문하였다.

이러한 자문이 통일임시정부가 수립되지 못함으로써 실효성은 없었지만 미소공동위원회도 초기에는 친일파의 처벌문제에 관심을 가졌다는 데 의미가 있다.

이에 대해 친일분자들은 일제하에서 '皇國臣民의 서사(誓詞)'를 안 부른 사람이 없고 創氏改名을 안한 사람이 없는데 친일파가 따로 있느냐는 반발을 하기도 했다. 때마침 한반도 남부를 점령한 미국은 점령행정의 편의와 일본인의 무사한 귀국을 위한 이간책으로 총독부를 그대로 둔 채 군정을 실시하려 했다. 일본의 패전 이후 총독부에 대한 한국인의 반발이 워낙 심하자 미국은 당초의 구상을 바꾸어 45년 9월 12일 아베(阿部) 총독을 파면하고 아놀드 소장을 군정장관에 임명하여 직접 군정을 실시하였다.

미24군단이 서울에 진주하기 하루 전인 1945년 9월 7일 발표된 '미국 태평양방면 육군총사령관 포고 제1호 제2조'에 의해 총독부 기관과 공공단체의 직원, 기타 주요사업기관 종사자는 별도 명령이 있을 때까지 현 직무를 수행하고 기록과 재산을 보호하도록 되었다. 물론 이러한 조항은 총독부로부터 국정 전반을 인수받아야 할 입장에서 불가피한 조치라고 볼 수도 있다. 문제는 인계인수가 끝난 후에도 총독부 체제하의 관공리들은 물론 고등경찰을 비롯한 악질적 친일분자까지 재임명 형식으로 재등용한 데 있다. 남북한을 통해 일제경찰에 종사한 8,000명 중 5,000명이 군정경찰에, 경찰간부의 80%가 일제경찰 출신이었다. 이러한 군정경찰은 또다시 폭행·고문·불법체포 등을 일삼았으니 일제로부터의 해방을 학수고대했던 우리 민족은 또다시 실의와 도탄에 빠진 것이다.

3. 반민법 제정과 거부

미군정에 의해 차단되었던 친일파 민족반역자를 처단하라는 소리가 대한민국 정부수립 직후부터 하늘이라도 찌를 듯 터져 나오기 시작했다. 이러한 국민의 울분에 처음에는 동참했던 이승만대통령이 친일파를 기반으로 하지 않고는 권력획득과 유지가 어렵다고 생각했던지 국무위원과 기타 고위직 임명에 친일반민족행위자를 대거 포함시켰다. 이에 반기를 든 제헌국회는 헌법 제101조(8·15 이전의 악질적인 민족반역행위를 처벌할 수 있다)를 신설하고 이에 근거, 일제 시 반민족행위를 처벌하는 '반민족행위특별처벌법'을 제정하였다(48. 9. 7).

이러한 과정에 관동군 밀정으로 많은 항일투사를 체포 학살한 이종형(李鍾滎) 등 친일세력들은 「대한일보」 및 그들 계열의 신문을 통해 반민법 제정은 민족분열을 가져오는 공산당들의 짓이라고 거꾸로 덮어씌우기 시작했다. 심지어 大革청년당원을 자처하는 괴한 2명이 국회 본회의장에까지 뛰어들어 친일파 처벌을 주장하는 놈은 '빨갱이와 공산당의 주구'라 외치며 대통령에 절대 순응하라는 난동사태까지 벌이기 일쑤였다. 친일분자들은 반민법을 국회 안에 있는 공산당 프락치의 소행으로서 민족분열의 법이라 규정하고 국회 내의 김일성 앞잡이를 숙청해야 한다는 등의 허무맹랑한 주장으로 맞섰다. 다른 한편 친일 경찰간부들은 반민특위 위원들에 대한 신원을 조사하여 약점을 잡아 견제하는 수법을 썼다.

이승만은 처음부터 반민법에 대해 탐탁지 않게 생각했으며 반민특위의 친일파 체포나 처벌에 반대를 명백히 하고 풀어줄 것을 요청했다. 이승만은 반민법이 국회를 통과하여 정부로 이송되어 오자 중앙청 공무원들에게 "친일파 처단보다는 나라의 토대를 튼튼히 하는 일이 더욱 중요하다…"며 거부방침을 시사했으나 당시 계류 중이었던 양곡매상관계법률의 부결을 우려하여 결국 9월 22일 공포하였다. 반민법 공포와는 달리 이승만은 반민특위의 활동에 대해 사사건건 노골적인 방해를 시작했고 역사는 또다시 정권욕 앞에 왜곡되기 시작했다. 일제 시 친일파 경찰로 악명 높았던 노덕술이 이승만정부의 수도경찰청 수사과장의 현직에 재임되었다. 고문치사사건을 일으킨 노덕술을 검찰수배 중 특위가 체포하자 이승만은 특위위원장 김상덕과 위원 6명을 경무대로 불러 노덕술은 경찰공로자이니 석방하라고 요구했다. 심지어 경찰의 특위 습격사건에 대해서도 이승만은 자신이 명령한 것이라 밝히면서 반민법의 거부를 기정사실화해 나가다 결국 반민법은 공소시효를 맞게 되었다.

그렇다면 누구 못지않게 반일독립운동을 했던 이승만이 왜 친일파를 비호하고 나섰을까? 이에 대한 답을 내는 것은 그렇게 어렵지 않다. 오늘날도 지도자의 권력욕 앞에 이러한 역사의 첫

값은 심심찮게 영원한 미궁으로 빠지고 있기 때문이다. 즉, 이승만은 반공을 내세워 단독정부를 수립하고 유지하는 과정에 친일세력과의 결탁구조가 필요했다. 물론 이승만 측에서는 당시나 지금이나 공산분자들의 준동을 막는 데 강력한 경찰이 필요했으므로 친일여부는 가릴 여지가 없다고 응수하지만 이는 설득력을 가지기 어렵다.

바로 이 즈음에 상과 벌이 바뀌는 온갖 궤변이 친일파와 이승만에 의해 나오기 시작했다. 예컨대, 악질적인 일제 고등경찰 출신 김태석은 1919년 조선 총독으로 부임하는 사이토에게 폭탄을 던져 간담을 서늘케 했던 65세의 독립투사 강우규 의사에게 악랄한 고문을 했던 장본인이었다. 그 뒤에도 수많은 독립운동가들을 붙잡아 혹독하게 고문했던 일로 이름을 떨친 자였다. 그러나 그는 그러한 행위를 끝까지 부인했다. 오히려 자신은 조선인을 보호하려고 경찰에 들어갔고, 3·1운동 때에도 만세를 불렀으며, 고문을 가한 일이 전혀 없다는 등 거짓말로 일관하였다. 그의 이러한 철면피한 행동은 당시 장안의 화제가 되었다.

대다수 친일파들이 재판 받는 태도도 이와 크게 다르지 않았다. 어떤 친일파들은 오히려 "나라와 민족을 위해 나 한 사람을 희생하려고 친일을 하였다"는 궤변을 늘어놓았다. 이에 대해 이승만은 "지금 반란분자와 파괴분자가 곳곳에서 살인 방화하고 있는 위태한 상황이니, 죄가 있더라도 경찰의 기술자들을 아직 포용할 필요가 있다"며 친일파들을 두둔하고 그들의 석방을 요구하였다.

문제는 이승만의 이러한 정치스타일이 권력의 획득과 유지뿐만 아니라 우리 사회의 모든 부문에서 지금도 非一非再하게 일어나고 있다는 점이다. 이렇게 상과 벌이 바뀌는 악습이 후세인들의 思考와 행태(behavior)에 하나의 못된 유전인자처럼 새겨졌다는 데 있다. 향후 오늘날까지 한국의 현실정치에서 현대판 이승만식의 통치스타일(폐습)이 얼마나 자행되어 왔으며 曲學阿世가 얼마나 난무했던가를 단적으로 나타내는 대목이기도 하다.

4. 미군정과 이대통령의 음모

본 항에서는 미군정의 부당성이나 이승만정부의 정통성 是非를 가리는 관점은 취급하지 않기로 한다. 가끔 그러한 논의는 설사 학문적 접근이라 해도 많은 오해가 있어 왔기 때문이다. 특히 보수주의자들의 상당수는 이승만정부의 정통성 시비를 용공주의자로 몰아붙여 문제의 본질을 糊塗해 왔거나, 재야 측에서는 좌파적 분석틀로 접근해 이승만정부의 정통성을 전면 부정함으로써 우리의 가치관을 혼란시켜 왔다.

더욱이 본 항의 설정목적은 정통성문제나 미군정 자체를 분석하려는 것이 아니라 처음부터 미군정과 이승만은 반민법 거부와 친일파 등용에 있어서 모의한 흔적과 음모가 있었느냐 아니면 권력에 대한 이승만의 야욕과 미군의 효율적인 지배가 자연스런 결탁을 이루게 했는가를 찾아보는데 있다. 그리고 이러한 일련의 과정이 이승만의 정권획득에 어떠한 영향을 주었느냐를 알아보기 위해서이다.

남한을 점령한 미군은 군정기구에 친일파를 끌어들였다. 이어 이승만도 대한민국 건국 과정에서 다수의 친일파를 등용하여 사회의 구석구석에까지 침투한 일제의 잔재는 정화될 기회도 없이 오히려 수혜계층이 되었다. 건국 후 '반민족행위처벌법(반민법)'의 제정, '반민족행위특별조사위원회(반민특위)'의 설치에도 불구하고 친일파를 추방하려는 작업은 흐지부지 끝나 버리고, 미소냉전의 격화, 한국전쟁의 발발 등 현안문제로 인해 한국에서 일제를 청산하는 작업은 사실상 불가능하다시피 묻혀가고 있었다. 이상에서 보듯이 미군정과 이승만은 건국과정에서 친일파문제에 대한 공통된 어떤 커넥션이 있었느냐가 본 항목의 주된 관심이다.

올리버(Robert T. Oliver)는 그의 저서 『이승만: 전설 속의 그 사람』(Syngman Rhee: The man Behind the Myth)에서 "이승만은 자신을 너무나 미국과 일치화시킨 나머지 미국적 시각을 떠나서는 문제를 파악할 수 없게 되었으며, 1904년 이래 국제문제나 한국의 문제를 미국의 공식정책이나 미국여론을 벗어나서는 이해할 수 없게 되었다. 심지어는 진주만사건 이후 전시 중 미국인의 뜻을 거스르면서까지 미국적 가치를 보존하려 하였다." 이러한 이승만의 캐릭터를 미국정부나 관리들은 때로는 귀찮은 존재로 인식하기도 했다.

이승만의 이러한 대미의식은 그 이후 집권과정에서 반민법 거부와 친일파등용문제에서 자연스럽게 결탁(illicit union)을 하게 된다고 보아야 한다. 미국의 48년 미군정철수 이후의 對韓관계설정과 이승만의 권력획득 수단에 있어서 이해가 일치하기 때문이다. 적어도 사전에 모의된 결탁이라고 보기는 어렵다. 이것은 이승만의 권력에 대한 탐욕만 아니었어도 미군정시기와 정부수립과정을 통해 좀더 깨끗하고 정통성있는 정부를 수립할 수 있었을 것이라는 아쉬움이 남는다.

그럼에도 미군정시절 미군정의 인사등용 원칙에서 친일파와 미국유학 경력자들을 중시하였는데, 이승만 정권은 그 방식을 그대로 자신의 내각에 적용시켜 나갔다. 당시의 미국유학파들의 대부분은 친일파 내지 그들의 자제들이었기에 친일파 재등용이라 해도 무난할 것이다. 미군정의 입장에서는 빠른 시간 내에 안정적인 정권을 수립하는 데 친일파들의 매판관료(comprador elite)로서의 경험을 필요로 했을 것이다. 물론 여기에는 패전 후 일본의 미국접촉도 한몫을 한 셈이다.

일본은 미국과의 접촉을 시도하여 45년 8월 20일 맥아더 사령관으로부터 일반명령 1호를 교부받았다. 이로 인해 일본은 남북한 분할 점령에 대한 정보를 접할 수 있었다. 미군 진주가 확인된 상황에서 미국과의 접촉을 본격화한 일본은 미군정에게 편향된 공작정보를 보고하면서 자신의 안전을 보장받으려 했다. 정보의 내용은 주로 한반도 내부의 공산주의자와 독립운동가들에 대한 왜곡된 사실을 알리거나 그들이 법질서를 파괴하여 이익을 챙기려 한다는 등의 폭동과 태업 등의 용어를 사용하며 미국을 자극했다.

한국에 대해 전혀 아는 바가 없었던 하지 주한 미군사령관은 미군 진주 후에도 일본군을 이용하거나 그 무기를 사용할 것을 맥아더에게 요청해 승인 받았다. 후일 하지는 "일본군은 가장 믿을 만한 정보소식통이었으며 미군이 조선에 진주함에 있어 큰 도움을 주었다"고 술회했다.[1]

자신들의 이익보전을 위해 공작을 계속한 일본인은 세상이 바뀌었음에도 불구하고 공작에 성공하여 미군의 계속적인 비호를 받았고 이를 이용해 한국인을 배제시키는데 성공했고 동시에 일본의 거류민과 재물을 무사히 본국으로 빼돌렸다.

미군정을 끝내는 과정에서도 미국이 한국을 계속해 원격 조정하는 문제와 이승만의 권력획득의 편의라는 점이 맞물려 친일파들은 재등용의 기회를 가지게 되고 동시에 역사는 무수히 왜곡되기 시작했다.

5. 친일 진상규명과 방법

친일진상규명을 비롯한 과거사 진상규명을 위한 특별법을 만든다는 것은 晩時之歎이기는 하지만 매우 고무적인 일이다. 더욱

---

1) 김범수, 해방정국과 국가건설, http://my.netian.com/~life183/art/Liberty.htm

이 일본의 역사왜곡과 중국의 동북공정 문제가 한국사를 압박하는 가운데 이루어지는 과거사에 대한 재조명은 역사의 불행과 치욕을 되풀이하는 오류를 결코 범하지 않고 역사의 대의를 바로 세워 나가는데 매우 중요하다. 일본은 아직도 '식민지 근대화론' '식민지 은혜론' 등을 내세우며 가해자로서 진정한 반성 없이 유감 표명을 하는 데 그치고 있다.

이러한 시점에 일본제국주의의 국권침탈 전후부터 광복 이전까지 행하여진 친일반민족행위에 관한 진상을 규명한다는 것은 역사의 진실과 민족정기를 바로세우고 이를 후세의 교훈으로 삼게 함으로써 항구적인 자주민주국가의 구현에 이바지하는 길이다. 뿐만 아니라 친일반민족행위에 의해 무수히 왜곡된 역사와 뒤바뀐 상과 벌을 바로 인식할 기회를 가진다는 것은 우리사회에 왜곡된 민주주의를 제대로 고치고 학습할 기회를 가지는 계기도 되어 더욱 유의미한 일이다.

이 막중한 과업은 사안의 중대성만큼 공정성과 타당성이 지켜져야 하고 신중·면밀해야 하며 권위 있게 추진되어야 한다.

첫째, 편파적 입장과 판단에 의한 피해자와 가해자라는 이분법으로 접근해서는 자칫 국론분열을 초래할 가능성이 높다는 점을 유의해야 한다.

둘째, 조사대상인 당대의 인물은 이미 사망한 경우가 대부분이어서 과거사에 대한 진상규명은 진실을 밝혀 반성과 학습효과를 얻는다는 의미 쪽으로 가닥을 잡아야 한다.

셋째, 진상규명을 함에 있어서 혹시라도 조사대상 범위의 확대나 축소를 통해 누구는 들어가고 누구는 빠진다는 인상을 주거나 표적조사 의혹이 발생하면 또 하나의 역사왜곡이라는 악순환에 빠질 가능성이 있다.

넷째, 과거사 진상규명에 당파적 이해나 정략적 배경에서 진행되면 정권이 바뀔 때마다 뒤집기식의 정치보복이 연속될 염려가 있다는 점에서 정부나 국회가 주도하는 것은 바람직스럽지 못하다. 만약 정치권에서 진상조사를 하게 되면 자칫 진실규명 자체를 뜨겁게 달구어 정쟁의 도구로 몰고 가 당장의 정치적 과오를 덮어버린다든지 인기만회 등에 악용될 여지가 있기 때문이다. 어쨌든 친일반민족행위를 비롯한 과거사 진상조사가 정쟁의 도구로 쓰이거나 쓰기위한 전략이 깔려있으면 진실규명이 제대로 될 수가 없다. 진실을 밝혀 왜곡된 역사를 바로잡고 뒤바뀐 상과 벌을 바로 인식하자는 본질적 의미가 정쟁에 휘말려 밀고 당기는 동안 떡칠을 하듯 뒤범벅이 되어 자칫 본말이 전도되고 왜곡의 악순환에 빠질 염려 때문에도 정부 국회 등 정치권에서 주도해서는 안된다.

다섯째, 과거사 진상규명은 전문인 중심의 특별위원회를 만들어 소명의식과 더불어 자율적으로 운영토록 하고 그 결과를 국회와 정부가 수용하면 타당성과 객관성이 견지 될 것이다. 특히 전문인 중심의 특별위원회 구성에 있어서도 정권 측이나 정부 또는 정당의 입김으로부터 자유로운 인사가 이루어 져야 한다. 한국의 현실정치는 아직도 낮은 수준의 권위주의에 의존하는 정치를 하고 있기에 역사적 진상규명이 정략에 이용될 가능성은 매우 높다. 특위는 이념을 넘어서 진실을 규명해 내는 것으로 완료 되어야 한다. 특위가 특정사안에 해석까지 하고 자리매김까지 하려들면 자칫 편 가르기에 휘말려 끝없는 논쟁 속에서 규명된 사실마저 누더기로 변해 혼란만 가중시킬 수 있다. 진상규명의 결과에 대한 인식과정은 국민각자의 몫으로 넘겨야 한다.

여섯째, 친일행위의 동기와 목적과 행적이 적극적 자의에 의한 반민족행위이나 민족사회의 공익을 위한 업적상 부득이한 경우의 과오이냐가 가능한 한 구분되어야 한다. 같은 직위와 계급에 있으면서도 민족적 양심을 실증한 자와 악질적 반역행위자를 구분 할 수 있는 자료를 찾아야 한다. 일제에 참여한 모든 사람을 동일선상에 놓아 민족반역행위라는 잣대로 재단하면 자칫 중국의 문화혁명처럼 또 하나의 역사적 과오가 됨을 유의해야 한다.

Ⅱ. 정치엘리트를 위한 권력구조 개편

1. 권력창출용 헌법개정

역사적으로 보면 정치의 최대과제는 권력억제와 기본권신장에 있었다. 역사적 접근은 물론 발전론적 접근에서 보면 헌법개정은 바로 기본권신장과 권력억제를 위해 존재해왔다. 영국의 청교도 혁명(1640~60)과 명예혁명(1688), 프랑스의 대혁명(1789~99), 미국의 독립혁명(1775~83)이 그러했다.

그러나 현실정치에서 권력소유자들의 속성이 그들의 권력 확장과 국민의 기본권제한을 위해 교묘한 수단을 동원하기 때문에 권력억제와 기본권신장의 수혜계층인 민중들은 엄청난 고통과 좌절이 수반될 수밖에 없었던 것이 역사적 경험이다. 서구의 '근대시민혁명'(17~18세기)도 이러한 소이로 일어난 것이다.

한국의 반세기 남짓한 짧은 현대정치사에서 제2공화국 8개월간의 내각제 정부를 형성한 이외에는 대통령제와 단원제의 권력구조를 유지해 왔다. 그동안 헌법이 9번 개정되었던 바 그 중 제4차 헌법개정(1960. 11. 9, 부정선거관련자처벌개헌)을 제외한 8번의 개정은 권력창출이 궁극목적이었다. 그렇다고 권력창출이 헌법개정의 유일한 원인은 아니었다. 오히려 권력창출이나 정권획득과 유지의 편의를 위한 것이라 눈치를 챌 만한 조항은 감추려 들었고 명분에 지나지 않는 기타조항을 부각시켜 놓았다. 그 개정제안이유와 요지를 살펴보면 다음과 같다.

제1차 헌법개정은 1952년 7월 4일 제2차 본회의에서 의결된 소위 拔萃改憲으로서 의회에서 인기를 잃은 이승만 대통령이 의회에서 선출하는 2년제 간선제를 직선제로 바꾸는 것이 주된 목적이었다. 그러나 제안이유는 다음과 같이 제시했다. 현행법상 대통령과 부통령의 간접선거를 주권을 가진 국민이 직접선거하는 직선제로 개편함과 동시에 단원제국회를 상·하 양원제로 하여 첫째, 다수당의 專制를 방지하고 둘째, 국회에서의 의안처리에 있어 경솔·부당한 의결과 과오를 피하고 셋째, 정부와 국회 간의 충돌을 완화하며 넷째, 상원에 직능별로 우수하고 원만한 인물을 선출·활용함으로써 국회운영을 더욱 강화하여 국가 백년대계를 확립하려는 것이다. 이러한 제안이유와는 달리 이미 국회에서 신망을 잃은 이승만이 국민 직선제를 통하여 권력을 재창출하려는 의도가 깔려 있는 것이다.

제2차 헌법개정은 1954년 11월 29일 제91차 본회의에서 의결된 것으로, 부칙에 '현 대통령에 한하여 중임제한을 폐지하도록 함'을 신설하여 이승만 대통령의 영구집권을 위한 기도가 주 목적이었다. 그러나 개헌안의 제안 동기는 명분과 위장에 불과한 내용들로서 다음과 같다. "첫째, 근간의 국내외정세가 대단히 위급존망지추에 있는바 이러한 정세에 대응할 수 있도록 하고 둘째, 연래의 우리나라 정치제도상의 숙제를 해결함으로써 정계의 안정을 도모하는 동시에 민심의 안정을 기하며 셋째, 발췌개헌안의 이론적 모순을 이번 기회에 제거하고 넷째, 우리 국민의 民度와 또 지난 7년간 우리가 겪어온 경험에 비추어 우리나라의 실정에 맞는 국가기본법을 제정하지 아니하면 안될 시기에 처해 있는 실정이므로 개헌을 제안하기에 이른 것임"이라고 밝히고 있다.

제3차 헌법개정은 4·19혁명 이후 1960년 6월 15일 제37차 본회의에서 의결된 것으로서 내각책임제로의 개정이 골자였다. 내각책임제에 대한 타당성, 효율성, 국민적합성 등을 따져 보지도

않고 4·19 이후의 분위기와 이승만정권의 정부형태와 대칭적이
란 것만으로 채택한 것이다. 특히 내각책임제가 정착하는 데 필
요한 전제조건은 전혀 고려되지 않은 채 한국에 민주주의를 갖
다 줄 것이란 이상적인 생각만으로 시행하게 되었다.

그럼에도 당시 제시된 개정 제안이유 및 골자는 다음과 같다.
첫째, 국민의 기본권의 보장을 위한 권력구조를 종래의 대통령제
에서 내각책임제로 하고 둘째, 사법권의 독립과 그 민주화를 위하
여 대법원장과 대법관을 선거제로 하는 한편 위헌입법의 심사와
기타 헌법사항을 관할하도록 헌법재판소를 설치하며 셋째, 선거의
공정을 기하기 위하여 중앙선거위원회를 헌법기관으로 하고 넷째,
경찰의 중립화를 위한 필요한 기구의 설치와 지방자치단체장의
직선제를 헌법상 보장하기 위하여 개헌하려는 것이라고 밝혔다.

제5차 헌법개정은 1961년 5·16군사쿠데타 이후 국회 해산 상
태에서 1962년 12월 국회기능을 대행한 국가재건최고회의 第28
차 회의에서 상정·의결된 것이다. 제5차 헌법개정 역시 제3공화
국이란 대통령중심제의 새로운 권력구조의 창출이 근본목적이지
만 명분은 다음과 같이 설정했다.

"부패와 부정과 빈곤에서 국가와 민족의 위기를 구출하고 새
로운 민주복지국가를 재건하기 위하여 궐기한 것이 5·16革命이
며 이제 민정이양에 따른 제3공화국의 국기를 마련함으로써 다
시는 과거와 같은 암흑의 역사를 반복하지 않도록 새로운 국가
적 기초를 확립코자 개헌을 하려는 것임"이라고 제안이유를 밝
히고 있다. 또 헌법전문에서 "…새로운 민주공화국을 건립함에
있어서 정의·인도와 동포애로써 민족의 단결을 공고히 하며 모
든 사회적 폐습을 타파하고 민주주의 諸 제도를 확립하여 정
치·경제·사회·문화의 모든 영역에 있어서 각인의 기회를 균등
히 하고 의무를 완수하게 하여 안으로는 국민생활의 균등한 향
상을 기하고…"라는 명분과는 달리 권위정치로 일관했다.

제6차 헌법개정은 제72회 국회(정기회) 제6차 본회의(1969. 9. 14)에 상정해 의결(1969. 10. 21, 표결: 재석 122, 可 122)된 것으로서 궁극목표는 박정희 대통령의 3선 허용이라는 권력창출에 있었다. 그러나 국회 제안설명은 다음과 같이 명분을 만들어 정당화시키려 하였다. "현행헌법이 제정·실시된 이래 오늘에 이르기까지의 헌정을 통하여 경험한 법률상의 미비점을 보완하는 동시에 現下 국내외정세에 비추어 시급한 정국의 안정·국방태세 확립 및 지속적인 경제성장 등의 제 요청에 부응하기 위하여 개헌하려는 것임"이라고 내세웠다.

제6차 헌법개정의 주요골자는 다음과 같다. ① 국회의원의 수를 현행 150인 이상 200인 이하에서 250인 이내로 증원함(제36조). ② 국회의원은 국무총리와 국무위원을 겸직할 수 있도록 함(제39조). ③ 대통령의 계속 중임을 3기에 한하도록 함(제69조). 여기에서 제69조를 위해 제36조와 제39조는 조연역할을 한 셈이다. 국회의원 수를 늘리거나 국회의원의 행정부 겸직허용은 국회의원들의 입을 봉쇄하고 불만을 줄이기 위한 것에 불과하다. 그 이후 30년이 훨씬 지난 지금도 국회무용론과 국회의원 數를 줄이는 것을 골자로 한 구조조정을 하라는 여론의 목소리가 빗발치고 있음을 감안하면 더욱 그러하다. 그때나 지금이나 정치권의 의사결정과정에서 그들의 이익이 아닌 국민이익적인 내용은 늘 배제되어 왔음을 의미한다.

제7차 헌법개정은 국회해산 상태에서 비상국무회의 제3차 회의(1972. 10. 27)에서 의결하고 국민투표에서 확정한 소위 유신헌법을 탄생시켰다. 법리적으로 보면 개정이라기보다 제정에 해당된다. 대통령의 無所不爲의 절대권력을 실질적으로 정당화·합법화시킨 관료권위주의 정치를 탄생시킨 결과가 되었다.

그러나 유신헌법 역시 명분은 "조국의 평화통일이라는 역사적 사명을 완수하기 위하여 민주주의의 한국적 토착화를 기하고 국력을 조직화하여 능률을 극대화할 수 있도록 통치기구와 관계제도를 개혁하는 한편 정치·경제·사회·문화 등 모든 영역에서 안정을 유지하고 번영의 기반을 확고히 하며 국민의 기본권을 우리나라의 실정에 알맞게 최대한으로 보장하는 외에 민족의 활로를 개척함으로써 국제사회에서 우리나라의 영광을 드높이고 영구적 세계평화에 이바지 하고자 개헌하려는 것임"이라 밝히고 있다.

제8차 헌법개정 역시 10·26→12·12→5·17로 이어지는 정변 끝에 국회가 해산된 상태에서 제89회 국무회의(1980. 10. 25)에서 헌법개정을 확정하고 국민투표에 부쳤다. 제8차 헌법개정에 의한 제5공화국은 유신2기라 할 만큼 절대권력의 대통령제로서 관료 권위주의 정치로 일관했다. 그러나 헌법개정의 제안이유는 다음과 같이 명분을 갖추었다. "그동안 줄기차게 국가발전을 이룩하여 온 민족의 저력을 바탕으로 하여 국민 모두가 참여하는 참다운 민주정치를 토착화하며, 성장의 혜택이 국민 모두에게 고루 나누어지는 복지국가를 건설하고, 질서 있고 명랑한 기풍이 진작되는 정의사회를 구현함으로써 민족사의 획기적인 전환점을 이룩하려고 한다."

제9차 헌법개정은 1987년 소위 '6월 항쟁'에 대한 항복으로서의 성격을 띠었기에 제도적 측면에서의 상당한 민주화조치를 했지만 여당의 차기 대통령선거 전략이 깔려 있었기에 위장된 부분도 많았다.

제137회 국회(정기회) 제5차 본회의(87. 10. 12)에서 상정·의결된 제9차 헌법개정은 "국민적 합의를 도출하는 데 필요한 모든 절차를 거친 것으로써 참다운 민주화 시대의 전개를 향한 국민적 여망과 정치인의 시대적 사명이 함께 담긴 것이다"라고 제안이유를 밝히고 있다.

명분에 그친 점이 없지 않지만 민주화조치로 간주되는 주요 개정내용은 대통령직선제 채택, 대통령의 비상조치권 및 국회해산권 폐지, 구속적부심사청구권의 전면보장, 형사보상제도의 확대, 범죄피해자에 대한 국가구조제 신설 등 국민의 신체와 생명에 대한 보호를 강화, 언론·출판·집회·결사에 대한 허가·검열의 금지 등 표현의 권리를 최대한 보장하며, 노동3권의 실질적 보장과 최저임금제의 실시 등 근로자의 인간다운 생활을 할 권리를 확충하여 기본적 인권을 대폭 신장한다는 것 등이다.

이상과 같은 소위 '6·29민주화선언' 조치를 명분으로 정권창출에 성공한 제6공화국은 임기 절반을 겨우 넘기면서부터 권력구조와 관련 국민들의 분노가 표출되기 시작했다. 1991년 5월 명지대 姜慶大 치사사건과 관련 노재봉 국무총리의 사직, 서울대 교수 55명과 서강대 교수 20명 그리고 대한변호사회는 시국선언을 통해 '盧정권은 민주적 권력구조개편 등 근본적인 민주화 조치를 추진하지 못한다면 퇴진해야 한다'고 주장하였다. 이 즈음에 '民自黨 해체와 공안통치 종식을 위한 범국민대회'가 전국 42개 시·군에서 6공화국 들어 최대 인원인 20만 명(주최측 50만 명,경찰 10만 명 주장)이 참가한 가운데 자정까지 진행되기도 하였다. 또 정경유착의 표본인 한보그룹의 '水西특혜'사건 등 권력형비리 사건도 연이어 터져 나왔다.

요컨대, 민권에 항복한 5공화국 말 정권 측의 6·29민주화선언 조치에 따라 최대의 민권신장의 입장에서 제9차 헌법개정을 통해 이루어진 권력구조개편도 결국은 지배엘리트를 위한 것으로 전락 되었다.

이상에서 살펴본 바와 같이 잦은 헌법개정에도 불구하고 정부형태나 권력구조가 민주화되었다기보다 오히려 帝王的 권력구조를 부추긴 셈이다. 최근의 헌법개정 역시 처음부터 여당의 권력창출 욕구와 야당의 권력획득 기회라는 것이 맞물린 음모로부터 시작되었기에 정치발전과는 무관하게 굴러가게 되어 첫 단추를 잘못 끼운 꼴이다.

2. 현대판 帝王정치의 악순환

기술한 바와 같이 헌법개정을 아무리 거듭한다 해도 결과적으로 소수 지배엘리트를 위한 권력구조 개편에 그친다면 아무런 정치적 의미가 없게 된다. 다시 말해 政爭에서 승리한 자의 편으로 기울어진 권력구조는 無所不爲의 무한권력을 지니는 제왕정치를 탄생시킨다. 설사 그 원인이 집권 측에 있든 국민 측에 있든 포장만 새롭게 단장한 헌법개정이 정치발전의 길로 굴러가거나 민주주의사회를 실천해 낼 수 없음은 당연한 것이다.

아니라고 하지만 아직도 유교적 배경이 강하게 깔려 있는 한국사회에서 일반국민들의 의식구조에는 민주적 절차가 있음에도 지도자의 가부장적인 지위와 도덕적 권위에 의한 지배에 크게 거부감이 없다. 특히 정치쟁점사항에 대해 정치엘리트를 포함한 지식인들의 利害관계에 따른 입장표명이나 해석하는 경향은 최고 권력자의 가부장적인 제왕정치를 더욱 부추기는 면이 있다.

한국 대통령의 권력이 제도적으로는 그렇게 막강한 것은 아니다. 총리의 법률상의 역할과 당정분리원칙만 제대로 지켜진다해도 대통령의 제왕적 권력으로 인한 부작용을 그렇게 염려하지 않아도 될 것이다. 문제의 심각성은 최고 권력자가 제도적 절차를 경시하거나 권력남용 인사권남용을 하여도 법률상 존재하는 견제기능마저 발동되지 않는데 있다. 특히 집권여당이나 친여세력은 당정분리에도 불구하고 대통령에 의존해온 오랜 관습과 정치적 아첨효과(sycophantic effect) 때문에 권력구조상의 견제기능마저도 발동되지 않는데서 제왕정치로의 길은 아직도 탄탄대로이다.

이러한 경우 기득권자인 소수 지배엘리트들에 의해 위장된 민주화 헌법개정이나 권력구조개편에 국민들은 쉽게도 휘말리게 되고 동조하게 된다. 헌법상 국가의 주인은 국민이고, 모든 권력은 국민으로부터 나온다고 규정하고 있지만 국민스스로가 주인의식이 매우 희박한 상태이다. 권위주의문화가 팽배한 나라들의 국민들은 국민참여시대라고 하지만 선거 때가 아니고는 주인대접 받는다는 말조차 들어볼 수 없다. 오히려 권력이란 당연히 '쥔 자의 것'이라 생각하는 사람이 더 많을 것이다.

이러한 정치환경에서는 현대정치로 위장된 현대판 帝王정치(imperal politics)가 악순환 될 수밖에 없다. 그래서 현실정치를 경험한 대부분의 정치인들은 '권력의 본질은 殺父'라고까지 말한다. 예컨대, 현대정치에 와서도 노태우 前대통령은 자신의 정통성을 확보하기 위해 전두환 前대통령을 백담사로 유배하는 등 정치적으로 죽였고, 김영삼 前대통령은 그에게 권력을 갖게 한 노태우 前대통령을 구치소로 보내는 등 정치적으로 살해하였다. 김대중 前대통령은 김영삼 前대통령이 워낙 거세게 반발하기에 구치소까지 보낸 것은 아니지만 김대중후보 시절 대선직전의 정치자금 고소사건을 유예해준 은덕을 잊었다고 임기 내내 갈등관계를 지속했다. 퇴임 대통령들의 수난이 순환되는 것은 정치적 이유야 무엇이었든 대통령들이 재임중 제왕적 권력을 이용한 천문학적 부패 때문이다.

이렇게 한국의 역대 대통령들은 전임자들을 격하한 다음 제왕으로서의 대통령 본인과 가족 혹은 측근들 그리고 家臣이 연출해 내는 농경문화시대의 정치를 계속하고 있다. 김대중 前대통령도 아들과 家臣들이 연출해 내는 인사문제와 부패문제 그리고 측근에 의한 권력형 비리사건 등이 끊임없이 일어나 농경시대의 권위주의 정치를 벗어나지 못했다고 비판받기는 마찬가지이다.

사실 그동안 국회가 제 역할을 다 못했던 것도 따지고 보면 대통령의 정당후보 공천권이나 측근정치 등을 통해 헌법상의 3권 분립을 마비시키고 국회의 본질적 기능인 행정부의 통제와 감시마저 무력화시키는 데 있었다.

16대국회 말 최대 이슈였던 제왕적 대통령의 폐단과 '돈먹는 하마'를 막기 위한 장치로서 17대 총선(2004.4.15)직전 개정선거법(2004.3.2)을 통해 정당자주성의 본질적 3대요소인 '정당후보자추천제' '黨政분리제' '돈 안 드는 선거제'를 채택하였다. 개정선거법의 위력으로 17대 국회의원 299명중 62.5%의 정치신인(188명)이 탄생하였다. 이것은 세대교체로 엄청난 변화를 예고하는 것이지만 실은 그렇지 못하고 있다는데 문제의 심각성이 있다. 대통령이 여당을 움직여 국회에 대한 조정과 통제를 할 여지는 여전하기 때문이다. 예컨대, 국가보안법폐지를 놓고 2004년 9월 현재의 여론조사에 의하면 국민 80%가 반대하며, 여당마저 반대파 우세 속에서 찬성파와 내분이 있던 중 대통령의 "국가보안법은 폐지되어야 한다."는 발언이후에 여당은 바로 국가보안법 폐지로 당론을 정하였다. 당정분리의 개정선거법이 잉크가 채 마르기도 전이다. 이를 두고 여당은 대통령 교시를 무조건 추종하는 '리모콘 정당' 이라고 비난받는 등 신조어가 생겨나기도 하였다.

3. 잘못 끼워진 첫 단추는 풀고 다시 끼워야 한다

(1) 친일파 문제는 한번은 짚고 넘어가야 한다

식민지 시절 굳이 독립운동에 나선 사람이 아니라도 당시 우리국민은 일본인보다 친일파에 더 분노했다. 친일파가 일본인 이상으로 우리 국민을 더 잔인하게 괴롭힌 점 때문이다. 당시 일본은 세계를 집어삼킬 듯한 야심으로 팽창정책을 추진하는 데 있어서 노예가 필요했던 것이다. 일제는 대한제국인(이하 한국인)은 노예근성이 있다고 가정하고 한국과 한국인들에 그들의 팽창정책을 채우는 데 필요한 궂은 역할을 영구히 맡길 생각을 했다.

이러한 점에서 일제는 야수 같은 마음을 감추고 한편 관대한 영주처럼 위장하느라 노예 취급을 한 한국인에 대한 무자비한 폭행은 친일파를 시켜 했다. 다른 한편 이러한 일본의 전술에 맞춰 설상가상으로 고도의 머리를 쓴 친일파들은 동족에게 더 잔인한 몹쓸 짓을 자행하고 더 많은 보장책을 받아내는 식의 생활을 계속하였다.

이러한 매판 친일행위에 대해 일제강점기가 끝난 이후에도 미군정은 물론 우리 정부조차 벌을 내리지 않고 오히려 상을 내려 출세의 기회를 주었다. 이것은 당시 올곧은 志士나 올바른 국민에게 엄청난 실망과 더불어 가치혼란을 준 것이다. 문제는 이러한 과정이 한국인의 의식구조를 기회주의자로 바꾸어낸 중요한 요인이 되었다는 점이다. 정권마다 성격과 논리가 다름에도 정권마다 말(馬)을 바꿔 타 이익을 챙기는 아첨꾼과 기회주의자를 양산해 낸 셈이다. 민주주의는 여기서부터 제대로 싹을 틔우지도 못하고 잘린 셈이다.

프랑스는 2차 대전 당시 독일의 나치정권에 협력한 사람들에 대해 4년여의 나치 점령을 벗어난 뒤 비시정권 하에서 대대적으로 처형을 감행했다. 즉결처분과 정식재판을 합해 처형된 인원은 만여 명으로 추산된다. 반역자로 사형이 집행됐던 인사들 중에는 파시스트 총리 라발, 퓌슈 前 내무장관, 민병대장 다르낭, 언론인 조르주 쉬아레스('오늘'지 사장), 브라지야크('내가 도처에 있다'지 편집장), 장 뤼세르('신시대'지 사장), 장 파키('라디오 파리' 진행자) 등이 포함되어 있다.

프랑스는 해방 직후 분노한 국민에 의한 보복적 처형도 많았다. 나치협력자 처단에 관한 한 좌우가 서로 협조했던 것도 특기할 만한 일이었다. 또한 유태인 학살에 가담한 경우 시효에 적용되지 않는 반인륜 범죄로 처단할 수 있는 길을 열어 바르비, 파퐁 등의 경찰, 관리 출신 등에 대해 50년이 넘어서도 역사적 심판을 계속 해오고 있다. 불과 4년여의 점령을 당한 프랑스가 이처럼 확고한 처단을 하고 그것도 언론인, 지식인에게까지 엄정한 처벌을 한 것은 우리에게 많은 것을 깨우쳐 주고 있다.

그렇다고 이 시점에서 친일파를 찾아내 추상같은 벌을 내리고 連坐罪를 도입하자는 것이 아니라 구조적으로 상과 벌이 바뀐 역사적 사실에 대해 역사정립을 다시하고 민족정기를 바로잡자는데 있다. 한국현대정치사 반세기가 넘은 오늘날도 현대판 친일행위는 계속 생산되고 부당한 이득과 더불어 굴러가고 있기 때문이다.

한국 민주화의 최대난점은 친일행위자 내지 그 후손들이 지금도 사회 곳곳에 기득권 세력으로 강한 영향력을 가지고 있기 때문인 점도 있지만, 이들의 부당한 수혜의 수단을 후세인들이 보고 배워 출세의 도구로 삼고 있다는데 있다. 지금도 곳곳에서 친일파적인 아첨과 거짓에 앞장선 사람이 사회성이 있다는 왜곡된 인식과 우리사회의 주류를 이루어 부패의 온상이 되고 있다는데 문제의 심각성이 있는 것이다. 그럼에도 그것이 소위 출세가도가 빠르기 때문에 자신을 위장하고 스스로를 속여 권력의 끈을 잡으려 안간힘을 쓰고 있는 것이다. 이러한 점에서 학교교육 무용론은 지금도 유효하다. 이에 반해 제대로 하자는 성실한 사람은 꽉 막힌 사람으로 평판되어 오히려 역사의 아웃사이더가 되고 있는 것이 현실이다.

바로 이러한 폐단을 바로잡고 민족정기를 재정립하지 않고는 생활민주주의 길로 들어 설수 없다는 점이 친일진상규명의 가장 큰 의의가 될 것이다. 이러한 과정 없이 교육적 노력만으로 바른 국가관이나 역사관을 세우고 우리의 잘못된 모든 관행이나 기회주의적인 의식구조를 바로잡기란 불가능하기 때문이다.

요컨대, 상과 벌이 바뀌지 않는 미래의 세상을 만들기 위해 그동안 잘못된 정치과정에서 상과 벌이 뒤바뀌었던 억울한 누명들을 벗겨주고 명예회복을 시켜주는 것이 후세인들의 중요한 역사적 책무이자 살아 숨쉬는 교육이 된다.

(2) 정의와 성실이 손해 보는 세상

우리는 무수히 왜곡된 일상의 정치생활에서 법을 지키고 정의와 성실을 내세우는 사람이 오히려 손해 보는 거꾸로 된 세상을 살게 되는 경우를 많이 볼 수 있다. 이익이 반드시 법을 지키는 사람이나 정의와 성실의 편이 아니란 말이다. 문제는 이러한 현상과 부정부패와는 구조적으로 상호 어우러져 소위 '비리의 구조적 만연성'을 연출하는 데 있다.

정의의 편에 서서 성실하게 살아가는 사람이 손해를 보는 세상이란 굳이 지나간 일제시대나 먼 옛날만의 일이 아니다. 새천년에 들어와서도 '국민의 정부'(김대중정권) 임기 말에 연이어 터진 소위 '4대 게이트 사건'이라 칭하는 '윤태식 게이트', '정현준 게이트', '이승현 게이트', '이용호 게이트' 등은 정치인·청와대·안기부·검찰·경찰·기업인·조폭 등 한국의 권력실세와 그들의 친인척을 비롯한 주변인물이 총동원되다시피 연루된 전형적인 권력형 비리사건이다.[2] 특히 한국의 권력기구 전반이

---

2) 역대 대통령과 친인척 비리
　① 이승만 前 대통령의 양아들 강석 씨는 이 前 대통령의 양자로 들어간 뒤 워낙 위세를 부리고 다녀 그를 사칭해 주변에서 사기를 친 사건이 꼬리를 물었다.
　② 박정희 前 대통령은 재임시절 가족들에게 엄격한 편이었다. 형인 동희 씨(작고)의 경우 동생한테 누가 된다며 대통령 취임식에도 참석치 않고 시골에서만 살았다.
　③ 전두환 前 대통령은 형 기환, 동생 경환, 사촌형 순환, 사촌동생 우환 씨를 비롯해 여러 친인척이 5공비리 수사 때 구속됐다.
　④ 노태우 前 대통령의 딸 소영 씨는 19만2,000달러의 외화밀반출혐의로 94년과 95년 두 차례 검찰 조사를 받았다. 노 前 대통령은 엄청난 비리혐의로 구속되기도 하였다.

동시에 권력형비리가 가능했던 것은 특정지역의 인사독식 때문이다. 권력기구 간 상호견제와 감시를 해야 함에도 비리나 부패마저 서로 눈감아 주었기 때문이다.

이것은 빙산의 일각이지만 정의와 성실을 바탕으로 살아가는 많은 사람들에게 허탈감과 소외감을 준 사건이다. 아직은 임기의 절반을 채우지 못한 '참여정부'(노무현정권)에 와서 돈 안 드는 선거와 비리와 부패를 구조적으로 고치려는 많은 흔적이 있음에도 측근들의 권력형비리3)는 적지 않게 들어나고 있다.

오늘의 한국사회는 구조조정이니 무한경쟁이니 하여 중산층이 무너지는 현상에서 소수의 부자층과 다수의 빈곤층으로 나누어지고 있다. 빈곤층에 속하는 절대다수 사람들의 정부와 정치권에 대한 불신은 위기상황에까지 온 것이다. 정부가 '부패의 구조적 만연성'을 종식시키기는커녕 오히려 정부의 권력실세가 부패의 가운데 서 있거나, 정부가 부패무리에 포위된 듯하니 상당수의 사람들은 한국은 희망이 없는 나라로 보고 이민을 서두르는 경향이 늘어나는 형국이다.

절대부패는 절대 망한다. 독일 베를린에 본부를 두고 있는 국

---

⑤ 김영삼 前 대통령의 차남 김현철 씨는 97년 5월 현직 대통령의 아들로서는 처음으로 구속(알선수재 및 조세포탈혐의)됐다. 그는 아버지 재임기간 중 엄청난 권력을 휘둘러 끊임없이 구설수에 올랐다. 청와대 수석들이 하나같이 현철 씨 눈치를 봐야 했고, 장·차관 희망자는 그에게 가서 별도로 인사하지 않으면 안된다는 말까지 나돌았다. 김현철 씨는 2004년 9월11일 조동만(구속) 전 한솔그룹 부회장으로부터 20억원의 불법 정치자금을 받은 혐의로 재구속된 바 있다.

⑥ 김대중 대통령은 임기 말 그의 처조카인 이형택 씨가 특가법상 알선수재 등 혐의로 구속되었다. 김대통령의 재임중 2남 김홍업, 3남 김홍걸마저도 부패혐의로 각각 구속되었다.

3) 국회는 2003년 11월 10일 본회의를 열고 '노무현대통령의 측근 최도술·이광재·양길승관련 권력형 비리사건 등의 진상규명을 위한 특별검사의 임명 등에 관한 법률안'을 국회재적의원 2백72명 중 1백93명이 참석한 가운데 표결에 부쳐 찬성 1백84, 반대 2, 기권 7표로 가결되었다. 최도술·양길승·안희정은 권력형 비리 혐의로 구속되었다.

제투명성위원회(Transparency International)가 각 국가의 부패정도를 발표하는 부패지수(Corruption Perceptions Index)에서 2001년 한국은 10점 만점에 4.2점으로 낙제점수를 기록하며, 조사대상 91개국 중 42위를 차지했다. 2004년 8월12일 국제투명성위원회가 밝힌 부패지수에 의하면 133개국가중 52위로 추락함으로서 '부패공화국'이란 별칭을 얻었다.

문제는 부패만이 심각한 것은 아니다. 국민대중들의 삶의 터전인 각 단위직장(조직)에서 인사권자의 눈을 가리거나 아첨을 통해 벌을 받아야 할 사람이 상을 받고 승진이나 영전하는 경우가 허다하다. 심지어 민주주의 산실이라고 하는 대학의 경우도 전혀 예외가 아니다. 교수들이 보직을 위해 윗사람의 눈을 속이고 위장하는 변장술은 참으로 가관(可觀)이다. 성실하게 일하는 사람이 대접받는 경우는 교과서에서나 있을 수 있는 일이다. 인사권자의 눈을 가리거나 아첨을 잘하는 사람, 경찰이나 세무원들에게 뒷거래 잘하는 사람들을 오히려 인간관계를 잘하고 유능한 사람으로 인정되어 승진이나 영전 등에서 특혜를 주는 '거꾸로 된 세상'을 바로잡기란 매우 어렵다. 부패지수 낙제점수를 받은 나라에서는 잘못된 것이 오히려 당연하고 보편적인 것처럼 의식화되어 있기 때문이다. 마치 첫 단추를 잘못 끼웠을 때 풀고 다시 끼워야 한다는 것은 알면서도 그 실천이 그렇게도 어려워 역사 속에 그냥 묻어버리듯이 정의와 성실이 이익이 되는 세상을 만든다는 것은 그만큼 어려운 것이다.

장기적인 극복방안을 마련해 우리들의 의식구조를 바꾸어 나가야만 한다. 상벌을 투명하게 해야 하고 정의롭고 성실한 사람이 대접받는 올바른 가치와 태도를 확산시켜 나가야 한다. 이것은 교육적 노력에 의존해서만은 안 될 것이다. 최고 지도자의 의도적이고 개혁적인 정책과제로서 시행해야 한다. 최고 지도자인 대통령은 정치권이나 행정관리 등 윗사람들부터 실천할 수밖에 없도록 지시·감독·지도·처벌을 철저히 하고 국민들의 삶의 터전인 전국 단위집단이 투명한 운영을 하도록 감독해야 한다. 자율능력이 없는 자에게 자율을 맡기면 마치 횟집 주방장에게 있어야 할 생선회칼을 깡패에게 쥐어주는 것이나 다름없는 결과를 낳을 것이다.

진실은 언젠가는 밝혀진다고 하지만 우리 역사 속에는 억울하게도 진실이 영원히 묻혀 餘恨을 무덤으로까지 가져간 경우가 너무 많다. 그럼에도 진실을 구가하는 끊임없는 실천을 겸비한 교육적 노력으로부터 생활정치는 싹이 트는 것이다.

(3) 인물보다는 시스템이 지배하는 사회

한국정치의 가장 큰 문제점은 권력집중화현상과 인물지배에 있다. 사람이란 하룻밤에도 몇 번씩이나 마음이 바뀔 수 있기에 최고권력자에게 권력집중과 인물지배란 두 개의 도구가 동시에 주어졌을 경우 국민들은 엄청난 수난과 불확실한 시대를 살아야만 한다. 뿐만 아니라 권력의 속성상 권력을 쥔 지도자의 주변에 아첨배가 모여들 가능성이 높기 때문에 지도자의 눈과 귀는 쉽게 가려지고 진실은 왜곡되기 시작한다. 이러한 경우 권력획득 과정이 아무리 부당하고 불법적이라 해도 권력획득에 일단 성공하면 아첨효과에 의해 권력은 유지될 수 있다는 역사적 비극이 발생한다.

바로 이러한 관점에서 선진민주국가로 가려면 국가경영을 포함해 인간의 삶의 터전인 사회의 모든 단위조직을 인물에 의한 지배(management by person)체제에서 시스템에 의한 지배(management by system)체제로 점진적 전환을 시도해야 한다. 국가경영이든 기업경영이든 어떤 집단의 경영이든 시스템에 의한 경영이라고 할 때는 구성원이 소속집단의 경영내용이나 경영방식을 사전에 인지할 수 있기 때문에 예측 가능한 삶과 행동을 할 수 있는 것이다. 앞항에서 다루었던 것처럼 상벌이 뒤바뀌는 역사적 혼돈이나 불행한 일도 줄어 들 것이다.

우리 사회를 구성하고 있는 크고 작은 모든 단위체의 내용이나 운영방식을 시스템화하여 시스템이 지배하는 선진국형 사회를 만들어감으로써 권력형 비리는 물론 모든 부패가 구조적으로 생성되기 어렵게 된다.

제3장   자유민주주의도 발전단계가 있다

I. 민주주의란 무엇인가

1. 비서구사회의 민주주의, 왜 안되는가

우리들은 민주주의에 대한 모호한 개념과 그냥 좋을 것이란 막연한 기대만으로 희망과 열정을 품어왔다. 특히 20세기 후반부터 비서구사회에 불어닥친 서구풍의 민주주의 수출은 실패와 혼란을 가중시키기도 하였다. 비서구사회 대다수의 나라들은 권위주의정권이나 독재정권이 무너지는 것만으로 교과서에서 배운 민주주의시대가 올 것으로 여겼다. 그래서 비서구 국가들은 민주주의 시대를 열기 위해 권위주의정권이나 독재정권의 종식을 위해 싸워왔다. 소위 '민주화세력'은 심지어 군사정권의 총부리와도 맞서기도 해 엄청난 희생 끝에 붕괴시켰지만 정권의 주역이 바뀌었을 뿐 권위주의 정치는 여전했고 실질적인 민주주의는 오지 않았다. 이와 같이 기존의 권위주의 체제가 종식되면 새로운 형태의 권위주의 체제가 생성되는 등 권위주의라는 악의 씨는 순환될 뿐이었다. 이래서 비서구사회 대부분의 나라에서는 21세기가 되어도 돌아오는 것은 환멸과 실망뿐이었다.

1974~75년의 포르투갈·그리스·스페인의 독재정권 붕괴, 198

년대 중반이후 라틴아메리카 각국에서 군부통치 종식의 도미노 현상, 80년대 전후 필리핀, 한국 등 아시아의 군부통치 또는 권위주의정권 붕괴가 민주주의 국가로 안착되지 못했다. 더욱이 그동안 한국에서는 민주주의 대명사로 통하던 김영삼정권과 김대중정권에 와서도 더 무서운 人治와 철저한 보스정치 그리고 정경유착과 측근들의 부패심화 등 권위주의 정치의 산물로부터 벗어날 수는 없었다. 이렇게 비서구사회의 민주화운동과 민주주의 열망은 권위주의 정권을 붕괴시키는 데는 성공하지만, 민주주의 체제로 승화시키는 데는 실패한다. 비서구사회 대부분 국가들의 민주화운동의 성공은 모양을 달리한 새로운 형태의 '신대통령제'(neo president), '근대화도상의 전제정치체제'(modernizing autocracies), '신중상주의 체제'(neo mercantilist), 군사과두체제(military oligarchy)라는 유형의 독재로 이어진다.

문제는 비서구사회의 민주주의는 왜 안되는가에 있다. 이 문제는 이 책 전체를 통해 논의되고 답이 우러나올 것이다. 단지 그동안 민주화운동이라는 것이 민주주의사회로의 변화를 위한 구체적인 내용과 더불어 노력을 했다기보다 민주주의 열망으로 권위주의 정권과 맞서 싸우는 데서 그쳤다. 민주주의에 대한 준비과정 없이 권위주의 붕괴만으로 민주사회가 오는 것은 당연히 아니다. 더욱이 오랜 세월 동안 독재정치에 맞서 모질게 싸우다 보면 독재정치는 붕괴 될 수 있지만 민주란 이름으로 독재와 맞서 싸운 자도 어느새 더한 독재자로 변해간다는 사실을 미처 깨닫지 못한다. 독재정권을 무너뜨리고 들어선 새로운 정권 역시 민주적 경험을 하지 못한 상태에서 비민주적 방법으로 민주주의 제도를 만들어 추진하다 보니 결과는 또 하나의 새로운 형태의 권위주의 정치로 빠지게 된다. 우리는 昨今에도 민주화 세대들이 참여한 의정생활에서 더 독선적이고 잔인한 비민주적 행위를 쉽게 발견할 수 있다. 자신의 검댕은 묻어둔 체 남의 가슴 검댕만 가리키는 것은 비판도 민주화도 아니다.

그럼에도 우리들은 민주주의를 향한 꿈을 버릴 수 없다. 역사적 경험에 의하면 민주주의는 인간이 발견한 가장 좋은 삶의 양식을 담은 제도라 보기 때문이다. 딱 한번 왔다가는 인생을 생각하면 그래도 인간다운 생활을 목표로 하는 민주주의를 포기할 수는 없는 일이다. 그렇다고 민주주의가 인간에게 至高至善을 담보한다고 할 수는 없다. 정치권력의 속성을 감안한 현실에서는 민주주의가 그 본질적 기능을 도저히 다해낼 수 없는 한계가 있기 때문이다.

정치적 동물로서 조직의 일원으로 살아가야만 하는 인간에게 민주주의는 그래도 '가장 덜 고약한' 제도라는 것이 역사적으로 입증되었다. 아래에서는 민주적 삶에 대한 성공 가능성을 예단하며 민주주의에로 이행 및 민주화 과정에 주목해 보기로 한다.

2. 민주주의 개념의 다양성

민주주의란 매우 多義的이면서도 모호한 뜻을 지니고 있기에 언제나 논쟁의 대상이 되어 왔다. 민주주의란 용어를 사용하는 자가 자기에게 유리한 편의적 해석을 선택해 상대와 싸움의 명분으로 사용할 여지가 있기 때문이다. 민주주의 이론가로 널리 알려진 사토리(Giovanni Sartori)교수는 '오늘날 우리들은 민주주의 개념의 혼란시대에 살고 있다'(To put bluntly, we are living in the of confused democracy)고 한다. 예컨대 인민민주주의와 자유민주주의 중 어느 것이 더 진정한 민주주의냐고 끝없는 이데올로기적 논쟁을 하는 것이라든지, 다툼의 내용과는 별로 상관없는 일에도 민주주의라는 명분을 내세워 勝機를 잡으려 하는 것 등이 그러하다. 김대중 정권 말기 집권당인 민주당의 '사립

학교법개정안'을 비롯한 몇 가지 정책에 대해 야당인 한나라당
은 사회주의적 발상이라 평가를 하고, 민주당에서는 대중민주주
의와 사회복지민주주의로 맞서 대선을 앞둔 시점에서 정치적으
로 이슈화하여 논쟁을 하다 결국 아무것도 해내지 못하고 다음
정권으로 넘겼다. 노무현정권에 와서도 똑같은 논쟁이 계속되고
있다. 정치권에서는 민주주의 산실인 교육현장에서 벌어지는 인
사권 전횡 등 비민주적 행위와 내용은 고려되지 않는 상태에서
여야간 전략의 차이에서 오는 지지표의 향방만을 놓고 비현실적
인 논쟁을 일삼는 것이다.

2차대전 후 많은 신생국가들이 그들 나름대로 독자적인 민주
주의를 표방하고 나섬으로써 개념의 다양성을 넘어 더욱 혼란에
빠져들게 되었다. 더욱이 민주주의라는 말 앞에 오만가지의 형용
사가 붙여져 사용됨으로써 혼란은 더욱 가중되고 있다.[1] 이렇게

---

1) 이극찬, 「정치학」, 법문사, 참조.
   자유민주주의(Liberal Democracy), 사회민주주의(Social Democracy), 정치
   적 또는 경제적 민주주의(Political or Economic Democracy), 기독교민주
   주의(Christian Democracy), 산업민주주의(Industrial Democracy), 公衆민
   주주의(Public Democracy), 대중민주주의(Mass Democracy), 완전민주주
   의(Complete Democracy), 협동민주주의(Cooperative Democracy), 지도적
   민주주의(Leading Democracy), 계획민주주의(Planned Democracy), 街頭민
   주주의(Street Democracy), 주식소유민주주의(Share-Owning Democra-
   cy), 多頭的 민주주의(Polyarchical Democracy), 集産主義的 민주주의
   (Collectivist Democracy), 組織민주주의(Organization Democracy), 機能的
   민주주의(Functional Democracy), 代議制 민주주의(Parliamentary Demo-
   cracy), 대통령제적 민주주의(Presidential Democracy), 전체주의적 민주주
   의(Totalitarian Democracy), 직접민주주의(Direct Democracy), 간접민주주
   의(Indirect Democracy), 일당민주주의(One-Party Democracy), 敎導민주
   주의(Guided Democracy), 기본민주주의(Basic Democracy), 행정적 민주
   주의(Administrative Democracy), 민족적 민주주의(National Democracy),
   酋長민주주의(Sheikh Democracy), 地主민주주의(Landlord Democracy), 교과
   서민주주의(Textbook Democracy), 植民地末期민주주의(Terminal Colonial
   Democracy), 後見민주주의(Tutelary Democracy), 소비에트민주주의
   (Soviet Democracy), 인민민주주의(Peoples' Democracy), 신민주주의(Neo-
   Democracy), 진보적 민주주의(Progressive Democracy), 부르주아민주주의

민주주의 개념이 시대와 사회에 따라 다양하게 규정되어온 사정 때문에 민주주의를 그 속에 무엇이나 넣을 수 있는 '여행용 가방'(a kind of conceptual Gladstone bag)에 비유하기도 한다. 민주주의 국가와 전쟁을 치른 히틀러(Hitler)와 무솔리니(Mussolini)도 나치즘(Nazism)과 파시즘(Fascism)이야말로 진정한 민주주의라고 주장하고 있다.

이러한 관점에서 민주주의 개념을 가능한 명확히 해야 하고, 또 다수설과 소수설을 구분하여 인지한 다음 어느 관점에서 민주주의를 논의한다는 것을 적시해야만 한다. 민주주의 논쟁이 자칫 물과 기름이 겉돌 듯 각자의 주장을 정당화하려는 似而非민주주의 논쟁에 불과해 대혼란에 빠지게 된다.

특히 현실정치인들이나 정치학자들이 그들이 선호하는 정책이나 체제가 민주적 성격을 지녔음을 강조하는 상황 속에서 비교적 공정하고 객관적인 민주주의 개념을 정립한다는 것은 어려운 일이기는 하지만 매우 중요하다.

M. Rejai는 복잡한 민주주의 개념을 네 가지 유형으로 분류하였다.[2]

(1) 규범적 민주주의

이것은 Locke, Rousseau, Lincoln, Mill 등과 같은 고전적 민주주의 정치이론가들이 가졌던 이상주의적 민주정치관을 표명한

(Bourgeois Democracy), 프롤레타리아민주주의(Proletarian Democracy), 一民民主主義, 超민주주의(Hyper democracy), 인민투표적 민주주의(Plebiscitary Democracy), 多極共存 민주주의(Consociational Democracy), 依法的 민주주의(Juridical Democracy), 다원적 민주주의(Pluralist Democracy), 참가민주주의(Participant Democracy), 관객민주주의(Spectator Democracy) 등

2) M. Rejai, 「Democracy, the Contemporary Theories」, New York: Atherton Press, 1967, p. 23.

것이다. 민주주의를 정치제도나 절차와 같은 정치현실로 보는 것이 아니라 인간이 추구해야 할 이념·가치·理想·목적 등을 민주주의 개념으로 규정하는 규범적 또는 고전적 민주주의 개념을 말한다.

미국의 제16대 링컨(Abraham Lincoln, 1809~1865)대통령이 부르짖었던 '국민의, 국민을 위한, 국민에 의한' 정치체제라든지 정의·박애·천부인권·자연법사상 등 당위적인 내용 등이 이 유형에 속한다. 당위적인 내용으로 채워져 있는 규범적 민주주의는 정치권력자들의 실천의지가 밑받침되지 않을 때는 실현 가능성이 매우 희박한 말의 성찬으로 끝나 버릴 수가 있다. 그래서 1950년대부터 나타난 행태주의자와 경험주의자들 그리고 엘리트주의자들에 의해 비판을 받기 시작했다.

경험주의자들이나 행태주의자들은 루소(Rousseau)의 一般意志나 共同善, 로크(Locke)의 自然權 등은 경험적으로 증명이 불가능한 가설에 불과하다고 비판한다. 엘리트주의자들은 민주주의는 불합리하고 불가능하며 바람직하지 못한 정치형태로 파악한다. 그리고 대중은 자치능력이 부족하여 항상 소수의 엘리트에 의해 통치될 수밖에 없다며 고전적인 규범적 민주주의를 비판한다.

(2) 경험적 민주주의

경험적 민주주의는 20세기 중엽부터 대두된 미국의 행태주의 정치학자들에 의해 주장된 매우 현실주의적 개념이다. 민주주의 실천을 위해 슘페터(J. A. Schumpeter)는 선거를 통한 경쟁체제, 달(Robert A. Dahl)은 피통치자에 의한 통치그룹의 통제방법, 샷슈나이더(E.E.Schattschneider)는 정책결정 과정에 대중의 참여방안, 립셋(S. M. Lipset)은 정치지도자들을 정규적으로 교체시킬 수 있는 법적·제도적 장치에 관심을 두고 있다. 특히 더빈

(Durbin)에 의하면 민주주의의 기본요소는 자치정부가 아니라 국민이 선출한 정치지도자들에 대한 국민의 통제권을 의미한다.

요컨대 경험적 민주주의란 정치운영과정에서 관찰이 가능한 변수로서의 인간 행태의 패턴·제도·절차를 중시한다. 경험주의자들은 결국 무한한 욕심을 가진 인간에게 공동선·일반의지·정의·박애·천부인권·자연법 등의 확인이나 관찰이 가능하지 않는 규범적 개념들은 현실성이 희박할 뿐 아니라 악용의 여지마저도 있다는 것을 말하고 있다.

(3) 규범·경험적 민주주의

이것은 Ernest Barker, A. D. Lindsay, J. Dewey, H. B. Mayo, P. Maclrey 등이 주장하는 것으로 가치와 사실, 이념과 실제는 일치해야 한다는 입장에서 규범과 경험을 절충한 민주주의를 말한다.

이들은 대체로 고전적·이상주의적 민주정치관으로부터 경험적·현실주의적 민주정치관으로 넘어오는 중간 정도의 입장에서 두 개념의 장점을 조화시켜 내는 데 기대를 걸고 있다. 규범·경험적 개념에서는 민주정치를 '인간의 존엄성', '합리적 토론과 설득', '공정한 게임법칙에 의한 정규적 교체', '페어플레이 정신' 등을 실천하는 과정으로 보고 있다.

특히 MacIver도 자유 없이 민주주의는 불가능하며 동시에 민주주의는 통치방식(way of governing)이 아니라 통치자와 통치목적을 결정하는 방식(a way of determining who shall govern and to what ends)이라고 한다. 그리고 민주주의와 비민주주의와의 차이점은 토론과 투표를 통한 국민의 지도자 선출권의 유무로 구분할 수 있다고 한다. 이런 점에서 민주주의란 곧 여론통치(the rule of opinion)를 의미하기도 한다.3)

(4) 이데올로기적 민주주의

이것은 Marx, Mannheim, Lasswell, Bernard Williams, Herbert McClosky, Zerveidei Barbu 등이 주장하는 것으로서 민주주의를 하나의 정치적 이데올로기로 보는 입장이다. 이데올로기는 한마디로 '믿음의 철학', '야누스의 머리', '주장자의 이익' 등으로 표현할 수 있다.

이데올로기적 민주주의는 가장 비민주적인 것을 가장 민주적인 것으로 위장할 수 있는 이론체계를 지닐 수 있다. 또 이데올로기적 민주주의는 대중들에게 가장 비민주적인 것을 가장 민주적인 것 이상으로 믿고 따를 수 있는 믿음의 체계를 주입시켜 필요한 특정의 정치태도나 행동습성을 유도해 낼 수도 있다.

이러한 과정에서 발생하는 허위의식이 특정집단(개인)의 이익과 결부되면 그 이익을 정당화하기 위한 수단으로서 인간의 사고과정은 무수히 왜곡되고 농락된다. 급기야 진짜(眞)는 가짜(僞)로, 가짜는 진짜로 보이는 이데올로기의 역기능 현상이 나타나 권위주의 정치나 독재정치가 민주주의 정치로 둔갑되어 열광적 支持를 받으며 지속되게 된다. 예컨대 인민민주주의, 신민주주의, 파시즘, 나치즘, 군부통치 등도 한때는 열광적 지지 속에서 역사의 한 부분을 장식할 수 있었다. 현대정치에 있어서도 나라에 따라서는 실천은 없는 상태에서 말과 제도로만 존재하는 민주주의가 이데올로기에 의해 버티고 있는 경우가 허다하다.

민주주의 개념은 Rejai의 분류 외에도 맥퍼슨(C. B. Macpherson)은 포괄적이고 가치중립적인 입장에서 '狹義의 민주주의'와 '廣義의 민주주의'로 나누고 있다.

---

3) Robert M. MacIver, 「The Web of Government」, New York: Macmillan, 1947, p. 205.

1) 협의의 민주주의

협의의 민주주의란 국민대중이 주권을 名實共히 유지·행사하며, 정부에 대하여 효과적인 감시와 통제를 수행할 수 있는 제도적 장치와 정치체제를 의미한다. 요컨대 국민이 국가(입법, 사법, 행정)를 효율적으로 감독·감시·견제·비판·유지·보호 할 수 있는 사회를 말한다. 협의의 민주주의는 곧 主權在民을 의미한다.

여기서는 국민에 의한 정부(the government by the people)가 그 개념의 핵심을 이룬다. 민주주의이냐 아니냐의 핵심요소는 '국민에 의한'(by the people) 여부에 달려 있다. '국민에 의한'이란 첫째, 대표정부(representative government) 즉 국민의 의사와 이익을 대표하는 정부 둘째, 여론정치(responsive government), 즉 국민의 의사와 감정에 민감하게 반응하는 정부 셋째, 책임정치(responsible government)를 의미하는 것이기에 매우 중요하다. 이것은 정부가 과오나 실책을 저질러서 국민대중의 책임과 지지를 상실하였을 때는 지체 없이 물러서는 정부, 이러한 속성을 가진 정부라는 뜻이다.4)

2) 광의의 민주주의

광의의 민주주의란 정치지도자들에 의해 민주주의를 한다는 선언이나 법률적 약속만 있으면 민주주의로 간주하는 경우를 말한다. 광의의 개념에 의하면 '정치가 있는 곳에 민주주의가 있다'라고 할 수 있다. 절대왕조 시대에도 임금들은 입버릇처럼 '백성을 하늘같이 모시고'라고 했다. 東西古今에 독재정치를 한다고 스스로 밝히는 지도자는 없는 것이다. 그렇다고 왕조시대의 정치를 민주주의 정치라고 평가할 수는 없다.

위의 6가지 유형의 민주주의 개념에서 '규범경험적 민주주의

---

4) 韓昇助, 「韓國民主主義와 政治發展」, 法文社, 1986, pp. 15~17.

’와 ‘협의의 민주주의’가 통설이고 나머지는 소수설이다. 민주주의에 대한 논의나 평가를 할 때 통설과 소수설이 무엇이냐를 구분한 다음 가능한 통설의 입장에 논의가 되어야 하고 민주화 방안을 수립해 나가야 한다.

3. 민주주의의 본질적 내용

전제군주의 절대권력을 제한하려는 노력으로부터 피치자의 동의에 의한 정부, 사회계약론(social contract theory) 등의 개념이 생겨나며 민주주의라는 싹이 돋아나기 시작했다. 그렇다고 민주주의 싹이 돋아나기 시작한 과정은 자연발생적이거나 순조로운 군주들의 양보 속에서 이루어진 것은 아니다. 전제군주의 절대권력을 제한하는 과정에서 혁명이 발생했고 수없이 많은 민중들의 희생과 무자비한 탄압으로부터 해방되는 과정이었다. 영국의 권리청원·권리장전·명예혁명, 프랑스의 대혁명 등 유럽의 근대시민혁명은 모두 권력억제와 민권신장이라는 2개의 키워드(key word)를 중심으로 발생했다.

민주주의는 피치자의 존중과 자유 평등정신의 구현이라는 태생적 존재의미를 지닌다. 그러므로 민주주의는 인간의 존엄성 실현을 본질적 가치로 삼지 않을 수 없다.

이러한 개인의 존엄성 실현을 위해서 민주주의사회는 공동체사회의 일반적 문제는 물론 정책결정에도 각자 나름대로의 견해를 표명하고 토론과정에 참여할 권리를 가진다. 그러나 이러한 민주주의사회를 실제로 구현해 내는 데는 언제나 현실적으로 국가를 경영하는 지배엘리트 집단과 피지배 집단에 속하는 국민과의 사이에 권력관계를 비롯한 이해관계가 첨예하게 대립되어 왔던 것이 역사적 경험이다. 양자간의 대립관계는 곧 투쟁과 갈등관계를 의미하므로 긴 역사에서 민주주의를 얻기 위한 피나는 투쟁과 노력이 나라마다 있어 왔지만 아직도 높은 수준의 민주사회를 이루고 있는 나라들이 그렇게 많은 것은 아니다.

이러한 투쟁관계 속에서 나라에 따라서는 민권승리의 결과로 '국민주권 시대'를 열고 '다수결원칙'과 '代議制度' 등을 도입했지만 '51%에 의한 독재'와 '정치인들 간의 밥그릇싸움을 위한 국회'로 전락하는 나라들이 아직은 대부분이다. 또 국가를 경영하는 지배엘리트 집단들에 의해 민주주의란 이름으로 알게 모르게 탄압과 폭거, 반복된 洗腦敎育 등을 통해 길들여진 인간을 만들어 최소한의 인간의 존엄성도 지켜지지 않는 나라들도 아직 적지 않다.

민주주의란 제도적 조치 못지않게 국민들이 과연 국민주권 시대에 주인 노릇을 할 수 있는 역량이 있느냐가 중요하다. 주인 노릇 할 수 있는 역량 중에서도 국민 스스로가 선출한 정치지도자에 대해 국민의 통제권을 행사 할 수 있느냐가 관건이다. 선출한 정치지도자에 대해 사후 통제권마저 행사 할 수 있으려면 국민대중이 현명하고 유덕하며 안정된 중산계층이 국민의 다수를 차지하는 사회에서 더 잘 실현될 수 있다는 것이 역사적 실증이다.

II. 자유민주주의의 추진 및 발전단계

프랑스의 비교정치학자 기에메르(Guy Hermet)의 연구에 의하면 서구의 민주주의가 비서구의 나라에 수출되어 성공한 사례가 없다. 그렇다고 비서구사회에서는 민주주의가 주는 좀더 인간적인 풍요한 삶을 누릴 수 없다는 말은 아니다. 서구사회에 비해 비서구사회는 민주화과정에 가장 중요한 속도의 문제가 고려되지 않은 것이 실패로 이어진다는 말이다. 사실 「제2차 세계대전」이후 비서구사회의 대부분은 민주주의가 요구하는 조건을 성숙시키지 않는 상태에서 민주주의가 더 인간적인 삶을 보장할 것이라는 기대만으로 자의반 타의반으로 서구민주주의를 거의 원형 그대로 채택해 왔다. 그것도 의회에서 통과만 하면 손쉽게 만들 수 있다고 생각한 나머지 제도로서의 민주주의만 상향조정 해놓고 민주사회가 오기를 기다리는 격이었다. 이거야말로 영국의 처칠(Winston Churchill, 1874-1965)수상이 지적한 대로 쓰레기통에서 향기 그윽한 장미꽃이 피기를 기다리는 것과 마찬가지다.

한국의 경우 4·19를 비롯해 아래로부터의 민주화운동이 끊임없이 이어져 왔고, 역대정권마다 나름대로의 개혁과제와 민주화 개념을 설정하고 위로부터의 민주화운동도 나름대로 해온 것도 사실이다. 그럼에도 한국은 낮은 수준의 민주주의와 후진국형 정치로부터 벗어나지 못하고 있다. 특히 민주주의 산실이라 할 수 있는 대학을 비롯해 각 단위직장에서의 의사결정 과정과 추진 과정을 보면 아직도 매우 비민주적이다. 아직은 능력위주보다는 정실위주의 등용이 많고, 성실보다는 아첨과 줄을 대는 것이 더 잘 통하는 사회이다. 한때는 지방자치제 실시가 주민자치와 국민주권 시대를 여는 만병통치약처럼 주장되어 왔다. 그러나 막상 지자체 실시 수년이 지냈지만 민주사회를 만드는데 기여 못지않게 역기능도 많아 지방의회는 몰라도 지방단체장은 임명제로 돌려야 된다는 여론도 만만치 않다.

이러한 현상은 제도가 뿌리내릴 수 있는 상응한 문화가 형성되어 있지 않거나 민주주의를 추진함에 속도의 문제가 고려되지 않았을 경우에 주로 나타난다. 맥퍼슨(C. B Macpherson)의 『자유민주주의 생존성과 시기성』5)에 의하면 민주주의사회는 정책적

---

5) C. B. Macpherson, 「The Life and Times of Liberal Democracy」, London; Oxford University Press, 1977.

인 민주주의제도의 도입만으로 생존되는 것이 아니라 민주주의와 부합되는 어떤 제도의 도입 시기에 따라 생존가능성 여부가 결정된다는 것이다. 맥퍼슨에 따르면 그 나라의 정치문화에 따라 그에 호응성을 지니는 자유민주주의 유형이 있고, 유형마다 그에 적합한 제도와 정책이 있다. 특히 맥퍼슨의 자유민주주의 발전단계에 따른 유형은 한국의 현실정치를 분석하는 데 매우 유익하며 한국은 민주제도와 정책을 도입했음에도 불구하고 실패하는 이유를 설명하는 데 매우 긴요하다.

맥퍼슨이 제사하고 있는 자유민주주의 발전단계와 단계마다 호응성과 적실성이 높은 정책적 제도들을 중심으로 살펴보면 다음과 같다.

1. 방어적 민주주의

방어적 민주주의(protective democracy)란 정치문화와 정치제도가 다같이 매우 낮은 수준의 나라에서 시행하는 자유민주주의로서, 억압적인 통치로부터 어느 정도 국민들을 보호하는 초기수준에 머무는 경우이다.

방어적 민주주의 단계에서는 첫째, 권력분립제도가 있기는 하지만 형식에 불과하고 권력과 富가 엉겨 있다. 즉 부를 창출하는 수단으로 권력을 획득하여 다른 사람을 억누르는 것이 가능하다. 방어적 민주주의 시기의 사회란 서로 타인을 억누르고 희생시키는데 필요한 권력을 추구하는 개인들의 집합체로서 파악해도 무리가 아니다.

19세기 초의 벤담(Jeremy Bentham)이나 밀(James Mill)의 사상에서 지적하듯이 초기자본주의 사회에 대한 어떤 유보조건을 두지 않았기에 저소득층에 대한 배려가 없었다. 소위 '賤民자본주의' 그대로였다. 둘째, 선거제도가 있지만 보통선거권은 당연히 제약을 받는다. 지배계급들은 노동계급과 중간계급들이 여성의 참정권을 싫어한다는 여론을 파악하고 있었기에 제임스 밀의 사상을 본받아 여성에 대한 참정권을 배제한다. 심지어 40세 미만의 남성도 참정권을 제외하려고 했지만 가난한 사람일수록 40세를 넘기는 비율이 부유층에 비해 낮기 때문에 노동계급의 유권자 수를 의식해 제도화하지는 않았다. 셋째, 대의정치제도 역시 유산계급의 이익을 대변한 것이지 무산계급자나 노동계급에는 관심이 없었다.

그럼에도 방어적 민주주의는 민주주의에 대한 최초의 모형으로 좀더 높은 수준의 민주주의로 진입하는 초석이 되었다는 점에서 의미가 있는 것이다.

2. 발전적 민주주의

발전적 민주주의(developmental democracy)란 국민의 정치의식과 국민이익적인 정치제도가 방어적 민주주의에 비해 상당히 상향된 수준의 민주주의를 말한다. 국민의 평균수준이 국가의 역할을 인지(cognition)하고 있으며 정부의 산출(output)에 대해서도 玉石을 구분할 수 있는 정도이다. 단지 玉에 대한 지지문화(support)는 상당한 수준에 이르지만 石에 대한 비판문화 또는 요구문화(demand)는 낮은 수준을 나타낸다.

발전적 민주주의에서는 첫째, 권위주의적 정치질서 아래 성장위주의 자본주의경제가 발달하면서 경제적 사회적 불평등이 확대되기 시작하자 지역간 계급간의 갈등도 심화되고 정치적 불안정도 동시에 발생하였다. 이러한 상황에서 루소(Jean Jacques Rousseau, 1712~78)의 「불평등기원론」(Discourse on the Origins

of Ineqality, 1775)과 「사회계약론」(The Social Contract, 1762)에
서 제시된 '무제한의 재산권은 착취와 구속의 원천이자 수단'이
라는 주장이 어느 정도 받아들여져 저소득층의 이익을 위한 복지
정책이 초보적 수준으로 시행된다.

둘째, 발전적 민주주의는 보다 인간적이고 평등한 개인을 구성
원으로 하는 사회로 나가기를 희망한다. 따라서 1인 1표의 보편
적 평등선거권이 확대되고 여성의 참정권도 인정되는 등 참정권
의 확대가 이루어지며 복수정당제도가 도입된다. 그렇다고 제대
로 된 정당정치나 복수정당제도라기보다 나라에 따라서는 파벌
정치나 1당(여당)우위의 복수정당제도가 될 개연성이 매우 높다.

셋째, 심각한 계급갈등 문제는 제한된 다원적 사회와 복지사회
의 추구로 인해 상당히 해결되고 있다. 그러나 나라에 따라서는
다원사회의 인정이 오히려 계급간에 극도의 이기주의가 발로되
어 새로운 형태의 심각한 사회갈등문제로 대두된다.

넷째, 자유의 개념도 밀(John Stuart Mill), 바커(Ernest Barker),
듀이(John Dewey) 등에 의해 국가권력이나 구속으로부터의 자유
라는 소극적 개념에서 국가권력의 적극적 활동을 통한 국민대중
의 자유와 안전을 구하려는 적극적인 개념으로 탈바꿈하려는 움
직임이 대두된다.

3. 균형적 민주주의

균형적 민주주의(equilibrium democracy)란 상당히 높은 수준
의 민주사회로서, 다원적 사회와 비판문화의 실질화를 특징으로
한다. 이것은 국민들이 정부를 선택하고 권위를 부여할 수 있는
메커니즘사회를 의미한다. 슘페터(Joseph Schumpeter)에 의하면
정부를 선택할 수 있는 국민들의 능력이야말로 자신을 독재로부

터 보호할 수 있는 가장 좋은 제도적 장치이다.6)

이러한 점에서 민주주의란 시장메커니즘처럼 투표자는 소비자이고 정치가는 기업가에 해당된다. 기업가는 고객중심의 고품질·저가격의 정치적 재화를 만들지 않으면 안될 뿐 아니라 最適配分과 만족할 만한 애프터서비스도 이루어져야 한다.

균형적 민주주의 하에서는 정책중심의 다당제가 존재하고 다원사회를 이루기 위해 다양한 이익집단의 활동이 보장된다. 노사간의 힘의 균형도 이루어지고 시장원리에 의해 슬기롭게 협상이 이루어진다. 지방자치제가 비로소 순기능하여 주민자치와 주민주권이 이루어지며 풀뿌리민주주의로서 역할을 해낸다. 단지 균형적 민주주의에서도 국민대중의 정치참여가 미흡해 名과 實이 완전히 일치하지는 못한다.

균형적 민주주의에 대해 회의적 시각도 없지는 않다. 예컨대, 파국적인 경제불황 등을 해결하기 위해 케인즈 이론(Keynesian lines)에서처럼 국가개입이 불가피할 경우 정부통제나 정부선택권은 제한 받을 수밖에 없기 때문이다.

4. 참여적 민주주의

참여적 민주주의(participatory democracy)란 최고수준의 민주주의로서, 정치의 명목적 가치와 실질적 가치가 일치하는 경우를 말한다. 즉 정치가 존재하는 궁극목적인 아리스토텔레스(Aristoteles, B.C.384-B.C.322)7)의 '국민의 행복'이 이루어지는 사회이다. 어떤

---

6) Joseph Schumpeter, 「Capitalism, Socialism, and Democracy」, New York and London, 1947, p. 269.
7) 고대 그리스의 정치철학자인 아리스토텔레스(Aristoteles, B.C.384- .C.322)는 정치학을 '폴리스의 행복'이라는 궁극적 목적을 구명하는 것으로

제도나 정책도 명분은 국민을 위한 것에 둠으로 실제 국가경영과정에서 생산되는 모든 정치적 재화는 실질적으로 국민을 위한 것이 된다. 여기에서 가장 중요한 것은 정부나 국가가 과연 완벽하게 국민에 의해 주도되고 운영되어지느냐(the government by the people)가 관건이다. 이러한 점에서 현실적으로는 아직 어떠한 나라도 완벽한 참여정치를 실시하지는 못하고 있는 이상적 제도이다. 이러한 참여적 민주주의가 현실화되려면 국민대중의 정치참여가 필수적이다. 만약 정치참여가 미흡한 가운데 대의기구를 믿고 각 집단엘리트간의 타협과 합의에만 의존할 경우 국민대중의 자유와 권리는 물론 국민이익적 국가경영이 완전히 보장된다고는 볼 수 없다. 이러할 경우 자칫 달(Robert A. Dahl)의 多元的寡頭政治(polyarchy)나 바크라크(Peter Bachrach)의 엘리트민주주의(democratic eliticism)가 될 가능성이 있다.

한국의 민주주의는 아직 방어적 민주주의 단계에 머물고 있다고 보는 학자도 있으나 필자는 현재 발전적 민주주의 단계에 와 있다고 본다. 아직은 미진한 면은 있지만 시민단체들의 활동에 의해 어느 정도 시민사회가 형성되어가고 있고, 이들에 의해 끊임없이 국민대중들은 정치의식 고양의 자극을 받고 있기 때문이다. 따라서 균형적 민주주의 단계에서나 가능한 지방자치의 완전 실시나 노사간의 수평적 평등관계는 속도의 완급문제로 인해 많은 문제점을 노출할 뿐 아니라 利害집단간 새로운 형태의 갈등

생각했고 특히 폴리스 또는 시민이 해야 하는 목적을 연구하는 것을 과제로 해야한다고 했다. 정치적 동물인 것을 본질로 하고 있는 인간에 있어서 국가선의 실현이 개인의 경우보다 바람직하고 아름답다는 것이다. 아리스토텔레스의 정치학은 13~15세기의 중세정치사상에 결정적인 영향을 미쳤다. 특히 토마스 아퀴나스의 정치학과 그리스도적 정치사상가 및 마르실리우스에 대해서는 더욱 현저하다. 뿐만 아니라 16세기 이후의 정치학의 모든 분야에 대해서 커다란 영향을 미쳤다. 17세기의 해링턴, 18세기에는 몽테스큐, 19세기에는 영국의 理想主義의 정치철학이 그 현저한 예인 것이다.

과 긴장관계에 놓이게 된다. 위의 내용을 요약해 도표화해 보면 〈표 3-1〉과 같다.

〈표 3-1〉 자유민주주의 발전단계별 선택가능한 정책

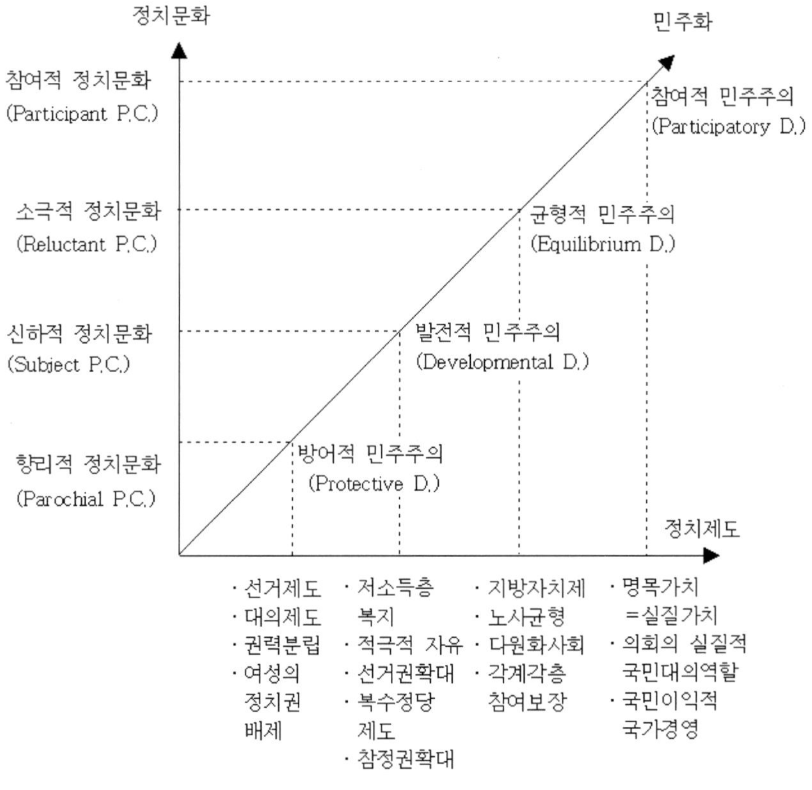

정치문화

민주화

참여적 정치문화
(Participant P.C.)

참여적 민주주의
(Participatory D.)

소극적 정치문화
(Reluctant P.C.)

균형적 민주주의
(Equilibrium D.)

신하적 정치문화
(Subject P.C.)

발전적 민주주의
(Developmental D.)

향리적 정치문화
(Parochial P.C.)

방어적 민주주의
(Protective D.)

정치제도

· 선거제도
· 대의제도
· 권력분립
· 여성의
　정치권
　배제

· 저소득층
　복지
· 적극적 자유
· 선거권확대
· 복수정당
　제도
· 참정권확대

· 지방자치제
· 노사균형
· 다원화사회
· 각계각층
　참여보장

· 명목가치
　=실질가치
· 의회의 실질적
　국민대의역할
· 국민이익적
　국가경영

Ⅲ. 한국에서 민주주의 발전의 조건과 극복 방안

한국에서 자유민주주의가 왜 진전이 없는가. 이것은 한국의 정치발전이 왜 안되는가의 다른 말이다. 한마디로 맥퍼슨의 자유민주주의 발전단계에 따른 유형을 무시하고 단계별 훈련을 하지 않는 탓이다. 이러한 문제를 풀기 위해서 한국의 자유민주주의 단계별 조건과 문제점 그리고 훈련요지를 요약해 보기로 한다.

첫째, 방어적 민주주의 단계에서 3권분립제는 실질적 내용보다는 존재하는 정도로서의 의미가 있다. 그러나 비교적 낮은 단계이지만 자유민주주의 유형에 속하는 발전적 민주주의 단계로 진입하면 3권분립이 거의 완벽하게 이루어져야 한다. 그럼에도 한국의 현실정치에서는 오늘날 21세기에 와서도 3권분립은 형식적 분류에 지나지 않고 있다.

한국은 현재 맥퍼슨의 발전적 민주주의 단계에 충분히 와 있다고 볼 수 있음에도 3권분립제의 실질화가 이루어지지 않고 있어 상호견제기능이 이루어지지 않는 가운데 비리와 부패가 구조적으로 발생하고 있다. 대통령의 권력은 인사권을 통해 3權을 틀어쥔 채 실질적으로는 제왕적 권력을 지니고 있다. 이러한 '제왕적 대통령'일 때 가장 큰 병폐점은 대통령이 측근에 의해 포위되다시피 하여 눈이 가려진다는 것이다. 이것이 조직적으로 비리와 부패의 온상이 된다는 데 문제의 심각성이 있다.

둘째, 방어적 민주주의시기에 선거권이 확대되어 보통·평등·직접·비밀선거가 보장된다. 문제는 이러한 선거권의 확대와 동시에 선거에 대한 국민의 의식이 성숙되어야 함에도 그렇지 못할 경우 선거의 본질은 오히려 왜곡되고 악용될 여지가 있다는 점이다. 예컨대 이승만은 대통령을 의회에서 선출하는 간접선거 방식이 불리해지자 국민이 직접 선거하는 방식이 더욱 민주적이라는 논리를 내세워 1952년 헌법을 개정한 바 있다. 헌법개정을 한 다음 선거문화가 형성되지 않고 민도가 낮은 유권자를 악용해 직접선거를 오히려 부정투표의 온상으로 발목을 잡았다. 그 이후 오늘날까지도 지역갈등을 조장해 각종 선거를 왜곡시키고 있음은 심각한 문제가 아닐 수 없다. 현대정치에서 국민의 정치참여는 결국 선거를 통해 이루어지는 것인데 선거문화가 정착하지 못하는 것은 결국 정치발전의 저해요인이 되는 것이다.

셋째, 자유민주주의 발전단계를 무시한 채 형식적인 선진민주정치의 도입은 현대정치의 필수조건인 정당정치의 뿌리조차 내리지 못하고 있는 실정이다. 한국의 정당은 아직도 인물중심·파당·붕당 등으로 불려지고 있다. 이념과 정책 중심의 정당으로 전환되지 않는 가운데 높은 수준의 자유민주주의단계로의 진입은 불가능하다. 그럼에도 진입된다면 오히려 역기능이 발생하고 부작용이 엄청나게 발생한다.

국민의 정부 임기 말 차기 대통령 선거를 5개월 정도 앞둔 시점에서 대통령의 권력 비대의 폐단이 지적되는 가운데 정부형태의 변화를 위한 헌법개정 논의가 한창이다. 주로 의원내각제와 이원집정부제로의 헌법개정이 논쟁의 대상이지만 정부형태의 변화가 한국정치의 안정과 발전에 도움이 되려면 초당적이어야 하고 권력창출이나 획득을 위한 정략적 판단이어서는 안되며, 이념정당으로서의 정당발전이 전제되어야 한다.

넷째, 지방자치 역시 성공하려면 균형적 민주주의 단계에 와서 완전지방자치제도를 도입해야 한다. 그 이하의 단계에서 '풀뿌리민주주의'라는 것만으로 완전한 지방자치제를 실시하면 순기능보다 역기능이 더 많이 표출되어 다양한 부작용이 표출된다.

지방자치가 순기능하려면 먼저 주민의 자치의식과 자율능력이 고양되어야 하고 지방재정이 확보되어야 한다. 발전적 민주주의 단계에서 주민의 자치의식과 자율능력을 높이려는 노력을 하여야 하고 지방재정확보를 위해 자치단체별 다양한 방안을 강구해야 한다.

다섯째, 맥퍼슨의 자유민주주의 발전단계에 의하면 '노사정위원회'도 균형적 민주주의 단계에서 도입해야 순기능 할 수 있다. 한국의 경우 국민의정부 이후 아직은 발전적 민주주의 단계에 머무르고 있는 시점에서 노사정위원회 제도를 도입하여 강하게 추진하고 있지만 그 필요성에 비해 아직은 실효성보다 오히려 부작용이 더 많이 나타나고 있는 실정이다. 노동자·사용자·정부 관리들 모두에게 노사정 실시는 불만과 불신의 대상이 되어 있는 실정이다.

노사정위원회가 도입되어 새로운 노사문화로 정착하려면 노사정간의 신뢰구축과 공동체문화 그리고 노동시장의 유연성 등이 먼저 상당수준 형성되어야 한다. 특히 사용자도 '내 것'이란 개념이 '우리들의 것'으로 의식전환이 이루어져야 한다. 노사정 부분은 별도의 장에서 구체적으로 취급될 것이므로 여기서는 줄인다.

제4장 한구 민주주의의 본질과 특징

Ⅰ. 한국 민주주의의 의미와 문제점

오늘날 우리는 민주화를 전 국민의 一般意志(general will)에 기초한 대명제로서, 그리고 시대적 사명으로서 누구나 부인하지 않는 상황 속에서 살고 있다. 특히 80년대 중반 이래 민주화에 대한 폭발적인 욕구분출은 드디어 1987년 '6·29민주화선언'을 이끌어 내었다. 그 이후부터 한국에서는 여당이나 야당은 물론 각종 公私집단에서 민주주의를 만병통치의 묘약처럼 외쳐 왔지만 실존 속에 존재하는 것은 늘 권위주의적 결정이나 행태뿐이었다.

특히 민주화의 기수처럼 주장되고 신봉되어왔던 93년 김영삼정권이나 98년 김대중정권에서도 인사문제를 비롯한 정책결정과정은 그 이전의 정권과 다름없는 권위주의적 결정과 행태를 보였다. 소위 민주화세대가 주류를 이루는 시대에 와서도 공직자들의 비리와 정경유착은 점점 지능화되어 사회의 총체적 부패로 귀결되고 있는 점은 한국사회의 특징이라 해도 과언이 아닐 정도이다. 각종 단위직장의 비민주적 운영은 여전해서 조직의 구성원들은 고달프고 생활민주주의는 도저히 기대할 수 없는 실정에 경제난마저 부닥쳐 자살자가 급증하고 있다. 자살자가 급증하는 사회

구조에서 비민주주의가 양산하는 '소외'란 말은 사치스런 것이다.

오랜 야당생활 동안 여당에 대한 공격무기로서 뿐 아니라 국민에게 제시하는 모든 정책대안이 '민주주의 실현'이었던 김영삼정부와 김대중정부도 제도민주주의는 한 수준 높였지만 집권 이후 민주적 국정운영이었다는 평가를 받지 못하고 있다. 오히려 철저한 지역주의와 인사독점에 의해 더 무서운 새로운 형태의 권위주의 정치와 정경유착 그리고 부패정치가 난무했다는 평가마저 있다.

특히 김영삼정부는 '역사 바로세우기'란 명분으로 政敵을 배제하고 반대의견을 묵살하는 발판으로 삼다 혼란을 거듭하기 시작했다. 특히 김영삼정부는 온갖 공직자의 비리와 정경유착이 포착되자 재임 중 국민지지가 임계점 이하의 수준으로 떨어져 국정수행이 마비되다시피 한 상황에서 IMF체제를 맞았다. 김대중정부 역시 특정지역 중심의 인사독점 및 공정성시비, 의약분업의 실패를 비롯한 공적자금관리 등에서 정책미스(miss policy)가 계속되었다. 김대중 정부 역시 정권후반으로 들면서 두 아들이 구속되는 것을 계기로 총체적 권력형 부패상이 들어 나기 시작했다. 특히 김대중정부는 2000년 6월 15일 남북정상에 의해 '6·15 공동선언'이란 남북문제의 획기적인 계기를 마련했음에도 대북정책 등에서 북의 진위를 정확히 읽지 못해 북에 휘말리고 있다는 비판이 임기 내내 계속되었다. 드디어 세계인의 이목이 대한민국에 집중되어 있는 월드컵 4강전에서 한국과 독일의 시합(2002.6.25. 오후 8:30)을 앞두고 있는 시점인 2002년 6월 25일 오전 10시 25분 우리 해군 4명이 전사하고 20명이 다치는 등 큰 인명피해가 일어난 서해교전은 우리 정부의 대북정책에 대한 불신이 최고조에 이르게 하는데 충분했다.

일방적으로 침입한 북한은 남한이 먼저 총격을 가했다고 덮어씌우고는 북방한계선1)의 무효화를 주장하는 등 종래의 태도를 되풀이했다. 이러한 북의 태도에 정부의 대응이 미미하자 방송을 제외한 모든 언론과 국민들로부터 강한 비판을 받았다. 서해교전 한 달이 채 못된 시점에 북한은 또다시 남북장관급회담을 제의 해왔다. 이러한 일련의 북한 당국자들의 태도는 남한국민들에게 불신을 가중시키는 결과가 되었다. 바로 이러한 불신이 남북관계 를 더욱 어렵게 만드는 요인이 되고 있다.

또 노사문제의 해결을 위해 조합주의(corporatism) 성격의 勞使政위원회란 획기적인 대안을 내었지만 노동시장의 유연성 빈약과 공동체의식의 부족으로 말미암아 성공시키지 못했고 오히려 노사간의 정면대결이 어느 때 못지않게 심각하게 계속되었다. 이러한 현상은 민주주의를 잘못 인식했거나, 우리의 현실을 가미하지 않은 관념론에 불과한 민주주의를 추진하는 가운데 적실성이 낮은 정책을 선택한 결과이다.

사실 서구의 선진민주주의도 긴 세월을 통해 일련의 역사적 발전을 거치는 가운데 많은 시행착오를 거듭하면서 오늘에 이르게 되었다. 그러나 한국의 경우는 19세기 말까지 500년간 朝鮮朝의 유교문화에 의해 중앙집권적이며 봉건적 권력 구조를 경험케 하였으며, 제2차 세계대전이 끝날 때까지 일본에 의해 皇國臣民

---

1) 북방한계선(NLL)이란
　① 한국전쟁 중 유엔군은 제3국의 선박과 항공기의 북한 지원, 교역 출입 등을 저지하여 북한의 전력 약화를 기하기 위하여 북한해안 봉쇄조치로 해안봉쇄선을 설정한다, 이것이 '클라크라인' 이다. ② 1952년 9월 27일 설치된 이 '클라크라인'은 휴전협정 제2조 15항의 합의에 따라 1953년 8월 27일 철폐된다. ③ 미국은 정전협정에 반대하고 북진을 주장하는 이승만정부의 북한침공 작전과 정전 파괴 행위를 막기 위한 일련의 조치를 취한다. 그 중 하나가 서해에서의 한국해군 행동규제이다. 즉 한국 군대의 육지에서의 비무장지대와 서해에서 북한 해안에 대한 군사적 침투 공격 등 일방적인 군사행동을 방지하는 조치로서 유엔군 사령부는 서해에서의 '한국 해군 행동의 북방한계'를 대체로 이전의 대 북한 해안봉쇄선(클라크라인)으로 제한한다. 이때에 북방한계선(NLL)이란 것이 처음 등장한다.

정치문화와 함께 일본의 식민 통치를 경험케 하였다. 이러한 경험들은 모두 권위주의 정치체계를 유지시켜 주는 데는 적합할지 모르나 민주주의를 해 나가는 데는 대단한 장애요인으로서 걸림돌이 되어 왔던 것이다.

민주주의란 말은 헤로도투스(Herodotus, 482~424 B. C.)가 그의 저서 『Historia』(역사)에서 사용한 이래 오늘날까지 사용한 말로서, 그리스어의 Demos(국민)와 Kratos(권력)의 합성어라고 유래되고 있다. 그러나 정치사를 보면 무엇이 국민을 위한 정부이고 권력인지에 대해서는 각 나라의 지도자들이 집권에 필요한 자기 편의적 해석을 하여 왔다. 그러므로 그동안 민주주의에 대해 어떻게 교육을 받아왔고 길들여져 왔느냐에 따라 정의가 달라져서 지금도 우리들에게 많은 가치 혼란을 주고 있는 실정이다.

그리하여 어떤 시대의 국가나 정당도 상대 국가나 상대 정당을 공격하는 무기로서 非民主的 또는 反民主的이라고 국민에게 호소하였고, 자기들이 하는 것은 모두 민주적이라 하여 정당화시켜 나아갔다.

그렇다고 민주주의가 오직 대립되는 이해당사자간의 논쟁에서 유리한 고지를 선점하기 위한 무기나 권력획득을 위한 수단으로써만 사용되어 보편적 기본원리가 없다는 말은 아니다. 이제 아래에서 민주주의 사회라면 담아야 할 최소한의 기본원리를 감안하여 한국 민주주의가 이 시점에서 고려되어야 할 본질적 내용을 살펴보기로 한다.

1. 인간의 존엄적 가치

민주주의를 바탕으로 한 정치는 인간의 존엄성을 전제로 하여 국민 대중의 자유, 평등, 박애의 원리를 정치·사회 현실 생활에서 최대한으로 구현하도록 만들어진 정치 제도임은 의심할 여지가 없다.

미국, 영국, 프랑스 등에서 절대 군주 체제를 시민 사회로 대치시킨 변혁의 가장 큰 명분도 '인간의 존엄성은 天賦的不可讓'이라는 국민적 합의에 기초한 것이다. 이를 두고 프랑스의 사상가 루소(J. J. Rousseau)는 사람들이 나와 남, 서로의 가치를 알기 시작할 때, 남을 생각하는 마음이 생기기 시작할 때부터 민주주의의 사상이 싹텄을 것이라고 하였다. 1776년 미국의 독립선언서에 의하면 "……모든 인간은 평등하게 창조되었으며 각자는 조물주에 의해 생명, 자유 및 행복의 추구를 포함하는 특정한 불가양의 권리를 부여받았다"고 규정하고 있는가 하면, 1789년의 프랑스의 인권선언도 "사람은 나면서부터 자유와 평등의 권리를 가지고 있다"라고 천명하였다. 바로 이러한 인간의 존엄적 가치를 인정하는 민주주의의 기본 입장이 우선 전체주의와 구분되는 점이기도 하다.

한국 민주주의를 설정함에 있어서 가장 우선적으로 고려되어야 하는 것은 바로 인간의 '존엄적 가치'이다. 지난 반세기가 넘도록 한국 현대정치를 일관성 있게 지배했던 것은 권위주의 정치였음은 앞장에서 살펴본 바와 같다. 권위주의 정치의 특징은 인간의 존엄적 가치를 모든 사람에게 평등하게 인정하지 않고 있다는 점이다. 헌법상 인간의 존엄성은 기본권으로서 인정은 되고 있지만 권위주의 정치를 통해 보편적 가치로서의 인간의 존엄성은 근본적으로 훼손되고 있다는 말이다.

2. 자유와 평등의 조화

자유와 평등은 사람의 기본 권리 중에서도 핵심이 될 뿐만 아니라 민주주의의 기본적 원리가 된다.

자유는 인간이 생존하는 상태이며 또한 사고와 행위의 능력인 것이다. 자유는 소극적으로는 외부로부터 구속을 받지 않고 있는 상태 또는 타율적인 강제에서 벗어나 있는 상태인 것이며, 적극적인 자유란 어떠한 목적을 선택·실현해 가는 행동에의 경향성 또는 자기가 바라는 바에 따라 창조적인 일을 해 나가는 능력인 것이다.

이에 반해 민주주의에 있어서 평등이란, 사람은 출생할 때부터 누구나 다 동등한 대우를 받을 권리를 가지고 있다는 생각으로부터 출발하였다. 그렇다고 여기에서 말하는 평등이란 동일 또는 획일이라는 말과는 같다고 볼 수 없다.

민주사회에서의 평등이란 인간은 생명, 자유, 행복의 추구 등과 같은 기본권을 동등하게 가지고 있다는 自然權的 理念 등이 복합적으로 작용해서 모든 사람들에게 균등한 기회를 부여한다는 의미이다. 다시 말해 사람은 지위의 고하나 피부색의 차이, 성과 연령, 문명 정도의 차이 등을 막론하고 동등한 대우를 받을 수 있다는 점, 누구나 정치에 참여할 평등한 기회를 갖는다는 등의 내용이다.

민주주의 국가에서의 가장 큰 고민 중의 하나는 이 자유와 평등을 어떻게 조화시키느냐의 문제이다. 민주사회란 자유와 평등이 상부상조하는 동시에 상호 견제하는 가운데 이룩될 수 있기 때문에 나라마다 자유와 평등간의 조화율이 다를 것이다.

자유가 많아질수록 방종으로 흐를 가능성이 있는 반면 적어질수록 독재로 기울어질 가능성이 있다. 평등 역시 과다해지면 새로운 계급으로서 특권이 나타날 가능성이 있고, 평등이 축소되면 획일을 가져올 가능성이 있는 것이다.

그러므로 획일 또는 특권으로 나가려는 평등을 자유가 견제하고, 방종 또는 무질서로 빠지려는 자유를 평등이 견제함으로써,

민주주의를 구성하는 두 이념은 조화되고 균형을 이룰 수 있는 것이 된다. 독재란 양극에서 다 가능하다. 자유란 이름으로 발생되는 독재는 평등으로, 평등이란 이름으로 발생되는 독재는 자유로 치유를 하게 된다. 이 관계를 도식화해 보면 〈표 4-1〉과 같다.

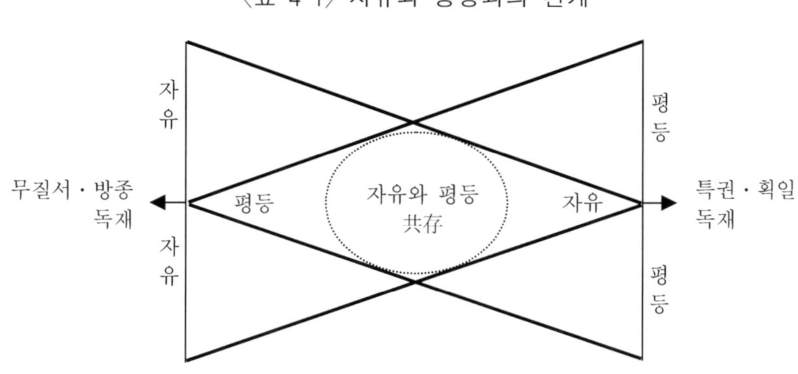

〈표 4-1〉 자유와 평등과의 관계

3. 다원적 가치

다원적 가치는 한국사회에서 잘 지켜지지 않고 있다. 그래서 상당한 식자층들도 정보화시대의 컴퓨터의 기능을 통해 자기 마음에 안 드는 사람이나 자기주장과 다른 개인이나 단체에 대해 무차별 융단폭격을 하는 쪽으로 옮겨가 새로운 사회문제로 대두되고 있기도 하다.

민주사회는 생태적으로 複數사회이다. 민주적 생활이 위에서 살펴본 바와 같이 자유와 평등, 존엄성 등에 의해 인간의 삶의 양식을 다양하게 할 수 있으므로 인간의 다양성과 다원적 가치를 당연히 수반하게 된다.

이러한 다원적 가치를 보전키 위해 권력분립제, 다당제, 다원적 사회, 대의제와 선거, 다수결의 원칙과 소수 의견의 존중 등이 이루어져야 한다. 단지 한국사회에서 공산주의사상의 표현문제가 늘 시비의 대상이 되어왔고 양심의 자유와 충돌하여 갈등을 빚어온 것도 근본적으로는 다원적 가치의 문제이다. 아직은 남북이 한편으로는 교류 대화를 하면서도 다른 한편으로는 대결관계를 늦추지 않고 있는 상황에서 발생하는 매우 특이한 비극적이면서도 현실적인 문제이다.

어쨌든 사람 하나하나의 존엄성을 인정하고, 그 능력을 소중히 여기는 민주사회는 가장 천한 자리에 있는 사람의 작은 목소리에도 친절히 귀를 기울여야 하는 것이다.

4. 생활민주주의 훈련

민주주의란 당위적이고 규범적인 가치를 제도화하는 것만으로 실현되지 않는다. 반드시 채택한 제도에 수반하는 생활훈련이 뒤따라야 한다. 비록 한 국가나 정치권에서 좋은 민주주의의 이념이나 제도를 채택했다 할지라도 국민들의 정치의식구조나 생활양식이 비민주적인 속성이나 태도를 지니고 있을 때는 민주주의는 성공하기 어렵게 된다. 특히 대체로 '아는 것'(cognition)과 '행동하는 것'(behavior)이 다른 한국인의 생활에서는 민주주의 제도를 채택했다는 것만으로 실천되는 것은 아니다.

민주주의를 외치는 정치인들이 자신의 당내활동이나 의정활동에서 얼마만큼 비민주적인가를 쉽게 파악할 수 있다. 인간은 결국 조직의 일원으로서 살아가는 것인데 인간의 생활의 場인 각 단위조직들의 운영과정이 얼마나 비민주적인가를 경험하면서 살아가고 있다.

따라서 민주주의 생활훈련을 위한 교육적 노력으로서 합리적 경험주의, 자발적 참여 의식, 독립적인 자아의식, 토론과 관용, 타협정신, 공동체 의식 등을 내재화시켜 나가야 한다. 그동안 민주주의를 규범적·이념적 측면에서 이해만 하고 암기해 시험에나 써먹고 내버리는 식으로 교육해 왔기 때문에 누구도 생활민주주의에 대해서는 체험한 바가 없어 추진할 방법도 모르고 있는 안타까운 실정이다.

그래서 70년대 이후 90년대에 이르기까지 소위 민주화운동 시기에 그렇게 많이 쏟아졌던 기존의 비민주적 정권에 대한 비판적 담론들이 드디어 정권을 교체해내는데 성공했고 많은 기대를 모으기도 했다. 그러나 민주화운동이 민주주의 열망을 확산시켰다는 것과 제도민주주의 수준을 높인 것은 틀림없지만 민주적 국가경영을 하는 민주정부를 탄생시키지 못했고 생활민주주의에로 귀결시켜 내지는 못하였다.

이러한 상황은 바로 생활민주주의에 대한 교육적 노력이 없었기에 국민대중은 물론 집권엘리트들마저도 생활민주주의에 대한 경험이 아주 없는 것이다. 그러므로 첫째, 생활민주주의에 대해 잘 모르기 때문에 뜻있는 정치엘리트라 해도 매우 당위적인 규범적 민주주의를 실천해 보려고 들먹거리다 그만두고 곧 비민주적 현실에 안주해 버리는 것이 상례이다. 둘째, 지식엘리트들도 자신의 학문적 지평·세계관·감각·가치관에 따라 자기편의적 해석과 민주화 방안을 제시하는 것이 보통이어서 한국의 민주주의 발전에 기여하지 못하고 있는 실정이다. 단지 권위주의 정치를 거부하는 데는 지식인들의 기여도가 대단히 높았던 것은 사실이다. 그러나 권위주의 정치 거부가 바로 민주주의 정치 실현으로 등식화되지는 않기에 한국 민주주의 발전방안은 별도로 준비되어야 한다.

II. 한국 민주주의의 본질과 특징

백성들이 무엇을 생각하는가를 알기 위해 거지로 변장했다는 바그다드의 왕 하룬 알 라시드에 대한 이야기는 매우 흥미롭다. 전제정치(despotism)를 하는 그로서는 절대권력 주위에 몰려든 아첨꾼들에 둘러싸여 진실을 들을 수 없었기 때문에 변장술을 통해 백성들의 이야기에 귀를 기울였다는 것이다. 그렇다고 전제 정치가 민주주의의 본질적 내용을 담고 있는 것은 아니다. 결국 전제정치는 모든 질서체계가 군주 자신의 성향으로부터 나온다 는 점이 민주주의와 본질적으로 다른 것이다.

현대국가의 정치형태로서는 민주정치가 가장 정당하고 합리적 이며 바람직하게 생각된다. 민주정치란 존엄성, 공동선을 전제로 하여 국민 대중의 자유, 평등, 박애, 이익의 원리를 정치, 사회, 현실 생활에서 최대한으로 具現하도록 하여 국민들로 하여금 행 복하게 살도록 만들어진 정치 제도이기 때문이다.

그러나 이러한 민주주의가 우리들의 것이 되려면 국민이 나라 의 주인 행세를 할 수 있어야 하고, 정치의 결과가 국민에게 이 익을 주는 것인지 손해를 주고 있는지, 자유를 주고 있는지 구속 을 주고 있는지, 행복을 주고 있는지 불행을 주고 있는지 등을 효율적으로 구분할 수 있는 적절한 지혜와 감시능력 그리고 견 제능력이 있어야 한다.

이러한 효율적이고 적절한 감시능력과 견제능력이 부족한 우 리의 경우 해방 후 지금까지 헌정질서의 원활한 운영을 위해 만 든 정치제도는 정부수립 후 얼마 안 가서부터 껍데기로만 존재 하기 시작했고, 한국인의 정치행동은 그와 무관하게 나타나기 시 작한 것이다. 그러나 형식적이나마 선거제도를 두고 국회라는 입 법 제도를 지닌 이상, 선거도 치러야 했고 국회도 구성해야 했다. 이러한 제도적 장치는 형식적으로 존재했지만, 모든 정치행동의 排他的인 동기와 목적은 권력의 획득과 유지에 집중되어 왔다.[2]

따라서 한국정치의 경우 권력이 목표이자 수단으로 추구된 것은 너무도 당연했다. 권력을 얻게 될 때 따라서 얻을 수 있는 富·명예·존경 등 그 가치가 너무나 컸기 때문이었다. 그래서 한국정치판에는 처절한 싸움이 벌어지기 시작하였고, '권력정치'(power politics)가 난무하게 되었다.

바로 여기에서, 그 원인이 무엇인가를 찾아낼 수 있을 것 같고 한국 민주주의의 본질과 특징을 발견할 수 있으리라 믿는다. 어떻게 하면 제대로 된 민주주의가 한국에 정착할 수 있는가에 중점을 두면서 서술하기로 한다.

1. 신생국으로서의 서방민주주의

민주정치가 국민들의 소망에 부응하여 생동감 넘치는 생활을 보장하고, 혜택 받는 국민으로서 참여의식이 제고되려면 다음과 같은 조건이 갖추어져야 한다.

첫째, 정신적 조건으로서 국민 된 각자가 자율심, 공공성, 애국심, 관용심을 포함하는 후덕한 마음과 지식을 갖춘 정치적 公民이 되어 있어야 한다.

둘째, 민주사회가 우리의 일상생활 속에 굴러가게 하기 위해서는 '아는 것'과 '행동하는 것'을 일치시켜야 가능하다. 이러한 민주사회가 실천되기 위해서는 지적중심의 형식적 교육만으로는 부족하므로 국가적 차원에서 각 정당 또는 기타 단체에서 끊임

---

2) 한배호, 「한국의 정치」, 박영사, 1984, p. 261.

없는 정치사회화(political socialization) 교육을 하도록 유도하여
야 한다. 정치사회화 교육을 통해서 민주주의 정치가 우리 생활
에 어떠한 모습으로 나타나는가를 늘 실험하고 훈련할 때 비로
소 민주사회가 우리의 생활 속에 서서히 정착하기 시작하는 것
이다.

셋째, 민주정치의 성장에 경제적 조건을 필요로 한다. 여기에
서 경제적 조건이라 함은 경제성장과 배분의 조화를 얼마나 그
나라의 특성에 맞게 잘하고 있느냐와, 경제성장과 민주화를 어떻
게 架橋시키느냐의 문제이다.

흔히 정치적 후진국가 또는 근대화도상국가(modernizing auto-
cracies) 등에서 성장위주의 경제정책이 정치를 정체시키는 ‘과
도성장국가’라는 부정적 증후군을 불러일으킨다든지, 또는 그 반
대로 낮은 단계의 민주주의를 하는 나라가 아무런 민주주의 훈
련 없이 민주화에 걸맞은 과도한 정책만을 만들어 추진하면 오
히려 무질서와 경제적 낙후를 불러들이는 부작용이 나타나는 경
우가 허다하기 때문이다.

넷째, 민주정치가 존속하기 위하여 절대 필요한 인격상의 특질
로서 관용·가치의 다양성과 중립성, 자율능력과 책임능력 등이다.

현대사회를 사는 사람은 누구나 조직의 구성원으로서 존재하며
살아간다. 예컨대 가정·학교·직장 등의 집단으로부터 정치·사
회·국가 등의 집단은 모두 우리 개개인간을 구성원으로 하는 것
이다.

만약 자율능력이나 자치능력 그리고 관용이 없는 곳에 민주화
라는 명분으로 그 집단에게 인사권·예산권·조직구성권 등의 결
정권적인 권위를 주게 되면 그 집단을 끌고 가는 측이 오히려
권위주의라는 독소적인 칼자루를 휘두를 가능성이 있는 것이다.
예컨대, 1988년 노태우정권은 6.29민주화선언의 일환으로 대학민
주주의에 걸맞은 몇 가지 조치로서 인사권을 대학의 재단으로

돌려주었다. 그 결과 대학민주주의를 부르짖던 많은 교수들이 인사권을 넘겨받은 재단으로부터 파면이나 재임명 탈락 등의 수모를 겪었다. 이것은 마치 횟집 주방장에게 쥐어주어야 할 회칼을 깡패에게 쥐어주는 것과 같은 결과가 되었다. 민주주의를 할 수 없는 집단의 개인에게 구성원들에 대한 인사권을 넘겨주는 것은 중앙정부가 인사권 행사를 할 때 보다 신분보장은 더 어렵다는 것을 의미한다.

다섯째, 선진민주주의 국가일수록 실질적인 남녀평등이 잘 보장되어 있다. 제도적 평등만 보장해 놓고 실질적으로는 성적차별이 많은 나라일수록 민주주의의 생활화·실천화는 어려운 것이 사실이다. 특히 남성위주의 사회에서는 더욱 그러하다.

여섯째, 복수의 정책정당이 서로 정책대결을 하는 가운데 변증법적 발전의 민주정치가 성숙되어 감은 당연한 전제 조건이다.

일곱째, 우리가 하려고 하는 서구개념의 민주주의와 우리의 전통문화 간의 상충하는 부분을 얼마나 과감하게 제거하고 조화시켜 내느냐 하는 사회적 조건과 합의가 필요하다.

이상의 조건을 最小限도 갖추기 전에 신생국가들(서방국가들의 식민통치에서 벗어난 아시아·아프리카·중동 기타 지역에서 새로 독립된 신생국가들)은 그들에게 부적합하고 어울리지 않는 서방의 발전 모델을 그대로 수용하였다.3) 결과적으로 서방의 민주주의 제도를 그대로 도입한 신생국들 중 민주주의의 순기능이 나타나 민주적 공동체생활로 정착된 나라는 거의 없다.

자노비츠(Morris Janowibz)는 신생국의 정치체제를 ① 권위주의적 인물지배체제형(Authoritarian personal type) ② 권위주의적 대중정당체제(Authoritarian mass party type) ③ 군사독재 체제형(Military oligarchy type) ④ 경쟁적 민주체제형(Competitive

---

3) H. J. Wiarda, *New Directions in Comparative Politics*(Westview Press, Inc., 1985), p. 129.

democratic type) ⑤ 민군연합체제형(Civil military type) ⑥ 전체주의독재 체제형(Totalitarian oligarchy type)으로 나누었다.

자노비츠의 위 분류 중 민주체제 유형은 경쟁적 민주체제 형태 인바, 신생국 중 이러한 민주체제 유형을 영구적으로 운영하는 나라는 찾아볼 수 없다.

설사 비서구 국가들 중 극소수의 민주체제 유형의 나라가 있다 해도 그 제도의 실제운영에 있어서는 서구 민주주의형의 경쟁적 민주주의 체제와는 같지 않다. 매우 유사한 경우라 할지라도 정치적 불안정과 산적된 경제·사회문제 때문에 매우 비능률적이어서 오히려 군사 쿠데타의 명분을 주어 군사독재 체제형으로 바뀐 나라들이 많다.

신생국의 정치발전에 있어서 대표적인 예로 인도네시아의 경우를 보면, 건국 당시에는 서구민주정치의 유형으로 출발했으나, 몇 년 되지 않아 곧 敎導민주주의 체제로 전환하였으며, 또 몇 년 못 가서 군사정부형태로 바뀌었다. 그 후 민정 이양을 했다고 하나, 그것도 경쟁적 민주정치체제와는 거리가 멀다.

우리 한국의 정치사도 인도네시아와 유사한 역사적 경험으로 설명할 수 있다. 이것은 한국의 역사·문화·경제·전통·의식구조 등을 고려하지 않은 상태에서 서방인들에게 적합성을 지닌 서방민주주의를 그대로 수입 적용한데 그 원인이 있다.

2. 한국 민주주의의 권위주의적 속성과 자유 지향성

한국 민주주의의 본질과 특징을 한마디로 표현한다면 전통적인 권위주의적 속성과 이상적 지식인들의 자유 지향적 욕구 사이에서 방황하는 모습이다. 이상적 지식인이 현실정치나 정부 고급관료로 스카우트되었을 경우에도 민주화운동자가 정권이 바뀌어 현실정치에 뛰어들었을 때와 마찬가지로 권위주의적 행태로 돌아가 버린다는데 한국 민주주의의 딜레마가 있다.

루소(J. J. Rousseau)에 의하면 인간은 자유롭고 평등하게 살도록 태어났지만 도처에서 쇠사슬에 묶여 있다. 이것이 바로 우리가 살고 있는 현실사회다. 현실은 불평등·불평·불만·악의 등에 충만해 있으며, 만인에 대한 만인의 투쟁이 벌어지는 가운데 최소한의 사회 질서를 유지하기 위해서는 민주적일 수만은 없는 정치권력이 요구된다. 이것이 권위주의 체제 악순환의 존립 근거이다.4)

요즈음 서방 민주주의도 그 자체를 국민에 의한 민주주의(Democracy by the people)라기보다 지도자에 의한 민주주의(Democracy by the leadership) 또는 엘리트 민주주의(Democratic elitism, Leadership by an elite)라는 면이 없지 않다. 특히 한국은 첫째, 건국 후 지금까지 서방 자유민주주의 체제만으로는 수행하기 어려운 막중한 경제 건설과 사회 복지, 평화통일의 과제를 수행해야 했기에 강력한 권위주의적 통치 스타일이 자의반 타의반으로 국민들에게 받아들여졌다. 둘째, 조선조 500년의 유교문화, 聖人政治 등은 은연중에 우리들로 하여금 권위주의 정치에 순응하는 것이 미덕인양 간주되어져 갔다.

밀즈(W. Mills)는 민주정치체제를 국민대중이 정책결정에 효과적으로 영향을 미칠 수 있는 체제로 보았다. 국민대중이 정책결정에 효과적으로 영향을 미칠 수 있게 하기 위해서는 정부·정당·국민이 삼위일체가 되어 발전의지를 가지고 노력을 하지 않으면 안 된다. 즉 정부와 정당은 민주시민을 만들기 위한 對국민교육을 하여 국민으로 하여금 정책결정에 효과적으로 영향을 미칠 수 있는 능력·자신감·기술을 습득시켜 주어야 한다. 그리고

---

4) 한승조, 「한국 민주주의와 정치 발전」(법문사, 1990), p. 167.

국민은 정부와 정당으로 하여금 그러한 교육을 실시하도록 요구
하여야 한다.

　이러한 교육을 이른바 정치사회화라고 하는데, 선진 외국의 경
우는 이러한 교육에 필요한 교육비는 受益者負擔원칙에 의해 국
민이 직접 부담하거나 국민의 세금으로 하게 된다. 만약 국민이
직접 부담한다면 그만큼 세금은 감면되어야 한다. 한국 민주주의
도 권위주의 체제에 의존하지 않고 점진적으로 시민주도의 길을
통하여 자발적으로 성장 발전되어져 나아가야 할 것이다.

3. 한국 민주주의 定向과 전통문화 간의 충돌

　한국 민주주의의 본질 중 또 하나 지적될 수 있는 것은 한국
민주주의가 앞으로 지향해 나가야 하고, 또 그 도달점을 위해 줄
기차게 부르짖는 것과는 달리 현실은 그 반대의 입장에 있거나
따라가지 못하고 있다는 점이다. 이상적인 지향점을 향해 부르짖
는 단체나 사람이 현실적으로는 오히려 민주주의의 저해 요인이
되는 二律背反的인 모순을 지니는 경우가 많았다는 점이다.

　다시 말해 한국 민주주의는 이상과 현실 사이에서 그를 架橋
할 만한 깊은 연구보다는 오히려 충돌하고 있는 상태에서 정체
하고 있거나, 이상과 현실 사이에서 쳇바퀴 돌듯 악순환하고 있
다는 것이다. 이 악순환을 메워 온 것이 보통 혁명이나 쿠데타
또는 민간독재 체제였다.

　이상과 현실간의 충돌도 거시적 관점에서 보면 앞에서 서술한
바와 같이 우리의 전통문화에 일차적 원인이 있는 것이다. 예컨
대 관료주의, 분파주의 내지 편협주의, 정치불신의 전통 등이 해
방 후 현대적 정치 제도와 결부되었을 때 구체적으로 대중과 엘
리트간의 간격, 불안정한 정당 소속의식 및 사람본위의 정치적

경쟁 등으로 나타나 정치 발전에 逆機能的 요소로 작용하여 민주주의 발전을 저해한 일차적 요인이 된 것은 사실이다.

이러한 관점에서 우리의 최대의 과제인 바람직한 현대 자유민주주의를 실현키 위해서는 전통문화 속에서 민주적 요소 등을 찾아내어 민주적 정치체계에 알맞게 재구성하는 것이 중요한 과제라 하겠다.

우리의 전통문화는 儒·佛·仙 및 기독교의 習合過程을 통하여 독자적인 문화로 발전해 왔다. 우리는 면면히 이어져 내려오는 전통적 정치문화의 脈을 발전·재창조해 나감으로써 주체성의 회복과 민주주의 정치문화로의 발전을 도모해야 될 줄 믿는다. 실로 전통은 언제나 시시각각의 모든 여건에서 얻어지는 영양제로 키워져야 한다. 이미 이루어진 고정된 전통은 전통이 아니며, 새로운 氣運을 얻어 크지 못한 전통도 전통이 될 수 없다. 언제나 변화하고 수용적인 태도에서만 전통은 커 간다. 그러므로 전통은 항상 그 자리에 정지되어 있는 따위가 아니고, 항상 움직여 나가는 힘이 되어야 한다.

이러한 측면에서 전통문화에 대하여 민주주의적 시각에 입각하여 긍정적 측면과 부정적 측면을 구분하고, 부정적 측면은 과감히 수정보완을 하든가 또는 버리든지 해야 한다. 그리고 긍정적 측면은 민주주의 체제와 접목·발전·승화시켜 나가야 할 것이다.[5]

긍정적 측면으로서 첫째, 단군조선의 건국이념인 弘益人間의 정치이념 속에 大同主義·보편주의·덕치주의·상호 존중·평화의 화합 이념 등이 보존돼 있고, 이것은 민주주의의 기본 이념인 인권의 존중과 자유 및 평등과 그 연원을 같이한다고 보아도 무리는 없을 것이다.

둘째, 우리의 건국이념 속에서 유래하는 民心 즉 天心이라는

---

5) 이정균, 「한국의 정치문화와 민주주의 이념 구현」, 1986, p. 51~56 참조.

사상, 옛 부여의 풍속에 나오는 "비 오는 것과 햇빛 나는 것이 고르지 않아 오곡이 익지 않으면 그 책임을 곧 임금에게 돌려 마땅히 바꾸든지 죽였다"는 기록의 魏志 東夷傳, 신라의 화백제도 등은 현대적 개념으로 변형 적용하여 민주적 정치이념으로 계승 발전되어야 할 요소들이다.

셋째, 근대에 나타난 實學思想이나 開化思想은 새로 싹트기 시작한 중산층의 이익을 대변했다는 점에서 유럽의 자유주의와 같은 특성을 지니며, 동학사상도 인권평등과 근대적 국가의식을 강조했다는 점에서는 유럽적 근대민주주의를 지향한 사상이라 볼 수 있다.

넷째, 갑신정변과 갑오경장도 극히 형식적이고 부분적이기는 하나 근대민주국가에서 나타난 유럽의 개혁적인 자유주의 속성을 실현하는 것으로 볼 수 있다.6)

다섯째, 韓末의 衛正斥邪 思想이나 開化意識 등은 자주의식과 진보의식이 우리 의식 속에 각각 분리되어 內在해 있었지만, 다른 한편 조화의 면도 보이고 있었다.

다음 우리 전통문화가 민주주의와 相合하기 어려운 부정적인 측면을 들어보면 다음과 같다.

첫째, 유교의 윤리규범에 바탕을 둔 전제군주지배의 정치전통과, 그에 의해 배양된 권위주의적 사회성격을 들 수 있다. 권위주의적 지배체제는 인물에 의한 지배체제이며, 상하계급과 배타적이고, 체제의 억압성과 '정치적 무관심'을 조장한다. 또한 그것은 엘리트의 爲民思想과 결부되어 官尊民卑사상에 연결되어 민주주의의 저해요인이 된다. 또 다양한 가치관의 상용성을 토대로 한 정통성이나 합의 조성에 역기능적 요소가 되고, 정당 정치의 존립 기반 및 성장 환경을 저해·위축시키는 요인이 되기도 한다.7)

---

6) 차기벽, 「민주주의 이념과 역사」, 한길사, 1980, p. 123.

둘째, 가족주의 전통문화를 들 수 있다. 전통적 농촌사회에서 형성된 가족주의를 오늘날의 관점에서 볼 때 씨족주의, 족벌주의, 분파주의 혹은 파벌주의를 가져와 정치적 통합에 역기능을 할 수 있다. 이것은 학연이나 地緣 등으로 확산되어 인사행정이나 정책 결정 등에 있어서 귀속주의·정실주의를 초래하고, 합리성이나 객관성을 저해하는 요인이 된다. 또한 家父長을 중심으로 하는 대가족제도의 폐해가 一家의 명예를 어느 무엇보다도 우선시하는 형태로 나타나 공공정신의 결여를 초래하기도 한다. 정당정치의 선거과정에 있어서도 파벌경쟁이나 혈연, 지연 등에 의한 절대적 영향 등을 미침으로써 한국 민주주의의 폐단이 되고 있다.

셋째, 전통문화의 숙명 내지는 운명주의 특성에서 배태된 非進就性, 보수성 등을 들 수 있다. 숙명주의가 지배하는 점에서는 사고나 행동에 있어서 감정적 이입 능력이 없고, 전통적 사회로부터 벗어나는 데 추진력이 없으며, 현상유지의 철학이 내재한다.

넷째, 情誼主義를 들 수 있다. 의리·인정·애정·화목 등 정적 요소로 표현되는 정의주의는 현대 산업사회에서 긍정적 인간관계를 형성하기도 하지만, 공적인 업무 처리에 있어서 합리적·이성적 사고보다는 정적 유대관계에 지배되는 면이 있다고 하겠다. 또한 이로 인하여 조직 내에서의 성원간의 利害對立이나 갈등이 표면화되지 않고, 불신 풍조와 분열의 원인이 될 수도 있을 것이다.[8]

다섯째, 형식, 절차, 先例, 전통적 관습 등을 지나치게 존중하는 儀式主義 내지 형식주의의 전통문화이다.

이러한 전통문화가 지배하는 사회에서는 법적 절차가 모든 요소에 우선하고, 법률만능주의가 지배하게 되어 개혁이나 창조적 발전을 저해하는 요소가 된다. 또 어떤 목표와 사업 계획도 형식

---

7) 한배호, *op. cit.*, p. 252.
8) 이상필, "정치문화는 개선될 수 있을까", 「정치문화」, 1981. 3, p. 46.

적 겉치레로 끝나기 쉽다.

더욱이나 36년간 일제식민통치로 인하여 민족 고유 의식, 역사 의식이 단절되는 정통성의 중대한 위기를 맞고, 뒤이은 조국 분단은 국민들의 정치의식을 제약하는 심각한 모순을 빚어내었다.

요컨대, 이상과 같은 부정적 요소는 결국 우리 국민들로 하여금 참여적이기보다는 저항적이고, 개방적이기보다는 폐쇄적이고, 전체적이기보다는 퇴영적이고, 긍정적이기보다는 부정적인 정치문화를 胚胎하였다고 볼 수 있다.

4. 한국 민주주의의 제약성과 성장성

한국 민주주의는 한국적 상황과 여건에 의하여 제한된 민주주의(limited democracy)이나 정치지도자나 국민들의 목적의식적인 노력에 의하여 계속 생성하고 발전하고 있는 민주주의(growing and developing democracy)이다.[9]

현재의 여건 하에서 한국의 민주주의는 불완전하고 미숙한 것이 사실이다. 근대시민혁명 시작 이후 200년 내지 300년 동안 유럽이나 미국 국민들이 많은 피와 땀을 흘리며 이루어 놓은 민주정치가 값비싼 대가를 지불하지 않고, 쉽게 우리에게 정착하리라 생각하는 것은 잘못인 것 같다.

따라서 한국 민주주의는 과거와 현재의 불완전한 민주주의로부터 보다 완전한 민주주의로 생성 발전하고, 꾸준히 노력하는 발전도상의 민주주의인 것이다. 불완전한 민주정치를 극복하는 실천과정에서 경계해야 할 것은 지나친 현실긍정과 지나친 현실부정의 정치태도인 것이다.

---

9) 한승조, 「한국 민주주의와 정치발전」, 법문사, 1990, p. 180.

불완전한 현실정치를 시정할 생각 없이 미숙한 판단이나 불완전한 정책수행을 무조건 고수하거나 정당화하려는 것도 문제이지만, 한국의 특수조건이나 현실여건을 조금도 고려하지 않고 정부나 정치지도자에게 너무 많은 것을 급속히, 그리고 일시적으로 해결을 요구하는 것도 경계해야 한다. 왜냐하면 전자는 지속적인 권위주의 정치와 연결될 가능성이 있고, 후자는 국민의 요구중압 때문에 정치체계의 가동력이 상실될 뿐만 아니라 정부가 일관성 있는 정책수행을 할 수 없게 되기 때문이다.

5. 한국 지식층의 독선과 외래 지향적인 정신 풍토

한국 민주주의 발전에 지대한 영향과 길잡이 역할을 해야 할 한국 지식층의 학문적인 정신풍토를 고찰해 보면 한국 민주주의의 특징과 함수 관계가 있음을 알 수 있다.

한국의 학술과 문화는 대체로 외국의 사회적 상황과 역사적 경험을 토대로 하여 성립된 학문체계를 소개하는 개론 또는 입문서의 수준을 넘지 못하고 있다는 평가가 지배적이다. 더욱이 외국의 논리구성이 한국의 구체적인 역사적 경험과 현실문제에 결부되어 있지 않기 때문에 한국의 현실 상황을 설명하고 문제를 해명하는데 큰 도움이 되지 못하는 경우가 많다. 특히 외국의 상황을 분석하여 정책대안을 만드는데 적실성이 높은 발전모형을 전혀 상황이 다른 한국의 경우에 그 잣대로 사용한다면 오히려 정책미스(miss policy)가 산출되어 엄청난 혼란과 국가적 손실을 발생시킬 수 있다.

이러한 지식층은 역사의식을 결여하기 쉽고, 외래 지향적일 가능성이 높다. 심지어 외국에 거주지를 두고 전 가족을 외국에 둔 채 대학 강단에 서서 월급을 받아 외국으로 빼돌리는 것을 자랑스럽게 생각하는 경향마저 없지 않다. 또한 자녀의 외국 국적취득을 손쉽게 하기 위해 외국의 속지주의 원칙을 악용하여 출생기간 동안만 외국의 산부인과 병원에 머무는 원정출산의 경우도 많다. 그리하여 외국에 유학 등의 이유로 거주할 때 출생한 자녀가 외국국적을 획득한 경우, 그 이후 부모가 한국에 돌아와 고위공직을 맡으면서 이중국적 문제로 말썽을 빚기도 한다. 국적 선택을 할 때 그 자녀가 한국에 살고 있음에도 불구하고 한국 국적을 쉽게 포기한다든지 하는 경우가 오히려 지식인을 포함한 公私고위직에서 더 많다는 것은 한심한 일이 아닐 수 없다. 이것을 세계화나 신자유주의란 이름으로 명분을 찾으려 해서는 당연히 안될 것이다.

지식인들이 국가관이나 역사의식을 결여하게 되면 現象的이고 枝葉的이며 非本質的인 것, 잠정적이고 가변적인 것 그리고 개별적인 것에 집착할 수밖에 없게 된다. 따라서 그들의 연구 관심도 사회의 물질적·경제적·환경적·수단적·제도적 측면의 연구로 기울어질 수밖에 없기에 한국의 발전에 실질적인 기여와는 거리가 먼 관념적 논쟁에 그치는 경우가 많다. 2002년 7월 31일 김대중정부 임기 말에 장상 국무총리서리가 국적문제·도덕성문제 등으로 국회인준을 얻지 못했다. 국무총리를 다시 임명하려 해도 할 만한 능력자로 인정되는 사람들 중 국가관 결여나 역사의식 결여 등 도덕성문제로 인해 국회인준을 받을 만한 인물이 없어 엄청난 행정공백을 감수해야만 했다. 국회의 청문회와 인준과정이 두려와 국무총리를 하겠다고 선뜻 나서는 사람이 없다니 가히 失笑를 금치 못할 일이다.

특히 우리나라의 지식층이나 권력 엘리트들이 문인숭상의 정신풍토 때문에 지식층의 사회적 지위와 존경은 언제나 높은 편이었다.10) 이러한 사회적 신분, 지위에 대한 우월성 때문에 그들은 자신이 국가의 안전과 발전, 민족의 생존과 번영을 위하여 실제로 얼마나 수범하고 기여하였는가 생각하지 않는 것 같다. 정치사회화의 관점에서 보면 오히려 지식층이나 정치엘리트의 말과 표현은 민주적이나, 그 행태는 다른 계층보다 더욱 비민주적인 경우가 많다.

　바로 여기에 한국 민주주의 발전의 저해 요인과 권위주의 정치의 악순환이 지속되는 이유가 있다.

6. 한국정치와 국제환경

　한 나라의 정치체계가 국제환경의 변화에 영향을 받음은 당연하다. 특히 한반도의 경우 분단 직후부터 시작된 국제정치체제의 兩極化, 남북간의 대립과 적대 관계가 식민통치 기간 동안 그토록 애써 독립운동을 했던 동족간 전쟁을 치르게 하였다. 남북간의 대립과 갈등은 정부수립 후 처음으로 남북정상 간에 2000년 6월 15일 소위 '6·15남북공동선언'을 발표하였으나 그 이후 오늘날까지 북한의 대남 자세는 달라진 것이 없다. 달라진 것이 있다면 전술변화에 불과하다.

　양극화의 한 축인 소련 블록이 무너진 지금 동서냉전은 소멸된 듯하나 남북간은 아직도 일면 화해, 일면 냉전의 복합구조로서 변화무쌍한 환경이 계속되고 있다. 新多極化時代 또는 無極化라고 일컫는 작금의 국제질서는 결코 한국 민주주의의 발전에 플러스 요인으로 작용할 수가 없다. 시장개방과 단일시장이 중심 개념인 세계화(globalization)나 무한경쟁의 완전시장주의가 중심 개념인 신자유주의(neo liberalism) 등의 국제적 흐름의 변화에 어떻게 능동적으로 대처하느냐의 입장에서 보면 한국사회의 미

---

10) Ibid., p. 357.

래는 참으로 암담해진다. 특히 노동집약적인 산업이 중심인 한국은 거래상품의 가격경쟁과 품질경쟁의 측면에서 세계시장에 대처할 수 있는 경쟁력이 아직은 매우 약하다.

무한경쟁시대를 맞은 각 국가들은 양극화시대 때의 생존조건의 틀을 깨고 분야별 1등만이 살아남을 수 있는 새로운 삶의 조건과 영역확보를 위해 저마다 구조조정을 통해 高地先占을 위한 생존전략을 구사하고 있다.

프랑스와 독일은 유럽에서 미국의 영향력을 적극 배제하고 '독자유럽'을 만들려 안간힘을 쓰고 있으나 미국과 영국이 합세하는 힘에 밀리고 있는 실정이다. 일본은 아시아의 패권을 노려 미국이 언젠가 아시아에서 발을 뺄 경우 그 공백을 그들이 메우기 위해 군사 대국화를 서두르고 있다.

특히 일본은 2001년 8월 28일 로켓 H2A를 성공적으로 위성에 올려놓음으로써 우주과학 분야에서 세계4강 반열에 올랐다. 안보전략 면에서도 강국대열에 올라설 또 하나의 기반을 갖춘 셈이다. 일본은 상업용이라고 하지만 일본의 우주개발에 중국·북한·러시아 등 주변국가들은 안보적 측면에서 일본을 주목하고 있다. 로켓과 대륙간탄도탄(ICBM)은 동전의 양면에 해당한다. 이번에 성공한 H2A는 군사기술 면에서 보면 16톤의 탄두를 실을 수 있는 ICBM에 해당한다. 또 아랍은 이락의 패전(2003년 4월)으로 아랍의 맹장 후세인체제가 붕괴되었음에도 불구하고 회교를 중심으로 하여 세력화하려는 조짐을 보이며 테러전을 계속하고 있다. 미국은 新패권주의로서 미·이락 전쟁에 앞서 UN의 안보이사회의 결의를 얻기 어렵게 되자 단독으로 전쟁 수행을 감행하게 되었다. 이에 대해 프랑스·독일·러시아를 비롯해 많은 국가들이 전쟁 거부를 표시했지만 예상과는 달리 미국의 일방적인 승리가 결정되자 프랑스·독일·러시아 등도 굴복하고 말았다. 미국은 지금 舊소련 지역이나 중동, 유럽 등 어느 지역에서도 미국에게 필적할 강대국이 등

장하지 못하도록 억제하여, 미국만이 초강대국으로 남아 있기 위
한 전략을 세우고 MD(미사일방어)체제를 구축하고 있다.

이러한 틈바구니 속에서 우리는 이에 합당한 대응전략과 생존
조건을 마련해야 하는 어려움에 처해 있는 실정이다. 특히 2000
년 6·15남북공동선언 이후 지금까지도 북한의 대남전략전선은
변한 것이 없는데 우리 정권당국자나 그 아류들은 신데탕트란
말만 연발하고 있는 셈이다. 특히 노무현대통령이 2004년 9월 5
일 국가보안법 폐지의견을 밝힌 이후 온 나라가 국보법 찬반 소
용돌이에 휩싸인 상태에서 국보법폐지안이 여당에 의해 국회상
정 되었다. 국보법폐지는 80%의 국민들이 반대하지만 칼자루를
쥔 여당이 청와대의 힘을 받아 밀어붙이고 있으니 심각한 남남
갈등의 요인이 되고 있다.11)

대북정책을 놓고 한미간의 충돌이 계속되는 가운데 한미동맹
이라는 용어만 난무한 점은 매우 염려스런 부분이다. 이러한 한
미간의 충돌은 수출입국에 석유 전량 수입이라는 한국의 환경에
절대 불리하다는 판단을 했는지 미국을 방문한 노무현대통령이
2003년 5.15한미공동선언에서 현실을 직시한 획기적인 변화를 시
도했다.12)

---

11) 배찬복, '국보법 개폐논쟁과 국회의 다양한 의견수렴', CBS뉴스해설,
   2004.9.7(화) 방송참조.
12) 배찬복, '노대통령의 방미에 부쳐', CBS뉴스해설, 2003.5.10(토) 방송 참조.
   …주한미군 재편문제는 한국은 북핵문제가 해결되기 전에는 휴전선과 서
   울 사이에 배치돼 있는 주한미군 제2사단의 후방 이전 문제를 잠시 덮
   어두자는 입장인 반면 미국은 이라크전 종전과 함께 해외주둔 미군의
   재편을 서두르고 있어 쉽게 결말이 나지 않을 것 같다. 핵문제도 북한의
   핵제조나 보유문제는 한미가 이미 합의된 사항이지만, 북한의 핵문제 해
   결이 미진할 경우 미국은 해상봉쇄 등 대북 군사적 제재는 물론 3자회
   담 중단을 요구하는 입장이고, 노 대통령은 '군사적 제재 절대 불가'입
   장을 고수해 온 입장이어서 절충점을 찾기가 쉽지 않을 것이다. 특히 미
   국은 북한의 핵문제와 김정일정권과 동일선상에 놓고 해결하려고 하고
   있다.…

5.15공동성명에서 핵문제와 경협을 연계 시킨 점, 대북관계에 있어서 한미공조 강조 등은 햇볕정책의 근간인 정경분리원칙에 정면충돌을 의미하므로 김대중정권의 햇볕정책 자체를 용도폐기한 것이나 크게 다를 바 없다. 특히 북핵문제에 '위협증대 시 추가조치 검토'를 5.15공동성명에 수용한 것은 노무현정권이 햇볕정책과는 달리 더 이상 김정일 위원장의 덫에 끌려 다니지 않겠다는 의지의 표현이고 더 이상의 대남위협성 발언에도 시달리지 않겠다는 뜻을 담고 있다고 평가된다.13) 물론 이러한 공동성명에 대해 17대 총선에서 노대통령의 핵심지지자들은 굴욕적인 저자세외교라고 비판이 심했지만 노대통령은 한반도 불안을 해소하는 게 가장 중요한 불가피한 현실이며 "訪美 후 변했다는 평가에는 개의치 않는다"고 했다. 그렇다고 정부의 정책에 일관성이 있는 것은 아니다. 언제 반미를 암시하는 정책으로 바뀔지 알 수 없는 일이다. 동맹과 자주는 인식하기에 따라 보완관계도 있지만 상당부분 이율배반적 관계에 있기 때문에 자주를 지나치게 강조하면 반미로 귀결되고 동맹을 지나치게 강조하면 약소국은 종속국가처럼 비쳐지기도 한다. 실제 제17대 총선을 앞두고 소수당이었던 집권당(열린우리당)이 자주외교를 내세웠고 이것이 촛불시위 등 반미분위기와 맞물려 형성된 포퓰리즘과 접목되어 여대야소가 되었다.

외교에서 국가적 자주성 확보는 당연한 것이다. 국익 역시 타국의 이익이 아니라 바로 우리의 이익을 가리킨다는 점에서 태생적으로 자주성을 띤 단어다. 자주와 국익이 相馳되지도 않는다. 문제는 자주를 강조하는 측은 실천준비 보다는 요란한 말과 구호에 더 신경을 쓰는 듯한 이데올로기적 인상을 주는데 있다. 중국·일본·러시아 등 세 강대국을 이웃에 두고 분단의 긴장 속에

---

13) 배찬복, "6.15공동선언 3주년 평가", 「통일한국」 6월호, 평화문제연구소, 2003. 6

서 북한과 대치하고 있는 한국은 동맹을 통한 세력균형은 불가
피한 숙명적 선택이다.

국제환경의 변화가 참여정부 이후 우리 한국의 수출에 적신호
를 주고 있고, 정치발전에도 저해 요인이 되고 있는 것은 사실이
다. 이렇게 불리한 국제환경은 마치 한국 민주주의가 가는 길에
정해진 난코스라도 되듯 분단 후 간헐적으로 찾아와 권위주의 정
치를 지속시키는데 한 몫을 한 것은 사실이다. 그렇다고 한국의
경제와 민주화 문제를 지연시킬 수 없다면 국제변화에 능동적으
로 대처할 수 있는 구조조정을 통해 '수출 청신호'가 켜지도록 경
쟁력을 길러야 한다. 경제부문의 구조조정이 성공하려면 맞물려
있는 정치부문도 구조조정을 통해 점진적으로 선진화시켜 나가야
한다. 국제환경변화에 대처하기 위해 가장 우선해야 할 일은 국
민통합이다. 利害와 시각을 달리할 뿐 아니라 지역갈등·계층갈
등·세대갈등이 심각한 한국사회를 통합(political integration)으로
묶어내는 첩경은 정치부문의 선진화에 있다.

제5장 정치의 핵은 권력획득과 유지

Ⅰ. 권력의 생리적 현상과 인간의 본능

1. 인간의 끝없는 권력추구욕

대부분의 동물들은 배불리 먹으면 다시 식욕이 일어날 때까지 잠만 자지만 인간의 권력에 대한 추구욕은 밤낮이 없다. 아무리 곳간을 채워도, 세상의 좋은 것을 다 가져도, 임금의 자리에 올라도 허무함과 부족함은 마찬가지고 가슴은 텅 비어 있는 듯 해 무언가를 더 채우려고 허우적거리다 인생의 끝점에 이르는 것이 인간의 속성이다.

秦始皇은 32세인 기원전 221년에 중국천하를 통일하고도 즐거움은 잠시였고 끝없이 솟구치는 권력욕에 전국을 한 손에 거머쥐기 위해 중앙집권적 전제정치체제로 바꾸고 스스로 始皇帝라 칭하였다. 인공위성에서 육안으로 관찰할 수 있는 유일한 인공구조물이라는 1만 2천 7백 리의 만리장성, 사치의 상징으로 거명되는 길이 6백90m, 폭 1백14m의 아방궁, 시황제가 되자마자 서두른 진시황제 무덤(높이 약 70여m, 동서 약 6백m, 남북 2백여m), 4백 60여 명의 선비를 생체로 매장하여 반대 목소리를 낼 수 있는 지식인들을 단숨에 제거했던 焚書坑儒(분서갱유)사건 등으로 통일은 되었다. 더욱이 진시황의 권력욕과 不老長生에 대한 집착은 끝이 보이지 않아 백성들의 稅부담은 무려 20배로 늘어나고 시달리는 고달픈 생활을 하게 되었다. 그러나 진시황은 권력에 대한 그러한 집념에도 불구하고 기원전 210년 50세의 나이로 사망하였고, 그 후 얼마 못 되어 진 제국의 長壽도 그의 뜻대로 이루어지지 못한 채 끝나고 말았다.

그야말로 동물은 생존과 生殖만으로도 만족을 느끼지만 인간은 그와 더불어 자기 자신을 확장시키려는 권력에 대한 무한한 욕망을 가지고 있다. 권력을 가지면 富와 명예도 더불어 수반된다고 하는 것을 믿음으로써 수단과 방법을 가리지 않으려 든다. 이러한 잘못된 믿음으로 인해 역사는 언제나 정체성을 잃고 왜곡되며 얼룩지게 된다. 김영삼정권은 '역사바로세우기'란 명분으로 전두환·노태우 두 전직 대통령을 '12·12군부쿠데타'와 '5·18민주화운동'의 무력진압 그리고 재벌로부터 받은 정치자금 건으로 구속했다. 그리고 불과 1년 만에 사법적 수단으로 '역사바로세우기'를 주도했던 정권에 의해, 바로 그 정권의 한 핵심부를 장악했던 대통령의 아들 김현철이 권력의 중심에서 보도를 휘두르다 사법처리 되는 등 쫓고 쫓기는 아이러니컬한 연출 장면은 그칠 줄을 모른다. 권력을 거머쥔 그를 그토록 쫓아다니던 사람들이 그가 어렵게 되자 누구보다 먼저 그를 욕하고 다님으로써 다가올지도 모를 위기를 모면해 보려는 야수같이 비정한 마음 그것이 바로 권력을 추구하는 인간들의 자세다. 생각해보면 '역사바로세우기'였는지 권력만 탐욕하다 저지른 失政 때문에 흔들리는 권력을 보호하려고 방호벽을 치느라 그들의 언저리에 줄 세우기를 한 건지 알 수 없는 일로 엄청난 소용돌이가 있었지만 그 이후도 역사는 바뀐 것이 없다. 바뀐 것이 있다면 전쟁을 방불케 하는 권력게임에서 패자는 옥살이를 하고 승자만이 살아남았다는 사실과 승자와 패자는 엎치락뒤치락 계속 뒤바뀐다는 사실이다.

한국의 정치판에서는 집권세력이 되면 무엇을 할 것인가 보다 무엇으로 휘어잡고 들어낼까라는 상징정치부터 구사한다. 노태우정권의 '보통사람', 김영삼정권의 '문민정부', 김대중정권의 '국민의정부' 노무현정권의 '참여정부'가 그러하다. 그리고 정권이 바뀔 때마다 '역사바로세우기'란 이름으로 전임자가 내세운 정의를 밀어내고 자신들만의 정의를 새로 만들어 내어 국민들에게 각인시키려 하지만 실패로 연결된다. 예컨대 노태우정권의 '보통사람'은 천문학적인 부패로 퇴임 후 교도소 생활로 위선이 들어났고, 김영삼정권의 명예혁명에 비유한 '역사바로세우기'도 김대중정권의 '제2건국운동'에 의해 지워졌다. 노무현정권이 들어서자 제2건국운동은 간곳이 없고 또다시 동학농민전쟁 시대까지 거슬러 올라가는 과거사 조사를 통해 역사정립을 하겠다고 한다. 여기에는 전임자의 비판을 통해 빠른 시일에 통치기반을 다진다는 오만함과 독선적인 심성이 깔려 있는 것도 사실이다. 물론 전임자에 대한 비판이 잘못되었거나 순기능이 없는 것은 아니다.

과거사에 대한 조사와 반성을 통해 賞과 罰이 뒤바뀐 채 억울하게 묻혀진 것을 바로잡고 역사정립을 분명히 한다는 것은 매우 중요한 의미를 지닌다. 그러나 역대정권이 그러했듯이 통치수단으로 악용되지 않아야 한다. 역사와 정의는 특정인이나 특정집단의 전유물이 될 수가 없다.

한국정치 반세기에 걸친 짧은 기간 동안 우리는 수 없는 숙청과 제거, 투옥과 망명들을 겪으면서 부끄럽게도 여전히 구호만은 허공의 메아리처럼 우람차다. 역대 대통령들은 역사나 정의란 이름으로 전임자들의 업적을 깡그리 짓밟고 타도함으로서 도덕적으로 황폐한 인간들로 만들어버렸다. 그들은 자신도 바로 그 청산의 대상으로 위치가 바뀐다는 것을 뻔히 알면서도 부나비처럼 권력의 마취에 빨려들어 가곤 하는 것이다. '이기면 영웅이요 지면 역적'인 듯한 권력게임은 지금도 숨바꼭질하듯 물고 물리는 잔인한 싸움을 자아내고 있다.

이러한 권력게임이 악순환하는 것도 승자독식의 절대권력과 후진정치 그리고 인간의 끝없는 권력추구욕이 맞물려 일어나는 것이다. 그래서 세계사의 모든 민주혁명은 권력억제와 민권신장이라는 두 개의 요구를 중심으로 이루어진 공통점을 지닌다.

2. 새디즘적 인간과 매저키즘적 인간

권력욕은 인간의 필연적 속성이라는데 아무도 이의가 없다. 단지 주로 심리적 요인에 의해 발동되는 '정치적 무관심'(political indifferent)으로 인해 권력으로부터 잠시 물러서 있거나 권력 이외의 다른 것으로부터 대리만족을 얻으려는 심리가 발동할 수 있다.

라스웰(H. D. Lasswell)에 의하면 정치적 무관심의 유형은 첫째, 탈정치적(depolitical)유형으로서 7전8기라는 刻苦의 노력으로 권력을 얻어 보았지만 생각했던 것과는 달리 기대를 충족시켜주지 못할 때는 정치적 의욕을 잃고 가치로서의 권력에 환멸을 느껴 권력으로부터 잠시 인퇴해 권력을 창출하는 것보다 권력에 순응하는 쪽으로 삶의 수단을 옮길 수도 있다. 둘째, 무정치적(apolitical)유형으로서 사람에 따라서는 권력을 획득할 수 있는 기회가 전혀 없거나 능력 또는 자질도 없다고 판단하는 사람은 학문이나 예술 등 다른 것에서 삶의 의미를 찾을 수도 있다. 셋째, 반정치적(antipolitical)유형으로서 극히 드문 예이지만 종교인 중에는 이승은 저승을 위한 준비기간으로 간주해 종교에 삶의 전부를 거는 종교적 신비주의자나 무정부주의자도 있다. 이들은 자기가 고집하는 가치가 본질적으로 정치와 충돌한다는 입장에서 정치과정을 적극적으로 반대하는 경우이다.

메리암(C. E. Merriam) 교수도 그의 저서 『정치권력』(political power)에서 권력에 굶주린 사람(power hungry people)과 권력에 무관심한 사람(power indifferent person)이 있고, 사람들의 충동에도 강자의 공격적인 충동(the aggressive impulse of the strong)과 약자의 굴복적인 충동(the surrender impulse of the weak)이 있다고 보았다.

이렇게 사람은 크게 '권력지향성'과 '복종지향성'으로 일단은 나눌 수는 있으나 양자의 관계를 완전히 별개로 보아야 하는지 아니면 兩 성향이 한 사람 속에 내재하다 상황에 따라 동시에 또는 시간차를 두고 표출되는 것인지에 대해서는 견해가 엇갈린다. 새디즘(sadism)이란 남을 괴롭힘으로써 쾌감을 느끼는 현상으로서 강한 권력지향성향을 의미하고, 매저키즘(masochism)이란 개인의 열등감과 무력감 그리고 무의미성 등에 의해 남에게 복종하기를 원하는 복종지향성을 의미한다. 이와 같은 두 가지 경향은 대체로 고독감과 무력감으로부터 벗어나려는 공통의 근원에 의해 발생한다.

매저키즘적 인간은 스스로 말살되어짐으로써 고독감과 무력감으로부터 벗어나 안전을 추구하려는 경향이고, 새디즘적 인간은 다른 어떤 사람을 말살함으로써 고독감과 무력감으로부터 벗어나 안전을 얻으려는 것이다. 프롬은 새디즘과 매저키즘의 兩 성향을 동시에 지닌 경우를 '새도-매저키즘'(sado-masochism)적 인간이라고 한다.

프롬에 의하면 새도-매저키즘적 인간의 특징은 권위를 찬미하고 그것에 복종하려 든다. 동시에 그는 자신의 권위를 가지고 타인을 복종시키기를 원하고 있는 것이다. 그 전형적인 것으로서 히틀러 자신 및 독일과 유럽 여러 나라들의 중산층의 대부분을 들고 있다. 이를테면 자기 상관에 대해서는 비굴에 가까울 정도로 복종을 잘하는 관리가 자기 부하직원에 대해서는 호랑이 같이 사납고 강압적으로 나오는 전형적인 인간형이다. 대체로 한국의 관리들이 새도-매저키즘적인 인간형의 성향을 지녔다고 평가되고 있다. 이러한 경우 새디즘과 매저키즘은 대체로 동시에 발생한다.

프로이드 좌파인 에리히 프롬(Erich Fromm)은 그의 저서 『자유로부터 도피』(escape from freedom)에서 "사람들의 두뇌는 20세기 속에 살고 있으나 대부분 사람들은 아직도 석기시대(the Stone Age)에서 벗어나지 못하고 있다. 인간은 고립적이고 인간 그 자신밖에는 삶의 의미를 부여할 수 없다는 사실을 참고 견디기 위해 신화와 우상을 필요로 하고 있다"고 본 것은 매저키즘적 인간의 삶을 단적으로 표현한 것이 된다.

또 인간은 그를 제약하고 안정을 주었던 사회의 여러 구속으로부터는 해방되었지만 그의 개인적 자아의 실현이라는 적극적 의미에서의 자유는 아직 얻지 못했다. 자유는 독립과 합리성을 안겨 주었지만 고립과 불안과 무력감을 주었다. 인간은 이 견디기 어려운 자유의 부담으로부터 도피하여 새로운 의존물과 복종의 상대를 추구하느냐, 아니면 인간의 독자성과 개성에 근거한 적극적인 자유의 실현을 위해 전진하느냐 하는 양자택일의 기로에 서 있다.

이와 같이 인간은 매저키즘적 인간의 삶과 새디즘적 인간의 삶을 두고 끊임없이 선택의 고민과 갈등에 휩싸이게 된다. 설사 어느 한쪽의 삶이 선택되었다 해도 그것이 계속적이거나 고정적이지 못하고 환경변화나 시간차에 따라 어느 것이 더 안전한 삶이냐를 놓고 매저키즘적 삶과 새디즘적 삶 간의 선택은 엎치락뒤치락하게 된다.

문제는 새디즘적 지도자와 매저키즘적 국민들이 만나게 되면 컴퓨터가 세계를 지배하는 21세기 전자시대의 현대사회가 되어도 현대판 군주제나 신중상주의 체제가 가능하게 되어 지도자는 국민 위에 군림하는 독재가 가능하다. 이러한 경우 아무리 우주를 여행하는 시대라해도 백성들은 한없이 시달리면서도 스스로를 돌아보지 못하는 한 시대를 살게 된다. 또 한 나라의 관리들이 새도-매저키즘적 인간형일 경우는 계층갈등과 세대갈등의 원천이 된다. 이러한 경우 특히 최고권력자는 가장 지근거리에 있는 측근들로 인해 눈이 가려져 소위 패거리정치와 권력형 부패의 온상이 된다.

3. 미란다와 크레덴다

인간은 이성적(logos)인 동시에 感情的(pathos)인 동물이기 때문에 권력을 행사하는 治者는 자기의 명령이나 지도가 피치자에게 거부감 없이 수용되게끔 이성적·정서적인 반응을 부단히 재생산하려든다. 민주주의란 국민에 의한 통치(government by the people)라 하여 통치기반과 통치의 주체가 다같이 국민이라고 이론적 구성은 하고 있지만 실제는 이성을 가진 인간이 같은 인간을 지배하고 있는 것이 냉엄한 사실이다.

바로 이 점에서 인간간의 지배관계는 반드시 이성적·합리적인 근거에 의하여 정당화하지 않으면 안된다. 만일 그렇지 못해 피치자의 이성적·정서적 반응을 얻어내지 못할 경우는 최후의 수단인 폭력이 발효될 수밖에 없다. 그러나 폭력은 가장 열등한 방식의 권력수단이기에 오랫동안 의존할 수도 없고 오랫동안 권력을 지탱시켜 주지도 못한다. 이러한 점에서 현대정치에서는 권력이 그 자체를 유지해 가는 수단으로서 피치자 측에 그것이 정당화되어 질 수 있는 상황을 조성할 상징조작(symbol manipulation)이 매우 중요한 역할을 하게 된다. 이렇게 권력의 존재를 사람들로 하여금 설득을 통해 권력의 존속에 동의케 하는 권력의 정당화·합리화 측면을 미국의 메리암(C. E. Merriam) 교수는 이것을 크레덴다(credenda)라고 부른다.[1]

　다른 한편 인간은 이성을 보유하고 있는 동시에 정서적이고 비합리적인 존재라는 측면도 있기 때문에 합목적적인 동기만으로 움직인다고 볼 수는 없다. 때로는 어떤 권력행사가 피치자의 이성적·정서적 반응을 얻어내지 못할 경우 권력행사 그 자체를 유지하기 위한 수단으로서 정치권력을 국가와 동일화시켜 권력에 대해 신비롭고 장엄하게 느끼게 만들어 그 앞에 고개를 수그리게 만들 수도 있다. 이렇게 권력의 신비적·비합리적 측면을 메리암은 권력의 미란다(miranda)라 부른다.

　사회적 동물인 인간은 근본적으로 고독에 대한 공포를 무의식적으로 지니고 있다. 따라서 인간은 정서적인 공감대를 찾거나 어떤 질서에 대한 귀속감을 가짐으로써 고독에 대한 공포로부터 벗어나려 한다. 전자를 '동일화의 상징'(symbol of identification)이라 하고 후자를 '합리화의 상징'(symbol of rationalization)이라 한다. 또 전자를 미란다, 후자를 크레덴다라 부른다.[2]

　미란다는 인간의 정서적·비합리적 측면에 호소하여 동일화의 상징을 표출시켜 국민의 마음을 규합시켜내는 역할을 한다. 크레덴다는 이성적·합리적 측면에 호소해 인간사회에 권력의 정통성을 합리적으로 설명하고 영속화를 꾀하는 것이다. 권력의 존재란 결국 미란다와 크레덴다를 통해 내면적으로 피치자나 부하들을 복종시켜 낸다는 말이 된다.

---

1) Charles E. Merriam, 「Political Power」, Glencoe: The Free Press, 1950, pp. 101~132 참조.
2) Ibid., pp. 102.

(1) 미란다와 정치적 상징조작

미란다는 인간의 정서와 비합리성의 틈새를 파고들어 비정하고 냉엄한 권력을 아름답게 분장하는 방법이다. 요즈음과 같이 권력형 비리가 엄청나게 드러나 국민들의 정치판에 대한 불신이 위기상황을 넘나들 때 미란다의 상징조작은 효율성을 발휘하게 된다. 특히 인간의 정서에 파고드는 미란다의 상징조작은 마치 보이지 않는 자력에 끌리는 쇳가루와 같이 인간이 권력집단의 중심으로 끌려 들어와 용해되어 버린다. 결국 대중들은 그 미란다의 상징이 의미하는 대로 이해·평가·동정을 하게 된다. 사실은 대중들이 의도된 상징조작대로 일종의 환각상태에 빠져 말려들어 오는 것이지만 마치 자발적 평가와 판단에 의해 행동하는 것처럼 모양을 갖추게 된다.

이러한 관점에서 보면 상징조작이란 노래, 제복, 포스터, 슬로건 등의 정치적 상징을 사용하여 국민에게 동일한 자극을 줌으로써 그 사고나 행동에 동일한 반응을 기대해서 행해지는 심리조작을 말한다. 이러한 조작을 자주 반복해서 사용하게 되면 물리적 강제력에 의하지 않고서도 국민들 사이의 이해대립이나 분쟁을 완화시켜 통합하는 기능을 수행할 수 있게 된다.[3]

메리암은 미란다의 상징조작의 방식으로 다음을 제시하고 있다.[4] ① 국경일 등 각종 기념일의 설정 : 정치집단은 기념일과 기념적 주기를 설정해 거족적으로 축하함으로써 국민적 포부와 국민통합의 의식을 앙양하며 戰勝日을 기념함으로써 국민의 사기를 앙양시킬 수 있다. ② 공공장소의 설립과 기념적인 건조물의 건립 : 이것은 사람들로 하여금 심리적으로 국민적인 자부심과 위압감

---

3) 李克燦, 「政治學」, 法文社, 1986, p. 180.
　　金雲泰, 「政治學原論」, 博英社, 1988, p. 311.
4) C. E. Merriam, 「Political power」, *op. cit.*, pp. 105~113.

등을 갖게 한다. 그래서 웅장한 정부청사와 시청의 건물, 기념회관, 기념동상 등은 사람들의 눈에 잘 띠는 곳에 세워진다. ③ 특정 음악의 장려와 금지 : 정치적 상징은 음악의 분야에 있어서도 고도로 발달되어 있다. 음악은 사람들로 하여금 건설적인 방향에로 또는 타락적인 방향에로 나아가게 할 수 있는 정서적인 힘을 가지고 있다. 특히 정치의 세계에서도 음악은 善惡 양면에서 커다란 역할을 한다. 강압정치에 대한 국민의 반항심을 마취시키기 위해 음악을 만들어 반복해 들려준다거나 군국주의를 고취시키기 위하여 대중가요 대신 군가를 계획적으로 널리 보급시키던가 하는 경우는 악용의 사례이다. 교회의 찬송가, 애국가, 종족의 牧歌 등의 음악적 상징은 조상의 뼈아픈 경험을 통하여 집단의 응집성과 완고성을 환기하여 집단의 독자적 존립을 유지하는 특이한 존재가치를 가진다. ④ 예술적인 깃발, 장식물, 제복, 동상, 우표 등 意匠의 제작 : 예술적 의장은 색깔, 모양, 자세 등의 요인을 통하여 미란다로서 큰 효과를 발휘하고 있다. 국기와 당기와 같은 것은 정치적 통일의 가장 중요한 상징이다. 군대와 경찰관 또는 일정한 공무원, 소년단원 등이 입은 制服과 같은 것도 각개의 직권을 상징하고 사회적 시위도 되며 내부적으로는 질서와 일체성을 확보하는데 커다란 효과를 발휘한다. ⑤ 逸話와 역사의 미화 : 逸話와 역사는 권력집단의 어느 특정 인물이나 권력상황 그 자체를 위한 숭상을 조성하는 유력한 수단이다. 초기단계에서는 일화의 형태를 많이 띠었으나 후세에 이르러 점차 역사형태를 띠게 되었다. 아동이나 성인까지도 미화된 일화가 미치는 거의 마술적인 영향력은 직·간접적으로 효과적인 권력의 칭송을 조장하게 된다. ⑥ 집단적 의식의 장엄한 거행 : 집단적 의식의 장엄한 거행은 국민적 관심을 강력하게 자극시키는 역할을 한다. 이러한 의례와 의식의 규모는 집단의 단결과 사기의 指數가 된다. 세습적 집단의 경우에 더욱 이러한 의식과 의례의 상징을 이용하게 된다. 이러한 상징적 효과는 민주주의 제도나 공산주의 제도를 불문하고 모든 정치형태에 활용되고 있다. ⑦ 대중적 시위: 대중적 시위는 그 지지세력 또는 반항세력의 존재를 집단적으로 과시하며 정치적 적대자에게 심리적 압력을 가하는 기술이다. 무장경관의 대열, 항공기의 편대, 육해공군의 사열식, 군사연습에서부터 플래카드를 든 노동자의 가두행진, 정당의 전당대회, 전 시민의 궐기대회 등에 이르기까지 일정한 목적을 실현하기 위하여 집단적으로 수행되는 심리적 협박수단이다. ⑧ 종교와 魔術: 종교와 마술의 상징적 효과는 원시사회로부터 현대에 이르기까지 그 영향력은 매우 크다. 원시사회에 있어서 마술·의약·종교·정부 등은 긴밀히 상호 관련되어 사회적 사기와 사회통제를 강화하는 데 큰 효과가 있었다. 고대의 종교는 왕과 추장과 더불어 최고 권위로서 종교적 권력은 군사적 권력과 대등할 정도로 유력했다. 현대에 있어서도 帝政일본의 주권자인 天皇은 살아 있는 신이라고 설명되고 있으며, 오늘날 아랍의 헤자즈(Hedjaz)에서는 아직도 단일종교가 강요되고 있다. 영국·시리아·스칸디나비아 등 여러 군주국의 지배자는 특정 종교를 신앙할 것을 법으로서 정하고 있다.

정치권력은 시대적 상황과 유기적 관계를 가지며 상호 영향을 주고받는 가운데 끊임없이 변화한다. 정치질서도 마치 인간의 生老病死처럼 생성·번영·쇠퇴·소멸의 원을 그리며 순환한다. 새로운 정치질서가 대두되면 그에 걸맞은 인적·물적 상징체계가 형성됨으로써 사람들이 일단은 새로운 정치질서와 지도에 따르게 된다.

(2) 크레덴다와 정치권력의 정통성

크레덴다(credenda)는 인간의 이성과 합리성에 의존하는 '합리화의 상징'으로서, 인간의 정서에 파고드는 미란다와는 달리

지성에 파고든다. 정치권력 소유자는 자신의 권력유지수단으로서 피치자에게 자신의 권력이 정당화되고 합리화될 만한 상황을 만들어 나가야만 한다. 정권이나 정부도 마찬가지로 당의 정책이나 정부의 對국민정책이 정당화나 합리화를 통해 국민지지를 유도해 내지 못한다면 지지쇠퇴(decline in support)가 급속히 일어나 더 이상 체계유지가 어려운 지경에 빠지게 된다.

메리암은 크레덴다 방법으로서 다음 몇 가지를 제시하고 있다.5) ① 정부에 대한 우선적 존경태도(respect for government-differential attitude): 어떤 유형의 정치제도라도 피치자들로 하여금 존경을 받지 못하면 안된다. 정부에 대한 존경이나 행정담당자에 대한 경의를 촉진하는 방법은 여러 가지가 있다. ② 복종(obedience): 치자와 피치자 간의 지배관계에는 적어도 최소한의 복종의욕 및 복종관심이 존재하지 않으면 안된다. 복종은 권력구조에 있어 필수적 조건이 되므로 국민의 신망을 상실한 지배자는 종말을 맞고 있다는 것을 깨달아야 한다. 모든 정치이데올로기나 상징체계는 피치자로 하여금 치자의 권위에 복종케 하기 위한 관념을 내포하고 있다. 피치자의 복종동기는 다양하다. 피치자 중에는 권위자에게 복종하는 데서 쾌락감을 느끼는 경우도 있고, 지도자를 추종하는 데서 환희를 느끼는 자도 있을 것이다. ③ 희생(sacrifice): 크레덴다는 권위에 의하여 희생되는 상황이며 집단의 일반적 복지를 위하여 재산·자유·생명의 손실을 감수하고라도 복종하고자 하는 의욕을 조성한다. 왜 희생을 해야 하는가에 관해서는 여러 가지 방법으로 정치적 설명이 가해지고 있으며 수세기의 경험을 통하여 각색되고 있다. 그리고 가족·교회·민족·계급·지역 등의 집단은 집단생활 향상의 요인으로서

---

5) C. E. Merriam, *Political Power*, Ibid., p. 123.
   金雲泰, *op. cit.*, pp. 317~318.

희생정신을 강조하는 데 조력하여 왔다. ④ 합법성의 독점(mono-poly of ligality): 크레덴다는 권력이 합법성을 독점하는 상황이다. 피치자는 적극적이든 소극적이든 권력지배를 승인하고 허용한다. 권력지배로 인한 피치자의 불평불만을 중화시키는 근거는 권력이 합법성을 독점하고 있기 때문이다. 정치권력을 정당화하고 크레덴다 상황을 조성하기 위한 정치적 신조로서는 주로 다음과 같은 세 가지 유형이 있다. ㉠ 神授權, 즉 왕권은 신으로부터 수여된 절대적 권력이라는 이데올로기 ㉡ 권력이 귀족이나 엘리트 등과 같은 우월한 지도자에 의한 탁월한 지도력의 표현이라는 이데올로기 ㉢ 정치권력이 어떤 동의형식을 통해 표현되는 다수자의 의사에 근거를 둔다는 형식적 논리 등에 의해 권력은 정당화되어 간다.

⑶ 정치권력의 정당성

막스 베버(Max Weber)는 지배자가 권력행사를 공고히 하고 피지배자의 자발적 복종을 유도하기 위해 지배권위의 정당성과 정통성을 자발적이든 인위적이든 수립해야 한다고 주장한다. 지배자가 지닌 권력의 정당성과 정통성의 근거를 어디에 두느냐에 따라 전통형(traditional legitimacy)·합법형(legal legitimacy)·카리스마형(charisma legitimacy)으로 유형화한다. 전통형과 합법형은 일상적인 것에 정통성의 근거를 두는 데 반해, 카리스마는 非일상적인 것에 정통성의 근거를 두는 것이 보통이다.

첫째, 전통적 지배는 오래 전부터 답습되어온 전통의 神聖性이나 그 전통에 의하여 권위가 부여된 자의 정당성에 대한 일상적 신념에 근거한다. 봉건사회나 前근대적 사회구조를 지닌 후진국가들이 여기에 속한다. 북한의 김일성정권이나 김정일정권의 지배권위도 전통형에 정통성의 근거를 둔다.

둘째, 합법적 지배는 법규화된 질서의 합법성 및 이 질서에 의하여 권위가 부여된 자의 정당성에 대한 일상적 신념에 근거한다. 합법적 지배는 지배자의 지배권위가 인간의 자의적 의사에 근거하지 않고 객관적·합리적인 법규범의 통제에 의하기 때문에 피치자로 하여금 복종의욕을 자아내게 하는 데 매우 효율적이다.

셋째, 카리스마적 지배는 특정인물 및 그에 의하여 啓示되고 혹은 제정된 질서가 지닌 神聖性이나 초인간적인 힘이나 혹은 규범적인 자질에 대한 비일상적인 것에 의거해 권력행사의 정통성을 찾는다. 카리스마라는 말은 본래 奇蹟을 행하며 예언을 할 수 있는 신이 부여한 지능이라는 뜻이다. 따라서 카리스마란 보통 사람들로서는 감히 가질 수 없는 초인적 지능을 가진 인물을 말한다. 카리스마적 권위는 비합리적인 것이고 비이성적인 것이기에 현대의 합리적 사회에는 맞지 않아야 함에도 현실적으로는 피치자의 자발적 복종을 유도하는 데 매우 효율적이다. 그래서 21세기 전 지구적 무한경쟁 사회에 와서도 각 분야별로 탁월한 인격과 초인적인 매력을 지닌 카리스마형 지도자를 요구하는 경우가 많다.

요컨대 治者들이 정치권력에 대해 정당성과 정통성을 수립하지 못해 피치자들로 하여금 정치권력이란 자신들에 대한 억압으로만 인식된다면 외관상 아무리 강대하게 보이는 정치권력도 허약할 수밖에 없어 생명력이 짧게 된다. 따라서 정치권력자들은 그들의 권력을 항시 미란다 혹은 크레덴다를 통해 합법화·정당화하려고 노력하는 것이다.

Ⅱ. 정치권력의 이동

1. 정치권력의 생리적 이동

현실정치란 권력의 창출과 획득과정이 전부라 해도 과언이 아닐 정도로 권력은 정치의 핵심사항이다. 왜냐하면 권력은 정치를 추진시켜 가는 중요한 원동력이기 때문이다. 그래서 집권정당은 권력의 연장을 위한 권력창출, 야당은 권력획득이 궁극목표이다. 민주국가에서 가능한 정해진 민주적 절차에 따라 권력게임을 벌리자고 약속은 하지만 지켜지기가 대단히 어려운 실정이다. 그래서 권력교체기가 되면 흑색선전·금전살포·유권자매수·지역주의 충동질 등 온갖 불법 부당한 일들이 난무하게 된다.

현대사회에서 정당이란 다양한 기능을 수행하지만 핵심기능은 권력창출과 획득을 효과적으로 하기 위한 수단에 있다 해도 과언은 아니다. 그래서 각 정당의 정강정책에는 반드시 정권창출과 획득을 최고목표로 한다는 점이 명시되어야 한다. 이러한 점에서 정권획득을 목표로 하지 않는 정당이 있다면 이는 사이비정당(pseudo-political party)이 된다.

권력투쟁은 잔인한 몰수게임이 현실이다. 권력투쟁의 결과 승자는 더 많이, 패자는 더 적게 나누어 가지는 '非제로섬'(non zero sum)이 아니라 승자가 모두 가지는 '제로섬'(zero sum)의 성향이 강하게 나타난다. 따라서 권력의 이동은 반드시 합리적이고 이성적 절차에 의해서만 이루어진다고 볼 수 없다. 죽기 살기식의 투쟁에 의하거나 혁명이나 쿠데타에 의해서도 권력이동은 얼마든지 가능했던 것이 세계사적 경험이다.

또 권력은 치자의 입장에서는 언제나 확대 재편을, 피치자의 입장에서는 억제를 요구하는 틈바구니에서 권력은 무당 춤추듯 칼자루를 휘둘러 많은 무고한 많은 희생자를 냄과 동시에 제동이 걸리고 다양한 모습의 권력이동이 연출된다. 권력에 대한 인간의 욕구가 무한하고 공급이 제한되어 있는 한 수요는 항시 공급을 초과하므로(공급＜수요) 권력을 놓고 만인에 대한 만인의 투쟁은 시대를 초월해 존재할 수밖에 없다. 권력이 존재하는 한 권력을 얻기 위한 투쟁은 생리현상처럼 발생하게 된다.

인간이 아무리 이상적인 국가관을 내세우며 권력에 대한 탐욕이 없다고 정당화시키려 해도 솔직히 정치가로서의 입신을 세우는 가장 유력한 원동력은 바로 권력욕이다. 이러한 권력욕은 피비린내 나는 권력투쟁으로 이어져 필연적으로 권력이동을 어떤 형태로든 낳는다. 일반적으로 권력이동은 피의 숙청을 동반하므로 먹느냐 먹히느냐의 잔인한 '동물적 싸움'에 비유된다. 권력은 살아 있는 생물과 같은 동태적 개념이어서 획득할 때의 욕심만큼 한 자리에 오래 머물지는 않는다. 어렵게 얻은 권력도 무상하리 만큼 잠시 머물다 또 다른 곳을 찾아 이동하게 되므로 그 틈바구니에서 참혹한 인간의 희생은 계속되는 것이다. 바로 이러한 권력속성 때문에 인류역사의 모든 계몽주의자들은 권력억제와 권력분산 그리고 권력이동의 절차 등에 골몰해 왔다.

2. 후진국형 권력이동

후진국형 권력이동(power shift)이란 대체로 후진국이나 신생국에서 권력투쟁이나 권력암투가 잔인하게 진행되고, 권력이동도 비합법적이고 비이성적이며 비정규적으로 이루어지는 경우를 말한다. 혁명이나 쿠데타가 정치적 후진국이나 신생국에서 주로 발생하는 것도 그러한 이유이다. 그렇다고 모든 후진국이나 신생국의 권력이동이 반드시 비합법적인 후진국형(less developed

model)은 아니다. 후진국이나 신생국이면서도 선진국형(advanc-
ed model) 권력교체가 이루어지는 경우도 있고, 선진국이면서도
드물게는 후진국형 권력이동이 발생하는 경우도 있다.

(1) 쿠데타

1) 쿠데타의 본질과 특징

쿠데타는 고대에서도 있어왔으나 1799년 11월 9일 나폴레옹
보나파르트와 1851년 12월 2일의 루이 나폴레옹의 권력탈취가
전형적인 것으로 되어 쿠데타라는 프랑스 용어가 일반화 되었다.

쿠데타(coup d'état)는 지배층의 일부가 자기가 갖는 권력과
지위를 더욱 강화하기 위하여, 또는 타자가 장악하고 있는 정권
을 탈취하기 위하여 지배층 내부에서의 권력쟁탈 투쟁을 하되
비합법적인 무력수단을 행사하여 행하는 기습행위를 말한다. 특
히 권력장악자가 자신의 권력과 지위를 더욱 강화하고자 하는
경우를 친위(親衛)쿠데타라고 한다.

일반적인 경우 쿠데타는 기존의 법질서를 무시하고 비합법적
인 무력에 의해서 권력을 기존의 지배계층에서 다른 지배계층으
로 이동시키는 것이다. 즉 비합법적인 무력행사를 통해 권력을
수평 이동시키는 경우를 말한다.

쿠데타는 첫째, 기존의 법질서를 무시하고 비합법적인 무력에
의해 권력을 탈취하는 점. 둘째, 의회 정지나 헌법의 개폐 등 일
련의 변혁을 위로부터 강행한다는 점. 셋째, 나폴레옹 3세 帝政
의 경우처럼 쿠데타로 인한 체제변혁 등에 대해 모든 외국에 대
한 新정부의 승인문제나 동맹관계의 계속성의 문제가 제기되는
점 등은 一見 혁명과 흡사하다. 그러나 쿠데타는 본질상 지배층
내부에 있어서의 권력쟁탈의 투쟁이고 권력이동이다. 설사 쿠데
타가 여론의 지지를 받으려고 노력을 한다고 하더라도 결국은

야심적인 개인 또는 집단의 사적이고 이기적인 동기에 기초한 정권전복인 경우가 많은 점 등은 혁명과 다르다.

혁명은 전통적인 의미로는 피지배계급에 의한 밑으로부터의 叛逆이며, 상하계급간의 권력이동이라는 점에서 쿠데타와 본질적으로 다르다. 쿠데타에서 혁명 또는 反혁명으로 이어지는 경우는 쿠데타도 넓은 의미의 혁명에 포함하는 견해도 있다. 쿠데타가 혁명의 발단 또는 추진력이 된 예로서는 1653년 4월 20일 크롬웰의 군대에 의한 의회해산, 1948년 체코슬로바키아에서 공산당의 쿠데타에 의한 독재정권의 수립 등이 있다. 쿠데타가 反혁명으로 이어진 예로는 1920년 3월의 독일제정파군부의 쿠데타(카프반란),6) 격동기의 파시스트정권의 수립 등이 있다.

쿠데타의 특징의 하나는 군대, 경찰, 기타의 무장집단(돌격대나 무장민중)에 의한 무력행사로서 대부분의 경우 극비리에 계획되고 준비가 진행되어 급습에 의해서 일시에 일을 결정하는 형식을 취한다. 따라서 쿠데타는 권력기관이나 보도, 통신기관이 집중된 수도에서 발발하는 것이 보통이다. 그리고 무력탈취에 성공한 경우 군사력을 배경으로 해서 계엄령의 시행, 언론 출판의 통제, 반대파의 숙청, 의회의 정지, 헌법의 개폐 등의 조치를 취하는 것이 일반적이다. 그러나 쿠데타가 반드시 무력행사에 한하는 것은 아니며 불필요한 유혈이나 파괴를 피하고 대중의 동의를 외관으로 얻으려고 노력하는 점도 볼 수 있다.

히틀러나 무솔리니도 국민의 광범한 지지를 얻을 수 있는 슬로건을 게양하고 일면으로는 폭력적 威嚇을 하면서 형식적으로는 합법적인 절차를 밟으며 정권을 획득했다. 나폴레옹도 군대에

---

6) 카프반란(Kapp Putsch)이란 1920년의 독일 帝政派 군부의 쿠데타. 전승국의 압박과 이에 굴복하는 독일공화정부에 대해 국민의 불만이 점증하고 있다는 것을 이용해서 3월 13일 보수당의 카프를 중심으로 국방군의 일부 간부가 반란을 일으켜 베를린을 점령함으로써 공화정부는 南獨으로 피하고 反혁명은 성공했다.

의한 제압과 동시에 검열, 매수, 威嚇 등 모든 수단을 구사해서 자기를 구제자로서 부각시키는 데 성공하고 인민투표하는 방식을 써서 新권력의 합법성을 만들어 낸 것은 그 예가 된다. 또 쿠데타 성공 후 군이 임시정권을 수립하고 입헌적 정부의 권력을 이양할 때까지 정권을 장악한다는 형식을 취하는 것이 일반적이다. 그러나 원래 쿠데타에 의한 신정권의 기반은 당연히 협소하고 逆쿠데타를 경계하기 위해서도 新정권은 군사독재의 성격을 띠지 않을 수 없게 된다.

일반적으로 쿠데타의 성립 조건으로서는 사회적 무질서와 야심적인 정치가나 군인 등이 존재해야 한다. 다시 말해 국민적인 규모로 정치적·사회적·경제적 위기와 심각한 불안이 존재하고 또 기성 정치세력에 문제해결의 능력이 없고, 의회의 정상적인 기능이 마비되어 있을 때 등의 요소를 쿠데타성립의 객관적 요소라 한다. 그 결과 일반 대중간에 정당이나 의회정치에 대한 신뢰감이 상실되고 현상타파를 기대할 수 있는 강력한 정치의 출현을 희망하는 입장이 강해야 한다. 또한 힘에 의한 정치의 풍조가 강하고 또 국내에 있어서 거의 완벽한 조직으로서의 군대와 실력과 위신을 가지고 정치에 대한 강한 야망을 갖는 야심적인 정치가나 장군 등의 존재를 쿠데타 성립의 주관적 요소라 한다.

2) 쿠데타의 유형

쿠데타는 비합법적인 행위로 정권의 기습적인 탈취가 보통이므로 주로 군부에서 발생하나 가끔 민간이 주도하는 경우도 있다. 현대에 와서는 그람치가 제시한 '수동적 혁명(passive revolution)' 처럼 정부(권력장악자) 스스로가 자신의 권력과 지위를 더욱 강화하고자 하는 경우 다양한 방법의 자작극을 통해 민중들의 의식을 공격하고 민중들의 불만이나 저항의 수위를 낮추거나 봉쇄하는 경우도 있다.

쿠데타의 유형은 주체자의 신분·발생장소·방법 등에 따라서 ① 궁정혁명(palace revolution) ② 군부쿠데타 ③ 교조주의적인 전투정당에 의한 대중적 급습 ④ 수동적 혁명(passive revolution) 등으로 분류된다.

궁정혁명은 군주제를 채택한 경우 궁정 내부에서 지배세력간의 음모로서 지배군주의 암살이나 추방 등의 형태로 일어났지만 군주제 그 자체는 계속되었다는 점에서 쿠데타의 일종으로 분류할 수 있다.

수동적 혁명이란 그람치(Antonio Gramschi)[7]가 그의 옥중수기(The Prison notebook)에서 지적한 것으로서, 혁명이란 용어는 사용하지만 의미상 이것은 정권당국자들에 의한 민간쿠데타(civilian coup d'état)의 유형으로 분류된다. 정권담당자들에 대한 민중들의 요구와 불만이 점증하여 요구중압상태에 이르면 정부당국자들은 민중들의 의식과 요구가 정치행동으로 옮겨지기 전에 對症療法을 써 문제를 해결하려 든다. 즉 문제의 본질을 다스리기 곤란한 경우 겉으로 나타난 증상만을 임시미봉책으로 치료하기 위한 방안이다.

정부당국은 요구중압이 체계가동력 상실(loss of system capability)로 이어질 것 같은 판단이 서면 민중들의 최초 요구보다 훨씬 더 높은 수준의 수렴과 서비스를 통해서 민중들의 불만을 해결하려 든다. 이러한 경우 노도처럼 분노하던 민중들도 연유를 몰라 당황하게 되고 어지럼병에 걸리게 되며 동시에 민중들의 분노도 가라앉게 된다. 예컨대 민중들의 입장에서 기존정부에 대한 불만이 정권퇴진 운동으로까지 이어지기 전에 불만과 직접 관련된 당해 장관을 교체해달라고 요구가 점증될 즈음 정부 측에서는 오히려 당해 장관을 포함해 요구보다 훨씬 많은 10여 명

---

7) Roger Simon, 「Gramsci's Political Thought」, Lawrence and Wishart Ltd in London, 1982, pp.46~49.

이상의 대폭개각을 강행하면 국민들은 당황하게 된다. 심지어 요구이상의 수용에 대해 민중들은 놀래서 새로운 혼란에 빠지게 되고 가치혼란과 더불어 공포와 위기감을 가지게 된다. 이러한 일련의 공포와 위기감은 민중들의 의식성숙을 멈추게 하고 원점으로 돌아가게 하는 효과가 있다.

요컨대, 쿠데타란 의회정치가 충분하게 발달하지 못하고 정치적으로 미성숙한 국가 및 독재정권 하에서 힘에 의한 해결 이외의 방법이 봉쇄되어 있는 후진국형 정치를 하는 국가에서 발생할 확률이 높다. 특히 쿠데타는 근대화 전후에 많이 발생하나 이때도 아주 후진사회에서는 좀처럼 발생하지 않는다. 영국이 300년 이상 쿠데타의 위기가 없었다는 사실은 선진국형 정치로 변모해 왔기 때문이고, 라틴아메리카와 세계 2차대전 후의 신생국가들에서 쿠데타가 잦았던 것은 후진국형 정치를 하고 있었기 때문이다.

신생국의 경우 지배층의 봉쇄성과 정부의 부패와 무능 그리고 정부와 국민과의 조직적인 연관성의 결여 등으로 국민적 요구와 불만이 심대해져 정부와 국민 사이에 불신과 갈등이 심화된다. 이렇게 해서 벌어진 정부와 국민의 틈새에 군부의 일부세력이 개입해 쿠데타를 일으키고 쿠데타 주도세력들이 군부의 다른 지도자를 끌어들여 성공시키는 것이 보통이다.

(2) 혁명

1) 혁명의 본질과 특징

혁명이란 피지배계급이 기존체제를 변혁시키려고 비합법적인 방법으로서 정치권력을 지배계급으로부터 빼앗으려는 권력이동의 한 양식이다. 쿠데타를 권력의 수평적 이동이라 한다면 혁명은 권력의 수직적 이동이다. 혁명 역시 쿠데타와 마찬가지로 정치권력의 비합법적 폭력적 탈취가 보통이며 후진국형 권력이동의 한 수단이다.

혁명의 본질에 대하여 정치적 측면, 사회경제적 측면, 심리적 측면의 세 가지 각도에서 여러 가지 유형의 이론이 제창되고 있다. 첫째, 혁명은 정치권력의 폭력적 탈취다. 정치권력의 평화적 교체는 개혁이지 혁명은 아니다. 그러나 정치권력의 탈취가 프랑스 혁명이나 러시아 혁명과 같이 국가체제의 변동을 가져오는 경우도 있고, 명예혁명과 같이 專制를 비판한 국민의 권리선언처럼 그렇지 않은 경우도 있다. 둘째, 혁명에 의한 변혁은 정치적 변혁뿐만 아니라 사회경제적 변혁 나아가서 심리적 변화까지도 초래한다. 사회경제적 변혁이나 심리적 변혁이 없는 경우는 쿠데타와 다름이 없다. 사회경제적 변혁은 반드시 마르크스가 지적한 계급관계의 변화만을 의미하는 것은 아니고 넓은 의미의 사회질서의 변화를 말한다.

혁명의 과정이나 진행이라는 관점에서는 첫째 혁명은 여러 가지 원인이 누적되어 나타나지만 그 발단의 계기는 돌발적이다. 바스티유(Bastille)의 습격이 계획적이었다고 보는 것은 타당치 않다. 즉, 혁명의 원인이 폭발적이라면 점화물이 있어야 하는바, 점화물은 사전에 준비된 것이 아니다. 민중의 이성이 감정화 했을 때 우발적으로 혁명이 일어나는 것이다. 둘째, 혁명은 급격히 진행된다. 혁명이 발단되면 무정부상태가 되어 민중은 폭도(mob)화하고 군중심리가 지배한다. 파괴와 폭행이 지배하는바, 그것은 일정시기가 경과되어야 극복된다. 셋째, 혁명은 폭력적인 현상이다. 이 점에서 개혁(reform)과 다르다. 폭력적이라는 것은 비합법적이라는 뜻으로도 해석된다. 명예혁명의 경우는 비합법적이었지 폭력적은 아니었다. 요컨대, 혁명은 돌발하면 급격하게 폭력에 의해서 성취된 정치적·사회적·경제적·심리적 변혁을 총칭하는 것이다. 이상의 관점에서 보면 1894년 반봉건 반외세를 기치로 일어난 동학농민운동은 실패한 혁명이다. 현대정치과정에서의 1960년 4·19혁명은 미완성의 혁명이고, 1961년 5·16과 1979년 12·12, 1980년 5.17은 성공한 군부쿠데타, 1980년 5.18광주민주화운동과 1987년 6월 민주항쟁은 실패한 혁명으로 해석된다. 4.19와 5.17은 권력이동이 이루어지지 못했고, 더욱이 5.18과 6월 민주항쟁은 일단은 진압되었기에 이론적으로 보면 실패한 혁명이다. 단지 6월 민주항쟁의 주최는 민중계급이 주류를 이루었지만 당시 지배계급으로 분류되는 야당의원들과 그에 상응한 지배엘리트들도 상당한 수가 주도적으로 참여 했다는 점에서 실패 했지만 문민쿠데타적인 측면도 있다고 보아야 할 것이다.

6월 항쟁의 결과 흔히 항복문서라고 하는 정부 측의 6.29선언이 나왔지만 성격상 계급간 수직적 권력이동이 이루어지지 않았고, 일부 지배엘리트들이 참여했지만 수평적 권력이동도 이루어진 것은 아니기 때문에 성공한 혁명이나 쿠데타로 볼 수는 없다. 6.29선언은 이론적 접근을 하면 오히려 정부가 주도한 '위로부터의 혁명'으로 분류 될 수 있다.

2) 혁명의 유형

혁명은 주도하는 세력이 누구인가에 따라서 ① 위로부터의 혁명(revolution from above) ② 아래로부터의 혁명(revolution from under) ③ 옆으로부터의 혁명(revolution from side)으로 유형화 할 수 있다. 또 혁명의 내용 또는 결과에 따라 정치혁명과 사회혁명으로 구별하기도 하고, 혁명의 주체에 따라 부르주아 혁명과 프롤레타리아 혁명으로 그리고 프롤레타리아 혁명의 변형으로서 인민민주주의 혁명으로 분류하기도 한다.

'위로부터의 혁명'이란 첫째, 민중들 사이에 혁명에 대한 갈망은 있지만 아직 그것이 결정적인 운동으로 되지 못하고 있을 때 지배계급이 아래로부터의 혁명의 폭발을 사전에 방지하기 위하여 민중이 혁명의 성과로서 바라는 것을 불안전한 형태로나마 수렴하여 제도화하거나, 또는 통찰력 있는 구지배계급에 의해서 혁명이 단행되는 경우이다. 둘째, 선진국의 압력으로 말미암아 국내의 자본주의 발전과 근대화의 수행이 필요할 때 절대주의 세력이 위로부터 그러한 필요를 충족시키려 하는 경우 주로 발생한다. 예컨대, 1895년의 갑오경장, 1985년 독일에서의 슈타인(Stein, 1757~1881)과 하르덴베르크(Hardenberg, 1750~1822)의 대개혁 등은 위로부터의 혁명의 전형적인 실례이다. 전자는 조선왕조 하에서 근대화체제가 독립개화파 세력의 협조를 받아 日帝에 의하여 강요되었다. 후자는 독일 절대왕제 하에서 위로부터 農奴制의 철폐, 시민과 농민의 토지수득의 허용, 영국을 모방한 자치제도의 확립, 신공업제도의 확립 등을 통해 근대화체제를 이룩하였다.

'아래로부터의 혁명'이란 혁명의 가장 전형적인 형태로서, 정치적으로 성숙된 계급이 민중의 광범한 토대 위에서 자주적 또는 자연발생적인 민중의 궐기에 의해 단행된다. 동학혁명·프랑스 대혁명·청교도혁명·러시아의 공산화 혁명 등이 이에 속한다.

'옆으로부터의 혁명'이란 위로부터의 혁명이나 아래로부터의 혁명을 단행할 혁명주체세력이 없을 때 민중의 광범한 지지토대 위에 자발적인 지식계층에 의해서 단행되는 혁명을 말한다. 한국의 4·19혁명이 그러한 유형에 속한다.

3. 선진국형 권력이동

(1) 정규적 선거를 통한 정치관리자의 교체

민주주의를 경험주의적 입장에서 해석하려는 더빈(E. F. M.

Durbin)·슘페터(Joseph A. Schumpeter)·프리드리히(Carl J.
Friedrich)·달(Robert A. Dahl)·립셋(Seymour Martin Lipset)
등은 '정규적인 선거를 통해 정치관리자들을 교체하는 것'이라
고 규정하고 있다. 이들은 자유·평화·정의·인간의 존엄성·자
연권·기본권 등 인간이 추구해야 할 이념이나 가치, 이상이나
목적 등 민주주의의 본질적 내용을 크게 부각시키지 않는다. 왜
냐하면 경험론자들은 역사적 경험에 의하면 권력에 대한 인간의
무한한 탐욕 때문에 인간의 본성과 본질을 회복하며 인간다운
생활을 보장하는데 권력의 정규적인 교체가 더욱 우선되어야 한
다고 보았기 때문이다.

　이와 같이 권력이동이 정규적인 절차에 의한 정치관리자의 교
체를 통해 이루어지는 것을 선진국형 모형이라 한다. 이러한 선
진국형이 되기 위해서는 권력이동에 대한 정규적인 절차의 존재
라는 제도가 중요한 것이 아니라 그러한 제도를 이행하려는 권
력추구자의 의식과 행태가 중요하다. 설사 권력추구자의 의식이
나 행태는 선진국형이 아닐지라도 국민들의 정치의식이 높아 권
력의 정규적 교체가 시행될 수밖에 없도록 높은 비판력과 효율
적인 감시능력이 있으면 선진국형 권력이동이 가능한 것이다.

　한국의 제1공화국과 제3·4공화국에 있어서 권력연장이나 제5
공화국의 성립 등이 가능했던 것은 결국 권력자들의 권력에 대
한 탐욕을 탓하기보다 국민들의 정치의식 수준이 매우 낮고 권
력에 대한 효율적 비판이나 감시기능을 전혀 기대할 수 없었던
탓이 더 크다고 보아야 할 것이다. 물론 3·4공화국의 권력연장
은 근대화론자들의 불가피론도 만만치 않게 대두되고 있다.

⑵ 여론과 권력의 상호 授受관계

　여론과 권력 중 어느 것이 우선적 영향력을 가지고 있는가를

놓고 논쟁을 하는 경우가 가끔 있다. 정치과정에서 여론이 권력의 흐름을 차단하고 새로운 사람과 조직에게로 이동시켜놓는 경우도 흔하게 볼 수 있고, 그 반대로 권력이 여론의 흐름을 역류시켜 기존의 권력을 지키거나 원하는 쪽으로 이동시키는 모티브로 삼는 경우도 많이 볼 수가 있다.

영국이 낳은 20세기 최대 철학자 중의 한 사람인 러셀(Bertrand Russell)은 그의 저서 『권력론』(POWER-A New Social Analysis-)에서 "여론은 거의 全能적인 것이며, 기타의 다른 모든 형태의 권력도 이 여론으로부터 유래되는 것이라고 보는 견해를 입증하는 것은 그리 어렵지 않다"고 한다. 비록 훌륭한 군대의 지휘관이라 할지라도 그 병사들 하나하나가 지휘관의 지침이나 명령체계가 대의명분이 정당하지 못하다고 믿는다거나, 소속병사들을 승리로 이끌어갈 능력이 있다고 확신하지 못하면 그 군대는 쓸모없는 것이 된다. 이러한 경우 군의 지시 명령체계를 바꾸거나 지휘관을 바꾸는 것이 보통이다. 심지어 여론마저 움직이며 無所不爲의 권력을 지녔던 자유당시대 이승만 대통령도 국민여론을 무시한 결과 4·19혁명에 의해 권력을 내놓고 말았다. 그것은 역대 한국의 대통령들의 말로가 비참했던 것도 권력자 스스로 여론을 무시했거나 측근 아첨배들에 의해 여론이 차단되었기 때문이다.

권력이 여론을 움직일 수도 있고, 권력이 의도된 여론을 조장하거나 계획된 선전이나 광고를 통해 여론을 권력의 시녀로 종속시킬 수도 얼마든지 있다. 심지어 여론이란 아래로부터 형성되어 존재하는 것보다 위로부터 만들어지는 것이 더 많다. 특히 선거 때 정치현장에서 일어나는 여론의 거의 대부분은 선거게임이라는 전략적 가치에만 입각해 에누리 없는 선전을 통해 만들어진다. 이러한 점에서 선전이란 大衆强姦이라고까지 표현할 정도로 강력한 힘을 지니게 된다.

역사 속에서 여론을 인위적으로 만들어 혁명이나 쿠데타를 유

도하고 이를 합리화시켜 권력이동이 이루어진 경우가 수없이 많
다. 물론 장기적으로 보면 권력이 힘에 의해 위로부터 여론을 만
들어 움직이는 경우가 아래로부터 자연발생적으로 형성된 여론
이 권력을 움직이는 경우에 당할 수는 없다. 그래서 단기적으로
는 권력이나 여론은 모두가 한 자리에 오래 머물지 못하고 스스
로에 의해 또는 주고받는 함수관계에 의해 이동하는 동태적 개
념으로 파악할 수밖에 없다. 그러나 장기적 관점에서 보면 권력
은 궁극적으로 여론을 따라 움직이게 되는 역사성을 지니게 된
다. 권력의 향방이 여론에 의해 결정되는 것이 선진국형 권력이
동이다.

(3) 후보자 선정에 대한 국민참여경선제

국가발생 기원이나 정치의 태생적 본질 등에서 본다면 정치권
력은 당연히 국민대중에 뿌리를 두어야 한다. 그러므로 정치권력
은 국민으로부터 나와야 하고 권력행사도 어떤 경우이든 국민
위에 군림해서는 안 되며 국민이익을 위해 존재할 때만이 민주
적이며 정치적 정통성(political legitimacy)을 지닌다.

권력의 상징인 대통령을 선출할 때 정당에서 일방적으로 정해
놓은 후보자에 대해 국민이 선택하는 경우 대통령에 대한 국민
선출권이 제한될 수밖에 없다. 이러한 방식은 국민의 충분한 의
사결집의 결과로 볼 수 없을 뿐 아니라 선출된 대통령은 막강한
권력을 휘두르는 제왕적 대통령이 될 가능성이 높다. 이러한 점
에서 대통령후보 선출 과정에서부터 국민참여라는 상향식 선출
방식을 허용한다는 것은 국민에 의해 제왕적 대통령의 절대권력
에 제동이 걸리는 셈이다. 이것은 대통령의 절대권력의 행사에
일부 제동이 걸리는 것이니 간접적이지만 권력의 일부가 국민대
중에게로 이동된 효과를 나타낸다.

특히 대통령후보자 선정에 대한 '국민참여경선제'는 한국과 같이 1인 보스정치·지역주의 정치·금권정치·인물중심의 朋黨 등을 쇄신하는데 매우 효율적 기능을 수행할 수 있다. 국민참여경선제의 취지는 직접 참여정치를 활성화해 말 그대로 국민에 더 가까이 다가서는 민주정치를 구현해 보자는 것이기에 선진국형 모형이라 할 수 있다.

2001년부터 시작된 권력형비리[8]와 최고권력자 주변의 친인척 비리가 석연치 않은 수사로 끝나자 2002년 들어서면서 국민의 원성이 끊이지 않았다. 여론에 힘을 얻은 야당은 여소야대 상태에서 국회결의로 특검제 도입을 강행하였다. 수사는 급진전을 이루고 대통령의 친인척[9]들이 구속되기 시작하자 집권여당인 민주당은 인기가 최하로 떨어져 회복불능의 상태에 이르렀다. 더욱이 2001년 10월 여야간 사활이 걸렸던 3지역의 재보선에서 여당 참패로 민심이반이 현저한 수준에 이르렀다. 김대중 대통령이 당내 쇄신파들의 요구에 의해 총재직을 내놓자 민주당은 초상을 만난 듯 허물어지기 시작하였다. 고비를 맞은 민주당은 차기 대통령후보자선정을 놓고 당 내분마저 심각한 지경에 빠지자 민심마저 흉흉히기 시작하였다. 이렇게 위기에 내몰린 민주당은 돌파방안으로서 '1인 지배체제 탈피'를 내세우며 정당구조쇄신과 정당민

---

8) 권력·폭력·금력이 교묘하게 얽혀 있는 소위 '이용호 게이트'와 관련해 안기부·법무부·국방부·검찰·경찰 해군 등 최고권력층의 수뇌들이 차정일 특검팀에 의해 2002년 1~3월 사이에 구속되었다.

9) http://www.yesu.kimc.net: 하나의 예만 든다면, 김대중(金大中) 대통령의 처조카인 이형택(李亨澤) 씨가 사실상 주도한 진도 앞바다 보물 발굴사업에는 청와대·국가정보원·해군·국군정보사령부·해양경찰청·금융감독원·전라남도 등 국가의 중추기관이 줄줄이 얽혀 있는 것으로 드러나고 있다. 발굴사업 추진 당시 이씨의 '동업자' 격인 이용호(李容湖) 씨가 김대통령 차남 홍업(弘業) 씨에게 접근하기 위해 그와 잘 아는 다른 사람과 모종의 거래를 했다는 얘기도 불거지고 있다. 이로 인해 이형택 씨는 구속되고 현직 대통령의 차남(김홍업)과 3남(김홍걸)은 다른 부패관련 혐의로 구속되었다.

주화라는 명분 하에 국면전환용으로 불거져 나온 것이 '국민참여 경선제'이다.

그러나 계기야 어쨌든 국민참여경선제는 정당민주화의 핵심사항이자 선진국형의 권력이동 방안인 것은 틀림없다. 시행과정에서 이미 많은 문제점이 드러나고 있지만 시대적 요청이자 정당민주화의 명분 때문에 야당인 한나라당조차 피할 수가 없게 되어 대통령 후보자 선정을 위한 '국민참여경선제'를 선언하였다.

국민참여경선제의 배경이 어디에 있었건, 또 시행과정에 많은 시행착오와 금품살포·패걸이 대회·음모론·짜고치는 고스톱 등 비판이 있었음에도 불구하고 다시 환원할 수 있는 성질이 아니라면 국민참여경선제는 정치의 선진화로 가는 작은 길목이 될 것이다. 단지 추락한 국민적 신뢰를 회복하기 위한 상징조작이 아니라면 국민참여경선제가 존재한다는 것만으로도 미진하지만 권력이 국민에게로 한 발 이동한 셈이 된다.

국민참여경선제의 모양을 갖춘 여야후보 중 집권당인 민주당의 노무현 후보가 2002년 12월 17일 선거에서 제16대 대통령이 되었다. 그러나 집권 3개월 이후부터 국민참여경선제로 인한 상당한 부작용이 생겨나기 시작했다. 국민참여경선제에서 당선자를 밀어준 지지자들이 그들의 뜻과 다르면 대통령의 고유권한에까지 간섭을 지나치게 하는가 하면, 대통령도 심지어 주요정책이나 인사문제까지 지나치게 그들의 눈치를 살피는 등 국정운영에 차질을 빗게 된다. 물론 이것은 아직 국민참여경선제가 성숙화하지 못한 과도기적 현상이다. 그러나 과도기적 현상을 슬기롭게 극복하지 못한 민주당의 新주류는 개혁의 걸림돌로부터 벗어날 수 없다는 명분으로 '열린우리당'이란 창당의 형식을 갖추어 딴살림을 차려나온 것이다. 야당인 한나라당 역시 국민참여경선제란 모양을 갖추어 이회창 대통령후보를 선출했지만 소위 '차떼기'라는 엄청난 불법선거자금을 거둠으로서 국민참여경선제의 본질에 속

하는 한 수준 높은 민주주의로 가려는 길목을 막은 셈이 되어버
렸다.

Ⅲ. 정치권력의 특징과 억제

1. 정치권력의 특징

권력은 광의로 볼 때 타인(개인 또는 집단)의 소유나 가치의
박탈을 통해 타인의 행동양식을 조정하는 능력이다. 특히 정치권
력은 자고로 어두운 것, 잔악한 것으로 인식되어 왔다. 정치권력
과 민주주의 등에 대한 많은 저서를 낸 미국의 시카고대학교 정
치학과 교수였던 메리암(C. E. Merriam, 1874~1953)은 권력은
치욕이라고 매우 현실적 정의를 하고 ① 폭력·잔혹·공포·오만
② 위선·기만·음모 ③ 부패와 특권 ④ 무용통성 ⑤ 고루·진보
에 대한 불순응 ⑥ 무능 등의 예를 들었다. 오토(R. Otto)에 의하
면 권력을 신성한 것으로 믿드는 요소로서 ① 탁월한 섯
(majestas) ② 항거할 수 없는 것(energicum) ③ 무시무시한 것
(tremendum) ④ 매혹적인 것(fascinans) ⑤ 특이한 것(mirum) 등
을 들고 있다.

이와 같이 정치권력은 물리적 강제력을 동원하면서도 그것을
합리화하게 하는 '통치의 마술성'(the magic of government)을
지니게 되므로 인간으로 하여금 권력만 가지면 불가능한 것이
없다는 인식을 갖게 한다. 이렇게 권력에 대한 인간의 왜곡된 인
식은 인간으로 하여금 무한한 탐욕과 오만을 가지게 하고 참으
로의 인간성을 파괴한다. 뿐만 아니라 권력은 '가진자'와 '못 가
진자' 간을 비정하게 갈라놓고 또 '가진 자'와 '가지려는 자'

간의 처절한 싸움을 유발하기 때문에 권력 언저리에 잘못 서성
거리면 '3족을 멸한다'는 말 등이 생겨난 것이다.

　정치권력의 특징은 첫째, 그람치(Gramsci), 밀리반드(Miliband),
풀란차스(Poulantzas) 등이 국가의 '상대적자율성'(relative auto-
nomy)에서 지적하는 것처럼 권력은 일정부분 '보이지 않는 손'
(invisible hand)에 의해 국가와 가진자의 편에 서려는 경향이 있
다. 둘째, 권력은 닫혀 있는 호수의 고요한 물처럼 정태적이기
보다 역동적으로 움직이려는 동태적 성향을 지니면서 늘 움직이
려 드는 운동법칙이 존재한다. 셋째, 권력가치는 일정하게 주어
진 지수를 정형적으로 유지하는 것이 아니라 인간의 권력욕구와
시간에 비례해 확대 개편되는 경향이 있는바 이를 확장법칙이라
한다. 넷째, 권력은 가진 자의 뜻이 무엇이든 매우 진취적으로
추진해 내려는 실천법칙 등을 특징으로 한다.

　이러한 권력의 특징은 필연적으로 스스로 숨기려는 '권력은폐
의 원칙'과 원하는 것을 어떻게 효율적으로 획득할 수 있을까
에 대한 '정치적 효과의 원칙'을 파생시킨다. 원래 권력(power)
이라는 명사는 잠재적(potential)이라는 형용사와 語源이 같다. 만
약 권력이 潛在的이 아니라 顯在的이라 한다면 권력은 단순한
폭력과 구분조차 어렵게 된다. 이러한 권력의 본질을 고려하면
권력은 될수록 밖으로 드러내지 않고 은폐함으로써 지식인을 비
롯한 언론으로부터의 비판을 피하고, 민중으로부터 불만과 저항
을 막고 순응케 함으로써 정치적 효과를 올린다는 것이다. 이러
한 점에서 권력은폐의 원칙과 정치효과의 원칙은 후진국형 정치
를 하는 곳에서는 상호 함수관계에 있게 된다. 즉, 권력은 은폐
한 만큼 정치적 효과가 커진다는 말이다.

　어쨌든 권력은폐의 원칙과 정치효과의 원칙은 상호 보완적이
며 상호 어우러져 권력강화에 상승작용을 하는 가운데 권력은
오랫동안 유지·확대되는 것이다. 다른 한편 권력의 은폐는 정치

적 무능과 부패를 불러들일 가능성이 높다. 오랜 정치적 무능과 부패 때문에 국민원성이 높을 때는 위기극복 방안으로서 권력은 폐로 인한 역기능을 폭로하는 것이 매우 효율적이다. 특히 정권교체기의 새 정권이 정통성수립과 국민지지를 유도하기 위해 지난 정권의 정치적 무능과 부패를 폭로하는 경향이 있다. 이러한 관계 때문에 '권력은폐의 원칙'과 '정치적 효과의 원칙'을 장기적으로 동시에 만족시키기란 어려운 점이 있기에 권력은 끊임없는 변혁과 이동의 과정을 걷게 된다.

2. 정치권력은 부패와 억제의 대상

(1) 절대권력은 절대부패 한다

위에서 살펴본 바와 같이 물리적 강제력을 합리적으로 독점하려는 권력의 속성 때문에 정치권력은 정치의 궁극목적인 '인간의 행복'을 위해 환경을 조성하는 범위에서 사용하도록 규명되어야 한다. 정치권력은 권력의 본질적 특성과는 달리 궁극적으로 인간이 인간다운 생활을 추구하는 데 필요한 유리한 조건을 만들어 주어 인간으로 하여금 더 많은 자유·善·이익·행복을 창출할 수 있도록 하는데 국한시켜 나가야 한다.

그러나 旣述한 바와 같이 현실적으로 정치권력은 권력자의 편에서 행사될 가능성과 권력집중화현상으로 이어질 속성 때문에 언제나 억제의 대상이 되어 왔던 것이 역사적 경험이다. 그래서 정치권력은 긴 역사 속에서 언제나 '팽창'이라는 속성과 '억제'되어야 한다는 당위간의 처절한 싸움을 해온 것이다. 문제는 권력의 팽창과 억제간의 싸움에서 거의 대부분 팽창 쪽이 승리를 거두어 엄청난 부작용과 부패 속에 인간은 시달리고 수난을 겪어왔다.

액튼卿(Lord Acton)은 '권력은 부패되기 쉽고, 절대권력은 절대부패 한다'(power trends to corrupt, absolute power corrupts absolutely)는 진리를 갈파하였다. 문제는 각 나라가 처한 상황에 따라 권력의 억제가 언제나 인간다운 생활을 보장하는 것은 아니라는 점과 권력억제의 경우도 억제속도와 억제정도상의 문제는 여전히 남는다는 점이다. 자율능력이 전혀 없는 국민이 대부분인 나라의 경우 정부의 상당한 권력으로 적극적 행정을 펼치는 것이 더욱 인간다운 생활을 보장하는 길이 될 수도 있다. 그러나 역사적으로 보면 이러한 경우 자칫 권력의 절대화·악마화로 변하기 쉬웠다는 점에서 권력은 언제나 억제의 대상이 되어온 것이다.

특히 후진국형 정치를 하는 아시아·아프리카·남미 등의 대부분 국가들은 권력의 절대화를 통해 소수집권자들의 이익을 보호해 왔지만 그 명분은 언제나 국리민복에서 찾으려 하였다. 요행히 이렇게 부당한 권력의 절대화는 오래 지속되지 못하였다. 그렇다고 절대권력의 붕괴가 바로 권력의 분산이나 민권승리 등 권력억제로 이어진 것이 아니라 또 하나의 다른 지배세력들에게로 권력이동이 일어난 것이다. 절대권력의 붕괴는 필연적으로 엄청난 사회적 혼돈과 무질서를 동반하게 된다.

이러한 사회적 혼돈과 무질서시기에 쿠데타가 발생할 수 있다. 쿠데타는 무질서를 객관적 요소로 하고 집권의지라는 정치적 야망을 주관적 요소로 하여 발생하기 때문이다. 정치적 야망을 지닌 자가 민간쿠데타나 군사쿠데타 혹은 혁명 후의 혼란을 통해 혁명이라는 명분으로 사실은 쿠데타 등을 일으켜 성공하면 권력은 더욱 절대화·집중화되는 것이 보통이다. 심지어 이러한 쿠데타나 혁명이 실패한다고 해서 바로 민주정부로 대체되는 것도 아닌 경우가 허다하다. 쿠데타나 혁명이 실패할 경우 그 틈새를 또 하나의 강력한 다른 지배계급이 재빠르게 차지하기 때문에 권력의 절대화나 집중화는 마찬가지로 악순환 되는 것이다. 단지 긴 역사적 관점에서 보면 이렇게 권력이 요동을 치고 이동을 거듭하는 가운데 권력의 존재기반과 목적이 소수 지배엘리트로부터 서서히 국민대중에게로 옮겨간 것이 역사적 경험이다.

그렇다고 모든 나라의 권력이 긴 세월을 거치는 동안 국민대중에 뿌리를 내리는 쪽으로 서서히 바뀌어 지는 것은 아니다. 그 이유로는 첫째, 나라에 따라 변화의 속도에 완급이 있고 둘째, 세월이 흐른다는 것만으로 자연발생적으로 변화가 오는 것은 아니기 때문이다. 유기적지식인으로 하여금 계획적·의도적인 역할을 통해 권력의 중심이 국민으로부터 나오도록 시스템화할 때 절대권력과 절대부패는 역사의 뒤안길로 서서히 사라지게 된다.

(2) 권력억제 방안

인간은 본능적으로 권력을 추구하는바 이 권력은 공유되기 보다는 특정 개인이나 집단에 의해 독점되는 성향을 지니고 있음은 앞에서 규명한 비와 같다. 이렇게 해서 권력은 억제기제를 하지 않을 경우 시간에 비례해 절대화·집중화되는 경향이 있다는 것도 旣說한 바와 같다. '호랑이한테 물려가도 정신만 차리면 살 길이 있다'고 하지만 권력 앞에서는 정신을 차려도 소용이 없는 경우가 허다하다. 아래에서는 호랑이한테 물려 가는 것보다 더 무섭다는 권력의 효율적 억제방안을 마련해 보기로 한다.

첫째, 후진국형 정치를 하는 곳에서는 권력행사의 철저한 상호견제를 통한 권력억제를 위해 이원집정체제를 도입하는 것이 좋다.

권력의 속성에 의하면 권력을 상호견제라는 통제체제 하에 두지 않았을 때에는 남용 혹은 오용될 수밖에 없다는 것이 역사적 경험이다. 국민적 정치문화의 변화를 통해 선진국형 정치로 진입하지 못하는 한 권력집중화와 권력남용의 문제는 계속 남는다. 선진국형 정치문화 그 자체가 권력에 대한 견제기능을 가지고 있기 때문에 선진국의 경우 권력형태에 따라 권력집중화나 권력남용이 발생하지는 않는다.

그렇다고 정치문화의 변화가 쉽게 이루어지는 것은 아니어서 선진국형의 진입은 많은 세월이 걸리거나 그 나라의 전통문화에 따라 아주 불가능한 나라도 있을 것이다. 이와 같이 후진국형 정치를 벗어나기 어려운 나라의 경우 철저한 이원집정부제를 통해 권력분점과 상호견제라는 제도적 장치를 마련해 볼 필요가 있다.

이원집정부제는 프랑스·독일도 여대야소인 경우에는 실패한 제도인 만큼 신중을 기해야 하는 것은 사실이다. 대통령은 통일·국방·외교 등 외치에 국한시키고, 국무총리의 신분은 국회에 의존시키고 내치에 국한하는 것이 바람직하다.

문제는 프랑스·독일도 與大野小였던 것이 이원집정부제 실패의 결정적 요인이었다. 여대야소일 경우 대통령이 여당을 직·간접적으로 움직여 이원집정제를 무색하고 권력을 강화하려고 하기 때문이다. 한국의 정치문화를 고려할 때 과연 여소야대의 상태에서 이원집정부제가 순기능 할 수 있을까 하는 것이 염려스러운 점이다. 후진국형 정치의 요체는 사람에 의한 국가경영을 하는 것에 있다. 후진국형 정치를 지속하는 한 정치권력의 절대화를 달리 피할 방법이 없기 때문에 이원집정부제를 해 보자는 것이다. 이원집정부제는 그래도 다른 정부형태보다는 상대적으로 한국정치의 고질병인 제왕적 권력, 측근에 의해 눈 가리기, 부패의 구조적 상존성 등을 막는데 유리할 것이다. 이렇게 해서라도 권력을 상호견제 체제하에 두지 않으면 절대권력 하에서 한편 상호충성경쟁 다른 한편 서로 덮어주는 식의 절대부패는 구조적으로 생성될 수밖에 없다.

둘째, 국가경영은 물론 공·사기업을 포함한 모든 단위조직의 경영을 시스템화하여야 한다. 문제는 정치권이나 국정운영과정에서 시스템화란 말은 권력자나 경영자 스스로가 입버릇처럼 하지만 지켜지지 않는데 있다.

국가경영에서부터 권력자의 편의적 해석이 가능하지 않도록 하여야 한다. 권력자의 편의적 해석에 의한 독단적·자의적 경영은 필연적으로 아첨꾼을 수반하게 된다. 아첨꾼이 권력자의 시야를 가리는 것으로부터 모든 왜곡과 비리가 생겨나고 정의는 파괴될 수밖에 없다.

권력자의 자의적 국가경영을 막는 가장 효율적 방안은 국가를 비롯한 인간을 구성원으로 하는 모든 조직은 보편적 가치와 일반의지를 축으로 시스템화 구축을 서둘러야 한다. 특히 최고권력자인 대통령은 비공식라인의 측근과 청와대 및 각 부처장을, 정부 각 부처는 업무관련 소속 모든 公私 하부조직의 시스템 작동을 감시하고 선도해 주어야 한다.

문제는 최고권력자인 대통령이 편의적 해석과 독단적·자의적 국가경영을 하지 못하도록 누가 감시하느냐가 중요하다. 시스템이 보편화되어 있는 선진국의 경우는 3권 분립을 통한 상호견제(checks and balances)가 가능하지만 정치적 후진국의 경우 3권분립이라는 형식은 갖추고 있으나 실제 잘 지켜지지 않고 있기 때문이다. 후진국형 정치를 하는 곳에서는 소위 측근정치를 통해 상호견제 기능을 완전히 무력화시키고 있는 실정이며, 특히 지역편중인사를 통해 상호 봐주기식 견제를 할 수밖에 없는 구조를 지니고 있는 실정이다.

이러한 경우 사회교육을 통한 국민의 의식성숙을 통한 감시기능에 기대해 볼 수 있다. 그러나 인간의 의식성숙은 장기적 교육프로그램에 의해서 가능하기 때문에 당면 문제를 해결하기란 역시 어려운 것이다. 바로 여기에 시민사회 형성이란 명분으로 잘못 끼어든 시민단체들은 오히려 뒷거래를 통한 매판행위(comprador)를 하게 되어 감시기능을 더욱 무력화시키는 경우가 허다하게 발생한다.

셋째, 정치교육의 기능을 통한 제도로 된 민주의식 성숙과 민주제도 정착을 점진적으로 시도해 나가야 한다.

플라톤(Platon: B. C. 427~B. C. 347)은 『국가론(The Republic』에서 '이런 국가를 원하면 이런 교육을 실시하라'고 하였다. 이런 교육에 해당하는 것이 바로 정치교육(political education) 또는 정치사회화(political socialization)이다.10) 민주주의사회를 원하면 민주주의 교육을 통해 민주시민을 만들어야 가능하고, 독재를 원하면 권위주의 정치나 권력정치(power politics)를 정당화시키는 馴致교육을 해야 백성들의 눈에 독재가 민주주의로 보여 국민의 열화 같은 지지를 우려낼 수 있기에 가능해진다는 말이다. 민주주의란 권력억제나 권력분산의 다른 말이다. 권력억제와 민권신장은 반비례관계에 있고 민주주의와 민권신장은 비례관계에 있기 때문이다.

정치교육의 효율화를 통해 민주사회를 만들어 가는 과정은 결과적으로 권력억제의 가장 확실한 수단이 된다. 정치교육이란 한 국가가 그 생활공동체를 유지하고 발전시켜 나가기 위해 요구되는 바람직한 인간성을 형성하고 정치과정의 참여에 필수적인 지식과 능력, 태도, 자신 등을 포함하는 자질을 육성하는 교육적 노력으로 규정할 수 있다. 이에 따라 민주주의를 기본이론으로 하고 있는 정치체제에 있어서 정치교육이란 민주주의 기본원리를 존중하는 태도를 가지고 현대사회에 적응하면서 개인적으로 행복한 생활을 추구함은 물론 국가와 사회의 발전에도 공헌할 수 있는 민주시민을 양성하는 민주시민교육을 말한다.

---

10) 정치교육과 정치사회화에 대한 구체적인 내용은 다음을 참조. 裵燦福, 『南北韓의 政治社會化』, 法文社, 1989.

　민주주의 국가에서 하나의 시민이 법에 보장되어 있는 권리를
떳떳이 행사하며, 그에 따른 의무와 책임도 훌륭히 감당할 수 있
도록 하는 데는 장기간의 생활훈련을 통해 가능해진다. 훌륭한
민주시민이 될 수 있는 자질은 시대와 지역에 따라 다르며, 그
사회의 산업화 정도에 따라 요구하는 내용이 달라질 수 있다. 따
라서 사회가 단순했던 농경시대나 근대화 초기에는 민주시민교
육이 복잡하지 않다. 그러나 후기산업사회로 갈수록 사회가 다양
해지고 구성원의 다양한 요구가 분출되기 때문에 민주시민교육
의 교육과정과 교수방법도 그만큼 복잡하고 어렵게 된다.11) 다른
한편 권력억제를 위한 민주시민교육은 비단 기존 민주사회에 잘
적응하는 시민교육에 한정하지 않고 앞으로 있어야 할 더 인간
적인 민주사회실현을 위한 세계관과 그에 합당한 자질을 양성하
는 개혁기능도 포함되어야 한다.

---

11) Ibid., pp. 25~26.

제6장   정당은 살고 싶은 모습을 담는 그릇

Ⅰ. 한국 정당정치의 현실

1. 정당의 발생배경과 개념

현재 세계 180여 개 국가 중에서 정당이 없는 나라는 거의 없다. 정당은 인간의 살고 싶은 모습을 담는 그릇이어야 한다. 인간의 삶의 모습 또는 살고 싶은 모습은 본질적으로 다양할 수밖에 없다. 이러한 인간의 다양한 삶의 모습이 제대로 영위되기 위해서는 개개인의 의사·가치·이익 등이 보장될 수 있는 사회적 조건으로서의 민주주의가 어느 정도 성숙되어야 한다. 정당과 민주주의는 상호 보완관계가 있을 뿐만 아니라 서로 영향을 주고받으면서 상승 작용하는 관계에 있다.

전제군주시대나 전체주의 하에서는 권력을 가진 층의 가치독점에 의해 인간의 본질적인 삶의 다양화를 단순화시켜 그들의 통치이데올로기에 순응하는 인간을 만들어 버리기도 한다. 따라서 전제군주나 전체주의 하에서는 인간의 다양한 삶의 모습을 보장할 수 있는 제도로서의 정당이란 존재하지 않거나, 형식상의 정당으로서 1당정당제를 채택하는 경우가 많다. 또는 과거 공산주의 국가들이나 현재 북한의 정당처럼 중앙행정기구로서의 역할을 하는 데 불과한 정당은 여기서 다루고자 하는 정당이 아니다. 과거 공산주의 국가의 정당이나 분단 이후 현재까지의 북한의 정당은 정치적 결사체로서의 정당이 아니라 정부의 공식기구로서 권력기구의 하나로 보아야 한다. 따라서 여기서는 논의의 대상이 되지 않는다. 참고로 북한의 노동당은 북한 특유의 것으로 최고권력자인 수령의 교시 다음가는 상위의 권력기구이다. 노동당의 당 강령은 자유민주주의 국가의 헌법적 권위보다 상위법 체계이다. 북한의 최고 상위법에 속하는 교시는 자유민주주의 국가에는 성격상 해당하는 법령이 없다고 보아야 한다. 노동당의 강령이 우리의 헌법에 준하는 효력을 가진다.

민주주의가 성숙되어 가고 있는 오늘날 대부분의 나라들은 정도상의 차이는 있으나 정당제도를 채택하고 있다. 인간의 다양한 삶의 모습을 사회 속에 담아내기 위해서는 무엇보다도 그들의 살고 싶은 모습을 연구하고, 여론을 수렴하여 국가 정책으로 반영할 수 있는 진로를 모색해야 한다. 이러한 여론 수렴과 진로 모색은 그를 전담하는 조직적인 단체를 만들어서 활동케 함으로써 가능하게 된다. 정당은 바로 이러한 다양한 삶의 양식에 대한 여론의 조직화·통일화·가지화라는 욕구를 충족시키기 위해 탄생되었다.

이러한 발생 배경을 가진 정당에 대한 개념을 정의해 보고 그 기능을 살펴보는 것은 민주주의 연구에 있어서 더욱 중요한 의미를 지니게 된다. 현대 민주주의 정치는 정당을 통해서 이루어 낼 수밖에 없다. 특히 아직도 후진국형 정치를 하고 있는 한국에서 정당에 대한 연구는 정당발전과 정치발전의 인프라가 되므로 매우 중요하다. 정당 활동이나 정당의 기능을 통해 정치의식의 성숙화를 기하고 삶의 양식에 대한 민감한 반응을 불러일으킬 수 있으며 민주적 가치나 태도를 학습할 기회를 가질 수 있기 때문이다. 또 한국의 정당이 정당 본래의 모습을 얼마나 지니고 있느냐와 정당의 본질적 기능(제대로 된 기능) 수행을 얼마나 하고 있느냐에 대한 국민적 의식이 형성되고, 바로 이러한 의식의 성숙과 더불어 정당도 민주주의도 조금씩 선진화되어 가는 계기가 된다.

버크(Edmund Burke)에 의하면 "정당이란 어떤 특정한 행동지침에 동의하는 사람들이 그 행동지침에 의거하여 공동의 노력으로서 국민적 이익을 증진시키기 위하여 결합된 단체(Political party is a body of men united, for promoting by their joint endeavours, the national interest, upon some particular principle in which they are agreed)"[1]라고 정의하고 있다. 버크의 행동지침(principle)이란 삶의 양식이나 내용을 같이하고자 하는 사람들의 신조를 의미한다.

이에 반해 샷슈나이더(E. E. Schattschneider)는 정당을 "동일한 정치적 견해를 가진 사람들의 집단이익을 위하여 정치권력을 획득하기 위한 조직체"[2]라고 정의하고 있다. 또 벤틀리(A. F. Bentley)는 "특수한 집단의 이익 추구",[3] 프리드리히(Carl J. Friedrich)는 "정당의 구성원들에게 이상적이고 본질적인 이익을 제공할 목적으로 조직된 단체"[4]로 보고 있다. 독일의 정치학자 베버(Max Weber), 옐리네크(G. Jellinek), 하스바흐(W. Hasbach) 등은 "정당은 국가권력을 추구하는 유일한 단체"라고 주장하여 정권 획득을 추구하는 정치 기구로 정당을 개념화하고 있다.

현대정치에서 정당의 역할은 매우 중요하고 다양하다. 위에서

---

1) E. Burke, *Thought on Present Discontents*, 1770, Vol. 1, p. 530.
2) E. E. Schattschneider, *Party Government*(New York: Riechart Co., 1942), p. 36.
3) Arthur F. Bentley, *The Process of Government*(The Principia Press of Illinois, Inc., 1995), p. 344.
4) Carl J. Friedrich, *Contitutional Government and Democracy*(Boston: Ginn & Co., 1950), p. 49.

다양하게 정의한 여러 개념들은 학자에 따라 강조점이나 보려고 하는 측면이 다른데 불과하기에 넓은 의미의 정당의 개념은 위의 모든 뜻을 함의하고 있다고 보아야 한다.

한국의 정당법 제2조에 의하면 "정당이란 국민의 이익을 위하여 책임 있는 정치적 주장이나 정책을 추진하고, 공직 선거에 후보자를 추천 또는 지지함으로써 국민의 정치적 의사 형성에 참여함을 목적으로 하는 국민의 자발적인 조직을 말한다"고 규정함으로써 많은 학자들의 주장을 종합하고 있다.

이상 외에도 정당의 개념은 사람마다 다양한 표현을 하나 요약하면 결국 두 개의 의미로 귀결된다. 즉 하나는 '국민의 삶의 양식'이고, 다른 하나는 '정권획득'이다. 그러한 정권획득과 삶의 양식은 결코 별개의 문제가 아니다. 왜냐하면 公黨으로서의 정당은 정권획득을 통해서만이 그 정당에서 약속한 삶의 양식을 실천할 수 있는 수단이 되기 때문이다. 민주주의사회란 본질적으로 사회의 다양성과 서로 다른 다양한 가치의 존재를 인정하는 사회이다. 따라서 인간은 각자의 가치에 따라 다양한 유형의 삶을 누릴 수 있으므로 민주국가에서는 다양한 삶의 양식이 존재할 수밖에 없다. 이러한 점에서 삶의 모습을 담는 그릇으로서의 정당도 당연히 다양해야 함으로 다당제가 원칙이다. 특히 유의해야 할 점은 정당이 단순한 권력획득을 위한 수단이 아니라, 정당마다 독특한 삶의 양식을 담은 정강정책을 국민에게 제시한 다음 국민이 살고 싶어 하는 모습에 따라 자유롭게 정당을 선택토록 해야 한다.

이상과 같이 복잡한 정당의 개념을 간략하게 분석해 보면 다음과 같다.

(1) 정당은 국민의 부분적 정치단체이다

정당을 의미하는 ‘Party’라는 말은 라틴어의 ‘Pars’로부터 발달된 것으로, 원래 전체라고 하는 유일한 존재가 아니라 전체 속의 부분이라는 의미를 갖고 있다. 부분은 전부가 아니므로 당연히 다른 부분의 존재와 대립을 의미한다.

그러므로 민주주의사회에서의 정당은 두 개 이상 존재하는 것이 당연하며, 국민들 중에서 살고 싶은 모습을 같이하는 사람들 간, 즉 정치적 견해를 같이하는 사람들 간에 특이한 정당을 조직하여 그것에 가입하거나 운영자로서 활동할 수 있는 것이라야 한다.

(2) 정당은 정권획득과 유지를 통해서 그 정견을 실현시키려는 단체이다

정당은 그 정견(삶의 양식)을 국민에게 공약하여 이것을 실현시킴으로써 국민에게 더 많은 자유와 이익과 善과 행복을 찾아주려는 목적에서 만들어진 정치 단체이다.

바로 이러한 목적을 실현하기 위하여 야당은 정권을 획득하여야 하고, 여당은 정권을 유지 또는 창출하여야 하는 대립적 관계에 놓이게 된다. 민주주의 국가에서 이 대립은 평화적이고 절차적인 선의의 경쟁을 통해 해결하여야 한다. 그러나 실제는 여·야간의 대립이 원래의 목적을 벗어나 단순히 개인의 권력에 대한 사리사욕을 채우기 위한 것이거나, 또는 무력이나 비합법적인 방법으로 정당 간 대립하다 드디어 혁명이나 전쟁을 맞는 경우도 역사 속에서 많이 찾아볼 수 있다.

이렇게 정당이 정권을 장악하고서도 그 강령(약속한 삶의 양식)을 실천하지 않거나 오직 정권 탈취 그 자체에만 뜻을 둔 경우는 정당이라기보다 政權爭奪組合이라 불러야 마땅할 것이다. 사실 한국의 정당들은 그동안 국민의 살고 싶은 모습을 실천해 주기 위한 수단으로서의 정책정당 이라기보다 정치인들의 정치적 야심이나 권력욕을 채우기 위한 수단 즉 정권획득의 수단으로 존재해 왔다 해도 과언이 아니다. 그러면서도 늘 권력변동기가 되면 정책정당이란 말을 표방해 왔고 또 정책정당으로서의 형식을 부분적이나마 갖추기도 해 국민대중들로 하여금 가치혼란에 빠트리는데 충분했다.

한국정당사에서 보면 진성당원이 전혀 없는 신생약체 정당의 경우는 완전히 개인소유의 자산처럼 私黨으로 운영해 왔다. 私黨에 가까운 정당일수록 정책정당이란 말은 더 많이 남발하여 왔고, 그에 비례해 당대표의 당 운영상의 횡포는 전체주의의 나치정당이나 크게 다를 바 없다.

2. 정당의 기능

정당은 긱 국가의 정치과정에서 중요한 기능을 수행한다. 정당이 존재하는 대부분의 나라에서는 국민이 주권자이고 모든 정치적 권위가 국민으로부터 나온다고 규범화하고 있다. 따라서 형식상 국민은 국가의 최고기관인 셈이다. 단지 국민은 국가권력을 직접 행사하지 않고 '의회'라는 특수한 국가기관을 통하여 행사한다. 국민의 입장에서 보면 형식적 정치기관이 정부와 국회라고 하면 실질적 정치기관은 정당이다. 결국 국민은 정당을 통해서 자신들의 의사를 표출하고 삶의 다양성을 보장받는 길 이외의 뾰족한 정치참여의 방법이 별로 없다.

정당은 나라에 따라서 또는 정치발전의 정도에 따라 매우 다양한 역할을 한다. 정당의 기능은 정당 스스로의 발전과 정치발전에 기여하는 順機能과 오히려 장애요인이 되는 逆機能으로 나누어 볼 수가 있다. 정당이 역기능하면 많은 부작용이 파생된다.

대의제 민주정치 하에서 현대 정당이 수행하는 공통적 순기능으로서 여론의 형성과 조직화, 정치 사회화, 정보의 조직과 통제 등을 들 수 있다.

정당의 역기능으로서는 당 조직의 寡頭化, 관료화, 경직화, 선거과정의 독점화, 정당의 자기특권화 등을 들 수 있다.

(1) 정당의 순기능

1) 여론의 형성과 조직화

민주주의는 국민의 자유로운 선택을 전제로 한다. 따라서 정당은 국민의 다양하게 散在된 여론을 조직화하고 가치화하여 이를 표출시킨 다음 국민들로 하여금 선택하게 하는 기능을 수행하여야 한다.

이러한 국민의 여론, 즉 국민이익의 요구를 조직화시키는 일은 정당이 해야 할 1차적 임무이다. 이에 대해 바커(Earnest Barker)는 정당의 1차적 역할은 사회의 사고와 토론의 흐름을 정치기구에 도입시켜 회전시키는 導管과 같다고 표현한다. 이익의 표출과 집약 기능은 일반적으로 복수의 정당이 서로 다른 정책을 제시하여, 이것을 국민의 자유로운 선택에 일임하는 형식으로 행해져야 한다.

2) 정치사회화

민주주의 정치가 제대로 되기 위해서는 국민이 정치과정의 참여에 필수적인 지식과 능력, 태도, 자신감 등의 자질을 지녀야 한다. 정당은 바로 이러한 국민의 자질을 육성하고 교육하는 정치사회화(political socialization)의 역할을 맡아야 한다. 왜냐하면 정당의 존재의의는 국민이 선택하는 삶의 양식을 담보하는데 있기 때문이다. 또한 정당은 당의 이념과 정강정책을 국민들에게 홍보하는 훈련소 등 교육기관을 설치하여 당원 또는 당의 중견 간부를 양성시키는 기능도 하여야 한다.

한국의 역대 정당들로부터 공직선거의 후보자 선출과 정권획득을 위한 수단으로서의 선거 전략 이외의 정치사회화를 위한 교육적 역할을 찾아 볼 수가 없다. 한국 정당의 특성이라면 대선이나 총선이 끝나면 책임회피나 정국타개책으로 창당 또는 분당을 서둘러 왔다. 이러한 창당과 분당 또는 정당의 이합집산은 대체로 차기 선거 전략용이었지 정치선진화를 위한 정치사회화를 위한 것은 전혀 아니다.

3) 정부의 조직과 통제

정당은 선거에서 표출된 민의를 통해 정부를 조직하고 통제하는 기능을 가진다.[5]

선거에서 승리한 여당은 정권담당 기능과 가치창조 기능을 가지며, 야당은 정부통제 기능을 가지게 된다. 여당은 정부를 구성히여 국민의 의사를 집약하고 긴설적인 징책기능을 수행하며 권력유지에 힘쓰는 반면, 야당은 건설적인 정책 대안을 제시하며 정부를 비판, 감독, 통제하는 기능을 수행한다는 뜻이다.

이러한 정당의 정부조직과 통제기능은 주권자인 국민의 여론과 정부기구를 서로 결부시키는 매우 중요한 기능이다. 특히 의원내각제 하에서는 정부의 失政에 대한 책임을 묻기 위하여 정당은 정부 불신임안을 제기할 수 있고, 불신임안이 성립되면 새로운 내각을 구성하게 된다. 이와 같이 정당은 정부의 정책과 행

---

5) Sigmund Neumann, "Toward a Comparative Study of Political Parties," Harry Eckstein and David E. Apter, *Comparative Politics*(New York: The Free Press, 1965), p. 353.

동을 감시 비판하고, 公的履行을 강력히 촉구할 뿐만 아니라 정부의 권력 남용을 막는 데 크게 기여한다.

(2) 정당의 逆機能

정당이 그 성립 과정에서 無理念的·無政策的이거나 운영 과정에서 비민주적·인물중심적일 경우는 다음과 같이 역기능이 나타나게 된다.

1) 정당의 과두화

정당이 이념이나 정책을 바탕으로 설립 운영되고 있지 않을 경우 寡頭化할 가능성이 높다. 당이 과두지배체제가 되면 소수 몇 사람에 의해 이끌려지므로 자연히 국민 여론수렴이 어렵게 되고, 조직도 매우 경직화 될 수밖에 없다._김대중 정권말기 인기추락과 심각한 권력누수 상태에서 집권민주당으로서 정권창출에 급급한 나머지 16대 대선(2002.12.17)을 앞두고 시행한 '국민참여경선제', 17대 총선(2004.4.15) 직전 국민의 민주화열망의 여론에 밀린 국회에서 제17차 개정선거법(2004.3.12)을 통해 '정당후보자추천제'와 '당정분리제' '돈안드는선거제'를 채택해 당원이나 국회의원이 청와대나 당간부를 쳐다보아야 할 이유가 법리적으로는 없어졌다. 그럼에도 17대 국회 역시 정당의 과두화는 여야 모두 여전하고, 청와대의 한마디에 신경을 곤두세우는 정당의 모습은 초라하기까지 보여 당정분리제는 무색하게도 말의 성찬에 불과하게 되었다. 결국 민주주의와 부합되는 국민경선제나 개정선거법 등은 정치권의 추락한 민심수습책과 정치에 대한 위장된 신뢰회복으로서 국면전환용에 불과했다.

이렇게 당 운영이 과두화되면 당 간부의 자기사람심기나 매관매직이 가능해지고 비공식채널을 통한 의사결정이 이루어지므로 당원이나 같은 국회의원이라도 국외자(outsider)들에게는 패거리 정치나 밀실정치로 인한 소외감을 주게 된다. 이러한 정당 운영은 이해관계에 따라 이합집산이 쉽게 이루어지므로 정당발전과 정치발전에 대단히 해로운 폐단이 발생하게 된다. 동시에 정당의 과두화는 정당의 본질적 기능인 국민의 이익표출이나 이익결집을 할 수 없게 된다.

2) 선거 과정의 독점화

스피만(Dinana Speaman)은 『영국 민주주의론』(Democracy in England)에서 민주정치는 "선택의 이론"이라 했다. 이것은 민주정치의 묘미가 선거를 매체로 해 국민과 대표 간을 제대로 된 연결을 함으로써 이루어진다는 말이 된다.

이러한 관점에서 보면 선거를 제대로 할 수 있다는 것은 민주주의의 관건이 된다. 선거를 제대로 하기 위해서는 유권자의 합리적 선택능력도 중요하지만, 정당에서 국민이 원하는 후보자를 출마케 해주어야 한다. 이러한 국민참여경선제가 이루어질 때 비로소 진정한 민의의 대표라 할 수 있다.

그러니 정당의 후보자 공천 과정에 있어시 딩권을 쥔 사람에 의해 비민주적, 독선적 공천이 행사되면 유권자가 아무리 합리적 선택능력을 가졌다 해도 국민이 원치 않는 후보자 가운데서 선택을 해야 하는 폐단이 생기게 된다. 이것은 정당이 오히려 국민의 선택권을 박탈하는 모순된 역할을 하게 되는 셈이 된다. 이럴 경우 국민은 정당무용론을 주장하게 되고 정당에 대한 불신이나 비판의 소리가 높게 된다. 이러한 점에서 개혁선거법이 마련된 이후도 한국의 주요정당들의 대표권한의 비대와 자기사람위주의 주류니 비주류니 하는 식의 정당운영은 매우 비민주적이다.

이미 법제화된 당정분리제와 국민참여경선제, 상향식후보결정 등이 눈속임에 그치지 않고 실제 정치현장에서 굴러가게 될 때 정당의 과두화와 선거과정의 독점화 문제는 자연스럽게 극복될 것이다. 이제 개혁선거법의 실제화를 위한 방법을 연구할 때이란 점에서 개정선거법이 아직은 제대로 지켜지지 않는다 해도 전혀 무의한 것만은 아니다.

3) 정당의 자기 특권화

정당이 국민적 요구나 지지가 없는 안건을 무리수에 의해 통과시키거나, 지역갈등·파벌조성 등을 통해 이익을 보려 하거나, 무책임한 과잉공약 남발, 음성적인 선거비용에 의해 유권자를 유혹하는 행태 등은 정당의 자기특권화에 속한다. 이러한 정당의 자기특권화는 국민의 분별능력이나 비판능력을 흐리게 함으로서 정당이 해야 할 본래의 기능과는 상반되는 역기능을 초래한다. 설사 국민참여경선제나 상향식 후보결정제를 채택한다 해도 정당에서 특정인을 후보자로 추천하여 당선가능토록 선거인단을 유도하고 조정한다면 정당의 자기특권화에 속하게 되어 정당의 역기능을 초래케 한다.

이러한 역기능은 국민의 '정치적 무관심'과 정치에 대한 불신을 높게 하므로 정당발전과 정치발전에 대단히 해로운 것이다. 대체로 인물중심이나 파벌중심의 후진국형 정당들은 보스중심의 私黨化 가능성이 높고 정당의 자기특권화의 가능성도 매우 높다.

정당의 자기특권화는 결국 부메랑이 되어 정당 스스로를 후진화 시키는 장애요인이 되어 돌아오게 된다. 정당의 실체는 그 정당을 발판으로 활동하는 정치인이다. 정당의 자기특권화는 종국에는 그 정당과 더불어 존재하는 정치인 스스로를 부패하게 하고 국민위에 군림하게 하며 권위주의 정치의 굴레를 벗어나지 못하게 하여 파멸로 이끌게 된다.

3. 한국 정당의 취약성

한국에서는 해방 후 一人一黨식의 인맥이 난립하여 수많은 정당이 발생하였다. 수많은 정당들이 이합집산 과정을 겪으면서 출몰하였으나 주로 사회 名士들의 정치적·결사적 성격이 농후하여 '명사정당'이라고도 일컫는다.

대체로 후진국사회 대부분의 정당은 정책 중심이라기보다는 한국처럼 인물중심·名士中心이었다. 이것은 정당이 일반 국민의 희망을 충실히 대표했다고 볼 수도 없고, 정당의 이름으로 한 일에 대해 국민 앞에 책임도 지지 않는다는 의미가 포함되어 있다. 한국정당사에서 집권여당에 의한 야당 탄압이나 의원 빼오기 등이 예사롭게 있어왔고, 자유당시절 일개 공보처장의 명령에 의해 정당이 해산된 사실 등도 있었다. 이 점이 한국 정당 발전의 가장 취약점인 바, 이를 구체화해 보면 다음과 같다.

(1) 派黨과 私黨

한국의 정당은 公黨이라기보다는 그동안 派黨과 私黨의 성향이 강하다는 점이 최대의 취약점이다.

여기서 파당이라고 하는 것은 그 집단의 요구가 공익보다는 사익에 뜻을 두는 경우이다. 사실 정당이 미발달된 신생국의 정치지도자들이 국가이익이라는 이름으로 요구하는 것은 사실상 국민대중의 이익과는 거리가 먼 통치엘리트층의 사익인 경우가 대부분이다.[6] 따라서 그들의 제1차적 관심과 충성심은 국민 전체의 이익에 앞서서 그들의 파벌과 파당을 위한 관심이요, 의무감이다.

---

6) 한승조, 「한국 민주주의와 정치 발전」(법문사, 1990), p. 223.

여당이나 야당이 내거는 정강정책의 내용을 검토·분석해 보면 예외 없이 자유민주주의의 실천, 국민 생활수준의 향상, 민족문화의 선양, 정치와 경제의 안정을 기한다고 되어 있다. 그러나 이러한 경우도 어느 사회계층이나 어느 집단의 구체적인 이익을 대표하거나 기약하는 것이 아니라, 막연하고 일반적인 국민복지의 약속을 공약하는 경우가 많다. 이렇게 광범하고 막연한 공약으로 국민의 지지를 얻은 다음에는 공익의 이름 아래 개인 또는 파벌의 이익을 우선시키는 예가 허다하다.

더욱이 한국의 정치문화적 측면에서 볼 때 일반 국민이 정당인 또는 정당에게 효율적인 감독·감시·압력을 행사할 수 있는 능력이나 참여의식 기술을 가지고 있지 못하다. 이러할 경우 정당은 정치지도자를 위한 득표도구로서 이용될 소지가 매우 높다.

⑵ 오직 권력획득의 수단

한국의 정당은 그 창당 과정에서부터 정당의 본질인 모든 사회계층의 의사나 이익을 대표하기 위해서라기보다 정치권력을 얻고자 하는 사람들의 권력획득 수단으로부터 출발되었다. 물론 정당을 통한 권력획득의 수단은 정당의 기능 중 하나임은 틀림없다. 문제는 마치 권력획득을 위한 수단이 정당 역할의 전부인 것처럼 강조되면 많은 부작용이 발생하고 정당의 존재 의의도 사라지게 된다.

이러한 경우 정당은 자연히 일반 국민에 대한 책임감, 대표성, 반응성이 결여될 수밖에 없다. 따라서 모든 정당은 선거를 앞두고 오직 득표를 위한 공약남발이 난무하게 된다. 그리고 여당이 집권을 영속화함에 있어서 그들의 정책과 공약을 충실히 이행하지 못한다 해도 크게 우려하지 않으며, 대중의 불만에도 별로 신경을 쓰지 않는다. 오히려 정권이 국민의 지지와 인기를 상실하면 할수록 더 강압적으로 정권을 유지하려는 경향을 보이며, 또 국민의 지지쇠퇴(decline in support)가 심화될수록 극복하려는 노력보다 권력을 움켜쥐고 억압적으로 통치하려는 경향이 나타난다.

이와 같은 상황에서 평화적·합법적으로 정부 권력을 교체하는 방법이 없는 까닭에 야당은 정책대안을 제시하기보다 투쟁형, 공격형 때로는 무장봉기형으로 나타날 가능성이 높은 것이다. 특히 혁신야당의 경우 혁신정당의 정책과 노선을 국민에게 홍보하고 지지 설득하기보다는 강경노선으로 변질하게 되어 국민으로부터 신임을 잃게 되는 경향이 있다.

(3) 간부정당

한국정당의 또 하나의 취약점은 간부정당(cadre party)의 특징을 지니고 있다는 점이다. 간부정당은 대체로 국회의원들이나 후보자들의 선거관리를 목적으로 하는 사조직으로서 구성되고 운용된다. 따라서 그 정당 조직이나 활동은 선거행사와 같이 계절적이며 가헐적인 성격을 지닌다.7)

한국의 정당들이 국민의 여망을 등지고 사사로운 파벌 싸움과 명분 없는 이합집산을 거듭하는 것은 정당조직이 그들 개인의 이익이나 일시적인 편의를 위해서 존재하는 점이 강하기 때문이다. 특히 그들은 정당에 가입하기 전에 이미 사회 유지요, 知名人士였던 까닭으로 그들에게는 당의 통제나 규율이 미치지 못한다. 물론 여·야당에 따라, 또는 정당에 따라 다소 간부정당으로서 정도상의 차이는 있다.

사조직의 성격을 지닌 당의 간부 몇 사람의 야합에 의해 정당

---

7) Maurice Duverger, *Political Parties, Their Organization and Activity in the Modern State*(London: Mulhuen & Co., 1959), p. 17~37.

의 정책과 진로가 결정되거나 또 그들의 이익에 어긋나면 항시 당을 깨고·부수고·헤쳐모여 식으로 재조직한다면 이미 그것은 公黨으로서의 정당이 아닌 것이다. 그러나 한국의 정당사에서는 늘 이러한 악순환을 거듭해 왔다. 1963년 1월 정당법이 제정된 이후 2002년 12월 현재 무려 83개의 정당이 생성소멸의 길을 밟고 있으며, 평균수명은 3년 2개월이다. 81개의 정당 중 가장 오래 지속한 정당은 朴正熙 대통령이 창당한 민주공화당으로 17년 6개월이었다. 이것은 정당이 창당한자의 정치생명과 괘를 같이 했다는 것을 말한다. 특히 한국의 여당은 예외 없이 대통령과 운명과 같이 생성 소멸의 길을 걸었다. 역대 대통령들은 창당할 때마다 마치 영구한 정당이 될 것이라고 무지개 같은 政綱政策을 내걸고 천년을 약속하지만 임기 내에도 분위기 쇄신을 위해 수시로 바꾼 경우가 허다하다.

이에 반해 영국의 보수당이 창당한지 170년이 됐고 노동당이 96년이었으며, 미국도 공화당이 148년, 민주당이 174년이었다. 일본의 자민당도 47년째다.

한편 정당 이름에 가장 많이 들어간 단어는 '민주'가 29회로 1위이고, '국민'과 '통일'이 각 12회와 8회로 뒤를 이었다. 정당간 통합도 30회나 있었다. 이것은 정당들이 생성·소멸하는 과정에 민주·국민·통일 등으로 국민을 속였을 뿐 아니라 오히려 민주주의와 국민이익 그리고 통일의 발목을 잡았다는 것을 의미한다.

국민의 정부 임기 말 16대 대선(2002.12)을 5개월 앞둔 시점에 집권 민주당은 정권창출이 어렵다는 이유로 기존의 민주당을 깨고 새로운 정당을 창당하려는 당대표(한화갑)의 주장에 당내 계보별 논쟁이 심화되기 시작하였다. 드디어 대선 2개월 앞둔 10월 중순 민주당은 분당으로 가는 듯 하다 당선 가능한 새로운 후보 물색에 차질이 생겼다. 선거를 앞둔 시점에 정몽준은 '국민통합 21', 이한동은 '하나로국민연합' 등 汎여권 성격의 후보자들이 저마다 창당을 하여 대통령선거에 출마하였지만 정몽준 후보는 민주당 후보와의 후보단일화에서, 이한동 후보는 대선에서 각각 실패하였다.

16대 대통령선거에서 승리를 거둔 민주당이 4개월만에 치른 2003년 4.24 재·보선에서 참패하자 신당창당을 서두르기 시작했다. 특히 2004년 17대 총선을 앞두고 이대로는 안 된다는 의미가 짙게 깔린 것이지만 노무현 대통령은 그를 출생시킨 민주당으로부터 독립을 암시하자 따라 나선 사람들에 의해 개혁신당이란 명분으로 '열린우리당'이란 집권당을 생성 시켰다.

특히 대통령선거 전 창당의 필요성을 시사했던 주류 측은 대통령선거 후 구주류파가 되어 민주당 잔류를, 대통령선거전 비주류로 민주당 유지파가 대통령선거 후 아이러니하게도 신접살림을 차린 셈이다. 신접살림에 동참한 의원들 중에는 소신을 강조하고 있지만 과연 정당을 옮긴 것이 소수이지만 개혁소신 때문일까 대통령이라는 막강한 권력을 따라간 것일까 의심하지 않을 수 없다. 문제는 어떤 명분으로도 離合集散과 생성·소멸이 잦은 한국의 정당들은 정책정당으로서의 '계속성'이라는 정당의 본질에 어긋난다는 점이다. 그럼에도 이러한 상황으로부터 누구도 자유로울 수 없는 것이 여야 모든 한국정당인의 자화상이다. 그동안 개혁입법을 통해 만든 당정분리제, 정당후보자 추천제, 상향식공천제, 돈 안드는 선거제 등은 현장정치에서는 백약이 무효인 셈이 된다. 너무도 오랫동안 방치한 심각한 정당고질병 때문이다.

이러한 현상 때문에 한국은 아직도 정당정치를 위한 이념정당이라기보다 정당간부들의 立身出世를 위한 파벌정당·私黨·朋黨에 불과하다는 비판을 피할 수 없다.

II. 정당정치와 한국 민주주의

1. 정당발전과 정치발전

정당발전과 정치발전은 不可不離의 상관관계에 있다. 정당의 소관업무가 바로 정치발전의 과제이고, 정치발전을 추진하는 제도적 장치가 바로 정당이다. 이것은 정당발전이 바로 정치발전이고, 정치발전의 成敗가 바로 정당발전에 달려 있음을 말한다.[8] 이러한 경우 정당발전은 정치발전의 독립변수이며 동시에 종속변수가 되는바, 그 이유를 살펴보면 다음과 같다.

첫째, 정치발전은 국민대중의 정치참여의 양적 증가와 질적 향상을 의미한다. 정치참여의 양적 증가나 질적 향상은 국민의 정치의식이 높아지고 국민의 정치능력이 증가하지 않고는 기대될 수 없다. 국민의식을 높이고 정치의식을 높여 주는 매체는 가정, 학교, 언론기관, 직능단체 등 수없이 많다고 하지만 정치활동을 통하여 국민에게 정치교육과 훈련을 해주는 전문기관은 정당이라 할 수 있다.

둘째, 정치발전은 국민의 정치참여의 제도화를 의미한다. 국민대중의 정치참여를 용이하게 하며, 또 지도하는데 필요불가결한 제도적 수단은 정당이다.

국민에게 필요한 정치교육을 통해 국민대중의 지지를 동원하며 정치체제 안으로 흡수 통합하게 하여 지도자와 국민 간의 효율적인 의사소통을 촉구하는 것이 정당인 이상 정당의 발전 없이 정치참여의 양적 증가나 질적 향상을 기대할 수는 없을 것이다.

---

8) Joseph Lapalombora and Myron Weiner(Ed.), *Political Parties and Political Development*(Princeton University Press, 1966), Chapter 1, "The Development of Political Parties" 참조.

셋째, 다른 한편 정치발전은 정치체제의 능력이 증가함을 의미하기도 한다. 정치체제의 능력이란 투입과정에서 국민각층의 요구와 지지를 잘 조정 통합하여 권위적인 정책결정과 집행으로 무난히 전환(conversion)시키는 능력을 말한다. 행정조직이 산출기능을 담당하는 주요수단이듯이 정당은 바로 이 투입기능을 담당하는 주요 수단이 된다.

요컨대 정치발전은 정당발전에 의해서 이루어지길 기대할 수밖에 없으며, 정당발전 없이 정치발전을 보장할 수가 없는 것이다. 바로 이러한 정당발전과 정치발전의 함수관계는 우리 정당법에서도 잘 명시되어 있다. 즉 정당법 제1조에 의하면 "정당은 국민의 정치적 의사형성에 참여하는 데 필요한 조직을 확보하고 정당의 민주적인 조직과 활동을 보장함으로써 민주정치의 건전한 발전에 기여함을 목적으로 한다."

이것은 한국의 민주주의가 발전하기 위해서는 먼저 정당조직이 건전하고 제 기능을 할 때 가능함을 시사한다. 과연 한국의 정치발전이 그렇게 수준 높은 것이 못 된다면 그 원인을 정당발전 저해 요인에서 찾아보는 것도 하나의 원인분석 방법이 될 것이며, 동시에 치유책이 될 수 있을 것이다.

2. 정당정치 발전의 저해 요인

앞에서 살핀 바와 같이 정당발전은 정치발전과의 관계에 있어서 독립변수이자 동시에 종속변수이다. 이것은 정당정치 발전이 정치발전의 기초가 되는 토대에 해당한다는 뜻과, 정치발전에 따라서 정당발전이 이루어지는 상부구조에 해당되기도 한다는 의미를 내포하고 있다. 한 나라의 정치발전은 정당정치가 제대로 정착되어 있는 상황에서 가능하다는 말이 된다. 또 정당정치의 발전은 정당의 발전이 장애 받지 않는 정치적 상황 속에서만 가능하다.

따라서 정당정치 발전의 저해요인을 究明해 본다는 것은 한 나라의 정치발전을 위해 매우 중요한 의의를 지닌다 하겠다. 사실 오늘날 대부분의 개발도상국가들의 정당도 그러하지만 특히 한국의 정당은 내적 요인과 외적 요인에 의해 다음과 같은 많은 저해요인을 지니고 있는 실정이다.

첫째, 한국정당은 카리스마적 인물과 파벌에 의해 무수히 離合集散해 왔다. 한국의 정치가들은 파벌에 의해서 사고하고 행동하는 경향이 있다. 그들은 자신들이 속한 파벌의 추종자들을 늘리기 위해 노력하며, 보다 많은 이익과 행동상의 자유를 누리기 위해 노력한다. 때로는 보다 많은 이익과 행동상의 자유를 누리기 위한 파벌간의 경쟁이 정당의 무수한 이합집산을 가져오게 하는 원인이 되어 이념정당의 정착에 저해요인이 되고 있다.

특히 인물중심의 파벌은 권력획득 과정에서 지역갈등을 파생시켜 국민통합이나 정체성을 얻는 데 장애가 되어 결과적으로 국력을 약화시킨다. 뿐만 아니라 파벌정치는 파벌에서 추종되는 인물이 퇴화되면 정당도 소멸되는 경향이 있으며, 집권여당에 의한 야당 분열공작이 쉽게 이루어져 정당정치 발전에 장애요인이 된다.

둘째, 전통적인 엘리트들은 기존의 특권이나 지위가 정당발전에 따른 정치참여의 확대로 인해서 그들이 위협받고 있다고 믿기 때문에 정당발전을 반대한다.

그러므로 전통적 엘리트들은 가끔 정당조직을 자기들의 목적달성을 위해 이용하려고 기도하거나, 다른 정당들에 대해 정부의 탄압을 주문하여 대중참여가 제한되도록 함으로써 반사적 이익을 얻으려 한다.

셋째, 대중적 지도자(populist leader)는 정당발전의 저해요인이 될 수도 있다. 대중적 지도자는 대중의 정치참여의 필요성을 결정하고 진작시키지만 정당의 역할을 높게 보지 않는다. 그는 어떤 조직의 간섭도 없이 국민들과의 직접적인 대화를 원한다. 그의 정치적인 힘은 능률적인 조직에 의존하기보다는 자기 개인의 국민적 인기에 의존한다. 이러한 경우 정당은 그 지도자의 덕택으로 존속하다가 그 지도자가 물러나면 피상적으로 강력했던 이 정당도 사라져 버리게 된다. 이승만 대통령의 자유당, 박정희 대통령의 민주공화당, 전두환 대통령의 민정당, 노태우 대통령의 민자당, 김영삼 대통령의 신한국당, 김대중 대통령의 새천년민주당 등 그 막강한 집권정당으로서의 면모는 지도자의 퇴임과 더불어 사라지거나 잠시동안 미미한 소수당으로 전락하다 결국은 소멸의 길을 걸었다.

넷째, 한국의 권위주의적 정치문화는 정당발전을 저해한다. 권위주의적 정치문화는 국민들로 하여금 官尊民卑의 전통과 권력에 추종하는 관습을 기르게 한다. 바로 이러한 전통과 관습은 일단 권력을 잡은 사람으로 하여금 원하면 말을 바꾸어 타듯 손쉽게 정당을 바꾸거나 이합집산을 통해 계속 집권할 수 있도록 해주고 중앙과 지방에서 행정부의 영향력과 권위를 크게 강화시키게 된다. 심지이 국민들의 권위주의적 정치문화는 기존정당을 비리고 창당을 통해 새로운 이미지를 부각시켜 정치생명을 연장시키는 사이비 행위도 쉽게 할 수 있는 길을 터준다. 한국의 역대 대통령들은 단 한사람의 예외도 없이 창당을 해왔고 바로 이것이 한국정당을 황폐화시키고 저발전 시키는 결정적 요인이다.

이러한 정당발전의 저해요인들은 결과적으로 정당의 자주성과 계속성을 훼손하고 권력획득의 수단으로 전락해 버리게 한다. 설상가상으로 국민대중들 마저 정당에 대한 불신과 더불어 지지와 비판을 소홀히 하면서 다른 한편 과도한 요구만 하게 되어 요구중압(demand overload)에 걸린 정당이 그 본래의 기능을 수행하기 어렵게 된다.

3. 한국의 與野와 路線

한국의 여야관계는 정강정책의 차이나 정치이념적 대립 또는 정치철학적 사고의 차이에서 보다 정치세력간의 권력획득과 유지라는 利害관계의 충돌에 기반하고 있다 해도 과언이 아니다. 이념은 없고 권력투쟁만 있다는 말이다. 이러한 점에서 與野의 존립 기반인 여당과 야당 간에 정당의 본질적인 정책이나 이념에서의 구분은 별로 의미가 없다. 오히려 여야란 정당간의 정책적 차이라기보다 정치인들 간의 정치적성향이나 당선가능성 여부에 따른 선택의 차이라 하는 것이 더 타당할 것이다.

정당이 무철학·무이념·무정견의 세력일수록 개인적으로나 집단적으로 또는 지역적으로 당적변경·이합집산·생성소멸의 길을 쉽게 걸을 수 있다. 이렇게 자라온 한국의 정당정치에서 이념적 차별성은 별 의미를 갖지 못하는 것은 당연하다. 그러므로 한국의 정당들의 분화는 시민사회의 특성이나 이념의 차별성에 근거하지 않고 정치세력간의 권력투쟁을 둘러싼 분화였다. 즉 집권세력과 이에 도전하는 세력간의 여·야 대립구조였다. 여·야 자체가 구체적인 개념이나 성향을 갖는 것은 아닌 것이다. 단지 권력획득을 위해 기능적으로 편 가르기 해 싸우는데 불과한 것으로 볼 수밖에 없다.

특히 한국의 재야세력과 민주세력들은 정치체제수준에서 강경노선에 의지한 것처럼 인식되었지만 이론적 측면에서 본다면 온건노선의 정치입장을 수용한 세력이라 보아야 한다. 단지 80년대 후반까지 주로 재야에서 정치세력을 '독재'와 '민주'로 분류하고 여당을 '독재노선', 야당을 '민주노선'으로 구분한 다음 '반민주'와 '민주' 간의 대립관계로 설정하였을 뿐이다. 강경노선도 정치의 중심에 입문하게 되면 예외 없이 노선변경을 해왔다고 보면 엄격한 의미에서 노선이라고 할 것도 없는 것이다. 심지어 80년대의 독재 아니면 민주로 분류된 인사나 정당도 그 이후의 정치환경에서 중심정당으로 진입하게 되면 곡예사가 외줄을 타듯 아슬아슬하게 노선위기를 눈가림하려 했지만 대중용이었고 이미 노선은 간곳없이 사라져 버린 상태였다.

물론 여야의 축을 넘어서는 정치세력이나 정당들이 등장하기도 하였다. 이승만 정부 때 진보당으로부터 최근의 민주노동당에 이르기까지 진보적 이념의 정당은 계속 있었다. 그러나 이들은 정당정치의 중심으로 진입하지는 못했다. 문제는 진보당이나 민주노동당이 여야 중심정당으로 진입한다면 현재의 노선을 지킬 것인가는 두고 보아야 하지만 중심정당으로 진입하는 일이 없을 것이다. 한국정치의 환경 속에서 중심정당으로 진입하려면 노선변경부터 해야 가능하기 때문이다.

1990년 3당 합당은 1993년 김영삼정권을 창출하였다. 그 이후 전통적인 여야의 개념이 변화하기 시작했다. 그리고 국민회의 총재 김대중은 15대 대선에서 자민련 총재 김종필과 후보연합을 통해 여야 정권교체를 이루었고 처음으로 여야간의 위상이 바뀌었다. 김영삼의 3당합당과 김대중의 후보연합은 오직 대통령이라는 권력획득을 위한 깃이었다. 3당합당과 후보연합시 약속은 권력획득 후 지켜지지 않았다. 利害에 따른 정당의 이합집산과 정반대 노선 간 후보연합 등은 그나마도 희미하게 존재하던 한국의 정당노선을 완전히 훼손한 셈이다.

열린우리당과 한나라당이 17대국회 첫 정기국회 최대쟁점인 4대개혁입법을 두고 노선을 달리하는 것처럼 외양을 갖추고 극한 대립을 하고 있지만 외피에 불과하고 그 속내는 기설한 범주로부터 크게 벗어나지 않을 것이다. 4대개혁입법도 각각이 성격을 달리하기에 사안별 정책검토를 해야 함에도 여야는 음모정치에서나 존재하는 일괄타결 식으로 찬성 아니면 반대로 노선을 정형화하는 것 자체가 정당의 노선이라 볼 수 없다는 점이다. 여야의 극한 대립도 권력쟁취를 염두에 둔 외피로 정쟁과 오기를 부리는 대중강간(선전)용으로 밖에 보이지 않는다.

Ⅲ. 한국 정당정치의 활성화 방안

1. 정당민주화와 행태의 변화

현대정치에서 정당민주화 없이 민주주의 실현이란 불가능하다. 정당의 다양한 기능은 본질적으로 민주적이라는 발판 위에서 수행되어야 하므로 정당 자체는 당연히 민주적이어야 한다. 이러한 정당의 본질에 맞춰 우리 헌법(8조)에서는 정당의 민주적인 조직과 활동 및 국민의 정치적 의사형성에 참여를 요청하고, 이러한 활동에 필요한 정치자금을 국가에서 보조하는 헌법적 근거를 마련하였다.

그러나 한국의 현실 정당들은 처음 창당되는 과정에서 개인의 입신을 위한 인물중심의 私黨으로부터 출발되었기에 민주정당으로서의 胎生的 한계를 지니게 된다. 더욱이 그동안 운영과정에서 총재 1인 집권체제의 보스중심 정당이 낳는 비민주적 요소들이 너무 많아 정당기능이나 활동을 통한 민주주의는 기대하기가 어려웠다.

이 즈음 2001년 10.25재·보선에서 당시 집권당인 민주당은 3개 지역의 참패로 책임공방 끝에 총재(김대중 대통령)직 사퇴와 당정쇄신 쪽으로 가닥을 잡았다. 여당인 민주당이 쇄신방안으로서 총재직 폐지, 대통령후보와 당대표 분리, 국민참여경선제, 상향식 공천제 등을 채택한 것은 정당민주화로의 획기적인 변화를 시도한 것이 된다. 그러나 지방선거와 대통령선거를 앞둔 시점이어서 여당의 정당민주화로의 변화시도는 명분상 야당인 한나라당도 받아들이지 않을 수 없었다. 이러한 분위기 속에서 한나라당은 대통령후보자 선정과정에서 후보와 당총재의 분리를 선언하고 대통령후보자의 국민참여 경선제를 실시하였다.

문제는 이상과 같이 갑작스런 정당민주화에 걸맞은 정책의 선택은 집권당인 민주당의 재보선 참패와 그 이후 이어진 지자체 선거의 참패로 인한 정국돌파 방안으로 시도되었기 때문에 정당 본래의 모습을 찾기란 한계가 있다. 더욱이 16대 대통령선거를 전후해 정권창출이란 강박관념에 휩싸인 민주당은 분당을 맞게 되었다. 민주당은 분당이라고 하지만 힘의 대부분을 새로 창당의 명분을 갖춘 열린우리당으로 옮겨져 초상집 분위기로 남아있다 결국 17대 총선을 통해 미니정당으로 전락하였다.

한나라당도 민주당의 정당민주화에 대한 변화의 영향으로 처음 수용여부를 놓고 논란을 벌이다 결국 명분상 수용하는 쪽으로 가닥이 잡힌 것이다. 여·야의 정책전환 역시 정착여부는 지금도 매우 불투명하다. 한나라당은 17대 총선전 사상 유래 없는 부패정당[9]으로 들어나 여소야대의 자리를 내주고 말았다. 이렇게 시작부디 바로 정당민주화의 일환으로 시행한 당정분리가 무색해 지든 참이다.

민주당의 16대 대통령후보자 경선과정에서 후보자들간 흑색선전, 지역 부추기기, 금품살포 등은 과거와 다름없었고 폭로전 역시 마찬가지였다. 그래서 어떤 후보는 '국민경선제'는 쇼라고 지

---

9) 거대야당인 한나라당은 LG로부터 고속도로에서 '차떼기'식 150억 현금 수수와 007작전 같은 하드코어 첩보영화를 방불케하는 정당과 기업의 은밀한 부패정치자금 수수결탁으로 한나라당에서는 이회창 대통령후보의 측근인 서정우 법률고문, 김영일 사무총장, 최동웅 재정위원장 등이 구속되고, 당시 삼성152억, SK100억 등 우리의 대기업 모두가 대선을 앞두고 정경유착의 길을 걸었다. 서청원, 정대철 등 당대표도 뇌물혐의로 구속되었다.

적하면서 사퇴하기도 하였다. 한나라당 역시 민주당과 똑같은 현상이 일어났고 후보자들간 상호비방은 극에 달했다.

추후 되몰릴 수 없는 성격이어서 모든 정당들이 다같이 변화에 대해 많은 갈등과 시행착오를 겪겠지만 중·장기적으로 보면 조금씩 정당민주화라는 정당의 성숙화 쪽으로 갈 수밖에 없을 것이다. 그러나 8·8재보선(2002. 8. 8)에서 민주당이 또 참패하자 국민경선제의 취지를 무시한 채 정권창출을 위한 창당을 8월 9일 선언하였다. 그러나 그 이후 민주당의 비주류파가 후보자가 되고 대통령당선까지 되자 오히려 비주류가 신주류가 되어 창당을 선언하고 나서는 등 결과적으로 득표전략과 위기극복 등이 어우러진 사이비 국민경선제가 되고 말았다.

이러한 과정을 놓고 여·야는 서로 對국민사기극이라고 폄하하고 있다. 국민경선제는 역시 '정치쇼'에 불과했다. 그러나 이미 채택된 정당민주화의 내용이 당장 실천되지 않는다고 크게 실망할 것은 아니다. 정치제도의 변화는 정치문화의 변화와 맞물릴 때 비로소 실천 가능한 것이기 때문이다. 가치와 행태의 변화는 정치문화의 문제이다.

정당민주화로의 정당구조변화가 정치문화변화와 맞물려야 실천가능하다는 점에서는 장기적인 시간을 요한다. 예컨대 정당 구조변화에 의해 탄생한 참여정부 집권2년차인 2003년과 2004년의 경우 실제 정당 운영과정에서의 정당민주화는 정당 구조변화 이전과 차이가 없을 정도로 아직은 매우 낮은 수준이다. 아직도 여당은 대통령의 국정운영에 매우 종속적이란 점 때문이다. 예컨대 개혁을 기치로 창당한 여당(열린우리당)의 경우 국가보안법 개폐 여부에 대해 폐지보다는 개정자가 더 많았다가 대통령의 폐지발언 이후 전원 폐지로 일원화하여 개정안을 국회에 상정해 놓은 상태이다.

2. 한국 정당정치의 체계화

한국의 전통적 가치체계와 서구의 근대화된 가치체계 간의 조화모색은 한국의 정치체계화에 있어서 늘 논쟁이 되어 왔다.

이조의 전제주의 정치질서와 조선 총독부의 전체주의적 식민통치질서는 하루아침에 미군정에 의해 서구의 민주주의적·개인주의적 정치질서로 바뀌었다. 이때부터 한국의 전통적 가치체계는 서구의 근대화된 가치체계 앞에서 代置냐 조화냐의 문제로 岐路에 서게 된다.

만일 대치 쪽을 선택했을 때는 피지배자에 대한 지배자의 同化現象이 나타난다. 이러할 경우 지배자의 것은 언제나 정당하고 효율적인 것으로 간주되고, 피지배자의 것은 대체로 정당성을 결여한 비능률적인 것이 되어 그 자주성을 잃게 된다. 그러나 조화쪽을 선택한다 해도 문제점은 여전히 남는다. 토착화 논의에 대해서는 두 가지 유형이 있다. 하나는 자국의 정치문화를 서구적 수준으로 부양함으로써 토착문화의 체질개선을 기하되 제도 면에 있어서는 서구적 원형을 가급적 보존해야 한다고 주장하는 입장이다. 다른 하나는 逆으로 자국의 전통문화를 존중하고 가급적이면 이를 기존사실로 승인하면서 서방민주제도를 자국의 체질에 적합하도록 변형함이 옳다고 보는 입장이다.

전자를 토착문화의 체질개선론이라 한다면, 후자를 제도변형론이라 부를 수 있다.10) 체질개선론자의 입장에 선다면 한국의 민주정치는 일조일석에 이루어지기를 바랄 수 없다. 일국의 정치문화와 체질은 하루아침에 개선될 수 있는 성질의 것이 아니라고 믿기 때문이다. 그러므로 여기에는 전통문화와 근대화제도 간의 異質物同時混在 속에서 양자의 不協和가 당분간 존재한다. 그러

---

10) 윤형섭, 「한국 정치론」, 박영사, 1992, pp. 419~423 참조.

나 이것은 도리어 당연하고 불가피한 현상이니 오래도록 참고 견디면서 한국문화의 체질개선을 위해 노력하면 언젠가는 서방 민주제도가 정착·개화할 수 있을 것이라는 정치적 낙관주의와 인내의 미덕이 전제되고 있다.

한국 제2공화국의 민주당정권은 바이마르공화국과 마찬가지로 체제의 환경적 요인이나 문화의 이질성을 간과하고 서방민주제도의 원형을 충실히 도입하다가 실패한 산 증거라 하겠다. 바로 이 점에 체질개선론자들의 허점이 있다고 생각된다.

제도변형론자의 철학은 서구적 민주제도의 수용을 신생국의 토양의 미성숙을 이유로 부분적으로 거부할 수도 있게 해 준다. 이때 중요한 것은 토양의 성숙 여부를 누가 판단하는가의 문제이다. 그리고 그 판단내용 여하에 따라서는 종신집권제나 국회의원 임명제도 얼마든지 같은 논리로 정당화될 수 있다는 문제점이 생길 수도 있다.

민주정치의 토착화를 위하여 신중을 기하면서 서방제도를 취사선택하고 변형 수용하다 보니 민주정치가 아니라 도리어 권위주의 체제나 독재 체제가 토착화되어 버리는 논리적 모순을 낳을 수도 있다는 점을 유의해야 한다. 토착화이론이 제도변형론에 치우칠 때 흔히 그것이 御用化의 길을 걷게 되는 것은 바로 그 때문이다. 예컨대 孫文의 '訓政민주정치', 수카르노의 '敎導민주정치', 아유브칸의 '기초민주정치', 한국의 유신기간 동안 있었던 '한국적 민주정치'처럼 집권자의 종신제나 국회의원 임명제 등도 가능한 것이 된다.

따라서 한국 정당정치의 정착화를 위해서도 체질개선론과 제도변형론을 상호 보완하는 折衷型理論이 바람직하다.

3. 정당의 자율성 견지

서구사회에서 정당의 자율성이라 할 때 주로 재벌집단으로부터의 독립, 광범위하고 조직적인 이론집단 내지 언론으로부터의 독립, 모스크바 舊공산당과 같은 국제적 권위로부터의 독립 등이 문제가 된다.11) 그러나 한국에 있어서 정당의 자율성은 무엇보다도 권력으로부터의 독립과 인물로부터의 독립이 선결과제이다.

정당이 권력으로부터 독립하여 자주성과 자율성을 지니기 위해서는 무엇보다 국민대중과 지식인들이 정당 활동에 적극적으로 참여하거나 관심을 가져야 한다. 국민대중이나 지식인들이 적극적인 정당 활동을 통하여 권력으로부터 당의 해방과 자주를 견지해 주어야 한다.

이러할 경우 특히 주의를 요하는 것이 있다면 국민들이 정당에 대하여 솔직성·성실성·진지성·책임성을 지녀야 한다. 만약 국민 대중이나 지식인들, 특히 언론계, 예술문화계 종사자들이 낮에는 야당 밤에는 여당, 정부 인사나 여당사람 만나면 여당처럼 행세하고 야당사람 만나면 야당처럼 행세하거나, 대학가에서 과거처럼 여당에 침여하면 쫓거나고 야당에 참여하년 환영받는 폐습이나 요즈음처럼 여당에 참여하면 진보지식인 같아 보여 환영, 야당에 참여하면 보수꼴통으로 보여 비난받는 오도된 인식은 사라져야 한다. 이러한 폐습이나 오도된 인식은 결국 정당이 이념과 정책을 바탕으로 자주성과 자율성을 갖지 못하는 데서 기인하므로 폐습을 개선하고 오도된 인식을 바로 잡는 것은 정당의 자주성과 자율성을 제고시키는 길이 되기도 한다.

---

11) Ibid., pp. 448~450 참조.

4. 정책정당으로의 전환

한국의 정당은 정치변혁이 있을 때마다 정당 활동을 제약받거나 해산되고, 새 정부가 들어서면 새로운 정당들이 급조되어 왔다. 여당은 집권예상 지도자를 중심으로 또는 집권직후 창당되었고, 야당은 후보공천 및 당선가능성에 따라 이합집산되는 악순환을 되풀이해 왔다. 특히 최근에는 집권 여당마저 대통령선거에 이겨 정권획득은 성공하였으나 실정으로 인해 인기를 잃어 대통령 임기 도중 총선에서 다수의원 확보에 실패해 소위 여소야대가 되자 한국 특유의 야당 빼오기식 또는 이합집산하는 경향이 뚜렷해졌다. 특히 김영삼정권과 김대중정권 때 야당 빼오기가 두드러졌다. 심지어 16대 대통령선거를 앞두고 여당의 의원 빼가기에 대해 강한 비난을 하던 야당도 빼오기는 마찬가지이다. 야당인 한나라당과 자민련 간에도 연고지인 충청도에서 2002년 6월 지자체 선거를 전후해 당선가능성이라는 명분을 내세워 거대야당인 한나라당이 약체정당인 자민련 의원과 단체장 빼오기를 금품수수와 더불어 추진하였다.

결국 이러한 빼오기가 가능하다는 것은 후진국형 정치에다 정당마저 이념성을 결여한 채 권력 예속적이거나 인물 중심적인 속성을 강하게 지녔기 때문이다. 사실 당의 이념이나 정체성이 뚜렷하지 못하고 무색무취 한 정당 활동을 하는 자의 입장에서는 당선가능성이 더 높고 여러 가지 혜택과 보장이 더 잘되는 정당으로 이동하는 것을 현실적으로 저지할 명분도 뚜렷하지는 못하다. 바로 이러한 이유로 뺏고 빼앗기는 정당들이 각기 입장이 다른 명분과 논리를 만들어 정쟁을 벌이고 있는 것이다. 정당 간 빼오기가 존재한다는 것은 정당이 그 본질적 존재이유를 망각하고 단순히 정계입문의 발판이라는 수단적 기능을 위주로 존재한다는 것을 의미한다. 따라서 정당이 정책정당으로의 전환을

이루어 내지 못할 경우 정당간 의원 빼오기는 사라지지 않을 것
이고 그만큼 정당 발전은 어렵게 된다.

5. 기타 활성화 방안

1947년 呂運亨의 피살과 함께 조선인민당이 소멸되고, 1949년
백범 金九가 피살되자 역시 한독당은 유명무실화되어 갔다. 이승
만과 자유당, 박정희와 공화당, 전두환과 민정당, 노태우와 민자
당, 김영삼과 신한국당, 김대중의 새천년민주당의 경우도 마찬가
지로 지도자의 퇴화와 더불어 당이 소멸되어 갔다. 그것은 지도
자 개인이 인물 중심으로 정당을 만들었기 때문에 만든 인물이
가면 정당도 따라 가는 불행이 계속되는 것이다. 다시 말해 권력
중심으로 형성된 당은 권력이라는 촉매제가 없어지면 제구실을
하지 못해 사양길을 걷게 된 것이 역사적 경험이다.

민주정치체제에 있어서 정치권력은 국민의 지지로부터 나온다.
국민의 지지쇠퇴(decline in support)가 생기면 정치권력은 교체
되어야 하고, 여·야당도 교체되어아 할 문세이시 성당이 소멸되
거나 이합집산을 거쳐야 할 성질은 아니다.

그러나 한국의 정당은 인물이나 권력에 의해 창출되어 특정인
물을 떠받치거나 권력의 외곽장치 또는 수비대의 역할을 해 왔
기 때문에 인물교체 또는 권력의 상실과 더불어 정당도 소멸되
었거나 이합집산을 해 온 것이다. 이합집산도 따지고 보면 지식
과 덕망을 가진 사람들보다는 엉뚱한 야심가나 염치없는 기회주
의자, 출세주의자들이 정당에 적극 참여 운영해 온 데 비롯된 것
이다.

국민의 다양한 삶의 모습을 반영하는 다양성의 정당이 출현,
제각기 정당 본래의 기능을 수행하는 정책정당으로의 전환이 시

급하다. 그리고 정당 활동의 질적 향상과 효율적인 감독, 감시를 위하여 공무원·교사·학생·직능사회집단·여성단체의 지도자들이 적극적으로 정당 활동을 하게 하기 위해 이들을 대거 정당조직 내에 흡수하는 장치가 보완되어야 할 것이다.

이상 외에도 한국 정당정치의 활성화방안으로서 첫째, 당 재정의 활성화와 더불어 선거자금을 비롯한 당의 재정이 소수 기업체에 의존하는 행동이나 발상은 이제 차단시켜야 한다. "돈이 나오는 곳에서 명령이 나온다"는 말처럼 대기업체의 기부나 헌금에는 반드시 그 이상의 반대급부가 따르게 마련이다. 당이 쓰는 자금이 국민대중이나 수많은 정치·경제·사회·문화단체에서 나왔을 때 정당은 국민 다수자에게 봉사하는 기구가 될 수밖에 없을 것이다.

둘째, 행정기관의 선거개입, 자문단체의 선거개입, 정보기관이나 檢警의 선거개입 등은 절대 중지되어야 한다. 특히 16대 총선 때처럼 시민단체의 선거개입은 후보자에 대한 유권자의 알권리를 충족시킨다는 점에서 일부 의미도 있지만 전체적으로 보면 형평성을 잃고 있었고, 낙선자운동은 결과적으로 다른 후보자의 당선운동에 해당하므로 역시 금지되어야 한다. 부적격 후보자에 대한 낙선운동은 당시 시민들의 큰 호응을 얻었고 낙선대상으로 지목된 86명 가운데 3분의 2가 넘는 59명이 낙선의 고배를 마셔야 했다. 그러나 낙선운동의 배후를 놓고 의혹마저 제기되는 시점에 서울지방법원은 이 운동을 주도한 총선연대 지도부 7명에 대해 모두 유죄를 인정하고 4명에 대해서는 각각 벌금 5백만원이 선고됐고 나머지 실무자들은 3백만원씩 선고하였다. 재판부는 선거법의 내용이 시민단체의 신념과 다르다고 해서 "현행법을 공개적으로 위반한 것은 무책임한 행동"이라고 밝혔다. 낙선운동 이후에도 2002년 6.13 지방선거와 8.8국회의원 재보선이 있었지만 선거풍토가 나아진 것은 전혀 없었다. 게다가 낙선운동에 대한 사법부의 위법판단과 부작용도 만만치 않은 탓인지 2004년 4.15총선 때는 각 시민단체들의 낙선운동이 별로 영향을 미치지 못했다.

셋째, 인재발굴과 적정인물발굴을 위해 저비용·고효율 정치가 가능한 풍토를 만들어야 한다. 상향식공천이라 하지만 실질적으로는 당대표나 간부들의 절대권한이나 영향력이 작용할 수밖에 없으므로 한계를 두어야 하고, 지구당운영을 실질적으로 폐지하여야 한다. 16대 대통령선거를 앞두고 후보자와 당 총재를 분리하고 국민경선제 도입 등을 채택했지만 정치적 위기를 맞은 정당들이 국면전환용으로 활용한 것에 불과해 실패로 끝나 버렸다.

넷째, 선진국형 정치는 시스템에 의한 국가경영을 하기에 어떤 성향의 사람이 당선되어도 국가경영에 큰 차질이 없겠지만, 한국과 같이 후진국형 정치를 하는 곳에서는 사람에 의한 국가경영을 하기에 누가 정치를 하느냐가 매우 중요하다. 따라서 선진국 진입을 할 때까지는 당분간 정치에 대한 전문인사가 가능한 정치에 많이 입문할 수 있는 방안을 검토해 볼 필요가 있다. 다시 말해 기업처럼 정치에도 업종전문화가 이루어져야 정치를 한 수준 높이는데 견인차 역할을 할 것이다. 정치는 누구나 힐 수 있는 것이 아니라 누구든 하려면 전문식견을 갖추어야 한다. 정치는 국민의 살림살이를 챙기는 국가경영의 다른 말이다. 이렇게 정치를 바로 잡아주는 역할은 바로 정당의 몫이다.

제7장 정치문화는 모든 제도의 인프라

I. 정치문화의 개념과 유형

1. 정치문화 어프로치의 중요성

    정치문화가 정치학의 논의에 중요한 개념으로 등장한 것은 제2차 세계대전 이후부터이나, 본격적으로 연구되어 정치현상을 분석·설명·비판의 잣대로 실용화하기 시작한 것은 1960년대 이후부터 오늘날에 이른다. 정치문화와 정치제도가 토대(infrastructure)와 상부구조(superstructure)의 관계에 있다고 가설할 경우 한 국가의 정치발전 프로그램에 있어서 정치문화의 중요성은 아무리 강조해도 지나치지 않다. 한 국가가 어떠한 형태의 정치체제를 개발하고 유지할 것인가를 결정하는데 정치문화는 중요한 변수가 되기 때문이다. 한 정부가 국가경영을 위한 각종정책의 결정이나 추진도 그에 상응한 정치문화가 밑받침 해 주지 못하면 성공할 수가 없다. 김대중정부의 '노사정위원회'의 각종활동이나 노무현정부 초기의 각종 노동자정책이 좋은 취지와는 달리 실효성을 거두지 못하는 것도 그러한 정책에 대해 한국의 정치문화가 균형감각을 가지고 상응한 밑받침을 못해주고 있기 때문이다.

물론 한국은 아직도 정치현상을 설명하는 틀로 정치문화를 주요하게 등장시키지 못하고 있기 때문에 현상분석과 대응책 또는 정부의 정책이 국민을 위한 것이라고는 하나 국민의 여론과는 늘 빗나간 것이다. 이것이 정책실패의 가장 큰 요인이다. 그것은 정치문화의 중요성에 대한 인식부족 탓도 있지만 민주주의 문제나 정치발전문제를 논의할 때 대부분의 지식인들과 현실정치인들은 1차적으로 정치제도의 수준을 높이면 모두가 해결되는 것으로 잘못 인식한 탓이다. 더욱이 대부분의 지식인들이 민주화문제나 정치발전 방안을 제시할 때 정치제도를 토대, 정치문화를 상부구조로 설정하고 있기 때문이다.

이러한 현상은 군부통치나 권위주의 체제를 조기에 붕괴시켜야 한다는 조급함에서나 정권획득을 위한 정략적 차원에서 나온 한국 특유의 이유가 있기는 하다. 사실 그동안 한국은 정권마다 국민들의 의식변화를 시키지 못한 상태에서 제도변화만 추진해 왔다. 그 결과 제도변화는 권력의 힘으로 강행할 때는 버티었지만 힘을 빼버리거나 정권 측의 관심이 다른 곳으로 옮겨지거나 혹은 권력누수현상이 일어나면 砂上樓閣처럼 무너져 내려 무용지물이 되고 무질서로 이어지는 것을 보아왔다. 이것은 정치의식의 변화가 바탕이 되지 않는 상태에서 정치제도만의 변화는 실용성이 없고 정착을 위한 뿌리를 내리지 못한다는 것을 의미한다. 이러한 점에서 정치발전을 논함에 정치문화의 중요성은 아무리 강조해도 지나치지 않는다. 정치문화는 정치제도의 인프라가 되기 때문이다.

2. 정치정향과 정치문화의 개념

정치문화 어프로치를 통해 정치현상을 분석하는 대표적 학자로는 알몬드(Gabriel Almond), 비어(Samuel H. Beer), 파이(Lucian W. Pye), 그리고 버바(Sidney Verba) 등을 들 수 있다.

비어에 따르면 "한 사회가 갖는 일반문화의 특정한 현상은 정부가 어떻게 행동하고, 또 무엇을 하여야 하는가와 관계되는 것"[1]이라고 지적하면서 이러한 특정한 문화적 양상을 정치문화라고 부르고 있다. 즉, "문화는 여러 상징들이 질서화된 체계이다. 이러한 상징적 체계는 한 체계구성원으로 하여금 그들이 갖는 물리적 또는 사회적 상황을 유사한 방법으로 보고 느끼게 하는 것이다. 그런데 이와 같은 문화개념은 정치체계라고 하는 특정한 部分體系가 갖는 部分文化에도 적용된다"[2]는 것이다. 부분체계로서의 정치체계가 갖는 부분문화를 정치문화라고 보고 있다. 이러한 정치문화는 "정치체계의 집합적인 역사와 실제로 그 정치체계를 형성하는 각 개인들이 갖는 개인적 생활사의 산물이다. 따라서 정치문화는 공적 현상과 개인적 경험에 균등하게 뿌리내리고 있다."[3] 한편 정치문화 어프로치의 가장 대표적 학자라고 할 수 있는 알몬드는 정치정향(Political orientation)이라는 개념을 중심으로 정치문화를 정의한다. 정향이라 함은 개인이나 집단이 지닌 일정한 행동성향을 뜻한다. 즉, 어떤 자극에 대해서 일정한 반응을 보이면서 행동하게 되는 경향을 의미한다. 따라서 정치정향이라 할 때 정치적인 자극에 대해서나 정치적 상황 속에서 일정한 행동으로 나타나는 성향을 뜻한다고 볼 수 있다.

그에 따르면 정치문화는, "政治行動에 대한 정향의 특정한 형태"[4]로서, "한 나라의 정치문화는 그 나라 구성원들의 政治的

---

1) Samuel H. Beer, *Patterns of Government*(New York: Random House, 1950), p. 12.

2) Ibid., 3rd ed., pp. 24~25.

3) Lucian Pye and Sidney Verba, *Political Culture and Political Development*(Princeton, New Jersey: Princeton Univ. Press, 1965), p. 8.

4) G. Almond, "Comparative Political System," Roy C. Macridis and

目的物 또는 대상에 대한 定向形態의 특정한 분포상태"5)라는 것이다. 또한 정치문화는 "그 나라의 역사와 사회, 경제, 정치적 활동의 진행과정에 의하여 만들어진다"6)는 것이다. 그러므로 정치문화를 이해하기 위해서는 먼저 정치정향에 대한 이해가 필요하다.

정치정향은 다음 세 가지 요소로 구성되어 있다. 즉 정치적 사건이나 상징물에 대해 어떻게 인지하고 지각(perceive)하느냐 하는 정치적 인지(cognition), 정치적 인지에 대해서 감정적인 반응이나 交分을 보이려는 경향을 가리키는 정치적 情誼(affection), 그리고 정치적 행동을 취하는데 있어서의 선택과 작용하는 요소로서의 정치적 평가(evaluation)가 그것이다. 그런데 이러한 정치정향의 세 가지 구성요소의 복합 양태는 개인 또는 사회에 따라 다르며, 이에 따라 정치정향의 유형이 나누어질 수 있다.

비어는 권위패턴과 목적패턴이란 두 가지 형태의 정치정향이 한 정치체제의 정치문화를 구성하는 것으로 보고 있다. 여기서 권위패턴(pattern of authority)이란 정치과정에 있어서 합법적이고 정당한 것에 대한 모든 정향을 뜻한다. 가령 예를 들자면 결정에 이르는데 징딩한 질차, 정치권력이나 기능의 올바른 배분, 정치적 公職에 대한 공정한 충원방법 등에 대한 성향을 그 내용으로 하고 있다. 목적패턴(pattern of purpose)이란 어떤 정치체제가 실제로 추구하는 정책이나 목표들이 그 내용을 이룬다. 이와 같이 비어의 경우는 정치정향을 정치체제가 추구하는 목적에 대한 정향과 그러한 목적들을 설정하고 추구하는 절차에 대한

Bernard E. Brown, *Comparative Politics*, 5th ed.(Hometood, Illinois: Dorsey, 1977), p. 83.

5) Almond and Sidney Verba, *The Civic Culture*(Boston: Little, Brown, 1965), p. 13.

6) Almond and Powell, *Comparative Politics*, 2nd ed.(Boston: Little, Brown, 1978), p. 25.

정향으로 구분하고 있다.

버바가 제시한 정향유형은 한 사회가 지니고 있는 정치문화의 성격을 파악하려는데 목적을 두고 있다.7) 버바는 첫째, 정치체제에 대한 정향을 들고 있는데, 이것은 체제에 대한 일체감의 정도를 뜻한다. 둘째, 정치체제에서 공생하고 있는 동족과 이웃에 대한 정향으로서 신뢰감·협동심·신임 등을 들고 있다. 셋째, 정치적 산출물에 대한 정향으로서 국민들이 정치체제가 산출한 것(정책)에 대해 신뢰하거나 지지를 표명하는 것 등이 이에 속한다고 보고 있다. 넷째, 정치적 투입물에 대한 정향은 국민이 어느 정도 정책 결정과정에 참여해야 하며, 참여양식은 어떤 것이어야 하느냐 등에 대한 정향을 내포한다. 다섯째, 정향은 실제 정치행태에서 나타나는 정향으로서 버바는 이러한 형의 정향을 가리켜 '정치스타일"이라 부른다. 즉, 정치스타일이란 정치에 참여하거나 활동하는 사람들이 공통적으로 보여 주는 성향을 뜻한다. 여섯째, 정향은 한 정치체제 내에서 발생하는 위기에 대해 보여 주는 성향이다.

3. 정치문화의 유형

정치정향의 구성요소인 정치적 認知, 정치적 情誼 및 정치적 評價가 똑같은 무게나 강도를 가지고 균형상태를 이룰 수도 있으나 반대로 세 요소 사이에 불균형이 생길 수도 있다. 한 정치문화가 감정적 요소의 지배를 받고 다른 요소보다 情的 차원에 치우치고 있을 경우, 그것을 균형된 정치문화라고 볼 수 없다. 마찬가지로 지각적 차원에만 기울어져 있는 경우도 불균형을 이

---

7) Pay and Verba, *op. cit.*, pp. 512~560.

루고 있는 상태이다.

알몬드와 버바는 시민문화(Civic Culture)에서 5개국을 대상으로 이 문제를 다룬 바 있으며, 특히 안정된 민주정치체제에 걸맞은 정치문화로서의 시민문화, 또는 참여적 정치문화라는 모델을 중심으로 정치정향의 구성요소 사이의 균형상태를 다루고 있다. 알몬드와 버바는 이념형(Ideal-types)으로서 參與型, 臣民型, 鄕里型이라는 세 개의 정치문화 유형을 설정하면서 참여형이 다른 두 가지 유형에 비해 고도의 지각수준을 가진 것으로 본다.[8] 참여형에 비해 신민형과 향리형은 정의적 차원이 보다 큰 비중을 차지하는 것으로 보고 있다.

알몬드와 버바는 정치문화의 유형을 주로 정치에 대한 자신감과 영향력·능력(political competence), 정치적 참여(political participation) 및 정치적 충성심(political allegiance)이라는 변수를 중심으로 설명한다. 참여형이란 세 변수 사이에 긍정적인 상관관계가 나타나고 있는 경우라 하겠다. 즉 정치적 영향력을 갖고 있다고 믿는 시민일수록 정치참여에 능동적이며, 동시에 자기가 속해 있는 정치체제의 수행력(performance)에 대해 깊은 애착(system affect)을 갖게 된다는 것이다. 그러한 참여형이 지배적인 다수를 이루고 있는 정치문화를 시민적(참여적) 정치문화라고 부르고 있다.

참여형과는 대조적으로 신민형과 향리형은 자신의 정치적 영향력에 대해 부정적이고, 정부의 활동에 아무 영향도 미칠 수 없다는 무력감 때문에 정치참여에도 무관심하며, 정치체제에 대한 충성심은 강하나 국가나 정치체제는 항상 충성심 발로의 대상이라는 타율적인 강압(system compulsory)에 의존하는 경우이다.

한편 알몬드와 파웰은 국민의 정치정향의 일관성 정도에 따라

---

8) Almond and Verba, *op. cit.*, p. 79.

합의적 정치문화(consensual political culture)와 多極的 정치문화 (polarized political culture)로 나누며, 이를 정치안정의 문제와 연관지어 설명하고 있다.9) 이를 그림으로 그려보면 〈표 7-1〉과 같다. 극우는 보수체제, 온건우는 신보수체제, 중도는 자유체제 또는 진보체제, 온건좌는 혁신체제, 극좌는 급진체제와 연결선상 에서 볼 수 있다. 단지 용어선택은 나라마다 연구자마다 조금씩 다르기에 표현에 크게 구애받지 않아도 된다.

합의적 정치문화는 의견·태도의 분포가 종(鐘)의 형태를 나타 내고 다수가 어떤 의견에 동조하고 있는 상태이다. 이 경우 온건 한 중도적 입장이 다수를 구성하지만 다수가 반드시 중도적 입 장에만 몰리지 않고 온건우나 온건좌에 치우칠 수도 있다.

〈표 7-1〉 합의적 정치문화와 다극적 정치문화

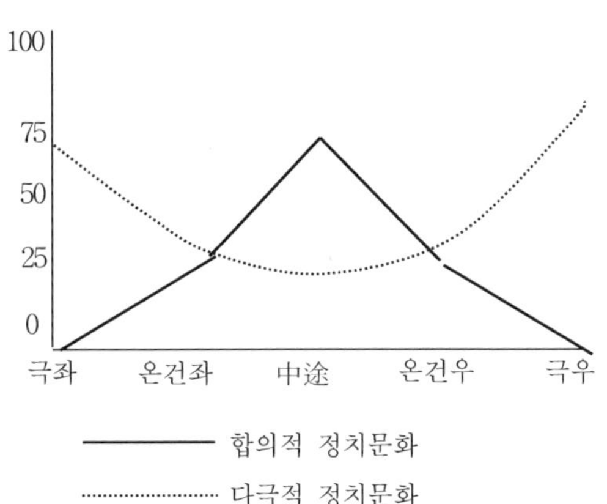

다극적 정치문화의 경우 대체로 국민이 양극으로 갈라지고, 특 정 이슈에 대해 전반적인 합의가 존재하지 않기 때문에 그러한

---

9) G. Almond and G. Powell, *Comparative Politics: System Process, and Policy*(Boston: Little, Brown and Company, 1978), p. 29.

합의를 반영하는 정책 수립도 용이하지 않다. 특히 체제 자체에 대한 견해·태도가 날카롭게 대립해서 다극적 정치문화를 조성하고 있다면 정치 불안은 원천적이고 심각한 것이 될 수밖에 없다.

4. 정치문화와 삶의 조건

정치문화와 정치체제는 대체적인 상관관계에 있다. 좀더 높은 수준의 정치문화는 좀더 인간의 편에선 정치체제를 낳는다는 말이다. 정치체제란 한 사회의 인간에게 삶의 조건을 제시하는 것이기에 매우 중요하다. 딱 한번 왔다가는 인생을 어떠한 모습으로 사느냐는 정치체제의 유형에 달려있는 셈이다.

민주주의 체제가 좀더 인간적인 삶을 위한 조건을 함의하고 있기에 역사적으로 민주주의란 항상 인간의 희망과 비전이었다. 그래서 인간의 역사는 민주주의 체제를 얻기 위한 투쟁의 역사라 해도 과언이 아니다. 인간의 삶의 운명을 결정짓는 정치체제의 유형을 떠받치는 것이 바로 정치문화이다. 이러한 점에서 좀더 높은 수준의 '삶의 질'을 보장받는 체제를 얻는 길은 정치문화 수준을 높이려는 장기적인 교육적 노력을 시도해야 한다.

그렇다고 한 사회가 높은 수준의 정치체제를 지닌다고 해서 반드시 높은 수준의 정치문화만 존재하는 것은 아니다. 다시 말해 정치체제와 정치문화는 정형적인 함수관계에 있는 것이 아니라 대체적인 함수관계에 있다. 어떠한 유형의 사회나 국가에도 다양한 정치문화가 혼재되어 있는 것은 사실이나 분포도에 따라서 체제의 유형을 구분해 보면 다음과 같다.

(1) 농경체제(democratical preindustrial) 시대의 정치문화 분포도는 향리적정치문화(parochial political culture) 55%, 신민적정치문화(subject political culture) 40%, 참여적정치문화(participant

political culture) 5%로 구성된다.

(2) 권위주의 체제(authoritarian transitional) 시대의 정치문화 분포도는 향리적정치문화 30%, 신민적정치문화 60%, 참여적정치문화 10%로 구성된다.

(3) 민주주의 체제(democratical industrial) 시대의 정치문화 분포도는 향리적정치문화 10%, 신민적정치문화 30%, 참여적정치문화 60%로 구성된다.

Ⅱ. 한국의 정치정향과 정치문화

1. 한국의 정치정향

알몬드와 버바를 비롯한 정치문화론자들은 정치정향의 구성요소로서 인지(cognition), 정의(affection), 평가(evaluation)를 들고 있다. 그리고 이 구성요소들이 한 사회에서 어떻게 분포되어 있는자의 상태에 따라 정치문화와 정치의식을 유형화한다. 대체적으로 인지상태가 높은 수준에 이르면 정의나 평가 수준도 높게 나타나는 경향이 있다.

인지, 정의, 평가의 분포상태가 한 사회에서 균형관계를 이루면 높은 수준의 정치의식과 정치문화를 나타낸다. 문제는 한국인의 정치의식과 한국의 정치문화는 이상의 일반적인 정치문화론자들의 실험대로라면 높은 수준의 정치의식과 정치문화를 나타내게 된다. 왜냐하면 한국은 다른 나라에 비해 상대적으로 교육수준이 높기 때문에 인지요소가 높게 나타나고 인지가 높으면 대체로 정의요소와 평가요소도 높게 나타나기 때문이다. 그렇다면 정치제도만 수준을 높이면 높은 수준의 정치문화와 어우러져 선진국형의 정치가 가능해야 한다. 그러나 실제 한국의 현실정치는 지금도 매우 후진국형의 권위주의 정치를 면하지 못하고 있다는 것은 알몬드와 버바의 가설이 한국의 정치현상을 설명하는 데는 맞지 않다는 것을 의미한다.

여기서 알몬드와 버바의 가설은 아는 것(cognition)과 행동하는 것(behavior)이 일치하는 경우에 타당성이 있다는 것을 알 수 있다. 아는 것과 행동하는 것이 대체로 일치하지 않는 한국의 경우 정치정향의 요소간의 관계는 '알몬드-버바 모형'의 결과와는 달라져야 한다.

한국의 정치정향 요소는 알몬드와 버바의 인지, 정의, 평가에다 '행동'을 추가해야 한다. 이러한 경우 한국에서는 인지, 정의, 평가, 행동 간에 균형관계를 이룰 수 없으므로 낮은 수준의 정치문화가 나타나게 된다. 왜냐하면 '알몬드-버바 모형'의 연구대상 지역과는 달리 한국은 아는 것과 행동하는 것은 별개문제이다시피 하기 때문에 일치가 이루어지지 않는다. 이것은 한국의 정치문화는 매우 낮다는 것을 의미한다.

요컨대 한국에서 아무리 높은 수준의 민주적 정치제도를 도입히여도 선신민수정치 시대로의 진입이 되지 않은 이유가 바로 여기에 있다. 정치문화를 토대로 정치제도를 상부구조로 가설할 경우 '토대의 상부구조 규정성'에 의해 높은 수준의 정치제도 도입은 밑받침할 정치문화가 없기 때문에 착근하지 못하고 사상 누각이 되거나 역기능이 나타나며, 무질서사회라는 부작용을 불러일으킬 뿐이기 때문이다.

2. 한국 정치문화의 특성

한국의 정치문화가 어떠한 유형에 속하는가를 알아보는 것은 매우 중요하다. 그것은 정치발전의 필요충분조건으로서 토대에 해당할 뿐 아니라 정치문화와 정치체제는 함수관계에 있기 때문이다.

1961년부터 1982년에 이르는 약 20년 동안 한국 정치학자 22인에 의하여 약 32개 요인들을 놓고 그 빈도수를 중심으로 한국인의 정치의식을 분석한 결과에 따르면 가장 두드러지게 나타나고 있는 것은 권위주의의식[10]이다. 이것은 그 이후 20년이 지난 지금도 마찬가지로 권위주의의식이 여전하다. 권위주의의식을 민주주의의식으로 전환시키고자 하는 생활훈련을 비롯한 계획적인 교육적 노력을 하지 않았기 때문이다.

역대정권마다 의식개혁을 강하게 추진했지만 그것은 결국 정권 초기 정권구축을 위한 특단의 조치에 불과하였다. 따라서 정권 측의 정치목적이 달성되면 의식개혁은 슬그머니 게눈 감추듯 용두사미로 끝나고 영문을 모르는 국민들은 허탈감에 빠져 버리는 것이다. 역대정권마다 행하였던 이러한 의식개혁에 대한 프로그램은 처음부터 권위주의 정치문화를 민주시민문화로 전환시키려는 국민적 훈련이나 교육적 노력과는 아무런 상관이 없었던 것이다.

심지어 야당시절 민주화의 기수로 알려진 김영삼과 김대중의 집권시절 역시 권위주의 정치로 일관했다는 것은 학계와 여야정치인들은 물론 국민들 대부분이 인정하는 바이다. 오히려 김영삼·김대중 대통령은 그 이전 대통령들보다 조금도 덜하지 않은 제왕적 대통령이라는 별명(nickname)까지 얻은 셈이다. 집권중반에 이른 노무현대통령도 국민여론과는 다른 정책을 추진하려 힘을 동원하려 하는 점은 마찬가지로 권위주의 정치에 속한다. 특히 수도이전문제도 65%이상이 반대하고 신행정수도건설특별법이 헌

---

10) 이지훈, "한국 정치문화의 기본 요인", 「한국 정치학회보」, 제16집, 1982, pp. 97~120.

재에서 위헌결정이 났음에도 쉽게 승복하려 들지 않고 있다든지, 국가보안법 폐지 문제도 국민 80%가 반대하지만 폐지해야 한다고 폐지법안을 여당을 통해 국회에 상정해 놓은 상태 등은 권위주의 정치를 상징하는 것이 된다. 이러한 현상은 조금도 놀랄 일이 아니다. 아직도 권위주의라는 유령이 한국의 주변을 맴돌고 있기 때문이다. 국민의 반대여론에 부딪쳐 있는 정책을 추진하려면 시간을 두고 설득을 시켜 내어야만 한다. 민주주의적 국가경영이 되려면 어떤 정책의 목표나 결과도 중요하지만 과정이나 절차는 더욱 존중되어야하고 국민의 자율적 합의과정이 중요한 요소이다.

학자들이 주장한 권위주의의식 총 29개 요인들을 그 빈도수를 기준으로 8개 기본 항목으로 요약하면 다음과 같다.

가) 권위주의의식－계층적 관계, 관료주의, 집권주의, 보수성, 강력한 정부 기대, 현상 유지, 사대주의, 遵奉的 투표 성향 등으로 총 빈도 136개 중 34개로 전체의 25%를 점하고 있다.

나) 시민성－민주성, 자유성, 평등성, 진보성, 혁신성, 개방성, 실적주의 자기 책임성, 높은 정치 의식과 높은 정치 효능감 등으로 23개 빈도 17%이다.

다) 공동체성－가속주의, 집단적 관계, 소집단 협동성, 인간주의 情誼性, 의리, 친화성 등으로 21개 빈도 15.4%이다.

라) 疏外性－정치적 무관심, 냉소성, 불신감, 동원적 참여, 비참여의식 등으로 14개 빈도 10.3%이다.

마) 분파성－인물 위주의 귀속주의, 기능적 분산성, 비공식 정실에 의한 비제도화, 배타성 등으로 11개 빈도 9.6%이다.

바) 저항성－반정부성, 반대성, 격정, 결백, 청빈, 이상성, 정치구조 및 권위에 대한 부정 의식, 정치인·공무원에 대한 불신감 등으로 12개 빈도 8.8%이다.

사) 민족적 주체성－민족주의, 주체성, 자주성 등으로 8개 빈도 5.9%이다.

아) 형식주의-의식주의, 명분론, 법규 만능주의로 5개 빈도, 3.7%이다.

사실 한국 정치문화를 행태주의적 접근법에 의한 조사방법을 통해서 권위주의적 정치문화로 규정한 최초의 학자는 尹天柱교수이다.11) 그의 권위주의이론은 주로 아도르노(Thedor Adorno)12)와 프롬(Erich Fromm)13)의 영향을 많이 받은 듯하다.

아도르노는 권위주의적 성격을 '권위에 대한 복종', '국가에 대한 개인의 추종' 및 '강력한 지도자를 바라는 열망' 등의 특성을 가진 성격 유형으로 보고 있다. 이에 반해 프롬은 加虐, 피가학적 복합충동(Masochistic Strivings) 이론을 원용하여 권위주의적 성격형을 설명하고 있다.

한국 정치문화의 권위주의적 성격은 한국사회의 인간관계를 全人的인 지배-복종관계로 만들어 놓았다.14) 그리하여 한국사회를 윗사람과 아랫사람, 강한 자와 약한 자를 수직으로 엮어 놓은 縱的秩序의 사회로 만들어 놓았고, 이러한 강력한 종적질서는 도리어 사람들로 하여금 소속집단 또는 소속사회 구조로의 歸屬意識과 심리적 안정을 안겨 주기도 함으로써 사회의 응결력과 공동체의식을 높이는 데 기여한 측면도 없지 않았다고 보고 있다. 그러나 문제는 이러한 측면을 정치권에서 국민통합과 지지라는 명분으로 악용하게 될 경우 권위주의의식으로부터 벗어나기는 점점 어렵게 될 것이라는 점이다.

이러한 권위주의적 문화는 전통적으로 동양사회에서 추구된 聖人政治, 王道政治, 儒敎文化 등에서 찾아볼 수 있다. 사실 유교

---

11) 윤천주, 「한국 정치 체계」(일조각, 1991), pp. 58~166 참조.
12) T. Adorno, *The Authoritarian Personality*(New York: Harper & Row, 1995).
13) Erich Fromm, *Escape from Freedom*(New York: Rinehart, 1941).
14) 윤형섭, 「한국 정치론」(박영사, 1992), p. 59.

문화로부터 가부장적 지배체제·남존여비·관존민비·중앙집권적 통치체제·왕권의 절대성 등이 파생되어 나온 것이다.

물론 조선조의 유교가 위와 같은 부정적인 요인 이외에 긍정적 영향을 미친 면이 없는 것은 아니다. 예컨대 敬天愛人思想·天命德治思想·人本主義思想 등이 그러하다.

이러한 조선조 유교문화의 순기능에도 불구하고 현대정치에 미치는 역기능으로서의 권위주의 문화에 많은 영향을 미치고 있다. 예컨대, 조선조의 사회윤리실천 강령의 역할을 했던 三綱五倫만 보아도 알 수 있다. 이것은 사회적으로는 강력한 구속력을 가진 규범으로서 이를 어겼을 경우에는 가문과 마을에서 추방되는데, 당시의 농경사회에서 추방이란 대단히 혹독한 징계에 해당되기에 그만큼 삼강오륜의 문화적 구속력은 클 수밖에 없었다.15)

우선 그 내용을 살펴보면 君爲臣綱·父爲子綱·夫爲婦綱의 三綱과 父子有親·君臣有義·夫婦有別·長幼有序·朋友有信의 五倫인데, 삼강은 말할 것도 없거니와 오륜에서도 붕우유신을 제외하면 모두 상하 관계의 질서 규범을 규정하고 있다. 즉, 윗사람에 대한 아랫사람의 전적인 헌신과 존중을 요구하고 있다.

따라서 이러한 윤리규범은 아랫사람에 대한 윗사람의 일방적인 지배체제를 정당화하여 미덕으로 여기게 만든다. 다만 붕우유신만이 외적으로 수평관계의 질서를 말하고 있으나 그것마저도 장유유서에 의해서 다시 수직관계로 바뀌게 되어 있다. 결과적으로 삼강오륜은 사람들을 이모저모로 거미줄같이 엮어 놓아 어느 누구도 그 그물에서 빠져나갈 수 없게 하였다. 이러한 인간관계 속에서도 아랫사람들은 在下者 有口無言이라 하여 소신이나 하의상달이 어려우니 순종이 미덕인 양 길들여질 수밖에 없는 것이다.

이러한 조선조의 유교문화는 오늘날도 우리들의 가정생활·직

---

15) Ibid., pp. 59~60.

장생활·정치생활 등에 알게 모르게 많은 영향을 미치고 있다. 그래서 지도자의 눈에는 '순종은 미덕'으로 '비판은 눈 밖으로' 비춰져 喜悲가 바뀌고 賞罰이 바뀌어 거꾸로 된 인생을 살게 된다. 한국사회에서 아직도 아첨꾼과 간신배가 출세하고 판을 치는 것도 이러한 까닭이고 이것은 또 전형적인 권위주의 정치사회임을 증거 하는 것이 된다.

뿐만 아니라 이러한 권위주의 유산은 지금도 정치과정 속에 인물중심주의정당·지역주의정당·파벌주의·계급적 상하주의 등과 어우러져 엄청난 跛行性을 나타내 정치발전의 停滯요인이 되고 있다.

Ⅲ. 정치문화와 정치체제와의 관계

1. 문화와 체제 간의 함수관계

민주주의를 표방하고 실천하는 나라도 민주주의 가치관을 공유하고는 있으나 똑같은 내용과 수준의 민주주의를 하는 것은 아니다. 이것은 각 나라의 민주주의 체제는 그 나라의 '정치문화의 소산' 또는 문화와 체제 간의 조화, 문화와 체제 간은 토대와 상부구조와의 관계에 있다는 것을 의미한다. 만약 한 나라의 정치체제와 정치문화가 충돌하거나 조화를 이루지 못할 때는 정치 불안정이 무한히 계속된다. 그러한 정치 불안정의 계속은 혁명이나 쿠데타 발생의 객관적요소가 되는 무질서로 연결되어 관료권위주의 체제 형성의 원인이 되기도 한다.

정치문화수준이 상향되지 않은 상태에서 민주주의에 대한 국민적 갈망과 열정만으로 정치체제수준을 높이면 문화와 체제 간의 부조화가 일어나 분열 또는 균형감각을 잃은 사회가 되어 결국은 Apter의 하위형체제로 귀결된다. 이러한 가운데 정권은 바뀔 수 있지만 새로 수립된 정권은 또다시 모양만 달리한 새로운 형태의 권위주의 정치를 계속하게 된다.

다시 말해 토대인 정치문화가 바뀌지 않은 상태에서는 '근대화도상의 전제정치제제'(modernizing autocracy), '신중상주의 체제'(neo merchantilist), '군사과두체제'(military oligarchy)가 계속되는 것이 역사적 경험이다.16)

근대화도상의 전제정치체제는 최고권력자와 결부된 전통적인 이데올로기에 의존해 체제를 유지하는 것이 보통이다. 신중상주의 체제는 대통령형 군주(president monarch)에 의해 영도되는 체제로서 권위성의 기반을 전통적인 이데올로기에 두고 있다. 군사과두체제란 군사쿠데타 이후 소수의 군부엘리트(military elite)와 민간엘리트(civilian elite) 그리고 기술관료(technocrat)에 의해 유지되는 체제를 말한다. 군사과두체제에 있어서 정책결정권은 군부엘리트에 있다.

정치체제와 정치문화를 조화시키지 않고는 안정적인 제제를 유지할 수 없으므로 어느 나라나 어느 시대에나 정권 측에서는 체제를 문화와 조화시키려는 교육적 노력을 하여 왔다. 만약 정권 측에서 권위주의 체제를 원하면 권위주의문화를, 민주주의 체제를 원하면 민주주의문화를 국민대중 속에 敎化 수준의 교육을 해야 한다. 권위주의 체제를 원하면서 민주주의 교육을 한다거나, 민주주의 체제를 원하면서 권위주의 교육을 하면 문화와 체제의 부조화로 인해 안정된 체제를 유지할 수 없는 부작용이 발생한다.

요컨대 문화와 체제는 토대와 상부구조의 함수관계에 있다. 한국의 경우는 민주주의가 헌법적 정향목표이기에 토대인 민주주

---

16) David Apter, 「The Politics of modernization」, University of Chicago Press, 1968, p. 357.

의문화를 뿌리내리는 정치교육을 위한 노력을 하는 가운데 상부구조에 해당하는 민주주의 체제를 수립할 때 적실성이 높아지고 실현가능성이 있게 된다. 북한의 경우는 사회주의가 정향목표이기에 사회주의문화를 뿌리내리는 정치교육을 위한 노력을 하는 가운데 상부구조에 해당하는 사회주의 체제를 수립할 때 역시 적실성이 높아지고 실현 가능성이 있게 된다.

2. 남북한의 정치문화와 정치체제

(1) 외래사상 도입기 남북한의 정치문화와 정치체제 비교

아래에서는 남북한이 분단 이후 지금까지 체제와 문화를 일치시키려는 노력을 어떻게 하여 왔는가를 시기별로 고찰해 보기로 한다.17) 물론 그 고찰 과정에서 바람직한 방법도 발견할 수 있으나 대부분이 체제유지를 위해 강압적이고 부정적인 방법도 동원되었다.

첫째, 戰後 한국은 '公民' 교과서 등을 통해서 늘 부르짖었던 '弘益人間', '一民主義' 등과는 달리 우리의 전통적 국가관인 忠君愛國의 사상이나 당시의 정치문화를 전혀 고려하지 않은 미국식 자유민주주의를 그대로 도입하여 교육하였다. 즉, 미국의

---

17) 裴燦福, 「南北韓의 政治社會化」, 법문사, 1989, p. 19 참조.
　　＊각 기별 정치교육 시기의 명칭은 다음과 같다.
　　韓國을 ① 민주시민 구축기(1945~1960) ② 민족주체교육 확립기(1961~1972) ③ 한국적 민주주의 구축기(1972.10~1980) ④ 국민정치교육 강조기(1981~1987)
　　北韓도 이와 비슷한 분류로서 ① 공산주의계급교양 강화기(1945~1958) ② 혁명전통교양 확립기(1959~1972) ③ 주체사상교양 확립기(1972. 12~1980) ④ 세습체제교양 확립기(1980. 10~1987)

콜로라도州 사회과 교과과정에 소개된 정치교육의 목표를 그대로 수입하여 체제를 정착화 시키려 하였다. 이러한 노력은 일제의 군국주의교육과 식민지교육을 청산하고, 국가를 민주적으로 근대화하고자 하는 요청에는 부합되었지만 민족주체성을 缺하는 모순을 드러냈을 뿐 아니라 당시의 전통문화와도 상합될 수 없는 것이었다.

미국식 자유민주주의를 한국에 거의 원형 그대로 적용·실시한 것은 그 편향성이 문제가 될 뿐만 아니라 미국과 한국 간의 문화적 배경과 사회적 조건의 차이로 인하여 그 효율성의 면에서도 부정적이었다. 특히 한국의 전통문화 가운데 민주적 요소를 전혀 발견할 수 없는 것은 아니지만 조선조 500년의 유교적 통치와 일제 36년간의 제국주의적 통치는 우리에게 권위주의적 정치문화와 복종이 미덕임을 심어 주었다. 이러한 문화체제는 자유민주주의 체제와는 상충되므로 갈등을 빚을 수밖에 없다.

이러한 관점은 같은 시기의 북한의 경우에도 마찬가지였다. 북한은 소비에트 마르크스주의를 바탕으로 한 스탈린체제를 원형 그대로 토착화시키려 하였다. 그러나 민족저 토착성이 강하고 권위주이적 문화가 형성되어 있는 북한에 外來思想인 공산주의 체제를 도입하는 데는 갈등이 심화될 수밖에 없었다. 이러한 갈등을 조화로 전환시키기 위하여 김일성은 주로 反日·反美·反南韓 사상을 유발할 수 있는 소련 공산주의 이데올로기와 소련 공산당사, 공산주의 계급의식을 고취시키는 내용으로 정치교육을 실시하였다. 그러나 토착적 요소와 민족주의, 그리고 전통문화가 지배하는 북한사회에 사회주의적 문화를 바탕으로 하는 공산주의 체제를 접목시키는 것은 어려운 일이었다.

이러한 현상에 대해 콜만(James S. Coleman)이나 알몬드 등은 권위주의 정치체제와 참여정치문화는 서로 양립할 수 없을 뿐 아니라 서구의 정치체제는 서구의 문화적 바탕 위에서만 동질성을 유지하고, 정치체제의 안정성을 기할 수 있다고 말한다.

둘째, 남북한 공히 전후의 최대과제는 서양체제를 도입·구축하는 과정에 자유민주주의에 대한 한국의 정부 내용은 교과구성에서 취급하지도 않았다는 것도 문제이지만, 한국의 정부반공 교육을 강조함에도 불구하고 반공·통일에 관해 내용이 교과서에 부각되어 있지 않았던 것은 더욱 큰 문제였다. 그러다가 1959년의 교과개편 때 와서야 초등학교와 중학교의 도덕 교과서에 '국가안보와 조국통일'이란 내용이 전체 내용의 2.9% 정도 차지하게 되었다. 여기에다가 자유당 정부가 정권유지를 위한 목적으로 수행한 일련의 개헌작업과 선거부정 등은 정통성을 잃게 했을 뿐 아니라 현실 정치와 자유민주주의 이론 간의 심각한 괴리현상을 초래하여 체제와 문화 간의 갈등은 더욱 심화되어 갔다.

이에 반해 같은 시기의 북한은 김일성 체제의 기반을 다지기 위해 계급 교양교육, 공산주의 교양교육, 기술교육 등을 통해 국민의 의식 구조를 바꾸려고 노력해 나갔다. 그러나 이러한 방법 역시 소련의 방법을 모방하는 것으로부터 탈피하지 못하였다. 이렇게 김일성 체제가 모방·이식하려는 마르크스-레닌주의는 우리의 전통적 생활양식 및 정치의식과는 조화될 수 없는 것이어서 고민하던 북한정권은 드디어 우리의 전통적인 문화체제를 의도적으로 말살시키려 부단히 노력했다.

전통문화를 낡은 잔재라 하여 강력한 정치적 권력으로 말살하려고 노력은 하였으나, 문화체제는 그 성격상 강압에 의존한다 해도 단시일에 말살될 수 있는 것이 아니어서 체제와 문화 간의 갈등과 충돌이 불가피하였다.

특히 북한은 전통적인 문화 체제를 근원부터 뿌리뽑기 위해서 전통적인 가정의 생활양식을 파괴하고, 가정교육의 기능을 말살하려고 강력한 정책을 취해 나갔다. 그렇지만 가정의 전통적 의미를 말살하려는 노력은 인간의 본질적 요소를 부정하는 것이기 때문에 쉽게 이루어지지는 않았다.

바로 여기에 남북한의 차이가 있다. 즉 남북한의 전통문화는 다같이 외래사상인 南의 자유민주주의, 北의 공산주의와는 조화를 취할 수 없었음에도 불구하고, 한국은 전통문화를 말살시키지 않은 채 서구문화를 도입시키려 했었고, 북한은 전통문화를 말살시킨 채 서구문화를 도입시키려 했었다. 이러한 경우 체제와 문화 간의 相合性과 효율성의 측면에서는 단기적으로 볼 때 후자가 강하게 나타난다.

셋째, 북한은 공산주의 '계급교양 강화기'(1945~1958) 때 사회주의 체제와 충돌관계에 있는 전통문화를 말살하고, 사회주의 체제와 조화관계에 있는 집단주의사회문화를 국민들에게 정치교육을 통해 의식화해 나가는 정책을 펼쳤으나 국민들의 저항에 부딪치게 되었다. 그러자 혁명전통교양 확립기에 와서는 민족문화에 사회주의적 내용을 담아 가는 문화정책으로 수정해 나갔다. 이에 반해 한국의 경우는 뚜렷한 문화정책을 취하지 않고, 체제와 문화 간의 마찰을 '국민교육헌장' 등을 통해서 해결하려 하였다. 즉 민족주체교육 확립기(1961~1972) 때의 한국 정치교육은 민주시민교육 구축기 때의 문제점이었던 미국식 민주시민교육의 모방에 치우친 나머지 민족주체성의 무시와 전통문화와의 갈등을 해결하고자 하는 노력으로서 민족주체성의 교육, 반공·민주시민교육, 근대화교육에 정치교육의 주안점을 두고 국민교육헌장이 선포되었다.

그러나 정치교육의 방향 정립이나 공식화된 정치교육의 목표와는 달리 실제 수업현장에서 사용하는 정치교육 관련 교과서의 내용은 미국식 민주시민교육 그대로였다. 따라서 목표와 내용이 불일치했던 것이다. 즉, 민족주의적인 민주주의를 목표에서는 제시했으나 내용구성에서는 서구형의 자유민주주의 그대로였다.

따라서 이 시기의 각종 사회과 교과서 내용은 정치체제와 정치문화의 발전적 변화를 목표로 하였다기보다 오히려 정치체제의 유지와 장기집권을 위하여 수행되어졌다는 점도 부인할 수가 없다. 예컨대 국민교육헌장에 명시하고 있는 교육의 기본적 이념으로 국가의식, 민족의식, 민주의식의 함양에 그 목표를 두고 있으나, 교과과정을 분석해 보면 민주의식의 함양보다는 국가의식과 민족의식의 함양에 더 큰 비중을 두고 있었던 것이다.

즉, 이 당시 국가적 노력이 국민으로 하여금 한국이 지향하는 민주체제의 정당성을 인식하게 하여 그에 대한 국민의 자발적 참여를 유도하기보다는 체제유지를 위한 국가의식에 강조점을 두었던 것이다. 이러한 노력의 성격은 민주의식의 강조에 있어서 민주주의이념에 대한 직접적 강조나 실천적 덕목의 강조보다는 공산주의에 대한 비판과 반공을 통한 간접적 강조로 나타났다.

이에 반해 미국을 비롯한 선진 자유민주주의국가들은 민주주의이념을 당위적 차원에서만 국한시키지 않고 이를 실천적 차원에서 이해시키고 있다. 예컨대 미국의 경우 '건전한 시민으로서의 자질'을 육성하기 위해 학교 및 지역사회에서 전개되는 크고 작은 행사나 그 지역에서 발생하는 사태에 직접 참여하도록 하여 학교에서 배우는 민주주의에 스스로 공헌하고자 하는 체험을 통해 익히게 하고 있는 것이다. 한국의 이상과 같은 교육방법은 학교에서 배운 것과 실제 사회나 현실 정치에서 목격하는 것 사이의 갭을 느끼게 하여 오히려 의식혼란을 초래할 뿐 아니라 정치체제에 대한 불신과 회의를 갖게 함으로써 정치안정에 역기능적 요소로서 작용해 왔던 것이다.

이에 반해 같은 시기의 북한의 정치교육은 김일성 1인지배체제의 확립을 위하여 혁명전통교양 확립과 주체성 구축을 목표로 하여 기술교육을 강화하고 김일성 우상화를 본격화했으며, 천리마운동을 전개하여 사상, 기술, 문화적 측면에 인간 혁명을 시도하는 등 어느 때보다도 사상교육을 강화해 나갔다.

특히 북한은 공산주의계급교양 강화기 때 시행했던 전통문화 말살정책의 기본 방향에는 변함이 없으나, 그 문화정책을 혁명전통교양 확립기(1959~1972) 때 와서는 다소 완화하여 나갔다. 그러면서 다른 한편 문학·예술 등을 통하여 천리마 시대에 알맞은 문화정책을 펴 나감으로써 정치체제와 일치시켜 나간 것이다.

북한은 공산주의계급교양 강화기 말까지 소련식의 마르크스-레닌주의 원칙에 따라 모든 체제와 제도, 그리고 사고양식과 행동양식을 포함한 모든 생활양식을 개혁하려 했기 때문에 이와 충돌되는 모든 우리의 전통문화를 낡은 것이라 하여 배격하지 않을 수 없었다. 특히 농업의 집단화, 개인 상공업의 말살, 모든 사생활에 대한 黨的 統制의 강화 등 집단주의사회문화라고 하는 이질적 문화구조를 강요해 나갔다.

그러나 이러한 문화정책은 많은 물의와 갈등을 야기했을 뿐만 아니라 혁명 과업 수행에 오히려 해를 끼친다는 것을 알게 된 김일성 당국은 민족적 요소에 사회주의적 내용을 담아 가는 방향으로 문화정책을 수정하지 않을 수 없었다. 그렇게 해서 김일성 체제는 일단은 정치안정을 얻어 유지가 가능했넌 것이다.

요컨대 1960년대를 전후해서 한국은 정치체제와 국민의식을 비롯한 정치문화와의 충돌로 정치 불안정을 겪게 되었고, 조화책으로써 국가와 민족을 강조했지만 민주성이 약화된 내용에 효율성은 기대하기 어려웠다. 이에 반해 북한은 체제와 문화와의 충돌을 완화시켜 나갔고 정치교육의 역기능을 교묘히 이용하여 체제안정을 유지했다.

단지 북한은 이상과 같이 정치교육을 통해 목표와 내용(지식)과 생활훈련을 일치시킴으로써 효율성이 높아진 것은 사실이다. 그러나 그것이 政治社會된 者의 건전한 가치판단에 의한 것이라기보다 왜곡된 정보를 반복해서 교화시킨 결과라고 말할 수 있다.

⑵ 자주화 시기 남북한의 정체문화와 정치체제 비교

'한국적 민주주의 구축기'(1972. 10~1980) 때 와서는 단순한 서구 자유민주주의로부터 벗어나 한국적 민주주의를 이 땅에 심기 위한 교육적 노력으로서 민족주체성교육과 근대화교육에 중요목표를 두고, 이를 위해 새마을교육과 한국적 민주주의 교육을 실시하였다. 새마을교육은 '잘살기운동'과 함께 '국민정신운동'의 일환으로서 근대화과정에 있어서 담당했던 성인 새마을교육은 소수의 민간교육 기관을 제외하고는 주로 새마을 지도자연수원을 위시한 官주도형 기관에서 실시되었다. 이것은 주민의 자발적 참여에 부정적 영향을 주었다. 그러나 아직도 臣民的 정치문화 수준에 머물러 있던 기성세대 층으로 하여금 새마을운동을 통해 국가의식과 주체적 역할 등에 대한 훈련을 받을 기회를 제공한 것은 중요한 의미를 가지고 있다고 하겠다.

한국적 민주주의 교육은 해방 이후 미국식 민주시민교육의 그늘에서 회복되지 못했던 민족주체성의 회복이라는 면에서 그 중요성을 인정받을 수 있다. 그러나 그것은 표방했던 것처럼 민족중흥의 과업을 이루기 위한 한국의 상황과 문화에 적합한 민주주의로서 토착화하지 못하고, 대통령 1인의 무제한적인 권력강화를 합리화시키는 이데올로기적 색채가 강하게 표출되어 적어도 이념적으로는 민주적 정치정향을 가진 대부분의 국민들로부터 지지를 받지 못하게 되었다. 특히 분단으로 말미암아 공산주의와 직·간접으로 대치하게 된 한국정부는 표면적으로는 민주주의라는 정치 이데올로기를 앞세웠으나, 실제적으로는 민주주의보다 반공에서 그 정치적 의미와 정통성의 근거를 찾고자 한 점이 너무 강했다. 그리하여 정치교육에 반공이 차지하는 비중이 너무도 컸던 것이다.

결국 한국적 민주주의 구축기 때의 교육적 노력은 본래 목적인 민주적·참여적 정치문화의 의도적 육성이라는 방향에서 벗어나, 오히려 그동안의 정치사회화 과정에서 형성된 시민문화와의 갈등을 노출하면서 정치체제의 유지를 위한 교화의 수준을 넘지 못하였다고 볼 수 있다.

북한은 '주체사상 확립기'(1972. 10~1980)에 와서는 헌법적 근거(제4조, 제10조) 및 '김일성교시'와 다름없는 사상교육에 관한 김일성의 저서 『사회주의 교육학에 관하여』, 『사회주의교육 이론』, 『사회주의교육에 관한 테제』 등을 통해 정치교육을 과거 어느 때보다도 상대적으로 강화한 것이 특색이다. 특히 북한은 주체사상 확립기에 와서 또 한 차례의 문화정책의 전환을 가져옴으로써 어느 정도 체제와의 갈등을 해소할 수 있었다. 즉 가정의 모든 교육적 기능을 해체하려 했던 초기의 정책을 완화하여 공산주의적 인간을 만들기 위한 교육적 기능을 강화하자는 방향으로 전환했다가 다시 헌법적 근거(제17조, 제38조)에 의해 가정의 교육적 기능을 송두리째 뽑아 버리자는 정책으로 전환을 했다. 이를 뒷받침하기 위한 장치가 바로 '어린이보육 교양법'이라는 법률이다.

이렇게 하여 정치체제와 문화체제 간을 정치교육을 통해 어느 정도 조화시킴으로써 체제안정을 기해 온 것은 사실이다. 특히 북한의 주체확립은 우리 고유의 민족 주체의식을 바탕으로 하였고 정치교육을 통해 내재화시킴으로써 주민의 큰 저항감 없이 수용될 수 있었던 것으로 볼 수 있다. 그리고 집단주의 역시 어느 정도 수용될 수 있었던 것은 우리의 전통적 협동의식, 상부상조의식 때문으로 보아진다. 이것은 마치 개인주의가 주로 발달한 서구사회에서 집단주의가 수용될 수 없었던 것과 같은 이유이다.

한국은 1981년 이후에 와서는 민주주의의 토착화(정치), 복지사회의 건설(경제), 정의사회의 구현(사회), 교육혁신과 국민정신 개조(교육·문화) 등의 목표를 세우고, 이의 실천을 위해 정치교육을 강화해 나갔다. 이렇게 정치교육의 강화에도 불구하고 효율성은 노력한 만큼 높지 않았다. 대학을 포함한 사회 각계각층의 반정부·반체제 인사가 어느 때보다도 많아진 결과 정치 불안정은 계속되었다. 그 원인을 살펴보면 다음과 같다.

첫째, '국민정치교육 강조기'에 해당하는 제5공화국은 초기부터 체계문화를 형성시키는 데 가장 핵심요소인 정통성에 대한 시비가 일기 시작하였다. 둘째, 정치교육은 자유주의 체제의 경우 시민적·참여적 정치문화의 형성에 주안점을 두어야 한다. 그러나 제5공화국은 국가의식 또는 민족의식을 지나치게 강조하고 모든 교과구성에 있어서도 절대비율을 차지했다. 따라서 정치교육이 국가에 대한 의무만을 강조하는 기형적 교육이 되어버린 셈이다. 결국 국가의식과 민주의식은 相補的 關係에 있다. 이런 상보성 또는 균등성 쪽으로 재설정되어만 효율성이 있게 된다. 셋째, 민주주의 체제의 우월성에 대한 신념을 고취시키기 위한 교육이 자유민주주의이념의 이해와 실천을 통한 적극적·직접적 교육보다는 '공산주의이론 비판' 교과목을 통한 소극적·간접적 교육에 치중하였다. 이런 식의 정치교육은 국민들로 하여금 정치적·사회적 현실을 바르게 인식시켜 체제 유지를 위한 국민적 합의를 얻어내기보다 오히려 거부감과 반체제 세력의 증가를 가져오는 역효과를 초래할 가능성이 매우 높다. 넷째, 체제에 대한 자발적인 애착심(system affect)을 갖지 못하는 지식인을 중심으로 신흥종교의 확산과 더불어 民衆思想이라는 새로운 가치정립 운동이 후기로 갈수록 강하게 대두되었다.

이에 비해 같은 시기의 북한정치교육은 세습체제확립 및 김일성체제확립을 위해 필요한 주민들의 지지와 충성을 유도해 내는 데 목표, 내용, 방법을 강구해 나갔다. 앱터(A. E. Apter)에 의하면 공산정치체제의 경우 목표도 당에서 결정하며, 공무원의 역할은 행정적·기술적 차원에서의 의미결정에 영향을 미치는 정도에 지나지 않는다는 것이다.

따라서 북한의 경우 당은 독립변수, 정부는 媒介변수, 사회체계는 종속변수가 된다. 그러므로 당의 실권을 장악한 김정일이 모든 사회 변화나 정책 목표의 방향을 정하게 된다. 이러한 차원에서 정치교육의 내용도 정해지는 것이기 때문에 세습체제 확립기 때의 정치교육 내용은 자연히 김정일 우상화교육, 혈통주의교양, 충성심교양 등으로 짜여지게 된 것이다.

북한은 자유화 쪽으로 변모하는 러시아·중국을 비롯한 과거 동유럽공산권과의 접촉뿐 아니라 자유진영 국가들과도 접촉의 빈도가 높아짐에 따라 문화정책을 개방하지 않을 수 없게 될 것이다. 특히 2000년 6·15남북정상회담 결과 나온 '6·15공동선언'은 북한의 변화가 불가피할 것으로 예상했으나 공동선언 1년이 넘은 지금 대남 통일전선전술을 비롯해 변화된 것이 없다. 특히 전통문화말살정책과 새로운 사회주의문화정책의 본질은 전혀 훼손되지 않은 상태로 추진하고 있다.

따라서 전통문화를 말살하려는 북한의 문화정책은 기본적으로 주민들에게 갈등을 줄 것이나, 의도적인 문화정책에 의하여 갈등을 어느 정도 해소·조화시켜 나가고 있는 것이다. 특히 '주체확립'이나 김일성을 '민족의 태양', '어버이', 김정일을 '지도자'로 부르는 호칭이나 '집단주의', '노동 애호 정신', '혁명적 낙관주의' 등은 우리의 전통문화인 유교적 충성의식과 상위자에 대한 존경의식, 의존의식 등에 어느 정도 바탕을 둔 것이기도 해 주민의 큰 저항감 없이 수용되고 있는 실정이다.

⑶ 정치교육을 통한 남북한의 문화와 체제

정치교육 내용상 북한은 한국보다 전통적 측면을 더욱 내실화한 점이 없지 않으므로 이것이 정치 안정의 효율성과 상당한 상관관계를 가지게 됨을 알 수 있다. 예컨대, 북한 정치교육 내용에서 당에 대한 충성이나 김일성·김정일에 대한 충성을 강조하는 것도 우리의 전통문화인 종속의식 또는 지배의식과 결과적으로 일치하고 있는 것이다.

요컨대, 체제유지기능으로서의 정치교육의 효율성은 김일성의 사망(1994년)전 까지는 북한이 한국보다 훨씬 높은 편이다. 그러나 체제개혁기능으로서의 정치교육의 효율성은 한국은 어느 정도 존재하지만 북한은 전무한 상태라고 볼 수 있다. 그러므로 한국은 정치교육의 체제개혁 기능을 통해 맥퍼슨(C. B. Macpherson)의 「자유민주주의 발전과정」(*The Life and Times of Liberal Democrac*)에서 말하는 방어적 민주주의→발전적 민주주의→균형적 민주주의→참여적 민주주의로 속도는 느리지만 어느 정도 상향 발전되어 가는 과정에 있다. 그러나 북한의 경우는 국제공산주의가 붕괴되고, 굶어죽는 자와 탈북자가 엄청나게 나오며, 더욱이 남북 정상간 평양에서 '6·15공동선언'을 발표했음에도 아직은 金父子體制의 敎條에서 한 발도 헤어나지 못하고 있는 실정이다.

이상의 고찰에서 우리는 정치문화와 정치체제는 중대한 함수관계에 놓여 있음을 알 수 있게 된다. 단지 정치문화를 독립변수 또는 토대로 보고 정치체제를 종속변수 또는 상부구조로 보자는 학자도 있는가 하면, 그 반대로 정치체제를 독립변수 또는 토대로 보고 정치문화를 종속변수, 상부구조로 보는 학자들도 있다.

필자가 본 장 전체를 통해 전자의 입장에서 정치발전을 설명하고 있는 것도 정치문화는 모든 제도의 토대로 가설했기 때문이다. 이러한 가설이 본서의 궁극목표인 한국의 정치발전을 논함에 있어서 實事求是的이고 적실성이 높기 때문이다.

IV. 한국의 공동체문화

우리의 정치문화는 농촌과 도시, 세대와 세대, 일반시민과 엘리트, 상위계층과 하위계층, 지역과 지역 간의 특히 하위정치문화에 있어서 격차가 크며 이를 연결시켜주는 공통의 기반이 매우 빈약한 상태이다. 로젠바움이 지적한 대로 통합적 정치문화는 국민 전체를 연결시켜주는 지배적이고 공통적인 요소들이 하위문화의 차이를 통합시켜 주지만, 단절적 정치문화는 하위문화간에 단절이 깊고 이를 매개할 갈등의 조정 및 해결장치가 미약하다.18) 통합적 정치문화를 가능케 하는 요소가 바로 공동체의식이라 할 수 있으며 이는 공동체에 대한 일체감과 충성심, 그리고 이를 바탕으로 한 참여정신을 의미한다.

정치문화의 여러 속성들이 공동체에 대한 일체감을 함양하는 데 역기능적인 요소들이 많다. 소외성의 속성인 정치적 무관심, 냉소주의, 불신의식, 국가사회에 대한 낮은 만족도, 분배로부터의 소외 등이 그렇고, 분파성의 속성은 정실에 의한 인사, 특정지역 인사의 중용, 특정지역개발 특혜, 상하간 및 세대간의 배타성, 인물중심의 파벌 등이 그것이다. 이러한 속성들은 개인이기주의 및 집단이기주의와 탐욕심을 조장함으로써 공동체에 대한 일체감이나 의무감을 저하시킨다.

아래에서는 한국사회에서 공동체문화형성의 필요성이 가장 시급하면서도 심대한 갈등관계에 있는 민족공동체·정치공동체·지역공동체·직능공동체에 한해서 고찰하기로 한다.19)

---

18) 배찬복·정천구·한용원, "민주화시대의 한국시민문화 발전연구", 「省谷論叢」 제23집, 省谷學術文化財團, 1992, p. 895.
19) Ibid. 참조. 공동프로젝트를 다시 재구성하였다.

1. 민족공동체문화

45년 분단 이후 한반도에서 지속되어 온 두 개의 이질적 이념과 체제로 인해 사실상 남북은 삶의 조건이 전혀 다르다. 이로 인해 심지어 단일의 민족공동체마저 분열된 모습을 보여왔고 날이 갈수록 하나되기가 어려운 상태이다. 통일이란 역사적 당위성 앞에서 남북간의 상호신뢰와 동질성을 회복하려면 남북한이 민족공동체의식부터 재형성해야 한다.

공동체란 본래 함께 같이하는 하나의 사회체계 속에서 살아가야 한다는 성원들의 확인에서 성립될 수 있다. 다시 말해 같은 하나의 집합체에 속하고 있는 부분임을 서로가 인정할 때 비로소 공동체의식이 성립될 수 있는 것이다. 이러한 점에서 통일을 함에 1차 과제인 민족공동체문화 형성은 일단은 난관에 부닥치게 된다.

민족이란 역사적으로 공통성과 결속력에 의해서 구성된 집단의 견고한 공동체이지만, 민족이 공동체로서 존속하려면, 공통성만으로는 충분한 조건이 될 수 없고 민족구성원들간의 지속적인 의사소통(communication)에 의해서 민족의 실체가 유지될 수 있는 것이다. 그러한 의미에서 "민족은 타고난 특징이라고 하기보다는 사회적 학습과 습성형성과정의 결과인 것"이다.[20] 분단 이후 반세기가 넘도록 남북의 민족간에는 의사소통이 될 수 없었고, 사회적 학습과 생활관습 형성과정마저도 상이하였다.

민족공동체는 남북이 분단되기 전까지 5천 년이라는 긴 역사를 통해 한반도라는 같은 삶의 터전 위에서 운명을 같이해 온 하나의 민족으로서 공동의 생활권을 형성하고 함께 살아왔으며

---

20) D. A. Rostow, "Nationy" David L. Sills, ed., *International Encyclopedia of the Social Sciences*, Vol. Ⅱ(New York: The Free Press, 1979), p. 12.

역사적 경험을 같이하여 왔다. 바로 이러한 점에서 민족공동체의 형성은 평화와 통일을 위한 필수적 단계이다. 민족의 공존·공영을 추구해나가는 가운데 평화통일을 앞당길 수 있기 때문이다.

평화공존을 위해서는 한반도에서의 전쟁위험성을 근본적으로 해소해 나가야 한다. 그러기 위해서 남과 북은 상호불가침협정을 체결해야 하고 쌍방은 긴장완화와 전쟁방지를 위하여 휴전체제를 유지하면서 군비경쟁의 지양과 군사적 대치상태의 해소조치를 취해야 할 것이다. 특히 과도한 군비경쟁을 지양하고 무력대치 상태를 해소하기 위하여 군사적 신뢰구축과 군비통제를 실현해야 한다. 이는 '힘의 공존' 단계를 거치지 않고 평화공존에의 길로 들어설 수 없다는 점에서 불가피한 것이다.

남과 북이 민족공동체의 회복을 위해서 남북연합을 형성하고 동시에 기능적 통합의 첫 관계로 진입한 후 그 남북연합이 최적의 도약기초를 마련하게 된다면 안정된 남북연합으로 발전될 수 있을 것이다. 남북연합의 통합이 최고의 수준에 도달된다면 그것은 실질적 정치공동체 또는 민족공동체가 형성된 것을 의미하게 되는 것이다. 에치오니의 관찰에 의하면 통일은 높은 수준의 통합과 충분한 범위에 이르지 못하는 경우가 많으며, 그 결과 연합체는 상당한 기간 존속하게 될 수도 있는 것이다.

기능적 통합이 성공하려면 ① 각기 체제간에 전문화와 분업이 이루어져야 하고, ② 각기 체제간에 상호보완적인 체계가 재확립되고 유지되어야 하며, ③ 이러한 관계를 이끌어 갈 적절하고도 일관성 있는 규제적 절차가 있어야 하고, ④ 포괄하는 상위단위 기구가 효율성을 가지고 있어야 하며, ⑤ 규칙을 주지시키고 문제점을 알리는 커뮤니케이션의 통로가 있어야 한다

현실적으로는 기능적 통합을 이루기도 매우 어려울 정도로 남북은 아직도 체제경쟁과 갈등관계에 있다. 우리 민족의 삶의 터

로서의 민족공동체를 회복시키는 속도가 붙으면 그만큼 기능적 통합에의 가능성도 점증된다. 문제는 남북한이 치열한 체제적인 공존과정, 즉 '힘의 공존'과 '평화공존', 그리고 '경쟁적 공존'과 '협력적 공존'이라는 과정을 거치고 종국적으로 '공존의 해소' 단계, 즉 분단의 해소관계로 들어설 때 어느 체제가 살아남는가 하는 것이 판가름 나게 될 것이다. 그러므로 우리의 자유민주주의 체제가 남북한 통합의 체제적 기반이 될 수 있으려면 우리의 체제를 통일 지향적으로 개혁해 나가야 한다.

2. 정치공동체문화

다원화된 현대사회에서 정치공동체문화란 매우 중요하다. 1960년대 이후 급속한 산업화와 80년대 중반 이후의 후기산업화 징후는 빠른 속도로 우리 사회를 다원화시켜 나갔고 분화된 이익을 초래하였다. 이렇게 빠른 사회적 변화로 발생하는 이익을 합리적·민주적으로 표출하고 조정하고 통합할 수 있는 정치과정과 정치적 관행이 제도화되지 못함으로써 여러 가지 사회적 갈등이 노정되기 시작하였다.

이러한 변화된 사회로부터 오는 새로운 형태의 갈등을 수용하고 해소하는 데는 다원주의적 정치공동체문화의 정착을 통해 새로운 시민공동체의 형성이 절실히 요청된다. 다원화된 현대사회에서는 원자화된 개인들로 존재하기란 매우 어렵다.

앞으로 한국의 민주화가 제대로 진전될수록 통치엘리트 구조의 일원적 현상은 사라지고 다원화 현상이 증가될 것이며, 통치엘리트의 이념도 보수 일변도에서 보·혁 구도의 정착으로 나아갈 것이다. 또 의회와 정당은 경쟁규칙이 제도화되어 대결과 저항의 정치로부터 대화와 타협의 정치로 바뀔 것이고, 파당과 도

당의 정치로부터 정책중심의 정당으로 전환될 것이다.

이렇게 되면 분절되고 다원화된 이익들이 정치과정에 의해 여과됨으로써 집단행동이나 갈등의 분출이 지양되고 상대적 박탈감이나 소외의식도 해소될 수 있을 것이다. 공익에 관련된 것은 정치 지도자에 의해 사전 결정되는 것이 아니라 상이한 이익집단과 정당 간의 복잡한 논쟁을 통해 창출된다.

여하튼간에 원자화되고 이기적인 개인들이 만드는 사회는 강한 자가 약한 자를 지배하는 힘의 논리만이 있을 뿐이기 때문에 진정한 의미의 공동체는 人情과 공동선을 기초로 해서 통합되고 형성되어야 한다.

3. 지역공동체문화

중앙의 권위주의 정치를 중심으로 지역갈등이 심대한 한국사회에서 지역갈등 해소와 탈권위주의 정치를 위해 지역공동체문화 형성은 매우 바람직하다. 2002년 현재 임기 4년의 지방자치 실시 3기를 맞이했지만 그동안 권위주의적 통치양식의 티성에 젖어 그런지 정치권은 아직도 지방정치의 차원보다 지방행정의 차원에서 제도화하려는 경향이 엿보인다. 뿐만 아니라 주민들도 정치의식과 민주적 자질이 함양되지 못해 투표율이 매우 저조하고 지방의회에 대해서 관심조차 없어 자치적 능력이 의문시되고 있다.

지방자치제는 중앙의 권력집중화를 방지하고 분권화를 촉진하며, 지역적 특징과 지역주민의 이해관계에 따른 자주적 지역개발을 가능하게 한다. 나아가 지역주민의 주체성·자율성·창의성·독창성·참여성·책임성 등을 발휘할 수 있는 터전을 마련할 뿐 아니라 지역주민의 공동체의식, 긍지의식, 참여의식을 제고시켜 지방자치화를 창조하게 되는 등 민주주의의 풀뿌리가 된다.

지자제의 실시란 지역주민들로 하여금 지방정치에 참여할 기회를 갖게 함으로써 첫째, 정치교육은 물론 정치지도력 훈련을 병행하게 됨에 따라 대화와 타협을 통한 이해관계의 해결과 정치엘리트의 육성 및 충원 기회의 확보를 도모할 수 있게 된다. 둘째, 지역수준에서 주민들이 형평성, 자유 및 반응성을 획득할 수 있게 됨에 따라 지역의 균형발전은 물론 민주주의 내재화를 가능케 함으로써 한국 특유의 지역갈등을 해소할 수 있다. 셋째, 참여의식과 공동체의식이 연계되어 지방자치문화를 형성할 수 있게 된다.

지방자치제가 정착되면 지방주민들은 지방정체성을 인식하게 되어 주민 개개인은 집단의 일원으로서 자긍심을 느끼게 되는데, 만일 공동체 내부의 생활이 개인의 창의성을 최대한으로 발현시켜주지 못하는 상황에서 지역의 일원으로서 자긍심이 높아질 때에는 타 지역에 대한 적대감이 증대될 수도 있다. 그러나 소규모의 공동체가 자율적으로 운영되고 친밀한 관계를 바탕으로 개인과 집단의 이익을 동시에 추구해 나갈 때 건전한 경쟁의식을 도출해 낼 수도 있다. 그러므로 우리 사회의 정치권이 주민의 정치과정에의 직접참여 기회를 크게 제한하고 있는 점21)과 주민이 간접적인 공공의 문제에 대해서 냉담하고 무관심한 타성에 젖어 있는 점을 감안한다면 바람직한 지역공동체문화의 육성을 위해서는 사익의 추구와 공동의 윤리를 생활화할 수 있는 소규모 場으로서의 자율적 공동체를 형성·운영하는 것이 좋다.

한국에서 지방자치를 논의할 때 흔히 재정자립도가 어려워 정착하기 어렵다는 주장이 있다. 물론 재정자립도가 아주 빈약하다

---

21) 한정일, "지방자치와 주민의 정치참여," 「한국정치학회 1991년도 연례학술발표회 논문집」, p. 4(선진국에서는 주민발안, 주민소환, 주민투표 등 직접참여방식을 채택하고 있으나 한국의 지방자치법에는 청원제도만이 채택되어 있음).

면 모르지만 오히려 지방자치의 정착을 위해서 주민의 자치의식이 더 중요하다. 지방자치정부가 완전히 재정적으로 자립하게 되면 중앙정부와의 관계에서 정치적인 갈등의 발생으로 인해 통합의 정도를 낮추기 때문에 일정한 범위 내에서 지방재정을 중앙정부에 의존하는 것이 바람직하다는 주장도 있다.[22]

서구 선진국의 경우 지방정부의 세입 중 지방세가 차지하는 비율은 오스트리아, 스웨덴, 프랑스 등이 50~40% 선이며, 벨기에, 영국, 서독 등이 30~20% 선이고, 이탈리아와 네덜란드는 10% 선에 불과하다. 그러나 행정수요는 사회개발과 관련하여 질·양적으로 확대되기 때문에 이에 대응키 위해 지방정부의 재정부담에 대하여 중앙정부와의 관계설정이 매우 중요하다.

4. 직능공동체문화

현대사회의 대부분의 근로자들은 거대한 조직체에서 직장생활을 하는 봉급생활자들인데, 이들이 차지하는 비율은 선진국의 경우 전체 근로자의 3분의 2를 훨씬 넘어서고 있다. 이들은 어떤 조직체 안에서 자신의 것이 아닌 설비나 기구를 사용하여 자신이 스스로 결정한 것이 아닌 규칙이나 관습에 따라 날마다 같은 일에 종사하고 그 대가로서 일정한 급료를 받아 생활해 간다.

일반적으로 직업관은 이기주의적 직업관, 전체주의적 직업관, 자아실현적 직업관 등 3가지 이념형이 있듯이 직업도 생계유지의 생태적 측면을 가지며, 날품팔이 노동과는 달라 '일'과 '근무처'와 '지위'를 동시에 함축하고 있다. 그러므로 직업은 사회

---

22) D. C. Smith, *Decentralization*(London: George Allen and Unwin, 1985), p. 101.

생활의 기초를 이루는 것으로서 사회와 개인, 전체와 개체의 연결점이 된다. 전체는 개인의 직업을 통해서 유지되고, 개체는 직업을 통해서 전체에 귀속된다.

직능공동체의 형성을 위해서는 첫째, 개인의 이익과 조직의 목표가 공존할 수 있도록 직무를 설계하고 정책(전략)을 추진해 나가야 할 것이다. 직무는 즐거움과 만족을 주는 것이어야 하며, 또한 긴 인생의 중요한 일부분으로 간주되어야 한다는 생각은 현대 미국의 새로운 직업윤리관이 되었다. 사실 직장은 이해관계를 기반으로 한 인위적 조직체이며, 윤리성보다 계약과 규칙이 중시되는 이익사회이다. 그러므로 조직은 구성원에게 보람을 줄 수 있어야 한다. 직장생활의 보람은 곧 인생의 보람을 의미하므로 근로생활의 질을 높이는 지표로서 직무설계를 해야 하고 인생의 질을 높이는 지표로서 직장생활의 보람이 점증하도록 도모해야 한다.

둘째, 직능공동체의 형성을 위해 민주성·도덕성·생산성이 제고되어야 한다. 현대의 직장이나 단체는 그 구조를 상위하달식의 위계형(hierarchical)으로부터 상호연결식의 네트워크(network)형으로 변화시켜 참여민주주의를 제고시키고 자조독립정신을 소생시킨다. hierarchy구조는 권위주의적 강요를 요구하므로 인간의 정신을 부패시키고, 자발적인 참여와 헌신은 생산성을 제고시킨다. 그리고 현대의 경영자는 직장의 장래 비전을 창출하여 이를 구성원들에게 의식화시키는 전도사 역할을 수행하여야 한다.

직장에서는 노동의욕을 끌어내어 생산성을 향상시키기 위해 특별상여제도, 종업원지주제(ownership system), 생산성과 업적에 따른 보수 지급 등을 실시하여 자조·협동하는 가운데 생산성을 제고시켜야 한다.

산업사회에서는 기업경영의 3대 요소가 사람·돈·물자였지만, 정보사회에서는 이에 제4의 경영자원 정보와 제5의 경영자원 기

업문화가 추가된다.23) 기업문화는 구성원들을 어떻게 결합시키고
의미와 목적을 부여해 줄 것인가를 결정하고 관리하여 궁극적으
로 생산성 향상을 이루는 '상징적 관리자' 역할을 한다.

　강력한 조직문화를 가진 직장이나 단체는 생명력이 있을 뿐
아니라 조직문화를 바탕으로 직능공동체문화를 형성할 수 있다.
정보사회는 개인보다 집단을 중시하는 사회에 보다 잘 어울리게
되므로 강력한 조직문화를 바탕으로 직능공동체문화를 형성하여
삶의 질을 향상시켜야 한다.

---

23) 이어령, 「정보사회의 기업문화」, 한국전기통신공사 출판부, 1990, p. 71.

제8장 한구의 전통적 유산은 가난과 권위주의 문화

I. 서 론

우리 헌정사를 되돌아보면, 초대 대통령 李承晩 박사는 자유와 민주주의 그리고 언론의 천국인 미국에서 교육받고 그곳에서 청·장년기를 보냈지만 막상 고국에서 대통령이 되고 난 뒤에는 자기를 비판하는 야당과 언론을 무자비하게 탄압하였다. 그는 권력을 위해 해괴한 법리와 논리를 내세워 반민특위를 해체하고 독립기간 동안 그렇게도 반대했던 친일파도 가차 없이 재등용하였다. 더욱이 집권 말기에는 부통령인 장면을 가혹하게 소외시켰고, 비판하는데 선봉장 노릇을 한 경향신문사도 서슴없이 폐간했다.

4.19민주혁명을 비롯해 80년대 광주민주화운동 이후 있었던 다양한 민주화운동도 민주주의사회로 연계시키지 못하였다. 더욱이 4.19 주역들을 비롯한 80~90년대 초 민주화운동 선봉에 섰던 인사들도 그 이후 정계에 입문해 민주주의자로 주목받거나 평가받지를 못하였다.

이러한 현상을 정치·경제 환경이나 민주주의 교육부재 탓만으로 돌리기에는 무언가 석연치 않다. 조상으로부터 물려받은 척박한 땅과 가난으로부터 벗어나기 위해 강력한 중앙집권과 효율

극대화 그리고 官주도의 새마을운동 등은 초기산업화 단계에서 높은 경제성장과 더불어 국민적 지지를 받기도 하였다. 이것은 권위주의 체제와 관료주의 체제가 더욱 공고화된 한 원인은 될 지언정 관료주의 그 자체나 권위주의 정치가 지속되는 원인의 전부가 될 수 없다는 점이다. 이러한 환경이 아무리 바뀌어도 권위주의 체제는 계속되기에 본서에서는 한국인의 의식과 피 속에 조상으로부터 유전된 권위주의 유전인자가 흐르고 있다고 보는 것이다.

전 지구적 무한경쟁시대에 살아가는 지금도 권위주의 유령은 우리의 의식과 한반도를 맴돌고 있다. 바로 이러한 점에 역점을 두고 본고에서는 권위주의 유전인자라는 새로운 생물학적 접근을 해본다. 이러한 접근은 제도적 개혁과 변화만으로는 또 하나의 새로운 형태의 권위주의 체제 순환론에 빠질 뿐 극복방안이 될 수 없었던 한국의 정치현실을 비로소 설명 할 수 있다. 유전인자로 인한 질병은 유전인자를 바꾸어야만 치유가 되듯이, 한국의 권위주의를 극복하는 방안은 제도개혁만으로는 불가능하고 권위주의 유전인자를 한국인의 의식으로부터 떼어내거나 바꾸어 내어야만 한다.

David Apter의 정치발전론에 의하면 권위주의 체제 유형으로부터 민주적 타협체제(reconciliation)로 변화하려면 궁극적으로 피치자인 국민의 의식과 태도의 변화가 전제되어야 한다.[1] 권위주의 체제로부터 민주적 타협체제로의 전환은 국민의 몫이라는 말이다. 다시 말해 인간의 권력에 대한 강한 욕구나 권력의 역기능[2] 등을 고려하면 민주체제로의 전환은 민주주의 체제의 최대

---

[1] David Apter, 「The Politics of Modernization」, University of Chicago Press, 1968, pp. 357~421 참조.

[2] 인간의 권력에 대한 무한한 욕구와 짐승보다 더한 무자비한 행동에 대해서는 Bertrand Russell, 「POWER」-A New Social Analysis-, London:

수혜자인 국민대중들의 변화욕구와 행동 없이는 불가능하다는 말이다.

II. 한국인의 피는 권위주의 유전인자

1. 권위주의 유전인자의 유래와 사회질병

오랜 세월 동안 강대국 중국과 접경하고 살아온 한국은 중국으로부터 많은 간섭과 주종관계로 이어오는 사이에 중국의 유교문화와 공자와 맹자의 사상과 가르침의 영향을 많이 받아왔다. '군자가 무겁지 않으면 위엄이 없다'(君子不重則不威)라 하여 감정과 욕망을 최대한 억제하고 명분과 논리에 따라 행동하므로 합리성이 결여되었다든지, 공맹사상의 근본가르침인 五倫 중 長幼有序 역시 전통윤리로서의 유의미한 가치는 있지만 한국사회를 권위주의 사회로 만든 근본원리가 되었다.

특히 공자는 신분이나 계급에 따른 불평등을 인정한 사람이었으므로 그 가르침에 절대적으로 영향을 받은 우리나라에서 사회적 불평등을 인정하는 것은 당연한 것처럼 여겨 왔다. 이렇게 계급이나 신분에 따른 불평등은 우리들에게 상하서열의식·감투지향주의·일류의식·체면의식·눈치의식·남존여비·형식주의·허위의식·과거에 대한 집착·열등의식 등 권위주의 병폐점을 파생시켰다.

이러한 권위주의 산물들은 사회질병으로 자리 잡아 우리 사회의 구석구석을 퇴락 시키고, 우리의 정신을 황폐화시키며, 가치

George Allen & Unwin Ltd., 1948의 전면을 통해 잘 구명하고 있다.

관을 倒置시킨다. 국민들의 정치불신과 원성이 하늘을 찌를듯해도 정치인들은 정파간 끝없는 정쟁을 일삼아 왔다든지, 범죄와의 전쟁을 선포해도 날이 갈수록 흉측한 범죄의 증가추세, 정경유착 등을 통한 한탕주의, 감투병이 비리와 계층갈등의 원천이 되고, 아무리 바꾸고 고쳐도 대학입시 문제는 서열감각이 인간을 갈라놓는 한 여전히 심각하게 남는다든지, 능력보다는 학연과 지연이 중요하게 여겨지는 것처럼 도착증세를 만들어 버렸다든지 등은 권위주의적 사회질병의 탓이다.

21세기 세계화·지식정보화 시대를 맞이하여 정치적 권위주의를 청산하지 않고는 국경 없는 무한경쟁시대에 우리 민족의 생존과 번영을 기약할 수 없다는 점은 모두가 인정한다. 그러면서도 권위주의 유전인자가 우리 체내에 있는 한 유형·무형의 오만가지 악성세균들이 우리 사회와 인간의 정신세계를 좀먹고 퇴락시킨다는 것을 모르고 있다는데 문제의 심각성이 있다.

더욱이 한반도가 왕조중심의 봉건주의 시절 여러 나라로 쪼개진 경험은 있지만 지방분권적인 봉건주의시대를 경험한 바 없었던 것이 한국정치가 더욱 중앙집권적이고 권위주의적인 특징을 지니게 힌 셈이 되었디. 이러한 한국의 정치괴정은 현대의 지방자치에도 많은 영향을 미쳤다. 지방자치법이 1949년 5월 30일 제정된 이후 수차의 개정을 해오다 지방의회는 1991년부터, 지방단체장은 1995년부터 주민들에 의한 직접선거를 통해 구성했다. 그러나 지방의회 의원이나 단체장들이 스스로에게 부여된 책임과 역할을 충실히 수행하지 못한 탓도 있지만, 지방자치의 주역인 지역주민들이 확고한 주인정신을 가지고 지방의 정치 및 행정에 보다 활발히 참여해 지방의회와 지방자치단체장을 견제하고 감시하지 못한 탓으로 아직은 실질적인 지방분권화단계의 생활을 하고 있다고 할 수 없다. 심지어 단체장은 임명직으로 돌아가야 한다는 원성이 잦을 정도로 지방자치의 본질적 기능수행이 되지 않고 오히려 부작용이 많다는 지적이 있다. 또한 2002년 6·13지방선거 기간 동안 史上유례없는 혼탁현상이 일어났던 것도 우연은 아니다. 선관위에 따르면 지방선거 시작 2주전인 5월 말 현재 선거법 위반행위 적발 건수가 무려 3,909건으로, 98년 선거 때보다 9배나 늘었다고 한다. 6·13지방선거는 우리 역사상 가장 혼탁했던 선거로 기록될 전망이다. 불법·편법의 양상도 날이 갈수록 개선은커녕 다양해지고 있다. 우리의 선거문화를 한 단계 높여줄 것으로 기대했던 인터넷과 휴대전화 문자메시지 등의 첨단 기술이 거꾸로 상대 후보 비방과 유언비어의 수단으로 사용되면서 '사이버 혼탁'이라는 신조어까지 등장했다. 풀뿌리 민주주의라는 명분으로 탄생한 지방선거가 10년이 지나도 착근을 하지 못하고 악순환을 거듭하고 있는 데는 혼탁선거를 있게 한 주민의 책임이 크다는 것을 지적하지 않을 수 없다. 적극적인 주민참여와 선거혁명 없이는 지방자치제도가 본질적인 기능을 수행할 수가 없다는데 문제의 심각성이 있다.3)

현대정치에 와서 '분단과 대치' '국력의 낭비방지' '능률극대화' '압축성장과 개발독재' 등을 통해 안보와 경제성장에 괄목할 만한 성과를 얻은 것은 사실이지만, 반면 중앙집중화와 관료주의 팽배의 원인이 되어 여러 가지 부작용이 수반되었다. 문제는 21세기 패러다임의 변화에 맞추어 국력결집과 국민통합을 위해서도 한국특유의 중앙집중화와 관료주의현상은 청산되어야 함에도 불구하고 우리의 전통적 권위주의 유전인자와 맞물려 그 강도를 더욱 공고화하는데 있다. 이러한 권위주의 체제의 공고화가 역대 대통령의 아들들4)과 친인척들이 대를 이어 엄청난 부패에 연루

---

3) 배찬복(CBS정치담당해설위원), "공명선거를 기대하며", CBS뉴스해설, 2002년 5월 28일 8시 25분 방송 참조.
4) 초대 이승만 대통령의 양아들 이강석은 '나는 새도 떨어뜨리는' 위세를 부리다 4·19혁명 와중인 1960년 4월 28일 친아버지 이기붕과 어머니

되어 불행한 생활을 하는 등 온갖 유무형의 부패와 비리의 온상
이 됨은 이미 지적한 바와 같다.

2. 한국의 권위주의, 난공불락인가

한국의 권위주의의식과 권위주의 정치는 難攻不落인가. 과거
자타칭 민주화세력권에 속해 형극의 길을 걷기도 한 숱한 역경
을 경험했던 사람들도 기회가 되어 정치권에 입문하게 되면 해
를 넘기기가 무섭게 기존의 권위주의 정치권을 닮아간다. 그 후
배들은 감옥에서 그 선배의 배신을 비난하고 절규하지만 세월이
흐른 후에 보면 그 후배도 이미 비난했던 그 선배와 같은 운명
의 한 배를 타고 있음을 흔하게 볼 수 있다.

한국에서 여야란 무엇인가. 권력을 놓고 '빼앗은 자'와 '빼앗
긴 자'와의 관계 이상 어떤 의미를 부여해야 하는지 주저할 때

를 살해하고 스스로 목숨을 끊었다.

박정희 前 대통령의 외아들 박지만도 불행했다. 그는 부모 모두가 非命
橫死한 뒤 사회생활에 적응하지 못한 채 마약을 상습 복용했고, 결국 몇
번의 수감생활을 하였다.

전두환 前 대통령의 경우 아들이 세 명 있었지만 재임기간 중 별다른
'사고'가 없었다. 오히려 아들 보다는 형 전기환, 동생 전경환등 형제
들과 외척 등이 이권 개입 등으로 구속되며 문제를 일으켰다.

노태우 前 대통령의 경우 딸 노소영은 부친 퇴임 후인 94년과 95년 외
화밀반출 혐의로 두 차례 검찰 조사를 받으며 잠시 여론의 도마에 올랐
다. 아들 노재헌은 부친이 퇴임한 후 15대 총선에 뜻을 두고 민자당 대
구 '동을' 지구당위원장까지 맡았으나 6공 비자금사건이 터지면서 중도
하차하는 불운을 겪었고 노 前 대통령은 구속되기까지 하였다.

김영삼 前 대통령의 차남 김현철은 김 前 대통령 임기 마지막 해인 97년
5월 현직 대통령 아들로는 처음 구속(알선수재 및 조세포탈 혐의)됐다.

김대중 대통령의 3남 김홍걸은 2002년 5월 18일 비리혐의로 구속되었고,
곧이어 차남 김홍업 역시 엄청난 액수의 비리혐의로 구속되었다. 장남
김홍일의원도 비리혐의로 2003년 5월 수사선상에 있기도 하였다.

가 많다. 빼앗긴 자는 다시 빼앗으려고, 빼앗은 자는 안 빼앗기려고 아비규환을 벌이는 가운데 서로 다른 정략과 수단을 내놓는 것을 보고 여야의 차이점과 구분점을 찾으려 한다면 의미 없는 일이다. 어렵게 성사된 여야간의 정책토론과 정책결정과정도 알고 보면 '수의 대결' 이상의 의미를 부여하기 어려울 때가 많다. 그래서 정치에 입문해본 사람들(politician)은 한국정치를 '수의 정치'라고 표현한다. 그래서 유권자들이 만들어준 여야구도가 만약 '여소야대'라면 힘을 가진 측에서 바꾸어 보려고 '의원 빼오기'니 '의원 꿔주기니' 하는 말이 생긴다.

문제는 이러한 과정에서도 여야는 나름대로 시대상황과 흐름에 맞춰 정책대안을 만들고 개혁도 하고 입법조치도 해왔다. 단지 권위주의 정치라는 구각을 깨지는 못했다. 2001년 3개 지역 '10·25재보선'에 참패한 집권당인 민주당에서 2002년 선거의 해를 앞두고 '대권 후보자와 당총재와의 구별', '국민참여 경선제', '상향식 후보자 선정' 등 획기적인 정당체질 개선 안을 내놓고 실험에 들어갔다. 그러나 예측대로 실효성 보다 실험과정에서부터 대혼란과 변질을 겪었다. 그럼에도 이것은 민주주의와 부합되는 코페르니쿠스적 발상의 전환에서 나온 것이고, 일단은 민주화의 명분도 있고 해서 야당도 이와 유사한 '국민참여 경선제'를 내 놓았다.

후보자와 당총재를 구분한다면 대통령이 국회를 손아귀에 넣어 휘두를 수단이 약화된다. 이것은 운영하기에 따라서 입법부가 행정부의 시녀역할로부터 해방되는 길목이 되고 3권분립의 실질화가 가능해지는 길이 된다. 국민참여 경선제는 정당이 국민에 뿌리를 내리는 국민정당으로의 길을 트게 하고, 참여정치의 발판도 마련하게 되는 길이다. 물론 정당자체가 정책중심이 아니기에 정당의 본질적 기능은 기대할 수가 없다는 문제점은 여전히 남는다. 상향식 후보자선정은 지배구도를 개선하고 하의상달의 길을 트는 방식이다. 위의 세 제도는 형식적으로는 나무랄 데 없는 민주제도이다.

이렇게 되면 당과 의회도 제도적 측면에서 서구 선진국들과 비교해 큰 손색이 없다. 그렇다고 서구 선진국들의 정치와 유사한 수준의 정치가 한국에서 이루어지리라고 보는 사람은 별로 없다. 이것은 위의 제도가 순기능 하려면 그에 상응한 의식변화가 전제되어야 하는데 제도만의 변화는 적실성이 낮아 역기능을 낳을 가능성이 높다는 것을 의미한다. 우리의 정치사적 경험에서도 그러했다. 기대를 모았던 '국민참여경선제'는 국회의원 재보선(2002. 8. 8. 13개 지구 재보선)을 위한 선전용이었다는 것이 드러났다. 민주당의 핵심인사들은 재보선 참패와 동시에 이미 결정해 놓은 후보까지 무효화하고 새 정당을 만들기로 하였다. 1948년 제정된 제헌헌법은 서구에 비해 조금도 손색이 없는 민주제도였지만 그 이후 일련의 정치과정은 가부장적 권위주의 정치→관료권위정치→군주형 대통령제(presidental monarch)로 이어져 왔다. 그 이후 오늘날까지 민주화라는 명분으로 헌법을 9차례나 개정하였지만 권위주의 정치로부터 탈색하지 못하였다.

Apter에 의하면 비서방국가의 대부분은 권위주의를 거쳐 민주적 타협체제(reconciliation)로 전환되지 못하고 근대화도상의 전제정치체제(modernizing autocracy)→군사과두체제(military oligar-chy)→신중상주의 체제(neo-mercantalist)를 시대에 따라서 쳇바퀴 돌듯 한다는 것이다.[5] Apter의 분류에 따르면 한국의 문민정부와 국민의 정부는 신중상주의 체제에 해당될 것이다.

이러한 점에서 한국의 권위주의 정치는 難攻不落이다. 민주주의란 이름으로 지지표를 얻고 권력획득에 성공한 김영삼정권과 김대중정권이 민주주의와 부합되는 많은 개혁정치를 내걸고 제도

---

5) David Apter, 「The Politics of Modernization」, University of Chicago Press, 1968, pp. 16~22.

화했지만 민주주의정부라고 보는 사람은 같은 배를 타고 수혜를 누렸던 사람 이외에는 없다. 민주주의와 '낡은정치 타파'라는 캐치프레이스를 내걸고 정권획득에 성공한 노무현정권도 예외는 아니다. 일련의 정책결정과 추진과정을 보고는 오히려 더 무서운 권위주의정부라고 보는 사람이 많다.

그럼에도 권위주의 정치는 극복되어야만 한다. 제도적 접근만으로는 극복이 불가능하기에 앞에서는 우리의 의식과 피 속에 권위주의라는 유전인자가 있다고 본 것이다. 이러한 유전인자는 중국의 오랜 봉건적 유교문화와 우리의 전통문화·농경문화·씨족문화 등의 영향으로부터 우리 의식 속에 유래된 것이라 본다.

문제는 우리의 피 속에 유전인자로서 자리매김하고 있는 권위주의의식을 어떻게 변화시키느냐이다. 첫째, 권위주의를 양산하는 '배타적집단주의'를 민주주의가 필요로 하는 '보편적개인주의'로 바꾸어 내야만 한다. 여기서 말하는 보편적개인주의란 전체사회 이익의 틀 속에서 개인이익을 추구하는 합리적사고와 공동체의식을 말한다. 배타적집단주의는 전체 사회가 아니라 혈연·지연·학연 등과 같은 소집단의 이익을 극대화하려는 것으로서 소집단에 소속되지 않는 사람들에 대해서는 배타적일 수밖에 없다. 이러한 배타적집단주의 사고가 차별·불합리·지역갈등·세대갈등·계층갈등·비능률 등을 낳는 것은 당연하다.

둘째, 신라 때부터 한일합방 때까지 2000여 년 동안 920여 회의 지속적인 외침으로 인해 한국인의 의식구조는 타율적·획일적·굴종적·폐쇄적이며 아첨형이 많은 경향이 있다. 가난과 외침으로부터 살아남기 위해 발버둥을 치다보니 시민정신이 부족하고 다양성이 부족하다. 이러한 환경에서는 남을 칭찬하고 박수를 보내는 데도 매우 인색할 수밖에 없다. 외세에는 아주 경계적이면서 동시에 사대근성이 짙게 나타나다. 그래야만 살아남을 수 있기 때문일 것이다. 우리와 비슷한 역사를 지닌 라틴아메리카 국민도 마찬가지지만 우리 국민들은 과거 제국주의국가들을 그렇게 증오하면서도 외제라 하면 사족을 못 쓰는 경향이 있다. 한국의 장래를 짊어질 젊은 대학생들도 반미운동이나 반일운동을 하면서도 다른 한편 미제나 일제라 하면 무조건 좋은 것으로 인식하고 그들의 문화를 여과 없이 받아들이는 경향이 너무도 짙다.

이러한 의식구조는 민주주의 사회에 적합하지 않음은 물론 21세기형 세계화나 신자유주의시대의 전 지구적 무한경쟁에서 자주적인 경쟁력이 약해 살아남지를 못하게 된다. 아무리 긴 세월이 걸린다 해도 권위주의 유전인자를 민주주의 유전인자로 바꾸어 내야 한다. 이러한 과정에는 의식변화와 제도변화를 동시에 수행해야 한다. 처음부터 다시 시작하는 기분으로 우리들의 의식을 바꾸어 나가야 하며, 아는 것과 행동하는 것을 일치시켜 나가는 지루하고도 어려운 작업을 해나가야 한다. 이에 대한 구체적인 방법은 정치문화를 다루는 장에서 취급하므로 여기서는 줄이기로 한다.

Ⅲ. 군부통치가 더 잘 먹혀들었던 이유

군부통치란 학술용어도 아니고 개념설정이 보편화되어 있는 것도 아니며 군인이 통치하는 것은 더욱 아니다. 그럼에도 군부통치란 용어를 학계에서 상용해 온 것도 사실이다. 이러한 점에서 군부통치란 군사쿠데타(military coup d'état)나 군사혁명(military revolution)의 주역들이 제시한 쿠데타나 혁명의 목적[6]

---

6) 5·16혁명공약
   첫째, 반공을 국시의 제일의로 삼고 지금까지 형식적이고 구호에만 그친 반공체제를 재정비 강화할 것입니다.

을 달성한 후 민정이양 때 군으로 복귀한다는 약속을 어기고 전역한 다음 민정에 참여해 정권을 획득해 정국을 주도하는 경우를 말한다.

5·16군사혁명7) 이후 권력획득에 성공한 박정희 前 대통령의 제3, 4공화국의 통치스타일을 '박정희 모델' 또는 제4공화국을 별도로 '근대화모델'이라고 부르기도 한다. 1979년 10·26사건 이후 12·12사태와 5·17계엄확대8)를 통해 정권을 획득한 제5공화국(1981.2~1988.2)의 국정운영 스타일을 놓고 유신2기 또는 근대화모델이라고 하기도 한다. 5공화국은 4공화국의 압축성장모델을 본받아 경제정책을 포함한 국정운영을 했기 때문이다.

지난 1992년 12월 대통령선거 때는 물론 1997년 12월 대통령선거 때도 혁신계 후보를 제외한 소위 '빅4 후보자'들 노태우, 김영삼, 김대중, 김종필 모두가 박정희의 근대화모델에 대한 지

둘째, 유엔 헌장을 준수하고 국제 협약을 충실히 이행할 것이며 미국을 위시한 자유우방과의 유대를 더욱 공고히 할 것입니다.

셋째, 이 나라 사회의 모든 부패와 구악을 일소하고 퇴폐한 국민도의와 민족 정기를 다시 바로잡기 위하여 청신한 기풍을 진작할 것입니다.

넷째, 절망과 기아선상에서 허덕이는 민생고를 시급히 해결하고 국가자주 경제재건에 총력을 경주할 것입니다.

다섯째, 민족적 숙원인 국토통일을 위하여 공산주의와 대결할 수 있는 실력의 배양에 전력을 집중할 것입니다.

여섯째, 이와 같은 우리의 과업이 성취되면 참신하고도 양심적인 정치인들에게 언제든지 정권을 이양하고 우리들 본연의 임무에 복귀할 준비를 갖추겠습니다.

7) 5·16군사혁명이란 용어에 대한 시비와 논쟁이 있다. 제3, 4, 5, 6공화국 때까지는 5·16군사혁명이란 용어를 사용해 왔고, 김영삼정부에 와서 5·16군사쿠데타로 규명한 이래 김대중정부에 와서도 쿠데타로 사용하고 있다. 혁명은 권력의 수직이동, 쿠데타는 권력의 수평이동이라는 점에서 5·16군사혁명보다는 5·16군사쿠데타가 더 정확한 용어라 본다. 여기서는 그 당시의 상황설명이기에 당시 집권자들이 사용했던 5·16군사혁명이란 용어를 그대로 썼을 뿐이다.

8) 김영삼정부(1993. 2~1998. 2)는 1979년 12·12사태와 1980년 5·17계엄확대를 권력획득을 위한 쿠데타로 규정하였다.

지표명과 함께 서로 앞다투어 소속정당의 성격을 보수표방으로
규정하기도 하였다. 그래서 후보자들 간 진짜보수, 가짜보수 논
쟁까지 하였다. 빅4 후보자들 모두가 서로 보수표방을 내세우자
JP는 원조보수를 내세우며 YS와 DJ를 사이비보수로 몰아붙이기
도 했다.

문제는 3, 4, 5공화국으로부터 많은 정치적 타격을 받았고 유
신정치와 5공화국에 대한 비판을 늦추지 않았던 YS와 DJ가 왜
선거전에서 근대화모델을 감싸고돌았느냐 하는 점이다. 그것은
국민들의 상당한 수가 시대적 상황이 바뀌었음에도 압축성장과
근대화모델에 대한 그리움과 아쉬움 또는 한국 적실성이 있다는
믿음을 지닌 자들이 많았기 때문이다. 특히 DJ는 1971년 7대 대
통령후보 때는 당시의 안보논리와 성장위주의 근대화모델을 선
거공약에서 강하게 공격을 가하기도 했다.[9]

2002년 12월 16대 대통령선거를 앞둔 시점에서도 모든 대통령
후보들은 근대화세력과 민주화세력을 합칠 것을 호소하며 지지
표를 얻으려 하였다. 2002년 당시의 여당인 민주당과 야당인 한
나라당의 주류는 모두 과거 유신시절 근대화모델에 대한 강한
비판을 했던 사람들이다. 민주당과 한나라당은 DJ와 YS가 분당
해서 만들어진 정당이기 때문이다.

또 2002년을 전후해 많은 경제전문가들, 언론, 기업인들은 지
금의 한국경제가 위기에 처해 있다고 말한다. 제2의 IMF가 올지

---

9) 1971년 제7대 대통령선거에서 김대중은 향토예비군 폐지, 노동자·자본
   가 공동위원회 구성, 비정치적 남북교류, 한반도 평화를 위한 4대국 안
   전보장안 등을 선거공약으로 내걸고 박정희 대통령의 안보논리와 경제
   성장론을 정면에서 공격했다. 선거과정에서 김대중은 과감한 공약과 호
   소력 있는 연설로 유권자들의 선풍적인 지지를 이끌어냈으나 박정희 후
   보에게 95만 표 차이로 패배했다. 그러나 14대 15대 후보 때는 근대화시
   대의 안보논리와 경제성장을 오히려 감싸안았다는 것은 근대화모델에
   대한 평가가 근대화시대 때 보다 오히려 많은 세월이 흐른 지금 오히려
   높이 평가하는 수가 늘어났다는 것을 말한다.

도 모른다고 걱정하는 사람도 늘어만 간다. 실제로 국제수지를 제외한 각종 경제지표는 한국경제가 불황의 늪에서 헤매는 듯한 징후를 나타내고 있다. 물가는 상승하고 경제성장률은 둔화되고 있으며 실업률은 증가하고 있다.

바로 이러한 경제환경은 또다시 16대 대통령후보자들에게 박정희의 근대화모델을 이슈로 내걸게 하는데 충분하다. 사실 근대화모델은 노동자의 권익신장과 전 지구적 무한경쟁을 전제해야만 하는 21세기에는 적실성이 낮을 수밖에 없다.

그럼에도 군부통치시절 이루어졌던 근대화모델에 대한 엄청난 향수가 설사 기업인이 아닌 일반인에게도 있는 것이다. 사실 근대화 시절은 지금보다 훨씬 못한 경제환경이었지만 기적적으로 경제성장을 이루어 내었기 때문에 향수가 있는 것이다. 60년대에 박정희정권이 경제개발을 본격 추진하고 경제발전에 성공한 것은 우리나라의 경제 환경이 좋았기 때문이 아니다. 오히려 당시의 경제여건으로서 경제발전의 기적을 이룬다는 것은 한강의 모래밭에 헤딩하듯 상상하기도 어려울 만큼 열악한 상태였다.

오늘날 박정희 前 대통령에 대한 향수는 그가 경제발전을 이루었다는 점보다는 가난이라는 울타리 안에서 절망과 무기력에 빠져 있던 국민으로 하여금 희망을 갖게 하였다는 점일 것이다. 그는 국민에게 우리도 노력하면 잘살 수 있다는 희망을 불어넣어 주었으며, 실제로 그 모델들을 만들어 낸 것이 바로 근대화모델인 것이다. 70~80년대의 대기업들과 그 기업을 이끌었던 경영인들은 박정희가 만들어낸 희망의 모델이었던 것이다. 당시 젊은 이들은 그 경영인들을 존경하였으며, 이들의 기업에서 근무하는 것을 자랑스럽게 생각하였고, 밤잠 안 자고 기업의 발전을 위해 노력하였다. 그 결과가 오늘의 한국경제의 바탕이 되었다는 사실은 아무도 부인하지 못할 것이다.

민주화를 표방한 노태우정부, 김영삼정부, 김대중정부의 경제

실책이 큰 만큼 그리고 집권과정에서 그들의 민주화 선언이 허구에 그친 만큼 근대화모델에 대한 향수는 그만큼 커지는 것이다. 이러한 현상은 국가경영자층인 지배엘리트 그룹이나 국민대중이나 모두 권위주의의식을 벗어나지 못하고 있기에 오히려 당시에는 군부통치시절의 근대화모델이 더 잘 먹혀들었고, 오늘날은 향수가 그만큼 짙어지고 있는 것이다. 군부통치의 원조격인 박정희 전 대통령은 2004년 8월 9일 '리서치 앤 리서치'(R & R) 여론조사에서 "박정희 대통령 직무수행 잘했다"가 전체 조사대상자의 81.3%를 차지했다. 예컨대 노태우정부의 가식적인 민주화조치, 김영삼정부·김대중정부의 분배위주의 경제정책은 권위주의의식을 극복하지 못한 기업과 중산층 이상의 국민들에게는 적실성이 매우 낮아 국민호응성(respondency)이 받쳐주지 못해 실패로 돌아설 수밖에 없었다.

한국인의 분배문화는 지난 5천 년간 전수된 '내 것 되는 맛'과, '내 자식 주는 맛'에 일 한다는 의식이 오늘날 얼마나 지배하느냐 속에서 찾아야 한다. 이러한 분배문화는 권위주의의식과 맞물려 상승작용을 하게 되므로 롤즈의 분배정의 위주의 정책은 민주적이기는 하지만 하향평준화라고 인식하는 한국사회에서는 적실성이 낮아 경쟁욕구와 일할 의욕을 잃게 만드는 결과가 된다.

IV. 제도민주주의를 추진할수록 생산성이 떨어지는 이유

권위주의의식을 민주주의의식으로 전환시켜 내지 못한 상태에서 제도민주주의 수준만을 높여 강하게 추진하면 할수록 무질서·무규범·아노미현상 등이 나타난다. 뿐만 아니라 민주복지에 맞춘

각종 선진국형 경제정책도 국민정서와 맞지 않아 官주도의 타율적 추진을 시도하다 국민 위에 군림하는 정책이 되어 잠시 겉돌다 실패로 끝나는 경우가 대부분이다. 김영삼정권의 토초세나 실명제, 김대중정권의 기업지배구조개선을 비롯한 구조조정이나 노사정위원회 그리고 의약분업 실시 등이 실패로 끝난 대표적인 예이다.

이러한 시기 기업인들의 대부분은 이번 정권이 끝날 때까지 기업 활동을 휴면하고 잠복해 기다리겠다는 쪽으로 기울어져 투자를 멈춘다. 정부는 지하에 묻어둔 자금을 지상으로 올리기 위해 화폐개혁설을 비추지만 오히려 자금을 외국으로 빼돌리는 등 민심이 흉흉하게 변하자 화폐개혁은 없다고 못을 박는다.

노무현정권에 와서도 80만명을 웃도는 실업자, 바닥을 헤매는 기업투자, IMF위기 이후 최악이라는 내수불황으로 휘청거리는 경제상황에 2004년 9월 박승 한국은행 총재와 이헌재 부총리겸 재정경제부장관의 화폐개혁 발언이후 불에 기름을 붓듯 민심이 흉흉해 지기 시작했다. 국내재산 해외 불법반출, 부동산 투기붐 등이 순식간에 일어나자 정부는 화폐제도 개선에 대해 아무런 계획을 갖고 있지 않다고 한발을 빼버렸다.

문제는 어떠한 정책도 추진하는 정부 공무원들 역시 시대적 변화나 내세운 정책에 걸맞은 의식전환이 이루어지지 않는 상태에서 관료주의 하나로 밀어붙이려 하니 호응성과 효율성은 낮을 수밖에 없는 것이다.

이렇게 민주적이지 못한 관리들에게 민주적 내용과 방법을 위임한다는 것은 마치 깡패에게 회칼을 쥐어주듯 날뛰는 꼴이 되거나 허기진 이리떼처럼 먹이에만 눈독을 들이게 된다. 회칼은 횟집 주방장의 손에 주어질 때 맛있는 생선회를 만들어 내는 것이다.

이러한 경우도 추진 주체측인 정부가 정권 초기에는 무서운 힘으로 밀어붙이는 강공책을 쓰기에 국민들이 고개를 숙이지만 정권 중반을 넘어서면 국민들의 엄청난 불만표출과 항의에 부닥치게 되어 난장판 사회(praetorian society)가 오게 된다. 또 정권 중반이 오면 벌써 공직자들의 구조적 부패나 정경유착 등이 난무하게 표출될 수밖에 없으므로 권력누수현상과 함께 권위와 추진력이 떨어져 더 이상 강공책이 통하지 않게 된다.

그렇다면 정권 초기의 개혁정책들이 왜 용두사미가 되어 국가손실을 초래하는 것일까? 그것은 민주주의를 기치로 한 '6공화국'과 '문민정부' '국민의 정부' '참여정부'에서 수립했던 정책들이 잘못되었거나 비민주적이기 때문만은 아니다. 민주주의에 바탕을 둔 민주적 정책들의 경우도 국민적 적실성이 매우 낮고 국민정서에 맞지 않기 때문이다. 그러한 민주적 정책들이나 법을 만들어 추진함에 있어서 추진주체인 정부관리나 국회의원들은 물론 추진대상인 기업이나 국민대중들이 다같이 민주적 정책들이나 법 취지에 상응한 의식변화와 태도변화가 이루어지지 않았기 때문에 정서에 맞지 않는 것은 당연하다.

따라서 일할 맛이 나지 않고 국민의 불만으로 이어져 정부나 정치권에 대한 불신만 심화되어 국가위기로 치닫게 된다. 이러한 과정에서 정권 후반기로 넘어가면 국민적 불만과 요구가 과도하게 표출되어 '요구중압'으로 연결되고 정부는 자칫 '체계가동력'을 상실할 위기에 빠지게 된다.

요컨대 수준 높은 제도민주주의를 추진하려면 아무리 화급하다 해도 그 변화의 정도가 점진적이어야 하고 이에 상응하는 국민의 의식변화를 확실하게 이루어 내어야 한다. 흔히 저지르는 오류로서 정부당국이나 의회에서 정치적인 가시적 효과를 노리거나 국민대중들 앞에 빨리 다가서기 위해 국민정서나 수용능력을 훨씬 뛰어넘는 수준의 제도적·형식적 변화를 시도할 때가 있다. 이러한 급속한 제도변화나 정책변화는 오히려 무질서와 생산성을 떨어뜨리게 된다는 것이 이론이고 역사적 경험이기도 하다.

V. 권위주의 정치 어떻게 파악할 것인가

1. 권위주의와 그 언저리

흔히 우리는 '끝없이 지속되는 권위주의라는 유령으로부터 벗어나야 한다'고 하면서도 정작 권위주의 체제나 권위주의 정치에 대한 매끄러운 개념이 정립되어 있지 않아 난감할 때가 많다.

2차대전 전후에 정치학자들 사이에 많이 써왔던 민주주의 체제와 전체주의 체제라는 이분법적 틀로써는 설명할 수 없는 새로운 제3의 방식에 의해 국가경영을 하는 신생국들이 늘어나기 시작하였다. 이 제3의 방식이 바로 국가경영의 새로운 틀로서 권위주의 체제라는 용어로 이름이 퍼지기 시작한 셈이다. 특히 비서방국가 일부에서 일당체제에 대한 비판과 군부통치에 의한 근대화추진현상이 일어나면서 이분법적 틀은 그 위력과 기능을 상실하기 시작하자 새로운 패러다임으로서 권위주의 체제가 분석틀로서 유용하게 사용된 후 쉽게 학계에 확산되었다. 그 이후 권위주의 체제는 이념체계로서 자리를 굳혀 나갔고 대부분의 비서방인들의 의식을 지배하는 하나의 사상체계로까지 진전되어 이제 떠나지 않는 유령처럼 우리 주위를 맴돌고 있다.

이러한 관점에서 권위주의 체제란 전체주의 체제와 민주주의 체제의 중간 정도에 위치한 과도기적 체제로 일단은 개념화할 수 있다. 그러나 권위주의가 비서방국가들 대부분 지역에서는 과도기로 끝나기보다는 독자영역을 확보하고 이념으로서의 자리를 굳히고 우리의 의식을 지배하고 있다는 데 문제의 심각성이 있다. 그동안 권위주의는 아시아·아프리카·남미 등을 떠다니면서 마치 '쫓는 자'와 '쫓기는 자'와의 관계로 생존해 오는 사이에 다양한 유형으로 변모해 왔다.

2. 권위주의 체제의 개념과 경계선

권위주의 개념을 설정할 때 이미 개념화된 전체주의와 민주주의를 먼저 염두에 두고 이것도 저것도 아닌 중간 정도의 내용을 쫓아 정리해보는 것이 좋은 접근방법이라 본다. 이러한 점에서 알몬드(Gabril Almond)는 「비교정치체제」(Comparative Political Systems)라는 그의 논문을 통해 전체주의 체제는 고도의 동원화가 가능하고 내외적으로 긴장과 팽창을 지향하는 체제인 데 반해, 권위주의 체제는 안정되고 보다 이완되어 있는 체제로 정의하고 있다.

특히 권위주의 연구의 대가인 린즈(Juan J. Linz)는 흔히 저지를 수 있는 오류로서 권위주의가 독재(dictatorship)와 마찬가지로 비민주주의에 속하는 것은 틀림없지만 그렇다고 동의어로 보면 안된다고 주의를 준다. 린즈는 「전체주의와 권위주의 체제」(Totalitarian and Authoritarian Regimes)라는 논문에서 독재란 정치적 권위행사에 대한 헌법적 규범을 일시중지 또는 위반하는 긴급조치적 지배라는 뜻으로 국한시켜야 한다고 말하고 있다. 이것은 직어도 집권층이 군부출신이나 아니냐를 근거로 권위주의 체제 여부로 분류해서는 안된다는 것을 의미한다. 린즈의 분류대로라면 한국의 제4공화국과 제5공화국은 한때 한시적이었지만 헌법기능을 정지했으므로 독재체재라 할 수 있고, 기타 한국의 모든 정부는 권위주의 체제라고 해도 될 것이다. 그러나 일반적으로 한국의 역대 모든 정권은 권위주의 정치로부터 벗어나지 못한 권위주의 체제라고 평가되고 있다.

이러한 관점에서 권위주의 체제는 첫째, 제한된 형태나 범위의 정치적 다원주의가 존재하고 둘째, 국민의 정치적 참여가 제한되고 통제된 동원을 토대로 한 정권의 존재라는 두 가지 틀을 주축으로 한 다양한 정치체제를 말한다. 따라서 권위주의 체제의 유형은 권위주의 정치를 하는 나라마다 무엇을 더 강조하고 무엇을 덜 강조하며, 지도자의 통치스타일, 그 나라의 전통문화와 국민성에 비해 어떠한 수단이 더 효율적이냐 등에 따라 다양하다. 예컨대 가부장적 권위주의 체제, 관료권위주의 체제, 유기체 국가주의 체제, 인종민주주의 체제, 전체주의 이전의 권위주위체제, 탈전체주의적 권위주의 등 다양하다. 권위주의 체제를 논함에 있어서 적어도 군부통치＝권위주의 체제, 문민통치＝민주주의 체제, 독재 체제＝권위주의 체제는 성립되지 않음을 경계해야 한다. 그럼에도 한국의 경우 군부통치시절 진보성향의 사람들이나 재야단체 또는 야당에서는 문민통치＝민주주의 체제, 군부통치＝권위주의 체제로 가설하였다. 그 이유는 군부통치를 효율적으로 속히 퇴진시키기 위한 고도의 투쟁전략 차원임이 강하다.

권위주의란 군부엘리트(military elite)의 전유물도 아니고 문민엘리트(civilian elite)의 전유물도 아니다. 권위주의란 문민출신과 군부출신을 포함한 한국의 모든 사람들이 지니고 있는 속성의 문제이다.

참고로 권위주의 체제를 중심으로 전체주의 체제와 권위주의 체제를 정통성, 기능범위, 정책결정, 목표, 제재 측면에서 비교해 보면 〈표 8-1〉과 같다.10)

___

10) 한배호, 「비교정치론」, 법문사, 1993, p. 285.

<표 8-1> 체제비교

정치체제의 차원	민주정치체제	일당정체주의체제	권위주의 (군부·관료)체제	원시정치체제
정 통 성	선거에 의해 선출 전 지도층의 업적·정책수행 역량에 대한 지지·반대	이념구현세력에 의한 산출기능 평론	권력장악 세력에 대한 묵종 또는 순종	귀속주의적 신분 소지자에 대한 관계적 지지
기 능 범 위	▷고도의 정치화 수준을 기반으로 한 자발적인 정치참여 ▷활발한 이익집단활동 ▷개방적인 충원제도	▷고도의 정치화 수준을 기반으로 한 강제적 정치동원 ▷이익집단의 존재부정 ▷폐쇄적인 충원제도	▷저수준의 정치화, 한정된 수준의 정치동원 ▷이익집단의 통제 ▷폐쇄적 충원제도	▷미개상태의 정치화 ▷이익집단 부재 ▷폐쇄적 충원제도
정 책 결 정	▷정책결정층의 다원성과 다수결에 의한 결정 ▷정책결정층과 대중간의 긴밀한 상호관계	▷정책결정층의 일원성, 단일지도자에 의한 결정 ▷당에 의한 독점	▷정책결정층의 일원성, 소수집중화 ▷관료에 의한 독점	▷왕 또는 촌장에 의한 정책결정
목 표	▷실용적·수단적 목표의 추구 ▷점진적 방법	▷이데올로기의 일치되는 목표의 추구 ▷급진석 방법	▷권력장악자의 소신·사고방식의 반영 ▷급진석 방법	▷관례·관습의 추구
제 재	물질의 획득, 행동자유의 획득	비순응자의 탄압·숙청	물질·행동자유의 획득 및 반대세력의 탄압·감시	추방

3. 한국인의 권위주의적 정치의식 배경

한국인의 의식구조는 오랜 유교문화의 유산, 농경문화의 유산, 안보중심의 한국정치사의 영향 등으로부터 반추된 권위주의, 명분주의, 편협주의(parochialism), 정치적 감상주의(political sentimentalism), 비타협성 등 권위주의적 정치의식이 자리 잡고 있다.

첫째, 중국으로부터 유래된 오랜 유교문화로부터 한국인은 민주주의에 필요한 개인의 자유·평등·권리 개념보다는 통치자 위주의 정치윤리와 계층과 서열개념의 종적인 인간관계가 형성되었다. 따라서 개인윤리이든 사회윤리이든 보편성을 잃기가 쉬웠고, 윤리의 보편성보다는 가족·혈연·향토 위주의 감정을 중시함으로서 합리적인 태도가 후퇴하는 결과가 되었다.

둘째, 지난 5000년간의 농경문화의 유산이란 이동성을 바탕으로 하는 수렵문화와는 달리 우리들의 의식과 행동에 정착·수동적·봉쇄적·타력의존·권위주의·소탈·겸허·非융통성·종족보존·대가족제 생활 등의 특성을 남겼다. 이러한 농경문화의 유산은 민주주의보다는 권위주의문화의 근간이 된다.

셋째, 신라의 건국(B.C. 57년)에서 조선왕조의 마지막해인 1910년까지 약 2000년 동안 920여 회의 외침과 일제 식민지생활을 경험한 한국은 이웃을 경계하는 것이 國泰民安이라는 안보중심사상으로 자리를 잡게 되었다. 이러한 이웃나라에 대한 지나친 경계심이 지배계층에는 새디즘(sadism)적 성향을, 민중계층에는 매저키즘(masochism)이라는 편협적인 성향을 주게 되었다. 지배계층과 피지배계층 간의 이러한 관계는 왕조체제와 권위주의 체제가 언제나 정당화되어 갔고, ‘권위주의 정치문화’가 오늘날에도 유령같이 우리의 주변을 맴돌고 있는 중요한 원인이다.

넷째, 정치는 우리들의 것이 아니라 정치하는 사람들의 것이라는 왕조시대의 봉건주의적 의식에다 현대정치에 와서도 정치엘리트들에 의해 그들의 권력독식을 위해 ‘정치적 무관심’을 조장한 것이 민주화운동세력으로 정권이 바뀌어도 권위주의 정치가 계속되는 요인 중의 하나이다.

다섯째, 한국인의 정서를 나타내는 ‘中庸之道’나 ‘沈默은 金이다’ 등은 정치이데올로기 측면에서는 왕도정치나 권위주의 정치의 산실 역할을 한다. 왜냐하면 첫째, 구체적이고 실질적인 것보다 막연하고 추상적인 것을 좋아하는 성격을 형성케 함으로서 합리성과 理性보다는 감성과 정서적 판단을 가능케 하고 둘째, 권위계층의 잘못에 비판 보다는 눈을 감아버리게 된다. 셋째, 국익이나 국민대중이익적인 정치현상이나 정책결정마저도 두루 뭉실 넘어가는 성향을 주기 때문이다.

4. 한국인의 권위주의적 정치정향

오랫동안 권위주의 체제가 지속되는 동안 나름대로 삶의 방식을 터득해낸 것이 바로 대체적인 한국인의 정치정향(political orientation)으로 자리 잡았다. 그래서 심지어 좀더 존중되었으면 하는 전통문화나 질서마저 무너져 가고 있지만 권위주의적인 사고방법이나 행태는 21세기를 사는 오늘날도 여전히 남아 있다. 권력자나 상위자에게 복종·영합·아부하기를 좋아하는 사람들은 대체적으로 아랫사람들로부터도 그에 버금가는 존대나 복종을 기대하는 행동습성이 있다. 이깃도 권위주의직 징치정향에 연원된다. 뿐만 아니라 엘리트의식·입신주의·출신주의·부귀영화를 최고가치로 여기는 전통적 가치관이나 강대국에 대한 사대주의 그리고 외세의존사상 등도 권위주의적 정치정향에 뿌리를 두고 있다. 때문에 이러한 권위주의 의식을 민주주의적 가치나 행태로 전환하기가 그렇게도 어려운 것이다. 말도 많은 대학입시제도 하나만을 놓고 보아도 아무리 당해 장관을 바꾸고 묘책을 내어도 백약이 무효인 것은 권위주의적 정치정향에 뿌리를 둔 우리 사회의 잘못된 인식과 문화 때문이다.

소위 한국 정치판에 膾炙되는 '측근정치' '상도동계' '동교동계' '코드정치'하는 것들이 君臣關係처럼 구조화되어 지도자의 귀를 막고 눈을 가려 엄청난 부작용을 내고 부패나 비리의 온상이 된다. 이것은 측근으로 알려진 대통령 비서실장이나 청와대 수석 및 장관들이 정권이 바뀐 다음 법정구속 되는 사실을 보면 알 수 있다. 이러한 문제점을 누구나 개탄하지만 이미 권위주의적 정치정향으로 자리를 잡았기에 잘 고쳐지지 않는다.

한국사회에서 민주주의를 주장하는 자는 많지만 민주주의자는 드문 것도 그러하고, 한국적인 권력형 비리나 정경유착 등이 끊이지 않는 것도 상당한 부분 바로 권위주의적 정치정향에 근원하는 우리의 '신민적 정치문화'(subject political culture) 탓이다.

5. Apter의 권위주의 체제 유형과 순환론

David Apter는 정치발전을 논하는 과정에서 발전이란 '세속적인 행위규범이 보편화되는 과정'으로 파악한다. 보편화되어 가는 과정이란 동원체제에서 권위주의 체제를 거쳐 타협체제로 변화되는 과정이 대대수 국민들의 인식과 행동 속으로 뿌리를 내리고 있다는 것을 의미한다.

문제는 신생국 대부분의 나라들은 동원체제에서 타협체제로 넘어가는 과정에 뛰어넘을 수 없는 권위주의적 장벽이 있다는 것이다. '경제적 근대화'가 이루어지면 그에 따라 '정치적 근대화'가 자생적으로 솟아나는 것으로 대부분의 근대화론자들은 믿었지만 신생국은 그렇게 되지 않았다. 즉 경제를 토대로 정치를 상부구조로 설정해 한국의 유신이나 근대화를 정당화 시켜 설명했던 부분은 무리였다는 것이다. 이것은 신생국 대부분이 겪는 부분으로서 정치는 권위주의의식이 지배하기 때문에 탈권위주의가 이루어지지 않는 한 경제가 성숙되었다고 정치까지 성숙되는 것은 아니라는 말이다. 다시 말해 정치발전의 변수인 인간의 사

고방식·가치체계·행동양식·정책결정구조·커뮤니케이션구조
등은 나라에 따라서 경제발전의 변화속도를 따르지 못하는 한계
점을 지니고 있다는 의미다.

Apter는 권위주의 체제를 세 가지 하위유형으로서 근대화도상
의전제정치체제, 신중상주의 체제, 군사과두체제로 나누었다. 세
유형의 공통점은 수단적인 가치를 상당수준 추구하면서도 정부
의 통제는 강화하고 있다는 점이다.

(1) 근대화 도상의 전제정치 체제

근대화 도상의 전제정치 체제(modernizing autocracy)는 체제
유지와 강화를 전통이데올로기에 의존하며 특히 '정치적 정통
성'(political legitimacy)의 상당한 부분을 '전통적 이데올로기'와
'막강한 권력'에 의존한다.

정부는 사회적 유대관계의 다양화와 국민들의 자발적 참여에
의한 사회적 결합을 이루어내지 못하고 동원체제를 가동한다. 정
부가 관료체제를 강화하고 사회동원화를 도모하며 정당의 역기
능을 증대시킨다. 정치적 종교를 사용하여 세속적 가치를 회생시
키고 궁극적(consummatory)이고 완성된 가치를 추구하도록 함으
로써 새로운 정치질서 확립과 보다 강력한 산업화를 추진할 수
는 있다.

그러나 이러한 일종의 동원체제는 지속되지 못하고 단명할 수
밖에 없다. 산업화가 진행할수록 신성한 가치(sacred value)에 대
한 확신이 약화되고 수단적 가치(instrumental value) 또는 세속
적 가치(secular value)가 보다 우위를 차지하면서 기회주의와 부
패가 성행하게 된다. '배부르면 철학이 나온다'는 은유가 있듯이
'제대로 합시다'란 말이 비로소 여기저기서 나오게 되고 동시
에 동원체제가 더 이상 대중들의 의식을 붙들어 매기 어렵게 된

다. 그렇다고 제대로 된 사회를 요구한다고 해서 제대로 된 사회를 향유할 수 있는 것은 아니다.

제도로 된 사회를 만들고 유지하는 데 필요한 의식과 능력 그리고 경험의 축적이 없는 가운데 무질서와 부패가 성행하게 되고 국가와 변화를 요구하는 대중간은 길고 지루한 대치상태로 들어가게 된다. 즉, 정치적 종교는 더 이상 국민대중의 신앙에 가까운 신념의 대상이 되지 못하고 쇠퇴의 길을 걷게 된다.

이런 변화에 직면한 동원체제는 보다 강권에 의존하는 전체주의로 이행되거나 요구를 과감하게 수렴하는 타협체제로 이행될 수도 있으나 신생국의 대부분은 그것보다는 신중상주의 체제로 이행되었거나 이행될 가능성이 높아진다.

(2) 신중상주의 체제

Apter에 의하면 일반적인 경우 국가경영을 함에 있어서 타협체제는 강권보다는 정보 의존율이 높고, 궁극적 가치보다는 수단적 가치 의존율이 더 높다. 동원체제는 정보보다는 강권 의존율이 더 높고 수단적 가치보다는 궁극적 가치 의존율이 더 높다. 신중상주의 체제(neo mercantilist)란 국가경영에 있어서 강권(coercion)보다는 정보(information) 의존도가 점차 높아지고, 궁극적 가치(consummatory or sacred)보다는 수단적(세속적) 가치(instrumental or secular)가 오히려 더 강조되는 '대통령형 군주제'(presidential monarch)로서 권위성의 기반은 대체적으로 전통적 이데올로기에 두고 있는 체제이다.

소위 개발독재론자들에 의하면 신중상주의 체제는 아시아의 신흥개발국들을 비롯해 산업화 초기에 있는 국가들에 있어서는 민주주의 체제보다 자본주의 성장과 발전에 더욱 적합한 체제이다. Apter의 신중상주의 체제는 스테판 해거드(Stephan Haggard)

가 「주변부로부터의 오솔길」(Pathways from Periphery)에서 제시한 '동아시아 모델'(East Asian model)이라는 개념과 유사한 후진산업사회에 적실성을 지닌다. 시기는 나라마다 다르지만 일본·한국·대만·싱가포르·홍콩 등 산업화에 성공한 나라들은 신중상주의 체제와 개발독재가 순기능한 경험을 하였다. 이러한 나라들의 특징은 대체로 국가의 '상대적 자율성'(relative autonomy), 고도로 중앙화되고 '국가개입주의'적인 경제정책을 수행하는 관료집단, 약화된 좌익, 길들여진 노동운동 등이 존재할 때인 산업화 초기에 한해 순기능 한다.

소위 근대화모델에 성공한 국가들의 지도자들은 민주주의 체제하의 정치지도자와는 달리 '분배연합'(distributional coalitions)의 압력으로부터 자율성을 가지고 장기적인 발전목표를 추구하는 경제정책을 펼 수 있다는 점에서 국가의 역할과 성격을 규명하고 정부는 주도면밀한 계획에 의한 경제개입을 서두를 것을 요구한다. 특히 신중상주의 체제는 민족주의와 사회주의적 요소를 강조하며, 마르크스주의적인 방법보다 신중상주의적 정향(orientaion)에 의한 계획경제를 정부주도 하에 수행한다. 정치적 리더십도 대통령제로 제도화되어 있다.11)

한국의 박정희와 전두환, 싱가포르의 이광요, 인도네시아의 수하르노, 말레이시아의 마하티르가 신중상주의적 체제로 고도성장을 이룬 대표적 사례이다. 문제는 신중상주의 체제가 시대적 한계성으로 한정적 생명력을 지녔음에도 자칫 영구적인 강력한 정부와 독재에 대한 지지와 옹호로 변질되거나 인식되어서는 안된다는 점에 있다. 그리고 근대화기간에 일어났던 모든 정치적 사건들이 설사 근대화모델이나 고도성장의 결과와 연관성이 있더라도 별개의 문제로 취급해야지 아전인수로 정당화되어서는 안된다.

---

11) David Apter, 「The Politics of Modernization」, University of Chicago Press, 1968, pp. 360~410. 한배호, *op. cit.*, p. 355 참조.

⑶ 군사과두체제

군사과두체제(military oligarchy)란 아시아·라틴아메리카·아프리카의 신생국 대부분이 경험한 체제로서, 일부의 군부세력들이 부정부패·민생고·치안부재·경제개발 등을 내걸고 쿠데타를 일으켜 권력을 장악한 경우이다. 군사과두체제는 소수의 군부엘리트와 민간엘리트 그리고 기술관료가 연합하여 구성한 정치체제를 말한다. 이 경우 3부분의 구성비율과 관계없이 정책결정을 비롯한 국가경영의 주도권(initiative)은 군부엘리트에 있다.

Apter에 의하면 군사과두체제가 수단적인 목적들을 추구하면서도 정부의 통제는 강화하고 있다는 점에서는 근대화도상의 전제정치체제와 신중상주의 체제와 같은 부류의 권위주의 체제에 속한다.

한국의 군사과두체제의 특징은 주로 3, 4, 5공화국에서 잘 나타나고 있다. 첫째, 성장이데올로기로 인해 괄목할 산업화와 경제성장이 이루어진 반면 ‘先성장, 後분배’라는 구호 아래 빈부격차의 심화와 소외계층의 증가로 인해 새로운 형태의 사회적 갈등이 표출되었다. 둘째, 민주주의는 경제성장의 자연스런 산물이라는 단선적·진화론적 가설 하에 민주주의가 유보되었다. 셋째, 국가주도의 산업화로 인해 관료주의 팽배와 정경유착 등 부패의 ‘구조적 상존성’이 뿌리를 내리기 시작했다. 또 국가주도의 산업화는 기업의 자율성을 해치고 정부의존성이 높아져 기업의 재정자립도가 매우 낮아 기업은 언제나 외풍에 시달리게 되었다.

⑷ 권위주의 체제 유형의 순환론

Apter에 의하면 동원체제는 단명으로 끝나고 권위주의 체제의 유형으로 넘어와서 사회가 근대화되고 공업화를 이룩하면 타협체제방향으로 전환된다고 한다.12) 즉 동원체제(mobilization)→권위주의 체제(authoritarian: modernizing autocracy · neo mercantilist · military oligarchy)→타협체제(reconciliation system)로 전환된다고 주장하는 것이 Apter의 정치발전 과정이다. 그러나 동원체제에서 권위주의 체제로의 전환은 이루어졌지만 권위주의 체제에서 타협체제로의 전환은 한국을 비롯한 신생국 대부분의 국가들의 경우 이루어지지 않고 있다.

오히려 신생국의 경우 권위주의 체제에서 타협체제로 뛰어넘지 못하고 위에 제시한 권위주의의체제의 세 유형간 상황변화에 따라 옮겨 다니는 순환론에 빠진다. 물론 신생국들은 신생국 자체가 타협체제로 전환하는 데 필수적인 요건을 갖추는 데 胎生的 한계를 서구사회보다 더 진하게 지니고 있기도 하다. 특히 권위주의 체제를 타협체제로 전환시키기 위해 청산해야 할 1차 과제인 권위주의의식은 나라에 따라서 수천 년씩 전수된 전통문화이기에 이를 극복하기는 거의 불가능한 것이다. 문제의 심각성은 권위주의 체제와 타협체제 사이의 두터운 권위주의 담벼락을 무너뜨리고 뛰어넘는 것은 국민대중들의 몫이란 것이 역사적 경험이란 점이다. 이러한 과점에서 집권엘리트에 의존성이 강한 신생국들의 국민성이 바뀌지 않는 한 신생국의 민주주의 체제란 요원하다.

6. O'Donnell의 관료권위주의(BA) 모델

소위 제3세계국가들이나 신생국가들 대부분은 근대화과정에서 기대와는 달리 더욱 억압적인 권위주의 정치에 부닥치자 원인을

---

12) David Apter, *op. cit.*, pp. 381~384, 398~399.

모른 채 당황하고 있다. 사회·경제적 근대화가 경쟁적 민주주의를 실현할 수 있다고 하던 Lipset의 기존 근대화론의 낙관적 등식은 정체불명의 원인(puzzle)에 의해 가능하지 않게 되었다.

오도넬(O'Donnell)은 이러한 근대화론자들의 기본가정을 반박하면서 신생국가에 있어서는 높은 수준의 근대화가 오히려 억압적인 관료권위주의(Bureaucratic Authoritarianism)를 발생케 한다고 지적함으로써 Lipset의 패러다임(paradigm)은 위기에 직면하게 되었다. 관료권위주의 모델은 신생국가들의 초기산업화 과정을 인식하는 데 새로운 이론적 지평이 되었고, 특히 한국의 60~80년대의 근대화과정과 일련의 정치과정을 분석하는 데 공헌하는 바가 크다.

O'Donnell의 BA체제이론은 종속이론과 궤를 같이하고 있지만 동일한 것은 아니며, 주로 국가 내부의 구조에 초점을 둔 점에서 차이가 있다. 이 이론의 배경은 남미사회의 역사적 특수성에 대한 성찰, Wallerstein의 세계체계이론, 특히 반주변부이론(semi-periphery)의 개념, 국가에 관한 최근의 논쟁에서 비롯된 '국가의 상대적 자율성'의 개념 등을 들 수 있다.

O'Donnell은 ① 정치체제의 구조적 성격 ② 지배동맹을 구성하는 계급 및 부문 ③ 핵심적인 공공정책 등 세 가지 차원을 기준으로 정치체제를 분류한다. 궁극적으로 이러한 체제들이 민중들의 정치참여에 대한 요구수용의 태도가 융합적(incorporating)인가 배제적(excluding)인가에 관심을 가지고 있었다.

관료권위주의 체제는 주변부 자본주의 국가에서 괄목할 만한 산업화가 형성되고 해외자본과 국내자본이 밀접한 관련을 맺은 가운데 고도의 산업화를 실시하고 민중부분을 정치의 영역으로부터 철저히 배제하는 비민주적 체제를 말한다. 관료권위주의 체제의 지배동맹의 구성은 ① 민간엘리트 ② 군부엘리트 ③ 기술관료 ④ 해외자본 ⑤ 국내자본가로 구성된다. 기술관료들은 민중부분의 정치적 활성화를 경제성장에 대한 장애로 받아들인다. 주요 공공정책으로서는 고도의 산업화를 내건다.

이러한 점에서 Linz의 일반적인 권위주의 개념은 높은 수준의 근대화를 이룩하고 있는 나라에는 적용하기가 사실상 부적당하다고 본 것이 O'Donnell의 관료권위주의 개념의 출발점이다. O'Donnell은 정치제제의 구조적 성격, 지배동맹을 구성하는 계급 및 부문, 핵심적인 공공정책 등 세 가지 차원을 기준으로 정치체제를 분류하고 궁극적으로 이러한 체제들이 민중계층을 융합할 것인가 배제할 것인가가 관건인 바 관료권위주의 체제는 배제를 하는 것이 일반적이다. O'Donnell의 정치체제 분류를 간단한 도식으로 정리하여 보면 다음과 같다.

<표 8-2> O'Donnell의 정치체제 분류

	정치체제의구조	지배동맹의구성	주요공공정책	정치참여에 대한태도
Oligarchy	제한된 경쟁	1차생산품수출부문의엘리트지배	1차생산품수출부문의엘리트요구지향	융합도, 배재도 아님
Populism	경쟁적, 민주적	동맹	경제적 민족주의	융합
B-A System	비민주적	민.군.기술관료,해외자본,국내자본가	고도의 산업화	배제

O'Donell은 관료권위주의 체제(BA)의 성격을 정의하기 위하여 다음 몇 가지 특징을 제시한 바 있다. 첫째, BA의 사회적 주요 지지기반은 상부계층이다. 둘째, BA체제에서 결정적인 비중을 갖는 사람들은 억압을 전문으로 사용하는 자들이거나 경제기획을 전문으로 하는 사람들이다. 셋째, 이전에 활성화되었던 민중부문(popular sector)마저도 정치적으로 배제된다. 넷째, 민중부문 배제의 결과로서 민주주의적 정치제도들은 폐지된다. 다섯째, 산업구조의 국제화를 진작시키며 공공 및 민간부문의 대조직을 선호하는 자본축적의 메커니즘을 복원시킨다. 여섯째, 사회적 쟁점

들을 脫정치화시킨다. 그리고 이들은 관료적 기술 합리성에 의해
해결하려고 한다. 마지막으로 민중계층은 민중부문을 위한 정책
결정과정에도 접근할 수 있는 통로가 차단된다. 따라서 노동자단
체의 조직 및 활동은 합법성을 인정하지 않는 것이 보통이다. 그
러나 국제사회의 요청이나 압력을 받아 노동자단체의 조직과 활
동에 있어서 합법성을 인정받는다 해도 BA체제 하에서는 정부
의 관계기관에 의해 억압받게 되어 조직과 활동에는 제약이 따
르게 된다.

제9장　코프라티즘과 생활정치

Ⅰ. 문제제기

　　정치란 국민이익적 국가경영의 다른 말이다. 국민이란 다양한 이해집단들의 집합체이기에 이익배분이란 가장 중요하면서도 가장 어려운 과제이다. 이러한 점에서 정치란 이익배분[1]이라기보다 이익을 달리하는 개인이나 집단들 간의 이익조정이란 말이 더 타당성을 지닐 것이다. 국가경영자 측이 아무리 생산성을 높여도 이익배분과정에서 적합성을 지닌 이익조정을 하지 못하면 저항에 부닥치게 된다. 마치 근대화과정에서 국가경제를 반석위에 올려놓았음에도 이익배분과정에서 이해를 달리하는 개인 또는 집단간의 이익조정에 실패하면 끝내는 저항세력에 부닥치는 것과 같은 이치이다.

　　이익을 달리하는 개인간 또는 집단간의 利害調整이란 시공을 초월해 그 필요성에 비해 매우 어려운 과제이다. 특히 제로섬(zero sum)적 성향이 짙은 정치적 권력게임이나 노사관계에 대해 이해를 달리하는 집단간의 완전한 이해조정이란 불가능하다

---

1) Stephen D. Transey, 「Politics」, Roultledge, 1966, p.5 에서 이스턴(D.Easton)은 정치를 '가치의 권위적 배분'(the authoritative allocation of value)이라 정의하고 있다.

시피 하다. 그래서 완전한 이해조정보다 대체적인 이해조정을 추구 할 수밖에 없다. 대체적인 이해조정을 한다 해도 상호양보는 필수적이다. 이러한 점에서는 권력게임이나 노사관계에서 모두를 만족시키는 흔쾌한 이해조정이란 대단히 어려운 영원한 인간의 숙제이다.

이익을 놓고 이해가 엇갈리는 당사자간 상호양보의 정도는 국가·민족·집단·개인의 특성에 따라서 다르기에 이해조정의 방법도 다양할 뿐 아니라 다양한 테크닉을 필요로 한다. 특히 '내 것 되는 맛'과 '내 자식 주는 맛'에 일하는 전통적인 분배문화가 강하게 작용하는 한국과 같은 非서구사회의 이해조정은 훨씬 어렵다. 예컨대, 심지어 '개혁'과 '참여'를 외쳐온 대통령자문 정책기획위원회 조차도 정작 자신들의 이익을 챙기는 데는 개혁과 참여를 버리고 정책기획위원회 발주 총 용역경비의 93.1%를 정책기획위원들끼리 나누어 가졌다는 의문이 국회대정부 질문에서 나오고 있는 실정이다.[2]

민주주의를 기치로 내세웠던 역대 어느 정권이나 정당도 정치적 이익을 놓고 임기 내내 여야간 정쟁과 권력투쟁을 일삼다 국민적 여망을 저버린 것이 한국정치의 현주소이다. 특히 정당들도 상대정당의 실책에 의존해 지지를 우려내려는데 총력을 경주하다시피 하다보니 국가위기 시에도 정책대안 부재로 책임공방

---

2) 2004.8.13 조선일보,
   대통령자문 정책기획위원회가 지난 3년간 연구용역 과제 89건을 발주하면서 모두 수의계약으로 처리했고, 이중 88%인 79건을 자체 위원들에게 맡긴 것으로 드러났다.
   금액으로 따지면 총 용역경비 37억4800만원 중 34억8800만원(93.1%)을 정책기획위원들끼리 나눠 먹은 것이다. 용역과제는 2001년 28건, 2002년 26건, 2003년 35건으로 현 정권 들어 부쩍 늘어났다. 특히 노무현(盧武鉉) 정부가 출범한 후 작년 한 해 동안에는 기획위원회의 운영협의회 소속 핵심 위원 5명이 총용역 과제 35건 중 7건(20%), 금액으로는 10억 9600만원 중 2억6200만원(24%)을 차지한 것으로 나타났다.

과 땜질식의 대응 밖에 할 수 없는 실정이다.

역대 어느 정권 못지않게 참여와 상생을 외쳐온 '참여정부'의 국가경영을 놓고도 여야간의 심대한 충돌을 빚다 사상초유의 탄핵정국까지 맞이하게 되었다. 개혁선거법에 의한 선거혁명의 기치와는 달리 여전히 흑색선전과 포퓰리즘, 지역선거로 망국적인 17대 총선을 치른 이후도 여야는 곤두박질치는 경제난 해결방안을 찾기보다 행정수도 이전문제, 과거사 진상조사문제, 국가보안법 개폐여부 등 민감한 정치문제를 놓고 여야간 정쟁과 여론몰이를 일삼고 있는 것도 사실이다.

이러한 정치적 사회적 혼란 속에서 제도민주주의는 몰라도 인간의 실질적인 생활을 정의롭게 하는 생활민주주의는 이루어질 수 없다. 인간의 삶의 터전인 각 단위직장에서는 인간에 대한 인간의 비인간성을 목격하며 불확실한 시대를 살아가는 서글픈 현실은 정권이 바뀌어도 악순환하고 있다.

그렇다고 포기할 성질의 것은 아니다. 利害를 달리하는 개인이나 집단간의 조정과 타협을 통해 민주주의 사회로 진입하는 방안을 찾아내야만 한다. 결국 타협문화는 타협이 가능한 구조적체제와 반복된 학습과 훈련과정을 통해서 타협기능을 산출케 함으로서 가능한 것이다. 바로 이 타협문화를 국민으로부터 우려내 사회 속에 뿌리내리기 위한 구조와 기능을 동시에 겸비해 낼 수 있는 장치가 코프라티즘(corporatism)이다.

코프라티즘은 국가 및 公私기업을 비롯한 국민의 생활터전인 모든 단위조직의 민주적 운영에 기여할 수 있다는 기대에 못지않게 전제조건과 문제점도 많아 순기능을 산출하기에는 많은 어려움이 있다. 특히 한국의 경우 기업부문에 코프라티즘 적용은 이해관계를 달리하는 측에서는 反기업정서의 원인이라 평가하기도 한다. 코프라티즘 자체는 反기업정서가 될 수 없지만 코프라티즘을 정권 측이 정권이익에 악용할 경우 反기업정서가 될 수도 있다. 그럼에도 김대중정권 초기 심각한 노사갈등문제 해결을 위해 코프라티즘을 기업부문에 적용하였다. 노사정위원회라는 삼각협상체제를 만들어 상당한 노력을 기울였지만 결국 실패 한 셈이다. 노무현정권에 와서도 노사정위원회를 가동하는 등 코프라티즘을 기업부문에 적극적으로 도입을 시도하고 있으나 한국 노총과 민주노총이 번갈아가며 탈퇴를 선언하는 등 전망은 그리 밝지 못하다.

코프파티즘이 순기능만 해준다면 적용범위는 매우 넓고 인간의 삶을 한 수준 질화시켜 준다. 승자독식의 고질병적 한국정치 때문에 죽기살기식의 끝없는 政爭, 원내총무를 원내대표로 격상하고 입만 띠면 타협·상생 하지만 4대개혁입법을 놓고도 여야간은 절대선과 절대악을 상정해 놓고 독설만 오가고 있다.

개별정책안 뿐 아니라 국가경영 전반에 코프라티즘은 좀더 민주적 해결사로서 역할을 할 수 있다. 그러나 본고에서는 슈미터(P.C. Schmitter)의 코프라티즘을 분석틀로 하여 김대중정권에 이어 노무현정권에 걸쳐 기업부문에 코프라티즘을 적용하고 있는 실태와 적실성을 분석하고 대응책을 마련하는데 중점을 두기로 한다. 디시 말헤 힌국은 아직 기업분야에 시도하는 수준이므로 기업분야의 코프라티즘 적용과 그 파장을 중심으로 연구하기로 한다. 첫째, 코프라티즘과 한국정치와 관계 둘째, 코프라티즘이 한국 기업의 심각한 노사문제 해결을 위한 정책대안으로서의 적실성여부 셋째, 코프라티즘 적용의 실패원인과 효율적 적용방안 넷째, 코프라티즘을 기업분야의 적용에서 정치를 비롯한 다른 분야의 적용으로 확산가능한가 다섯째, 코프라티즘과 생활정치 등을 중심으로 연구하기로 한다.

Ⅱ. 정치에 있어서 코프라티즘이란 무엇인가

1. 코프라티즘이란 무엇인가

코프라티즘(corporatism)은 매우 다의적이어서 사용자의 사용 목적에 따라 다양한 개념설정이 가능해 한마디로 정의하기는 어렵지만 대체로 다음과 같은 범주로 정의 할 수 있다.

첫째, 코프라티즘을 사상체계나 이데올로기로 파악하려는 입장이다. 이들에 의하면 코프라티즘은 어원자체가 사회가 지향해야 할 규범적(normative) 사회질서의 형태에 기반을 둠으로서, 현실을 기술하고 분석하는 개념이 아니라 규범적인 정치사상과 동일시된다는 것이다.

이러한 측면에서 코프라티즘이 제안하고 있는 이상적인 사회질서에 대한 관념을 Alfred Stepan은 유기체적국가주의(Organic Statism)로 요약하고 있다. Organic이란 공동체내에서 사회의 구성부문들이 서로 조화롭게 결합함으로서 인간의 완전한 발달을 가능하게 한다는 정치적공동체에 대한 규범적 비전을 뜻하는 것이다. Statism은 사회적조화가 역사의 진전에 따라 자연적으로 나타나는 것이 아니라 정치엘리트의 권력, 합리적인 선택의 결정, 경우에 따라서는 정치엘리트가 사회를 재구성함으로서 이루어질 수 있다는 관점을 뜻한다.

둘째, 코프라티즘을 하나의 생산양식으로 보는 입장이다. 이들에 의하면 코프라티즘은 사적소유와 국가의 통제가 결합하는 경제체제인 것이다. Jack Winkler는 국가가 경제에 개입함으로서 자본주의와는 구별되는 새로운 생산양식이 등장하게 되고 이것을 코프라티즘이라고 하였다.

셋째, 오늘날은 위의 두 개념을 비판적으로 인식하는 경향이 있다. 코프라티즘은 구체적인 국가와 사회의 이익을 매개하는 특징을 지닌 제도화된 체계로 파악함으로서 특정한 이데올로기나 사상체계와는 구별한다. 또 코프라티즘은 자본주의를 대체하는 새로운 생산양식이 아니라 자본주의의 특정한 단계나 조건에서 나타나는 계급적 대립을 매개·통제함으로서 자본주의의 지속과 성장을 가능케 해주는 것이라 본다.

슈미터(Phillippe C. Schmitter)는 "여전히 코프라티즘 사회에 살고 있다"(Still the Century of Corportism:1974)는 논문을 통해 코프라티즘은 실제로 사회에서 운영되고 있는 제도적체계로서 '이익과 태도의 표명체계'(a system of interest and attitude representation)로 정의하고 있다. 특히 시민사회의 이익을 국가의 정책결정구조와 연결시키는 제도적장치의 모델을 뜻한다. 즉 국가와 사회를 연결시키는 특수한 방식을 의미한다.

슈미터의 코프라티즘 정의도 국가와 사회를 연결시키는 방식인한 사회발전정도나 민주화의 정도에 따라 조건이 달라질 수 있지만 우선 초보단계에서는 다음과 같은 조건으로 출발된다. 즉 코프라티즘이란 이익단체를 구성하는 단위들이 ① 제한된 수로 ② 단일하며 ③ 강압적이며 ④ 비경쟁적이며 ⑤ 위계질시 적이며 ⑥ 기능적으로 분화된 범주에 따라 조직되며 ⑦ 국가에 의해 창설되거나 국가의 인정·허가를 받아 형성되며 ⑧ 국가로부터 이익표출의 독점권을 부여받는 대신 ⑨ 그 대가로서 이익단체의 지도층의 선발과 요구나 지지의 표출에 있어서 국가의 통제를 감수한다.

그렇다고 슈미터의 코프라티즘에서 이익단체들 간의 관계에 국가의 개입정도가 위의 조건처럼 정형적인 것은 물론 아니다. 산업화의 진전, 사회의 분화, 이익의 다기화, 이익단체 활동의 자율성과 민주성 정도에 따라 국가가 利害당사자들 간의 타협을 우려내기 위한 조건이나 위로부터의 통제정도와 방식은 달라진다.

슈미터는 코포라티즘을 사회조합주의(Societal Corporatism)와 국가조합주의(State Corporatism)로 나누었는데 전자는 사회가 국가에 침투해 들어가는 형태로서 중심부자본주의에서 나타나는 경향이 강하고, 후자는 국가가 능동적으로 사회에 침투해 들어가는 형태로서 주변부자본주의에서 나타나는 경향이 있다. 그러나 한국은 노동자운동의 발달로 Societal Corporatism단계에 들어섰지만, 중심부자본주의에 진입하지 못한 경우도 있다. 또 한때 마르크스주의자들에 의해 이데올로기처럼 주장되어온 종속이론(dependency theory), 매판이론(comprador theory), 해방신학(liberation theology) 등의 분석틀이 되기도 한 자본주의사회의 이분법화 즉 중심부자본주의와 주변부자변주의로 단순 2분화 할 명분은 세계화, 신자유주의 시대를 맞이해 점점 잃어가고 있는 실정이다.

그럼에도 슈미터의 코프라티즘은 이용하기에 따라서는 사회적 합의와 국민통합을 우려내는 수단이 된다는 점에서 신조합주의(Neo Corporatism)라는 새로운 명분과 논리로 오늘날도 노사갈등 관계를 비롯한 한 사회의 다양한 분야의 민주화 단계에 까지 파고들고 있다.

요컨대 자유다원주의자(liberal pluralism)나 마르크스주의자(Marxist)들이 국가의 역할과 기능을 중요시 하지 않는데 반해 코프라티즘 논자들은 국가와 사회를 상호의존(interdependency)적으로 작용하는 것으로 파악하여 국가를 중요시하며 국가의 역할과 기능도 적극적으로 보고 있다. 특히 자유다원주의가 국가와 사회를 분리하고, 사회의 갈등은 市場이 '보이지 않는 손'(invisible hand)의 기구나 개인들과 개별이익집단들 간의 경쟁에 의해 자체적으로 해결되기 때문에 국가를 지배계급의 이익으로 보는 점이 있다. 바로 이러한 점 때문에 국가의 역할을 중요시 하지 않는다.

스테판(Stepan)에 의한 신조합주의(Neo-Corporatism)는 유기체적국가론(Organic Statism)을 사상적 근간으로 하고 있는데, 유기체적국가관이 전체로서 목적성 즉 공동선(common good)을 우선으로 하지만 스테판에 의하면 사적이익의 추구자로 개인의 존재를 부정하지 않는다는 점에서 '전체주의적 유기체론'와 구분하고 있다. 그렇다고 신조합주의가 자유다원주의에서 말하는 완전한 자유로운 경제를 통한 사익추구를 의미하는 것은 아니고 전체적 공동이익에 위배되지 않는 한도 내에서 사적이익의 추구를 인정한다.

특히 Organic Statism에서 개별구성단위체로서 개인들이 전체에 유기체적으로 연결되고 위계적질서가 존재하면서 어느 정도 자발적인 행동의 자율권이 인정된다는 점에서 현대의 자유다원론자들로부터 Neo-Corporatism이 권위주의적 요소가 강한 지도자를 만나면 독재유지를 위한 국민통제에 악용될 여지가 있다는 비판을 받는다.

2. 코프라티즘의 역사

크프라티즘은 1881년 독일 프로이센 제국에서 국가위기에 내한 고통분담합의라는 체계를 설립하여 사용자대표, 노동자대표, 공공대표(국가)가 참가하여 국가위기시 경제주체들이 고통을 분담한다는 결의를 한 것으로 거슬러 올라갈 수 있다. 프로이센 제국의 고통분담 결의 이후로 오스트리아, 벨기에, 덴마크, 스웨덴, 영국, 프랑스 등 거의 모든 유럽국가들이 각국의 특수한 상황을 반영하며 제도화된 협조모델을 만들어가기 시작하였다. 1,2차 세계대전을 경과하면서 민족 또는 국가단위의 제도화된 협조체제로서 코프라티즘체제를 확립하였다.

그러나 19c 후반부터 서구자본주의 사회는 노·사간 대결단계로 격렬한 계급투쟁의 장으로 변하기 시작했고 20세기 초반까지 노동자계급을 중심으로 한 혁명운동이 유럽전반을 뒤흔들었다. 이 당시의 코프라티즘은 체제위기요소인 노동자계급운동을 억제시키는 대신 그들에게 식민지수탈을 통한 초과착취이윤의 일부를 당근으로 내밀었다. 자본주의국가는 자본주의 체제를 위해 노동자와 민중들이 체제에 적극적인 협조자가 될 것을 강요하는 쪽으로 코프라티즘을 악용하는 사례가 많았다.

19세기 후반이후 이런 서구의 크프라티즘 대두는 지배계급이 노동자계급에 대한 이윤의 일부를 보장해 줌으로써 계급갈등의 완화와 계급협력을 제도화시키는 과정이었다. 이 과정에서 노동계급의 지도부가 귀족화되어 자본가들과 함께 조국방위를 앞세워 식민지 노동자·민중에 대한 제국주의의 착취에 대해 눈을 감아버린 점이 있었다.

실제의 '크프라티즘국가'는 고통분담이란 명분으로부터 출발된 코프라티즘과는 달리 경제집단들의 조정된 이해를 반영하는데는 관심이 별로 없었다. 오히려 사회 각 부문을 국가에 종속시켜 독재자의 의지를 반영하는 측면이 강하게 나타났다. 코프라티즘이론이 이렇게 악용되자 제2차대전 종결 후 파시스트 국가들의 패망과 함께 정치적인 관심을 끌지 못하고 사양길로 접어들었다.

1970년대 들어오면서 슈미터(P.C. Schmitter)가 국가와 이익집단간의 관계를 설명하는 하나의 이론모형으로 코프라티즘을 적용하게 되자 새로이 부각되기 시작했다. 이때부터 코프라티즘은 이익대표와 국가개입의 과정이 제도적으로 분리된 의회주의 국가형태와는 달리 각 이익집단들이 단일적이고 위계적인 전국 규모의 이익대표체계를 형성하고 일면 국가이익을 대변하면서 그 대가로 특정범주에 한하여 이익공동체의 욕구를 독점적으로 정책과정에 투입하는 이익대표방식을 취하기 시작했다.

특히 Stepan의 신조합주의(Neo-Corporatism)는 국가가 시민사회보다 우선되면 중요한 적극적인 역할과 기능을 수행해야 한다고 하고 있다. 그렇다고 국가의 적극적 역할이나 기능 때문에 사적이익의 추구나 개인의 존재성이 부인되는 것은 아니고 공동선을 위해 통제와 조정이 가능하다.

그러나 코프라티즘은 황금기를 거친 70년대후부터 자본주의 선진국 안에서 확산되는 스태그플레인션, 오일쇼크, 일본과 신흥공업국가들의 급속성장 등 구조적 경제위기하에서 정치·경제적 갈등을 최소화하는 케인즈적 국가정책 틀 안에서는 작동될 수 없었다. 70년대 이후 미국의 레이거노믹스와 영국의 대처리즘은 70년대의 합의주의 방식을 철회하고 80년대 이후 신자유주의적 구조조정에서 노조를 배제하는 노선으로 갔다.

결국 소련붕괴이후 미국이 주도하는 세계화(globalization)와 신자유주의(neo liberalism)시대에 와서 개별국가의 코프라티즘은 더욱 의미가 사라지고 있다(slow death). 그러나 한 국가의 세계화나 신자유주의시대에 편승하기 위한 구조조정과정에서 겪는 엄청난 노사갈등문제, 국내의 민주화 문제와 노사 문제 등을 비롯한 갈등을 치유하고 국민을 통합해 내는 입장에서는 코프라티즘의 통합기능을 다시 활용할 필요성이 강해지고 있는 것이 현실이다.

3. 정치적 통합과 지배수단으로서의 코프라티즘

신생국 통치에 있어서 최대의 정치적 과제는 산업화과정과 더불어 대두된 노동조합운동과 노사대결관계를 국가개입을 통해 노사합작 관계로 전환 시키는 일이다. 산업화 이전의 전통적 농업국가 시절은 노동운동이 국가와 기업에 의해 철저히 탄압받던 노사종속 관계가 지배적이므로 노동운동의 이념적 성격은 매우 정치주의적이지만 국가통제는 오히려 수월하게 이루어진다. 특히 노사종속 단계에서는 대부분의 신생국들이 노동운동의 합법성을 인정하지 않았기 때문에 모든 노동운동은 불법행위에 속하게 됨으로 단속과 통제는 강압적일 수밖에 없다.

산업화 과정으로 진입하게 되면 권위주의 정치와 성장위주의 경제정책을 필연적으로 채택하게 되고, 동시에 소외계층 증가, 빈부격차 심화, 민중배제, 정치참여 폭발 등을 수반하게 된다. 노동단체들은 국제적 연대와 夜學을 통한 끊임없는 비판적 노동교육 등으로 합법성을 쟁취해 낸다. 이렇게 산업화와 더불어 노동운동은 합법성을 지니게 되고 동시에 노사대결관계는 점점 심화되고 노동운동의 강도가 높아진다. 노동운동의 이념도 경제정의와 민주주의에 두며 정치투쟁을 통해 권위주의 정부와 맞서게 된다.

이러한 일련의 과정에서 정권 측은 권력을 포기하지 않는 한 어떤 형태로든 통치권차원에서 勞使 간 勞政 간의 극한대립을 조정해야 한다. 勞使간 勞政간의 극한대립은 산업화기간 최대의 당면 정치과제인 만큼 정부개입이라는 수단을 통해 합의기반을 조성해 국민통합을 이루어 나가야 한다. 이러한 과정에서 보면 코프라티즘과 정치는 밀접한 관계에 놓이게 된다. 정부는 코프라티즘을 통해 노동자의 파업중단과 임금억제를 유도하고, 사용자 측에는 융합적 조합주의에 필요한 諸조치를 요구함으로서 해결의 실마리를 마련하고 국민통합의 길을 모색한다.

독재정부이든 민주정부이든 국민통합은 정권 측의 가장 우선 과제이다. 단지 독재정부는 강압이나 동원을 통해 국민통합을, 민주정부는 對국민봉사와 자발적 참여로 국민통합을, 과도기 국가는 코프라티즘을 통해 국민통합을 하려들 것이다. 코프라티즘은 利害를 달리하는 집단간의 사회적 합의를 도출해 냄으로써 사회안전망 구축과 지지기반을 확충하려는 것이기 때문에 과도기라고 하지만 민주주의에 가까운 사회에서 적용 가능한 것이다.

국가가 크프라티즘을 통해 사회를 통합 하고 지배하려는 시도는 분석적으로 두개의 유형이 있다. 첫째, 융합적 조합주의로서 국가가 사회에서 중요한 노동계급의 집단들을 새로운 정치와 경제역역에로 통합하려는 정책들을 통해 국가와 사회의 관계를 새롭게 수립하려는 유형이 있고, 둘째, 배재적 조합주의로서 일차적으로 노동자 계급을 탈정치화하고 새롭게 조직함으로서 노동계급을 무력화 하려는 정책유형이 있다.

위의 융합적 조합주의와 배재적 조합주의는 다같이 국가조합주의(state corporatism) 형태를 띠고 있지만 정권의 유형과는 구별된다. 즉 하나의 정권이 두 유형의 정책을 동시에 사용할 수도 있고, 같은 정권이 시간이 경과하면서 하나의 유형에서 다른 유형으로 정책을 전환할 수도 있다.

4. 민주화 과정으로서의 코프라티즘체제

위에서 살펴본 코프라티즘은 대체로 권위주의 국가가 효율적 통합방안이나 지배유형이란 점에서 접근한 내용들이다. 그러나 코프라티즘은 활용하기에 따라서는 권위주의 정치를 민주주의 정치로 전환시키려는 민주화 과정에 필수적인 토론문화를 정착시켜 주고 타협과 협동심을 숙련시켜 주는 과도기적 역할을 할 수 있다.

전통의식이 강하고 권위주의 문화가 정착되어 있는 나라에서 민주주의 사회의 성립요건인 탈권위주의, 민주적 가치형성과 행태, 타협과 분배정의 등은 거의 불가능하다. 그래서 이러한 나라들은 민주화운동을 통해 법과 제도만의 제·개정을 통해 제도민주주의를 구축시켜 놓고 민주주의 사회라고 오인하는 경우가 허다하다. 민주주의의 본질적인 내용들이 실제 우리들의 일상생활 속에 굴러가는 생활민주주의야 말로 인간의 얼굴을 한 진정한 자유민주주의 사회라고 말할 수 있다.

생활민주주의가 성립하려면 利害를 달리하는 개인이나 집단 간의 타협, 아는 대로 실천하는 행태(behavior) 등이 선결 과제이다. 이러한 선결 과제는 한 나라의 국민성이나 정치문화와 밀접한 관련성이 있으므로 민주주의 사회로 진입하기 위해서는 민주주의가 뿌리 내릴 수 있는 정치문화를 만들어 주어야 한다. 즉 문화를 토대, 제도를 상부구조라 가설한다면, 권위주의 정치의 토대가 되는 신민적 정치문화(subject political culture)를 민주주의 정치의 토대가 되는 참여적 정치문화(participant political culture)로 바꾸어 주어야만 국민의 생활과 더불어 존재하는 민주주의가 가능하게 된다.

그러나 신민적 정치문화를 참여적 정치문화로 바꾸는 데는 훈련과 숙련이라는 실천학습이 따라야 하는 바 그 역할을 할 수 있는 것이 바로 코프라티즘적 국가경영이다. 굳이 국가경영 뿐아니라 인간의 삶의 터전인 모든 공사조직을 코프라티즘으로 운영한다면 그 운영과정에 참여한 이해를 달리하는 모든 구성원은 타협과 협동하는 행태를 배우게 된다.

다시 말해 기존의 자유주의적 의회민주정치가 실질적인 생활민주주의를 담보해 내지 못하기 때문에 제도적 대안으로서 코프라티즘을 이해할 수 있다. 예컨대, 기업의 경우 자본주의 사회의 대표적 이익단체, 즉 사용자단체와 노동자단체의 대표들과 정부의 대표가 3자 협상을 통해 주요 경제정책을 결정하는 이른바 3각협상체제(tripartite structure)에 의해 조직이 운영되는 경우이다.

요컨대, 크프라티즘은 이해관계가 다른 3분야의 대표들이 모여 3각 협상 체제를 구성하고 3자의 대표들이 한 협상테이블에서 이해조정을 위한 토론을 통해 실천한다. 각 이해집단이 이해조정을 위한 토론을 통해 타협과 협동을 익히게 되고 실천하는 행동도 훈련하게 된다. 이렇게 코프라티즘체제는 권위주의 정치를 민주주의 정치로 전환시키기 위해 민주적인 생활훈련을 하는 과도기에 위치해 성숙된 민주주의로 넘기는데 필요한 인프라를 구축시키는 역할을 한다.

Ⅲ. 한국사회와 코프라티즘

1. 한국에서의 코프라티즘 문제 제기

코프라티즘의 본질은 정치적·사회적 갈등을 합의·조정·통제 등에 의해 통합을 이루어 내는데 있다. 특히 코프라티즘은 권위주의 체제가 민주주의 체제로 넘어가는 과도기에 존재하면서 민주주의사회의 필요조건인 타협수단이나 절차를 익히게 하는데 의미가 있다. 체제의 발전과정(전체주의 체제⇒권위주의 체제⇒코프라티즘체제⇒민주주의 체제)에서 보면 코프라티즘체제는 과도기민주주의로서 어느 정도 생활민주주의를 하고 있는 상태를 의미한다. 권위주의 체제가 과도기민주주의 단계까지 온 것도 코프라티즘의 역할이고, 민주주의 역량을 축적해 과도기민주주의를 성숙한 민주주의 체제로 진입케 하는 것도 코프라티즘의 역할이다. 단지 독재자에 의해 그의 권위주의적 지배구도를 존속시키기 위해 악용하는 경우는 권위주의 악순환이 있을 뿐이다.

따라서 한국사회에서 크프라티즘 논의는 산업화가 성공단계로 접어들자 이와 맞물려 빈부격차심화, 소외계층증대, 도농격차 등 정치적·사회적 갈등이 심화되기 되기 시작한 1970~1980년대에 대두 되었다. 1970년대 후반부에 관심 있는 진보적 지식인을 중심으로 연구가 활성화되기 시작했고, 1980년대에는 대학가에서 비교정치를 비롯한 사회과학계열 관련학과에서 강좌가 부분적으로 이루어지기 시작했다. 1980년대 중반을 넘어서면서 코프라티즘이 마치 이데올로기처럼 민주화 운동권에 확산되기 시작하였다.

코프라티즘은 특히 권위주의사회에서 계급갈등이 심화된 경우에 갈등극복을 위한 代案政策으로서 존재이유가 강하므로 1980년대 시대상황과 맞물리게 된다. 당시로서는 코프라티즘사회가 한국 민주화의 비전으로 여겨져 하나의 이데올로기처럼 모든 민중세력을 하나로 통합해 내는데 믿음과 행동을 주었다.

이러한 역동적인 움직임이 권위주의 체제에 대한 반작용으로서 강하게 나타난 결과 1986년 인천 5.3사태[3]와 1987년 소위 넥타이부대가 처음 참여한 6월항쟁[4]으로 이어졌고 드디어 직선제 헌법개정을 끌어내는데 성공하게 된다. 문제는 그러나 그 이후 일련의 정치는 또다시 권위주의 정치의 악순환에 빠지게 되고 모든 공사기업과 단위직장들도 권위주의적 경영의 틀에서 벗어나지 못하고 만다. 결국 코프라티즘은 산업사회 또는 후기산업사회를 민주사회로 접목시키거나 변화시키는 쪽으로 활용되지 못하고 모티브만 제공하고 그 이후의 역할은 死藏되기 시작한 것이다.

다시 말해 한국에서의 코프라티즘은 민주화운동의 수단과 이론적 무기 역할 밖에 할 수 없었다. 소위 민주화시대라고 하는 1990년대 이후에 와서도 각 정권은 오히려 코프라티즘을 통해 노동자운동을 묶어 놓으려는 야심으로 악용되기까지 하였다고

---

3) 1986년 5월 3일 야당인 신민당은 직선제개헌 1천만 서명운동 인천 및 경기 도지부 결성대회를 개최할 예정이었다. 대회는 4천여 명의 서울과 인천의 재야인사·학생·노동자들의 격렬한 시위와 경찰의 무력진압으로 무산됐다. 비록 이날의 사태는 폭력시위 이었지만 개헌에 대한 시민들의 요구를 드러낸 것으로 마침내 1987년 민주화운동을 촉발하는 시발점이 되었다

4) 87년 6월 20여 일간 계속해 전국적으로 500여만 명이 참가하여 일어났던 당시 권위주의정권 대한 저항운동이었다. 4·13호헌조치 철폐, 직선제 개헌 쟁취, 독재정권 타도 등 반독재민주화를 요구하였다.

노동단체에는 증언하고 있다. 이것은 코프라티즘의 본질을 오히려 권위주의 정치의 통치수단으로 악용하려는 전술적 차원으로 변질시킴으로서 민주주의 시대라고 하지만 한국의 민주주의를 실천 없이 말로만 하는 결과를 낳은 셈이다.

물론 각 정권이 부분적으로는 코프라티즘을 통한 신노사문화를 정착시키려는 노력이 없었던 것은 아니었다. 그러나 그것은 이미 지적한 바와 같이 3자간 첫째, 코프라티즘에 대한 충분한 이해가 부족했고 둘째, 상호불신 셋째, 통합이라는 과실만 따가려는 정부부문의 조급함에 있다고 볼 수 있다.

예컨대, 노태우 정권시기 언론을 통한 경제위기설을 유포하여 국민적 합의를 시도한 다음 한자리수 임금정책과 총액임금제 등을 채택한 것은 노동운동을 배제하고 국가와 자본을 중심으로 하는 권위주의적인 동맹을 부활하려는 시도라고 보는 관점이 그러하다. 김영삼정권 시기 1993년과 1994년 임금합의는 경제와 사회적으로 '총체적 위기'에 처한 위기국면에서 '국민적 합의'가 중요하다는 논리를 내세워 '노·경총 임금합의'를 제도화하여 노동운동을 통제하고자 하였다고 보는 민주노총의 견해와, 1996년 상반기 노사관계개혁위원회라는 보다 완전한 형태의 3자 합의기구를 구성한 점 등이 성공할 수 없었던 이유 등이 그러하다. 김대중정권시기 98년 결성된 노사정위원회는 IMF로부터 구제금융을 차관하기 위한 전제조건인 노동자의 동의를 얻어내는데 이용한 직후부터 사양의 길을 걸었다. 노동자 측에 의하면 코프라티즘은 김대중 정권 임기 내내 노동자운동의 발을 묶어 놓으려는 술책에 불과하다고 보는 불신풍조가 팽배했다. 그러나 노동자 측도 그들의 이익에 속하는 임금인상과 기업의 지배구조 개선만 주장했지 구조조정과 맞물려 노동자 감축문제는 받아들이지 않았기에 코프라티즘은 더 이상 지속될 수 없었다.

어쨌거나 민주화운동의 결과 정권이 교체는 되어 왔지만 아직도 정치판에는 권위주의 유령이 맴돌고 있는 것이다. 김대중정권에 와서 노사정위원회라는 3각 협상체제를 만들어 코프라티즘적 접근을 시도했지만 성공하지 못한 것도 3자 모두 극도의 이기주의 발로와 민주역량의 부족 때문이었다.

구조조정은 노동자 대체세력으로 신기술을 도입해야 하며, 기업의 지배구조개선을 통해 전문경영인 체제로 대체해야하는 내용이 핵심이다. 이러한 시대적 변화에 대응하고 합의기반 조성을 위해 대두된 코프라티즘은 노동자는 물론 사용자로부터도 엄청난 불신을 받기 시작했고, 정부를 대리한 수행 공무원의 의식구조 역시 관료주의가 팽배해 코프라티즘적 대안은 실패로 돌아갈 수밖에 없게 되었다.

노무현정권의 참여정부에 와서도 노사정위원회를 추진하고 있으나 코프라티즘적 합의나 통합을 이루어 내기에는 아직도 상호 불신이 너무 큰 셈이다. 이 불신의 핵심요인은 코프라티즘에 대한 충분한 이해가 부족한 탓도 있지만 서로가 상대에게 양보 보다는 이기심의 발로가 너무 크기 때문이다. 특히 구조조정을 통해 선진형 기업 스타일로 탈바꿈하지 않으면 시장개방과 단일경쟁 하에서 팔리는 물건을 만들 수 없다. 선진국형 기업으로의 구조조정과 맞물려 있는 기업의 코프라티즘 적용에 대해서는 아직은 적실성이 매우 낮은 셈이다. 우선 기업에 코프라티즘 적용이 성공하면 기타 인간의 생활터전인 다양한 공사조직의 운영에 코프라티즘 적용이 파생될 것이다.

2. 이익단체 역할 대안 코프라티즘

민주주의 정치 실현의 토대(infra structure)가 되는 참여정치문화는 조직의구성원들이 자기이익(self interest) 표출을 제대로 할 수 있다는 것을 전제로 한다. 이익단체(interest group)가 활성화·실질화 되어 있지 않는 곳에서 자기이익표출이란 매우 어려운 여러 가지 심리적 실질적 압력을 받게 된다. 원래 이익단체가 일종의 압력행사를 통해 정치권으로부터 또는 소속집단으로부터 이익을 얻어내는 측면에서 압력단체(pressure group)라고 부르기도 한다. 그러나 이익단체가 활성화되지 못해 제 역할을 하지 못하는 경우 오히려 이익단체가 정치권이나 소속집단의 경영주 측으로부터 逆압력을 받게 된다. 이렇게 이익단체가 오히려 역압력을 받는 상태에서는 자기이익표현은 매우 어렵게 될 수밖에 없다.

한국사회에서 이익단체 대표들이 관료화하거나 간부중심으로 운영되어 오히려 경영자 측과 결탁(illicit union)해 그들의 출세도구로 삼는 매판행위를 하는 사이비이익단체도 많이 볼 수 있다. 이것은 아직 한국사회의 실질적인 민주화 수준이 매우 낮다는 것을 의미한다.

이렇게 이익단체가 제 역할을 발휘하지 못해 존재성을 찾지 못하고 있을 때 구성원 개인이 자신의 이익을 찾겠다고 나서거나 권익주장을 한다는 것은 자칫 희생양이 되기 쉽다는 뜻에서 영국의 정치학자 라스키(Harold Laski)는 '허공에서 울부짖는 한 마리의 새소리에 불과하다'고 「위기에 처한 민주주의:Democracy in Crisis」에서 밝히고 있다.

아직도 非서구사회의 신생국 대부분은 현대정치의 버팀목인 이익단체나 政黨의 활동이 제 기능을 다하지 못하고 있으므로 이익단체의 구성원이나 국민대중들은 도처에서 인간에 대한 비인간성을 목격하며 서글픈 비인간적 삶을 하여야만 한다. 이렇게 이익단체의 제 역할을 기대할 수 없는 입장에서 그 대안정책으로 제시할 수 있는 것이 코프라티즘이다.

그렇다고 코프라티즘이 언제나 대안정책으로 적절한 것만은 아니기 때문에 경계를 해야만 한다. 코프라티즘이 단위조직의 3

분야(노동자·사용자·정부)의 대표자가 균형감각으로 협상한다고 하지만 민주화 정도가 허약한 나라의 경우 정부에서 주도하기 때문에 전술한 바와 같이 자칫 정권 측이 국민통합이라는 과실만 얻고 오히려 구성원의 이익을 묶어 억제시킬 가능성이 상존한다는데 염려가 있다. 코프라티즘은 이해당사자인 3자 모두가 자율적인 소속집단이나 국가발전프로그램에 대한 실천의지가 있을 때만 실효성이 있게 된다.

3. 한국에서의 코프라티즘 적실성

사양길에 접어든 코프라티즘이 슈미터(P.C. Schmitter)에 의해 1970년대 이후 다시 부각되어 남미와 아시아 등지에서 이론과 운동차원에서는 상당히 활성화 되었지만, 국민통합이나 노사대립 등 이해당사자의 갈등을 조정하는 데는 적실성이 매우 낮아 거의 실패하였다. 한국역시 1980년대에 코프라티즘이 열병처럼 이론차원과 운동차원으로 불어 닥치다 사라졌다. 5.3인천사태와 6월항쟁의 촉매제 역할은 한 셈이지만 민주사회로 승화 시키지는 못했다.

1998년 김대중정권 시절 운동차원이 아닌 실천차원에서 노사정위원회가 발족되었다. 3자 대표 모두가 코프라티즘에 대한 理解부족과 利害대립 때문에 별무효과의 지지부진한 상태였다. 2004년 8월 노무현정권이 또다시 노사정대 타협을 위한 정책을 내세우고 이슈화 해가고 있지만 아직은 크프라티즘의 성립조건의 성숙이나 인프라구축이 안된 상태에서 적실성이 낮아 큰 실효성이 없을 것으로 예측된다. 3자간 상호불신이 깔려있는 상태에서 2004년 춘투를 앞두고 민주노총의 노사정위원회 탈퇴와 한국노총의 조건부탈퇴 선언, 2004년 9월에도 한국노총이 비정규직 보호입법안 입법예고에 반발, 노사정위원회의 특수형태 근로자종사자 대책특위에 불참 하고 "정부가 비정규직 改惡案을 철회하지 않고 힘으로 밀어붙일 경우 노사정위 탈퇴도 불사할 것"이라고 밝혔다

슈미터는 남미 출신의 미국 정치학자로서 코프라티즘을 통해 남미를 비롯한 신생국의 민주화와 이해당사자간의 갈등완화 그리고 정치적 국민통합에 적용하려는 야심에 찬 의지였지만 그의 고향 남미에서도 적실성이 낮아 실패하였다. 오히려 서유럽으로 전파된 코프라티즘은 서유럽 모든 단위조직의 미진한 덜 민주적인 구석구석을 더욱 수준 높은 민주적관계로 만드는데 기여한 셈이다.

슈미터의 코프라티즘이 利害당사자인 노동자, 사용자, 정부 모두에게 이익과 협조를 동시에 보장하면서 단위직장에 뿌리 내리려면 양보와 포용이라는 최소한의 인프라가 구축 되어야 한다.

코프라티즘에 있어서 양보와 포용의 인프라는 첫째, 노동자 분야에서는 노동시장의 유연성이 관건이다. 특히 세계화와 신자유주의라는 全지구적인 단일시장과 단일경쟁체제 하에서 팔리는 물건을 생산하려면 기술혁신을 통해 노농집약산업을 기술집약산업으로 대체해야만 한다. 문제는 이 과정에서 배출되는 노동자감축을 위한 엄청난 해고자를 수용하려면 노동시장의 유연성은 필수적이다. 다른 직장으로의 전업이 보장되지 않는 상태에서 해고를 전제로 한 타협, 국민통합, 민주화 등의 果實은 노동자에게는 썩은 사과나 다름없기에 3자 협상에 응할 수 없는 실정이다.

둘째, 사용자 분야 역시 全지구적 단일시장과 단일경쟁에서 수익을 내고 생존하려면 기업운영스타일의 선진화와 기술집약산업으로의 전환은 불가피하다. 기업운영스타일의 선진화란 지배구조 개선을 통해 기업오너 보다는 전문경영인을 전면에 내세워 책임경영체제로 전환하는 것을 핵심으로 한다. 바로 이 부분이 오너

기업인으로서는 3자 협상에 나서고 싶지 않는 부분이다. 또 기술집약산업 시대에는 사용자에게 기술대체를 위한 적정수준의 노동자 감축을 위한 권한이 주어져야한다. 그러나 노동자의 입장에서는 그들의 다음 일자리가 보장되지 않는 조건에서 기술대체라는 시대적 요청만으로 감축에 응할 리가 없기 때문에 노사간의 갈등과 불신은 자칫 깊어질 여지가 있다.

셋째, 정부 부문에 있어서도 정권자 측은 갈등완화라는 사회문제 해결과 국민통합이라는 과실에만 급급했지, 실제 3자 협상 현장에서 정부를 대표한 공무원들의 관료주의 타성, 사용자의 일자리창출 부족, 노동자의 무대책해고 등의 문제 때문에 조정기능이 제대로 작동되지 않는다는 것이 가장 큰 문제점으로 지적되고 있다. 더욱 중요한 것은 기업조직에는 3자 협상을 요구하고 있는 정부나 정치권이 스스로의 조직은 코프라티즘을 위한 구조조정이나 개혁을 하지 않는다는 점이다.

넷째, 특히 신조합주의(neo-corporatism)에서는 유럽형과 일본형에 따라 노사가 합의과정에 이르는 구조적 기술적 심리적 요인에서 차별성이 있다고 강조하지만 한국의 환경에서는 어느 유형도 쉽게 적응성을 가질만한 조건성숙이 되어 있지 않아 구분의 실익조차도 없다.

유럽형은 독일을 비롯한 선진국들을 중심으로 발전한 진보적 모델로서 인간적, 민주적 노사 관계를 바탕으로 세계 최고의 생산성과 생활수준을 유지해 옴으로써 그 실효성이 역사적으로 입증되고 있다. 일본형은 회사중심주의, 혹은 경영가족주의라 불리는 일본기업 특유의 전통을 바탕으로 노사합의에 도달하는 작업장 체제를 의미한다. 일본식 조합주의는 유럽형처럼 사회 전체적 수준에서 잘 조직화된 자율적 이익집단들 간의 사회적 협약에 의해 유지된다기보다는 기업중심의 온정주의적 노사관계를 바탕으로, 기업의 주도하에 근로자들이 기업사회에 일체화되는 방식으로 노사관계가 형성되었다는 점이 차이점이다. 이러한 점에서 일본식 노사협조체제는 기업사회 중심의 '미시적 조합주의'(micro corporatism) 혹은 '위계적 조합주의'(hierarchical corporatism)라 불리기도 한다.

한국의 노사관계는 유럽형과 같은 인간적, 민주적 노사 관계라 보기도 미진하고, 일본형처럼 회사중심주의나 경영가족주의라 할 만한 오랜 전통도 지니고 있지 않다.

이상의 관점에서 보면 아직은 한국 기업에서 코프라티즘 적용은 적실성이 낮은 셈이다. 그러나 노사문제를 그때마다 사안에 따라 캄플주사를 맞듯 극약처방의 땜질 방식으로부터 탈피해 시스템화 해 나가야 한다. 현 단계에서 시스템화란 코프라티즘체제 구축을 통해 사회전반의 민주화이행 선상에서 노사정문제도 취급되어야 신뢰성과 효율성이 맞물려 노사정이 좀더 안정적인 화합의 길로 들어서게 될 것이다.

4. 코프라티즘을 통한 한국의 생활민주주의

(1) 권위주의는 難攻不落의 한국병

1948년부터 시작된 한국의 현대정치사는 한반도를 중심으로 줄기차게 맴도는 권위주의라는 망령과의 싸움이라 해도 과언은 아니다. 마치 難攻不落의 요새와 같은 한국의 권위주의가 정치를 비롯한 모든 조직에 진드기처럼 달라붙어 떠날 줄을 모르고 인간의 생활을 어둡게 하고 있다는 점에서는 오늘날도 크게 달라진 것이 없다. 정치적 후진국가에서 조직을 지배하는 것은 지금도 밀리반드(Ralf Miliband)의 경영자주의(managerialism)[5] 개념

---

5) Ralph Miliband, 「The State in Capitalist State」, New York: Basic Books, 1969, pp. 28~39, p. 34, p. 38

이 절대적이기 때문이다.

현실정치에 참여하지 못한 엘리트들은 민중이익을 대변한다는 논리와 민주주의란 명분으로 그동안 권위주의 정치와 맞서 처절한 싸움을 해왔다. 그러나 1993년 김영삼정권의 등장 이후부터 양상이 달라졌다. 그동안 형식상 민주화운동의 중추세력을 이루었던 그룹 중 소위 YS추종자들은 대거 김영삼정권의 성립과 더불어 입성하게 되자 권위주의 정치와의 싸움으로부터 손을 놓아버렸다. 그리고 김영삼정권은 문민정부라 명명하고 '역사바로세우기' '개혁과 변화'라는 거대한 민주주의 구호를 내세웠지만 결과적으로 통치이데올로기에 불과한 허위의식이었다. 오히려 허위의식을 내세워 잔여민주화세력에 대한 해체작업에 들어가기도 했다. 98년 김대중정권 역시 김영삼정권과 같은 전철을 밟아 나갔다. 민주화운동 세력중 소위 DJ추종자들은 김대중정권에 대거 입성하게 되고 IMF나 구조조정이 일종의 통치이데올로기 역할까지 해내 임기 초 상당한지지 속에 개혁과 변화를 시도했다. 이러한 분위기 속에서 자민련과의 내각제개편과 5년 임기 중 절반은 자민련에 바톤텃치 한다는 약속은 물거품이 되고 권위주의 정치는 심화되기 시작하고 임기중반 이후부터 지지율 감속에 속도가 붙기 시작해 정권창출의 꿈마저 이루지 못했다.

김영삼정권이나 김대중정권이 내세운 개혁은 그 이전 역대정

밀리반드에 의하면 소유와 경영의 분리라는 경영자주의는 자본주의의 극복이 아니라 자본주의 체제의 기술적 합리화를 의미하는 것인 한 권위주의적 지배구도라는 근본적 상황을 변화시킬 수 없는 것이라 지적한다. 다시 말해 소유자나 경영자나 주식소유에 대한 경험적 자료에서 보면 똑같이 대주주라는 것이다. 이러한 관점에서 보면 요즈음 사학법개정에 의해 재단으로부터 인사권을 총장으로 넘기자고 하지만 근본적인 대책은 되지 못하는 것이다. 재단과 총장이 한통속이 될 수밖에 없는 연계변수(예, 주식, 학연, 혈연 등)가 많기 때문이다. 또 요즈음 코드정치나 패거리정치란 말 등도 결국은 민주주의의 다양성이 존재할 여지가 없기 때문에 비민주정치가 될 수밖에 없는 것도 밀리반드의 경영자주의 개념과 같은 이치다.

권과 마찬가지로 내용이나 방법상 개혁이 아니라 혁명이나 일종의 민간쿠데타에 해당되는 것이었다. 두정권의 집권엘리트들은 이승만정권이나 군부엘리트의 축출만으로 민주주의사회가 도래되는 것으로 착각한 것이다. 이승만정권이나 군부통치의 종식은 민주주의의 걸림돌을 제거한 것에 불과한 것이다. 실질적인 민주주의 운동은 걸림돌을 제거한 시점부터 다른 차원에서 정확한 교육프로그램과 더불어 새로운 차원에서 추진해야 하는데 마치 민주주의사회가 온 것처럼 환각 속에서 기회를 놓친 것이다.

功過를 떠나서 이승만정권과 3.4.5.6공화국은 권위주의 정치를 한 것은 사실이다. 이승만정권을 가부장제권위주의 정치라 한다면 3.4.5.6공화국은 관료권위주의 정치라 할 수 있다. 그리고 김영삼정권이나 김대중정권 역시 정책결정과정과 추진과정, 여야관계 등을 분석해 보면 권위주의 정치가 아니라 할 수 없다. 여기저기서 '더 무섭다'는 말이 퍼져 나오고 임기중반 이후 두 정권 모두 지지율이 급감하여 국가경영에 많은 차질을 빚기도 하였다. 2003년부터 시작된 노무현정권은 아직은 평가단계가 아니기에 더 두고 보아야겠지만 임기 2년을 앞두고 있는 시점까지 정책결정과 추진과정, 인사문제 등에서 권위주의적 요소가 많기는 마찬가지다.

문제는 김영삼정권 이후 오늘날에 이르면서 민주주의제도만 따왔지 민주주의문화와 생활은 옮겨오지를 못했다. 인간은 조직의 일원으로 살아가기 때문에 인간 개개인이 속한 단위조직의 운영스타일은 삶의 질을 의미하는 것이어서 매우 중요하다. 인간의 삶의 터전인 단위조직은 아직도 권위주의 유령으로 둘러 싸여 위계적(hierarichical)이고 비민주적으로 굴러가고 있다. 아직도 인간의 일터 대부분은 일제시대 친일행위 못잖은 받치기, 줄서기, 눈 가리기, 아첨하기, 밀고하기 등에 의해 상과 벌이 바뀌는 상태에서 온갖 억압과 더불어 운영되고 있다. 단위조직 운영자의 횡포와 권위주의적 의사결정과 추진은 조금도 바뀌지 않고 있다는 말이다. 한국의 엘리트 대부분은 입만 띠면 그렇게도 민족주의와 민주주의를 앞세우지만 의사결정이나 행태는 지나치게 권위주의와 독선으로 가득하다. 이러한 엘리트들일수록 기회다 싶으면 권력과 줄 대기 하려고 수단과 방법을 가리지 않는 것을 도처에서 쉽게 볼 수 있다.

코프라티즘은 한국인의 내면적인 권위주의의식과 비민주적 행태를 일상생활 속에서 훈련과 숙련을 통해 서서히 민주주의의식과 민주적 행태로 바꾸어주는 수단이 될 수 있다.

(2) 코프라티즘은 제도민주주의를 생활민주주의로

마치 계란껍질을 깨고 나오지 않고는 병아리가 되지 못하듯이, 한국은 제도민주주의를 생활민주주의로 연계시켜주는 민주주의 전환의 질곡을 뛰어 넘어야만 한다. 바로 껍질을 깬다는 변증법적 변화의 과정이 민주주의로 가는 길이다. 이 민주주의의 길은 죽음의 계곡과 같은 질곡으로부터 탈출해야 가능하다. 이 민주주의 전환의 계곡을 탈출하는 과정은 한국인들의 의식구조와 행태의 혁명적 변화를 의미한다. 다시 말해 코프라티즘은 모든 단위 조직마다 이해가 다른 두 집단의 대표자와 조정자로서의 정부가 마주앉아 균형감각으로 협상한다는 자체가 혁명적변화이다. 이러한 변화는 결국 삶의 스타일변화를 의미하는 근본적인 문제로서 코프라티즘의 타협기능과 통합기능을 통해 가능할 것이라 본다.

한국에서 생활민주주의 정착이 어려운 가장 큰 이유는 생활민주주의의 필요조건인 利害당사자간 타협과 통합력의 부족에 있다. 코프라티즘의 타협기능과 통합기능을 통해 제도민주주의에 그치고 있는 고질적인 한국 민주주의를 인간의 일상생활 속으로 끌어내어 정착화 시켜나감으로서 민주주의의 본질적 내용들이 일상생활 속에 살아 움직이는 생활민주주의로 승화시킬 수 있다.

민주주의에 대한 강한 열정으로 4.19혁명을 비롯해 수없이 많은 민주화운동의 결과 이미 오래전부터 형식적으로는 민주주의에 걸맞은 많은 제도를 도입해 왔으며 민주주의 공고화를 위한 노력도 해 왔다. 그러나 이러한 제도적 측면의 민주주의가 생활 속으로 용해되지 못하고 오히려 과소비를 부추기고, 일할 맛을 잃게 하며, 우리의 지고한 전통문화마저 파괴하고, 중년이후의 이혼율을 급증시키는 등 사회질병을 유발하는 엄청난 부작용을 내고 있는 것이다. 이렇게 한국의 발전루프는 일정한 시점에서 제도민주주의라는 질곡에 빠져 헤어나지 못하고 늘 그 자리에서 허우적거리고 있는 셈이다.

우리의 생활현장 도처에서 왜곡된 지배구조에 의해 아직도 봉건주의 시대에나 있음직한 억압된 직장생활이 계속되는 경우가 허다하다. 한 머리에서는 심지어 노동자천국이라도 되듯 노동쟁의 때문에 기업경영에 많은 차질을 빚는다고 하지만, 다른 한편 부당하게 해고된 노동자가 제소를 통해 모든 법정에서 일방적으로 승소했음에도 인사권자 개인의 비위를 거슬렀다는 것만으로 끝내 채용해주지 않는 대신 벌금 몇푼 물고 마는 경우가 허다하다. 이러한 과정에서 해고당사자는 인격이 파탄되고 가족체계가 무너지며 인간이하의 형극의 길을 걷다 시피 한 생활을 하게 된다.

민주주의란 바로 이러한 곳에 스며들어 불법 부당한 사용자를 나무라고 노동자를 구제해주어야 함에도 제도민주주의는 무기력하기 그지없다. 검찰이나 경찰도 대중들의 법감정과는 달리 단체장의 편을 거드는 것이 십상이어서 자동차가 범람하고 첨단을 달리는 지금에 와서도 민중들에게 있어서는 한국의 정치경제는 아직도 천민자본주의 단계에 불과하다.

제도민주주의는 인간의 생활에 별무소득으로 도움이 되지 못하고 오히려 강자의 편에서 그들을 위한 법으로 군림하게 되는 경우가 허다하다. 생활민주주의를 하는 선진국의 경우 해고자 스스로 쟁송기간 동안 지쳐 쓰러지도록 패소할 것을 알면서도 사용자가 상급심에 고의로 항소하여 시간을 끄는 경우 인륜을 짓밟는 대역죄로 취급해 무한대의 손해배상 청구가 가능하게 한다. 생활 속에 실천이 따르지 않는 제도민주주의는 바로 현대판 권위주의 정치가 존재하는 온상이 된다. 제도민주주의를 생활민주주의로 변형시키는데 가장 중요한 변인은 利害가 다른 자간, 계급간, 계층간 대화와 타협의 지속이다. 바로 이 대화와 타협을 훈련시켜 주는 것이 코프라티즘이다. 물론 앞에서 이미 살펴보았듯이 코프라티즘은 제약된 조건과 정부개입이 전제되기 때문에 높은 수준의 민주주의로 가는 과정에 존재한다는 한계가 있게 된다. 따라서 코프라티즘체제란 성숙된 민주주의로 가는 과도기적 민주주의 체제로서 민주주의 토대를 구축해 주는 역할을 하는 것이다. 다시 말해 코프라티즘체제가 성공하면 권위주의 정치와 민주주의 정치 사이 정도의 생활민주주를 산출한다. 코프라티즘을 통해 생활민주주의를 산출하고 토착화하기 위한 구체적인 방안은 다음절에서 취급하기로 한다. 이러한 과도기적 민주주의를 다시 성숙된 민주주의로 상향화 하는 것은 새로운 차원의 문제로서 정부의 개입과 역할은 점점 줄여가고 이해당사자 스스로가 자율적으로 타협해 나가는 문제이기에 별도의 연구가 되어야 한다.

Ⅳ. 코프라티즘체제 성공을 위한 3자의 역할과 조건

한국에서는 아직도 코프라티즘을 기업분야의 노사문제에 국한해 적용하려 는 단계에 있으므로 우선 기업분야의 노사정을 중심으로 접근해 보기로 한다. 적실성이 왜 낮은가와 적실성과 타

당성을 높이려면 무엇을 어떻게 해야 되느냐의 실천적방법론에
연구의 중심을 둔다. 단지 본장에서 노사정을 분석하는데 그치지
않고 코프라티즘을 거시적 관점에서 한국정치경제의 민주화와
선진화 선상에서 논의하고자 한다.

1. 정부의 역할과 조건

코프라티즘체제에서 정부의 역할이란 제한된 범위에서 공사조
직의 이해집단에 파트너로서 개입해 이해집단간의 갈등관계를
조정·통제함으로서 타협을 모색하고 갈등을 완화 시키는 역할을
한다.

기업의 구성원은 크게 사용자단체와 노동자단체로 대별 된다.
이러한 구별은 비단 기업뿐 아니라 모든 공사조직이 대체로 역
할과 이해관계가 다른 두 개의 단체로 구성되어 있다. 한 직장의
두 단체가 산업화 초기부터 利害가 두드러지게 대립되고 갈등관
계에 있는 것이 보통이다. 물론 산업화 이전은 두 단체간 이해관
계가 뚜렷하지 않았고, 그러한 의식도 미약해 갈등관계가 없었거
나 아주 적었다.

첫째, 정부는 노·사단체와 더불어 언제든지 대화의 물꼬를 틀
수 있는 사회적 파트너십을 형성·유지해야 한다. 정부는 이해조
정과 갈등완화를 위해 정부를 포함한 3자 협상(tripartite)에 참여
토록 두 집단의 대표자를 일정비율로 추천하도록 요구한다. 사용
자와 노동자의 두 집단은 전체적 공동이익을 위해 고전적인 '보
이지 않는 손' 이라는 시장기구의 기능을 어느 정도 제한하고,
욕구표명도 정부의 통제를 수용하는 대가로 해당범주 내에서 이
익대표권을 독점케 보장해준다.

둘째, 정부는 사용자와 노동자 두 집단 모두로부터 불신을 받

고 있음을 인식하는 것이 매우 중요하다. 불신의 가장 큰 원인은 영구한 정부가 유한한 정권 측의 정치적 인기몰이를 하는데 대역을 맡는데 있다. 정권이란 집권편의의 수단으로 국민통합만을 원할 수 있기 때문에 사용자 측과 노동자 측을 적당히 집권기간 얽어 매려는 야심으로 코프라티즘을 악용할 여지가 있다. 특히 노사종속단계에는 정부가 사용자 측과 결탁하여 노동자를 억압하거나 민중이익배제를 하던 경우도 한때 있었기에 정부는 언제나 노동자에게는 불신의 대상이었다.

정부가 협상 주도자로서 신뢰를 얻으려면 우선 이러한 정권 측의 놀음에 대역을 하지 않아야 한다. 정부를 대표해 협상에 임한 자는 기존의 틀에 얽매인 관료주의로부터 벗어나 목의 깁스를 풀어야만 한다. 문제는 정부를 대표한 공무원이 과연 그의 인사권을 쥐고 있는 정권 측의 눈치를 보지 않고 한국의 잿빛 미래만 바라보고 정책을 만들고 추진할 수 있는가에 있다. 직업공무원제가 확보되지 못한 한국에서는 현실화되기가 불가능한 일이라 해도 과언은 아니다. 그럼에도 그렇게 해나가야만 노·사단체로부터 신뢰를 얻을 수 있을 뿐 아니라 정권 측의 권력유지나 창출에 코프라티즘이 악용될 여지가 줄어들게 된다.

문제는 정부와 정권과는 구별해야 하는데 있다. 정부는 국가가 존재하는 한 영구적인 존재성을 지니지만, 정권은 임기동안 존재하는 매우 유한한 존재성을 지닌다. 단지 정권은 짧은 임기동안 정부를 책임지고 관리해야 하는 것이지 독재를 통해 장기집권하지 않는 한 오래 동안 머물 성질이 아니다. 이러한 점에서 정부가 정권 측에 휘둘리지 않고 헌법에 명시한 정체성을 지키려면 직업공무원제 확립과 국민들의 의식이 바뀌어야 한다.

또한 정부는 단순한 위계적 조정자가 아니라 계급타협의 보장자이며 단기적 손실에 대한 보상자로서 기능을 수행해야만 한다. 즉 사용자와 노동자간의 영합게임(zero-sum game)을 상호이익게임

(plus-sum game) 또는 최소한 비영합게임(non-zero-sum game) 으로 전환할 수 있도록 계급타협의 비용을 감수하여야 한다.

셋째, 정부가 자본가와 노동자들의 이익조정을 위해 때로는 그들의 사적이익을 제한하기위해 개입할 경우라도 강제적 명령이 아닌 중재자 또는 교량자로서의 역할을 수행해야 한다.

그러나 사적이익이 목표인 기업이 아닌 일반 공사조직(직장)의 경우는 정부가 늘 점검하고 교정을 해주어야만 한다. 예컨대 87년 6.29선언 이후 오늘에 이르기 까지 민주화 조치로서 공사조직의 인사권을 중앙기관에서 하부기관으로 상당부분 이관 하였다. 문제는 하부기관의 장이 실질적 민주주의를 시행 할 수 있는 의식과 행태를 지니지 못한 경우 인사권 남용으로 악용되어 신판 토후세력이 되어 구성원을 신음케 하거나 아첨배로 만들어 버리는 경우가 대부분이다. 이러한 경우 분권화는 민주주의 보루가 아니라 또 하나의 新권위주의 형태가 된다.

정부는 항상 공사조직이 코프라티즘의 취지에 맞게 운영되고 있는가를 사후점검하고 적절한 조취를 취해야만 한다. 특히 비영리단체의 경우는 생산성이나 이익을 놓고 고용자와 피고용자, 또는 사용자와 노동자간에 예민한 다툼이 거의 없기 때문에 정부가 부담 없이 더욱 효율적으로 개입할 수 있다. 비영리단체의 경우는 주로 인사권이 문제인데 정부가 상시로 사용자 또는 고용자의 인사전횡을 감독하고 조정하여 민주적으로 유도해야 한다. 문제는 정부의 해당 관료나 국회의 당해 상임위원회가 오히려 비영리단체의 전국재단협의회 등으로부터 뇌물성 로비를 받아 그들에게 유리한 법을 제정 또는 개정해 주거나 인사전횡을 눈감아 줌으로서 피고용인들의 소외와 갈등이 심화되는 경우가 왕왕이 있어왔다. 이러한 점에서는 정부가 손쉬운 비영리법인부터 코프라티즘을 우선 적용해 3자 협상을 통해 조정·통제하여 민주적운영이 되도록 시범을 보일필요가 있다. 비영리법인의 민주화를 메카(mecca)로 하여 기업의 민주화로 확산 시켜 나가는 것이 효율적일 수도 있을 것이다.

요컨대 정부는 코프라티즘체제 시기에는 국민들의 삶의 터전인 모든 공사조직의 운영실태에 효율적으로 개입해 민주주의로 이끌어 주는 향도자 역할을 하여야 한다. 그러나 민주주의가 공고화 되고 참여정치문화가 보편화되면 각 단위조직마다 자율성이 높아져 민주주의의 본질이 실용화되고 있을 때 정부는 오히려 개입으로부터 손을 떼야할 단계로 진입하게 된다.

2. 사용자의 역할과 조건

노·사 문제에 있어서 사용자의 가장 큰 관심과 조건은 ① 임금인상 자제 ② 노동조합의 과격한 시위금지 ③ 노동자의 경영참여 금지에 있다. 그러나 사용자의 위 3가지 조건의 실현여부는 ㉠ 시대의 흐름과 민주화의 정도 ㉡ 사용자의 투명경영 및 책임경영 ㉢ 근로조건개선과 일자리 보장 등과 맞물려 있어서 매우 상대적 조건이다.

산업화 초기 사용자들의 의식을 지배했던 위의①②③은 근대화시기 고도성장에 기여한 점도 많다. 이즈음의 노사관계는 사용자와 정부의 결탁에 의해 노동3권을 부정하는 노사종속단계이다. 그러나 '배부르면 철학이 나온다'는 말과 같이 산업화의 성공과 고도성장은 노동자들로 하여금 자아의식을 갖게 한다. 이어 노동자에게는 일대 의식혁명이 일어나기 시작해 노사대결단계로 진입하게 된다. 이때부터 노동자들은 시간에 비례해 사회적 좌절감(social frustration)이 커지고 정치적 참여욕구(political participation)가 폭발된다.

드디어 노동자들의 욕구를 수용할 능력(political institutionaliza-tion)이 없는 사회는 정치불안(political instability)으로 이어진다고 헌팅톤(Samuel P. Huntington)[6]은 정치발전론에서 공식화 하고 있다. 따라서 사용자 측은 산업화가 성공하고 후기산업사회로 진입할수록 위의 ㉠㉡㉢조건을 수용하는 자세로 의식구조와 행태를 바꾸어 주어야 한다.

사실 산업화와 더불어 본격화 된 노·사 관계는 같은 배를 타고 있으면서도 공동체 이익보다는 개체이익을 우선하는 경향 때문에 언제나 갈등관계가 잠재되어있다. 노·사가 함께하는 배는 같이 노를 저으면서도 공생보다는 서로가 상대편에 대해 기생한다는 생각을 하게 될 여지 때문에 언제 뱃멀미를 앓을지, 암초를 만나 파선할지 조차도 모르는 상황에서 일단은 노를 젓고 있는 상태이다. 그렇다고 갈등이 폭발하여 어느 한쪽이 다른 한쪽을 완전히 제압한다면 한쪽 바퀴만으로는 굴러갈 수 없는 수레처럼 배는 움직이지 못한다. 그래서 민주사회와 후기산업사회로 갈수록 한배를 탄 노·사 양쪽이 다같이 '내 것'이란 개념과 가치를 '우리들의 것'이란 개념과 가치로, 개체이익 보다 공동체 이익으로 바꾸어 주지 않으면 안 된다.

그러나 민족성과 개인차에 따라 바꾸어 준다는 게 쉽지가 않다. 특히 한국과 같이 '내 것 되는 맛'과 '내 자식 주는 맛'에 일하는 의식이 강하게 자리 잡고 있는 경우는 더욱 변화가 어렵기 때문에 한국의 노사문제는 기업을 비롯한 공사조직에서 항시 뜨거운 감자로 존재하는 것이다.

사용자입장에서 위의 ①②③조건은 ㉠㉡㉢조건을 얼마나 수용

---

6) Samuel P. Huntington은 「World Politics」誌에 실린 그의 논문 「Political Development and Pollitical Decay」를 발전시킨 「Political Order in Changing Societies」에서 정치발전을 정치제도화(political institutionalization)와 동일시할 것을 제창하고, 근대화와 정치발전을 구별시킬 것을 강조하고 있다.

하고 실천하느냐에 따라 상당부분 얻어질 수 있다. 특히 사용자에게 제일 민감하고 수용하기 어려운 점은 노동자의 경영참여 부분인데, 아직은 제한적인 수준이지만 종업원지주제를 비롯한 다양한 방법으로 노조의 경영참여가 늘어나고 있는 실정이다. 특히 사용자가 세계화나 신자유주의로 표현되는 세계적 단일경쟁시대를 맞아 효율적인 대처방안으로 전문경영인 중심의 기업운영과 업종 전문화로 구조개편을 해준다면 저가격 고품질의 경쟁력 있는 물건을 만들 수 있다. 이것은 매우 고무적이며 자연스런 노사의 통합방식이기도 하다.

문제는 전세계적 단일경쟁에 도전하기 위해서는 우리의 산업이 기술집약산업 단계로 전환해야 하는데 있다. 기술집약산업 단계에서는 노동자인력을 첨단자동화기계로 대체해야하니 노동자의 대대적인 감축문제가 발생한다. 노동시장 유연성이 세계적으로 하위권7)에 속하는 한국으로서는 새로운 국면의 노동문제가 발생한다. 노사정위원회에서 민노총과 한노총이 번갈아가며 참여와 탈퇴를 반복하는 것도 일거리 생산이 밑받침하지 못하는데 있다.

---

7) 스위스 국제경영개발원(IMD)이 2004년 9월 현재 전 세계 60개국을 대상으로 해고·채용의 용이성, 최저임금 수준 등 노동시장의 유연성 지수를 조사한 결과 한국은 3.17로 44위에 그쳤다. 이는 덴마크(7.79, 1위), 미국(6.37, 10위), 일본(5.62, 17위), 영국(4.74, 26위) 등 선진국은 물론 싱가포르(7.76, 2위), 홍콩(7.72, 3위), 말레이시아(7.21, 6위), 대만(6.14, 12위) 등 주요 경쟁국보다 낮은 수치다. 유연성 지수는 10점 만점에 수치가 높을수록 노동시장의 유연성이 높은 것을 의미한다. 한국보다 노동시장이 경직된 국가는 멕시코(2.95, 46위), 인도네시아(2.92, 48위), 아르헨티나(2.62, 53위), 프랑스(2.58, 54위), 독일(1.88, 60위) 등 16개국에 불과했다. 반면 경제협력개발기구(OECD)가 30개 회원국 가운데 28개국의 고용 보호 수준을 조사한 결과 한국은 2003년 기준으로 12위로 중상위권에 속했다. 특히 정규직 근로자에 대한 고용 보호 수준은 10위로 임시직 근로자에 대한 보호 수준(12위)보다 높았다. 한국의 노동시장 유연성은 전 세계적으로 하위권에 속한 반면 고용 보호 수준은 중상위권인 셈이다.

3. 노동자의 역할과 조건

한국과 같이 권위주의적 전통문화가 뿌리 깊은 곳에서 노동자의 인격이 사용자와 균형화 되는 것만으로도 코프라티즘 적용의 가장 수혜자는 노동자이다. 코프라티즘은 형식상 노동자·사용자·정부 간에 균형된 입장으로 기업운영 전반에 대한 합의를 도출하는 협의기구이기 때문이다. 정부가 조정·통제권을 가진다고 해서 우월권이 인정되는 것이 아니라 합의가 되지 않고 있는 노·사간에 대화창구를 만들고 3자간 협조체제를 만드는데 필요한 상호 양보를 조정하는데 필요한 마지노선이다. 3자간 합의가 주어지지 않을 경우 정부의 조정·통제권은 힘을 발휘할 수 있는 아무런 권능이 없기 때문에 해체위기에 직면한다.

다른 한편 코프라티즘은 시민사회의 결사체적인 조직적 이익을 국가의 정책결정구조와 연결시키는 제도적 장치로서 국가와 사회를 연결시키는 하나의 특수한 방식을 뜻한다. 바로 이점을 국가의 실체인 당해정권이 정권적 목적을 위해 악용할 여기가 있기 때문에 노동자와 사용자로 하여금 의혹을 가지게 되고 불신의 여지가 발생하는 것이다. 김대중정권 시기의 노사정위원회가 실패한 주요원인중의 하나가 바로 정부 부문에 대한 불신 때문 이었다. IMF는 구제금융 차관조건으로서 노사정위원회의 합의서를 요구하는 등 구제금융을 차관한 나라에 대해서 소위 'IMF관리체제'를 형성한다. 그리고 IMF관리체제를 통해 차관국가에 대해 무조건 시장개방을 의미하는 '세계화'나 全지구적 단일경쟁체제를 의미하는 '신자유주의'를 지킬 것을 간섭하기 시작한다. 김대중정권 초기 위환위기 때문에 다급한 나머지 IMF가 요구하는 합의서에 동의거부 입장인 노동자단체를 동의하도록 유도하는 과정에서 정부가 약속해준 프리미엄이 동의 후 구제금융을 받은 다음 잘 지켜지지 않았다. 노사정위원회는 노동자단체의 탈퇴선언으로 해체위기를 맞아 有名無實하다 시피 되었다. 바로 이러한 과정에서 노사정 3자간은 상호불신의 늪으로 빠지게 된다. 특히 노동자단체로부터 "정권 측이 정권에 필요한 과실만 따먹고 나 몰라라 한다."는 비난이 속출하게 된다.

코프라티즘의 첫 실험무대인 기업에서 노사정위원회가 실패한 또 하나의 원인은 IMF구제금융차관과 세계화와 신자유주의에 따른 구조조종이 맞물려 돌아가는 과정에서 노동자의 진퇴문제가 사용자의 손에 달려 있다는 점이다. 경영합리화를 위해 불가피한 노동자감축은 기업경영권을 가진 사용자 측에 있기 때문이다. 이것이 노동시장유연성이 낮은 한국에서 노동자에게 일자리를 아주 잃을 수도 있다는 불안심리를 주게 되고 드디어는 노동자로 하여금 노사정, 구조조정, 세계화, 신자유주의 등을 반대하는 원인이 된다.

이러한 일연의 과정에서 기업은 자구책으로 비정규직을 늘려가는 정책을 채택한다. 그러나 이러한 비정규직의 양성화는 근본적으로 구조조정의 취지에 맞지 않을 뿐 아니라 코프라티즘적 노사정 합의에도 도움 되지 않는다.8) 정부와 기업은 오히려 일자리 창출에 최선을 다해야 한다. 노동자 측에서 요구하는 작업시간단축은 손쉬운 방법이기는 하나 경영합리화 측면서 적실성이 낮아서 채택은 사용자에게는 치명적인 면이 있다.

---

8) 물론 세계화와 신자유주의에 따른 구조조정 끝에 기업의 비정규직 선호에 따라 노동시장의 수량적 유연화 증대는 오히려 이루어지고 있다. 이에 따른 비정규직 양산은 고용 불안이나 노동강도 강화, 저임금과 저생산성을 특징으로 하는 저기능 경제를 초래한다. 수량적 유연성이 높을 경우 기업이 세계화와 신자유주의 앞에서 당장의 임시방편은 될지 모르지만, 기업은 인적 자원 개발에 과소 투자할 가능성이 높게 될 것이며, 피용자들은 기업특수적인 훈련을 수행할 유인이나 조직에 대한 헌신을 갖지 못하기 때문이다. 수량적 유연화의 증대로 인해 저기능→저생산성→저임금→ 저기능으로 이어지는 순환을 Clark는 '유연적인 저임금경제'(flexible low wage economy)라고 부르고 있다.

그렇다고 노동자단체가 이익이 되는 것만 선택하고 불리한 것은 거부한다면 노사정은 물론이고 노사간의 합의도 성사될 수 없게 된다. 코프라티즘의 근본사상은 고통분담을 통해 상호 협조체제를 구축하고 이해당사자간 상생의 길을 여는데 있다.

첫째, 노동자는 네델란드식 노사모델의 키워드인 폴더(polder)를 의식할 필요가 있다. 폴더는 바다를 메워 만든 간척지로서 수면보다 낮은 국토를 간척해 살아 온 네델란드 사람들이 서로 협력하지 않으면 모두 물에 빠져 죽는다는 위기의식에서 대타협을 이루어 내고자 하는 의식과 행동을 의미한다. 아직도 권위주의적 전통문화가 강하게 지배하고 있는 한국사회의 경제를 살려내는 데 바로 그러한 정신이 절실한 때다. 타협의 조건이 무엇이냐에 따라 이해관계가 다른 노·사간에 양보를 바탕으로 한 사회적 대타협의 틀을 수용하겠다는 자세가 아니고는 달리 방안은 없다.

둘째, 신조합주의에서 말하는 유럽형이든 일본형이든 한국에서 순기능하기란 아직 조건성숙이 되어 있지 않는 상태이다. 인간적·생산적·민주적이면서도 진보적인 유럽형의 코프라티즘이 한국 기업에서 적실성을 가지려면 노사관계 발전의 역사적 단계가 노사대결관계를 넘어서 노사합작단계로 진입해 있어야 한다. 그러나 한국은 아직 노사종속단계를 막 넘어서 노사대결단계에 진입한 수준이다. 한국은 아직 회사중심주의나 경영가족주의로서의 인간애와 신뢰가 노사간 형성 되었다고 보기 어렵기에 일본형도 적실성이 매우 낮은 셈이다.

한국은 유럽형과 일본형 등을 변형해 한국의 환경에 알맞은 型을 찾아내야 한다. 수천 년 동안 우리의 분배의식을 지배해온 '내 것 되는 맛', '내 자식 주는 맛'에 일해 온 우리의 전통문화가 하루아침에 '내놓는 문화'로 바뀌지 않는다. 이러한 가운데 네델란드의 폴더모형, 유럽형, 일본형 등을 그대로 직수입 한 것은 한국의 노사관계 뿐 아니라 기타의 공사조직에도 적실성이 낮아 성공하기 어렵다. 물론 노사관계 실정법을 보면 실질적으로는 노사간 힘의 대등관계도 먼 훗날의 희망사항이다. 그럼에도 정부가 기업운영상 약점을 잡아 강압적인 수단으로 사용자 측에 양보와 미덕을 발휘하라고 하면 양보한다 해도 조정을 위해 내놓는 것이 아니라 빼앗긴 것이라 의식할 것이다. 이렇게 되면 기업은 투자의욕을 잃고 더 이상 돈주머니를 풀지 않으려 할 것이다. 기업은 문을 닫거나 노동운동이 미약하고 노동임금이 싼 해외로 진출하려 할 것이다. 노동자도 마찬가지로 일자리 창출이 안된 상태에서 현실적 환경변화만 강조해 양보하라 하면 반발로 일관할 것이다.

코프라티즘이 성공하려면 바로 이러한 점에서 이해집단이 집단이기주의로 이익쟁취를 위한 싸움에서 전략을 잘 구사해 어느 한 측이 이겼다 해도 별무소용인 것이란 것을 인식하는 것이 중요하다. 선진 노동문화를 여과 없이 그대로 한국에 수입해 적용하는 것은 노사정 합의가 불가능하다시피 해 코프라티즘은 실패하게 된다.

셋째, 코프라티즘체제는 3각 협상체제(tripartite) 운영과정을 통해 고통분담, 국민통합, 토론문화형성, 생활민주주의 등을 실시함으로써 노동자의 인권신장과 권익신장을 상향화 하는 유의미한 내용을 담고 있다는 점을 인식해야 한다. 단지 코프라티즘은 정부개입이 전제되기 때문에 오히려 정권 측의 구미에 맞게 정권유지나 정권창출 또는 정치적 위기상황에서 극복책으로 포퓰리즘에 호소하기 위해 국가와 사회를 연계시킬까가 염려 되는 측면도 있다. 그러나 이런 악용의 여지가 있는 측면은 노사가 함심하여 3자 협상과정에서 철저히 배제해 코프라티즘이 순기능하도록 유도하는 길 밖에 없다.

3각협상체제가 순기능하게 될 경우 노사종속단계에서 정부와 사용자가 결탁하여 노동자를 억압하거나, 노사대결단계에서 정부가 사용자편에 손을 들어주는 등의 염려는 극복할 수 있게 된다.

문제는 노동자도 3자 협상에 나설때, 집단이기주의에만 집착하면 안 된다. 본질적으로 노사정위원회와 같은 3각협상체제가 3자 모두의 상생을 위한 상호이익게임(plus zero sum game) 또는 윈윈(win-win)정책이라는 것을 인식해야만 한다. 더욱 중요한 것은 앞에서 강조한바와 같이 한국에서의 코프라티즘은 권위주의문화를 토론문화·타협문화·참여문화로 전환시키는 훈련을 통해 진정한 생활민주주의로 진입하는 계기를 마련해주는데 있다.

요컨대, 기업에서의 코프라티즘 성공은 인생을 사는 다른 모든 측면의 민주화 선진화를 촉구하는 촉매 역할을 한다는 점에서 매우 중요한 사회적 기여이다.

4. 한국에서 코프라티즘 실패의 진짜 이유와 대책

코프라티즘은 고통분담, 분배정의, 토론문화, 합의문화, 참여문화 등을 창출한다는 점에서 사실 기업부문 보다 정부, 정당, 공기입, 교육부문 등에 적용하는 것이 한국의 선진화와 실질적인 민주주의를 정착시키는데 인프라역할을 할 것이다.

이미 앞에서 설명한 바와 같이 한국에서의 코프라티즘은 80년대에 대두되어 당시 군부정권에 맞서 투쟁하는 과정에서 反군부세력을 하나로 결집하고 통합하는데 비전제시와 이론적무기라는 제한적 역할을 했다. 98년 김대중정권 초기 구조조정과 맞물린 심각한 노사문제를 해결하기위해 코프라티즘을 정부주도로 도입하여 노사정위원회를 만들었지만 실패하고, IMF로부터 구제금융을 차관하는 과정에 노동자단체로 하여금 동의를 얻어내는 과정에 긴요하게 활용한 것이 전부였다. 2003년 노무현정권에 와서도 노사정위원회를 가동하여 노사문제 해결을 위해 기업부문에만 적용하고 있지만 성공할 전망은 그리 밝지 못하다.

코프라티즘의 존재가치는 오히려 남미를 비롯한 신생국가의 민주화과정에 이론과 실천을 가교하는데 있었다. 민주주의 이론과 이론을 바탕으로 한 법제화만으로는 권위주의적 제도민주주의나 말의성찬은 될지언정 실질적인 인간의 생활에 민주주의가 굴러가는 소위 생활민주주의는 이루어질 수 없다는 것이 역사적 경험이다.

이러한 가운데 정권 측을 대리한 정부가 기업부문에만 노사정위원회를 만들어 시행하려드니 성공하기 어려운 것이다. 기업부문에서는 사용자단체이든 노동자단체이든 정치권이나 정부는 왜 코프라티즘적 운영을 하지 않고 우리만 시키느냐는 것이 불만이자 실패하는 핵심 요인인 것이다. 글러브를 낀 복서가 그라운드에서 상대에게만 글러브를 벗으라는 것과 크게 다름이 없다. 이러한 점에서 코프라티즘을 사회의 모든 부문에 동시에 적용하거나 아니면 정부나 정치권 그리고 민주주의의 이론적 산실이라 할 수 있는 대학사회부터 우선 적용하고, 그 다음 기업을 비롯한 기타 부문은 보고 배워 따라오도록 하는 가이드역할 정도만 하는 자율적 참여가 자연스럽고 효율적일 것이다.

직업공무원제가 확립되지 않고 있는 한국사회의 민주주위 문제를 정부가 주도 한다는 것은 어불성설이다. 정부의 실질적운영주체인 공무원들이 직업공무원제가 확립되지 않은 상태에서 정권이익이나 당파이익을 초월한 중립적 입장을 견지할 수 없다. 그들의 인사권이 정권 측에 있기 때문이다. 공무원들의 인사권을 쥐고 있는 당해 정권에 아부하거나 눈을 가리지 않고 정권이익을 초월해 공무원들이 뜻을 펼치기가 어려운 아첨효과(sycophantic effect)는 우리의 오랜 전통문화처럼 몸에 베어있다. 이러한 점에서는 제한된 수의 정무직 이외의 공무원에 대한 인사권은 정권으로부터 완전분리 하는 제도장치를 해야만 한다.

　민주주의를 연구하고 교육하는 대학이 얼마나 비민주적으로 운영되고 있으며 교수들이 행정보직을 맡아 재단이나 총장에게 아첨하며 눈을 가리는 상황은 가관이다. 요즈음 여당에서 사학법 개정을 놓고 인사권을 재단주로부터 총장에게 돌려줘야 한다고 법안을 만들다 반대의 벽에 부딪혀 절충안을 만들어 개정법안을 정기국회에 제출 해놓고 있는 상태이다. 설사 본안 되로 총장에게 인사권을 독립시켜 준다 해도 총장에 대한 인사권이 재단에 있는 한 결과는 마찬가지로 대학민주화는 기대하기 어려울 것이다. 이러한 경우 재단과 총장은 다같이 밀리반드(Ralph Miliband)나 플란차스(Nicos Poulantzas)의 중복되는 인맥의 '경영자주의'(managerialism)에 해당하기 때문이다.

　문제는 의식과 행태를 바꾸지 않는 상태에서 단순히 제도적변화만으로 화합과 민주사회가 오기를 기다리는 것은 사상누각이다. 바로 이것이 아는 것(cognition)과 행동하는 것(behavior)이 다른 한국사회의 고질병이다.

　따라서 기업의 작업현장에서는 "왜 기업만 가지고 야단이냐" "정부나 정치권은 얼마나 권위주의적 정책결정과 추진을 하면서 기업의 민주화문제를 들먹거리느냐", "OO정권이 끝날 때 까지는 돈주머니를 풀지 않을 거야", "해가 갈수록 더 고단수로 노동자를 억압해" 등의 말이 역대 정권마다 유행병처럼 난무한다. 설사 일부 유언비어라 해도 이러한 분위기의 기업현장에서 코프라티즘이 꽃을 피우고 노사정이 합의에 성공해 민주사회가 되기를 기대하기는 어렵다.

　가장 효율적인 코프라티즘의 성공을 위해서는 첫째, 우선적용 순위에 대한 정부의 프로그램과 더불어 공동체에 대한 인식과 국민적 공감대부터 형성해 인프라구축을 먼저 해야 한다. 둘째, 정권부문과 정부부문부터 우선적으로 코프라티즘을 실시해 '윗물이 맑아야 아랫물도 맑다'의 순위로 하는 것이 효율적이고 신뢰가 생긴다. 정권이나 정부부터 민주적 국가경영을 한다면 우리 사회의 전반에 퍼져가는 생활민주화의 속도는 아주 빠를 것이다. 셋째, 민주주의 이론의 산실인 교육계부터 코프라티즘을 적용해 이론과 실천을 가교하고 一致化 하는 잠재능력을 축적한다. 넷째, 다음은 경제의 생산성제고와 효율성을 위해 기업부문에 크프라티즘을 적용해 노사정 모두에게 이익이 되는 방안을 제시한다. 단순히 노사갈등 극복만을 위한 노사정은 3자 협상을 한다 해도 추진과정에서 무리수가 따를 가능성이 있고, 노사 모두 정부에 대한 불신이 생겨 성공하기도 어렵다. 다섯째, 위의 우선적용 된 부문의 효율성을 보아서 전국의 모든 단위조직에 코프라티즘을 구성해 나간다.

V. 결 론

코프라티즘은 민주화 과정에서 민주주의에 대한 국민적 열망으로 제도민주주의는 상당수준 상향화 되었지만 생활민주주의로 연계되지 못해 권위주의 정치가 계속되는 곳에 존재의미가 있다.
슈미터의 코프라티즘은 1980년대 한국에 상륙한 직후 민주화 운동과정에서 민중연대를 형성하는데 상당한 역할을 했고 드디어 1987년 6.29선언을 끌어내는 데 견인차역할을 한 셈이다.
물론 코프라티즘의 본질은 권위주의 정치를 민주주의 정치로 바꾸어내는 중간자 역할을 통해 과도기적민주주의를 생산하는데 있다. 코프라티즘 자체는 성숙된 민주주의 체제도 아니고 성숙된 민주주의를 생산하는 것도 아니다. 단지 코프라티즘은 성숙된 민주주의로 가는 길목을 만드는 셈이어서 과도기적 민주주의 형태를 띤다.

　코프라티즘은 집단이기주의 때문에 갈기갈기 찢어져 서로 먹겠다고 벌리는 패거리싸움을 고통분담이라는 대전제하에 상호 양보와 타협으로 공동체를 형성해 통합을 이루어 내는 것이 가장 핵심 기능이요 본질적 내용이다. 정부가 인간의 삶의 터전인 공사조직에 들어가 이해집단의 대표자들과 3각 협상체제를 만든 다음 협상을 통해 이해를 조정하고 합의를 만들어 낸다.

　이 때의 정부는 유한한 정권을 초월하는 역할을 해야만 정권이나 정당이익에 부합하는 정략적 목표에 휘둘리지 않는다. 정부는 영구하지만 정권은 유한하다. 한국과 같이 직업공무원제가 뿌리를 내리지 못하고 있는 환경에서 정권 측이 당장에 정부 구성권과 인사권을 쥐고 있어 삼각협상체제에 참여한 공무원들이 코프라티즘의 본질을 지켜내기 위한 독자행동을 할 수 없다. 바로 이부분이 정부가 노동자와 사용자로 하여금 불신을 받는 요인이 된다.

　그럼에도 불구하고 탈권위주의와 민주주의를 위해 코프라티즘 외에 다른 뾰족한 묘수가 없다. 지난 5000간 형성된 권위주의 유령은 첨단을 달리는 지금도 한반도를 맴돌고 있다. 민주화에 대한 강한 열정만으로 법과 제도를 아무리 민주적으로 바꾸어도 정치를 비롯한 인간이 사는 공사조직은 아직도 권위주의적 지배방식에 의해 이끌리어 가고 있는 것은 그러한 所以다.

　1998년 김대중정권 때 기업분야에 코프라티즘을 적용해 노사정위원회를 만들었지만 IMF 정국에서 노동자들의 희생을 끌어내면서 정리해고 등을 통해 구조조정을 한다는 이유로 민주노총이 탈퇴하는 등 상호불신과 응어리만 남긴 체 실패로 끝났다. 2004년 노무현정권이 노사정위원회의 역할을 강조하고 나오지만 새로운 조건성숙이나 인센티브가 존재하지 않고, 비정규직의 확대로 성공할 가능성은 매우 희박하다. 특히 사회안전망이 확충되지 않는 상태에서 임금동결과 비정규직의 양산이 있는 곳에는 네델란드식 코프라티즘모델도 적실성이 낮아 안착하기 어렵다.

첫째, 마치 비민주주의자가 민주주의 운동을 벌리다 한자리 차지하면 독재보다 더 무서운 독선적 권위주의자로 순식간에 변신하듯이, 코프라티즘을 주도하는 정부 측의 공무원들이 관료주의와 권위주의를 벗어나지 못한 상태에서 노사정위원회에 임할 경우 잠시 음모적 타협은 몰라도 통합이나 민주주의로 가는 길목을 트지는 못한다.

둘째, 정치권이나 정부부문부터 우선해 코프라티즘 방식을 채택하고, 다음 민주주의의 이론적 산실인 교육계, 그다음 기업에 적용하는 순서를 가지면 매우 효율적이고 코프라티즘의 적실성도 높을 것이다.

셋째, 정권이나 정파는 다같이 구성원의 통합을 이익으로 삼는다. 이러한 전략적 목표를 위해 코프라티즘을 적용하면 우선 3각 협상체제에 응하는 다른 이해집단의 불신 때문에도 반드시 실패한 것이 역사적 경험임을 인식할 필요가 있다.

넷째, '삶의 위기' 상황에 대한 객관적이고 심층적인 공동 인식이 성공으로 가기위한 출발점이다. 코프라티즘 초기에는 기업경쟁력 확보와 노동자의 일자리 안정은 동시추구가 거의 불가능하기에 둘 중 하나를 선택 하든지 아니면 우선순위를 정해야만 한다. 이러한 과정에 노사정모두가 정확한 정보 공유와 개방적 토론 분위기가 전제 되어야 한다.

요컨대 코프라티즘이 성공한다면 권위주의문화가 아직도 팽배한 한국사회의 전반을 실질적인 생활민주주의로 바꾸어내 자율적인 국민통합과 신바람나는 삶의 질화라는 인프라를 구축하는 계기가 된다. 그러나 정부가 국면전환용이나 정권의 입맛에 맞은 안정희구나 국민통합이라는 정략적 야심만 落穗하려 들면 코프라티즘은 역기능을 산출하게 되고 실패로 치닫는 길이 됨은 남미 각국을 비롯한 비서구국가 대부분의 역사적 경험이다.

참 고 문 헌

신조합주의 적실성, http://yony7.hihome.

노사관계 개혁모델의 탐색, http://www.hallym.ac.kr

노동입법과정 노동단체이익투입활동, http://www.assembly.re.kr

김수진, "코포라티즘에 관한 비판적 고찰", 사회비평, 제7호, 1992.

김수진, "민주적코포라티즘에 관한 비판적 고찰", 사회비평, 제8호, 1992.

김상균, 현대사회와 사회정책, 서울대출판부, 1987.

송호근, "자본주의와 복지국가론," 시장과이데올로기,문학과지성사, 1992.

송호근, 열린 시장, 닫힌 정치, 나남, 1994.

김동원, 신노사문화노사참여 활성화 방안연구, 서울: 노동부, 2000.

Ralf Miliband, The State in Capitalist Society, New York: Basic
     Books, 1969.

Ralf Miliband, "Poulantzas in the Captalist State", New Left Review,
     No.82, 1973.

Nicos Poulantzas, "The Problem of the Capitalist State", New Left
     Review, No.58, 1969.

Nicos Poulantzas, The Capitalist State: A reply to Miliband and
     Laclau", New Left Review, No.95, 1976.

Nicos Poulantzas, Classes in Contemporary Capitalism, London: New
     Left Books, 1975.

Li Zhenzhong, "On Planning and the Market," Chinese Economic
     Studies, Spring 1993.

Xia Zhenkun, "A Planned and Market Economy and Economic
     Development," Social Science in China, Winter 1993.

James V. Finerman, "Economic and Legal Reform in China,
     1978-1991," Problems of Communism, Sep./Oct. 1991.

Barry Naughton, "China's Macroeconomy in Transition," The China Quarterly, vol.144, 1995

Robert M. Field, "China's Industrial Performance since 1978," The China Quarterly, Sep. 1992.

Dong-One Kim, Seongsu Kim, and Motohiro Morishima, "The Impact of Globalization on Industrial Relations: A Comparative Study of Korea and Japan" Seoul Journal of Business Vol.7, No.1, 2001, pp. 61-87.

Henley and Tsakalotos, Corporatism and Economic Performance: A Comparative Analysis of Market Economics, Edward Elgar, 1993.

G.M.Olsen, "Re-Modeling Sweden: The Rise and Demise of the Compromise in a Global Economy", Social Problems, Vol. 43, No. 1, Feb. 1996.

R. Pahl and J. Winkler, "The Coming Corporatism", New Society, Vol. 10, Oct. 1974,

F. Pekkarinen, "Corporatism and Economic Performance in Sweden, Norway, and Finland", in J. Pekkarinen, M. Pohjola and B. Rowthorn(eds.), Social Corporatism: A Superior Economic System, Oxford: Clarendon Press, 1992.

E. Hopkins, The Rise and Decline of the English Working Classes 1918-1990, A Social History, London, 1991.

F.L.Wilson, "French Interest Group: Pluralist or Neo Corparatism, American Political Science Review 77(4), 1983

제10장 한구정치발전의 당면과제와 극복방안

Ⅰ. 문제의 소재

1987년 소위 '6·29민주화선언'과 그 이후 '문민정부'와 '국민의 정부' '참여정부'를 거치는 사이 민주시민문화와 시민사회는 당대를 상징하는 용어로 등장되었다. 왜냐하면 6·29선언, 문민정부, 국민의 정부, 참여정부 등은 민주화의 정착, 법과 질서의 확립, 경제정의를 통한 복지증진 등 사회 각 부문에서 국민의 열망에 따른 정치를 하겠다는 약속이 베어 있었기 때문이다.

특히 이들의 시대에 '주민에 의한', '주민을 위한', '주민의 자치'라는 점에서 일반적으로 민주주의의 꽃이라 불리는 지방자치시대가 열렸고, 민생경제나 복지사회라는 용어도 난무하였다.

특히 민주화의 기치를 높이든 15대에서 17대이르는 중앙의회(국회)는 물론 2002년 6.13 지방선거(제3기 지방단체장과 제4대 지방의회)를 통해 풀뿌리 민주주의 시대가 착근 했다고 한다.

그러나 유권자들의 정치무관심 속에 후보들의 몸이 달아 오른 탓인지 조직표-고정표 동원을 위한 불법-편법선거의 유혹에 빠져 무리수를 두는 것은 해를 거듭해도 변함이 없다. 금품 및 향응 제공, 매표, 관권개입, 지역주의 조장 등 극심한 과열-혼탁선거가 는 여전하고 인터넷과 휴대전화의 e메일-문자메시지 등을 이용해 상대후보를 비방하는 '신종 흑색선전'도 심각할 정도이다. 지방선거의 경우 불법-탈법선거가 98년 출범 때보다 무려 10배가 넘는다. 단지 17대 국회의 경우 개정선거법 덕에 금품향응은 상당히 줄어든 것은 사실이다. 그러나 포퓰리즘과 지역주의는 더욱 극성을 부렸다.

문제는 정치발전이란 목적을 달성하는데 정치가 필요한 축복의 대상인지 아니면 정치불안, 경제쇠퇴, 사회혼란을 야기한 재앙의 대상인지에 대한 논란이 아직도 많다는데 있다. 지방의회는 물론 국회무용론마저 대두되고 있고 단체장은 다시 임명제로 하자는 주장도 만만치 않다. 이것은 민주주의 실천에 대한 실망과 정치불신에서 나오는 논란으로서 민주주의가 국민의 단순한 열망과 열정만으로 이루어지는 것이 아니라는 뜻이다. 동시에 이것은 민주주의에 대한 기존의 연구 및 접근방법을 전면적으로 바꾸어야 한다는 것을 시사하는 매우 중요한 의미를 나타내는 것이다.

그동안 여기저기서 터져 나왔던 민주화의 목소리는 오랫동안 권위주의 체제에서 억압되었던 불만의 표출과 민주화투쟁인 점도 있지만, 권력욕에 사로잡힌 일부 인사들의 권력획득을 위한 투쟁수단으로서 명분론일 수도 있다. 또 한국의 민주화 역정을 고찰하면 대부분의 민주화 요구의 목소리는 민주적 성숙도가 매우 낮은 개인이나 단체에 의해 가장 비민주적인 방법으로 추진되었다. 문제는 이렇게 해서 민주주의를 이룬 경우는 세계 어느 나라의 역사에서도 찾아볼 수가 없다는 점이다. 민주화를 마치 모든 것을 해결할 수 있는 해결사 또는 구세주인 양 과신해도 안된다.

그렇다고 진정한 민주화 실천운동이 전혀 없었던 것은 아니다. 다만 민주화운동에 대한 소수의 실천적 부류마저 문민정부에 들어오면서부터 손을 놓아 버렸다는 것뿐이다. 오히려 민주주의 운동은 문민정부 때부터 새로운 패러다임으로 시작하여야 할 때 민주주의 운동을 해온 사람들 스스로에 의해 접게 된 것이다. 이들은 과거 민주화운동 시기 동안 군부통치 종식과 민주주의 완성을 등식화하는 오류를 범했던 탓도 있지만(즉, 군부통치=권위주의, 문민통치=민주주의), 현실참여에서 오는 기득권 유지 때문이라 보는 것이 더 정확할 것이다.

민주주의를 이론적으로 이해하고 생활로써 실천할 수 있는 정치인을 비롯한 국민이 몇 %나 될 것이며, 민주주의를 서구의 보편적 개념에다 한국적 원리와 조건을 가미한 한국 민주주의(the Korean form of democracy)로 파악하고 있는 사람들이 과연 얼마나 될까 생각할 때 한국 민주주의 실천의 앞날이 밝아 보이는 것만은 아니다.

이러한 문제의식에서 좀더 실천적이고 수준 높은 진정한 민주화를 뒷받침할 수 있는 방법론으로서 '민주시민문화'(democratic civic culture)와 '시민참여'(civic participation)를 우려내는 시민사회에 관심을 기울이는 것이다.

이미 앞장에서 밝힌 바와 같이 정치발전은 정치제도수준과 정치문화수준이 동시에 상승되면서도 양자의 적절한 조화가 이루어져야 한다. 정치제도의 실제화는 정치문화의 구현 위에서만 가능하다. 역사적 경험에 의하면 정치문화수준의 향상 없이 정치제도수준의 향상만으로는 정치발전이나 민주주의는 불가능하였다. 이러한 관점에서 정치문화수준을 토대(infra structure), 정치제도수준은 상부구조(super structure)로 놓아야 한다.

요컨대 한국 민주주의의 최대 문제점은 정치문화수준을 높이려는 노력 없이 손쉬운 정치제도수준만 높여 온 데 있다.

II. 한국 민주화의 병리현상

일반적으로 사회병리현상이란 하나의 생물유기체와 흡사한 것으로 보고 사회의 이상상태나 부적응현상이 지속되는 것을 말한다. 생활난과 빈곤층의 증대, 비행범죄 및 자살의 급증, 가족체제의 붕괴, 인격의 분열, 계급대립의 격화, 아노미형 엘리트(anomic elite), 아노미적 이익집단(anomic interest group) 등에 대하여 이것을 사회병리적 증상으로서 질병으로 파악한다.

이러한 사회질병의 원인은 분석시각에 따라서 다양하게 찾아낼 수 있으나 여기에서는 제한된 지면에 초점을 흐리지 않고 효율화한다는 입장에서 그 범위를 한국의 민주화과정에서 발생하는 사회병리 현상에 한정키로 한다.

이러한 접근은 흔히 민주주의를 논하는 과정에서 看過하기 쉬워 공식적으로 논의된 기존자료를 찾기는 어렵다. 최근 각종 교통질서 캠페인보다는 교통범칙금 강화 후 교통체증현상이 줄어들고 안전벨트 착용률이 높아진 경우를 볼 수 있다. 이것은 교통체증의 원인이 좁은 공간에 많은 차량이 증가한 탓도 있지만 국민들의 교통질서 문화에 원인이 있었음을 말하는 것이다.

아직도 심심찮게 외국잡지에서 '어글리 코리언'(ugly Korean)이라는 불명예스런 주제를 볼 수 있다. 이것은 산업화에 성공한 한국의 갑작스런 물질만능의 풍조가 대내적으로는 무모, 만용, 오만, 투기, 포악해진 범죄, 무질서, 무규범이라는 부정부패를 심화시키고, 대외적으로는 'ugly Korean'이라는 惡名을 낳게 한 뜻으로 풀이된다.

물론 이러한 증후군(syndrome)은 한때 외국의 경우도 없지 않았다. 예컨대 미국이 세계2차대전 후 전 세계로 진출 안하무인격으로 행동한 'ugly American', 일본이 70년대 경제적 성공을 바탕으로 외국에서 벌인 추태 때문에 '경제동물'이나 '음란관광'(sex tourist)의 별명을 얻은 'ugly Japanese' 등이 있다. 그러나 이들 나라들의 경우 그 원인분석과 더불어 치유를 하여 오늘날은 대체로 친절하고 질서 있는 국민으로 바뀌었다.

한국의 경우 특히 88년의 해외여행자유화 이후 동남아국가에서 얻기 시작한 추악한 한국인들의 악명은 급속히 문호가 개방된 동구유럽과 중국·베트남·캄보디아 등 공산권 국가에까지 더욱 굳어져 가고 있다. 추악한 한국인들은 이들 국가에서 따가운 눈총을 받을 뿐 아니라 '봉'으로 역공 당하고 있는 실정이다. 즉 동구나 동남아 국가들 입장에서는 한국인 여행자들의 誇張과 으스댐에서 오는 모멸감은 있지만 '싹쓸이'로 사주니 '봉'으로 역공격 한다는 말이다. 문제는 20년 가까이 지난 지금도 졸부형의 거드름을 피운다는 말이 심심치 않게 들린다는데 있다.

자유화·개방화·민주화의 바람을 타고 일어난 정치발전의 수준이 어느 정도인가를 묻기보다는 오히려 그 부정적 요소가 어느 정도이냐를 말하는 것이 더욱 실감날 정도이다. 노동자의 권익신장으로 시작된 노동운동이 극도의 이기주의적 발상으로 전환되어 지나친 임금인상을 초래하여 경쟁력을 상실한 높은 생산단가로 수출억제 요인이 되었다든지, 이것이 시대적 요청인 구조조정의 발목을 잡는 결과를 낳아 부메랑처럼 노동자의 손실로 돌아오는 현실을 어떻게 받아들여야 할까. 기업인들의 구태의연한 경영방식으로 인한 엄청난 손실발생, 국민의 정부 5년간의 노사정위원회의 실패, 의약분업의 실패, 참여정부 초기 발생한 화물운송노조대란, 교총의 학교종합정보관리시스템(CS) 주장과 전교조의 교육행정정보시스템(NEIS) 주장 간에 교육부의 입장이 오락가락 하는 정책결정에 반발하는 교육대란 등은 국정운영에 엄청난 차질을 빚었다. 이러한 모든 일들은 조정이 불가할 정도로 극도의 이기주의적 발상에서 비롯된 것이다.

민주화의 이름으로 탄생된 문민정부나 국민의 정부시절 그 이전의 정부보다 오히려 더 많은 부패와 비리에 연루되어 현직 국회의원이나 대통령 비서실장 장관들이 구속되는 사태, 북한의 세습체제를 비판하면서도 우리의 권력 2세나 재벌 2세들에 의한 인사권 남용과 독점 등을 일시적인 부작용이나 과도기현상으로 보아 넘기기에는 인간의 존엄성이나 자존심을 송두리째 짓밟아버리는 반인륜적인 경우가 너무 많다. 2002년 대선을 앞두고 여론조사에서 야당인 한나라당의 이회창후보의 당선가능성이 앞서가자 다른 야당인사(주로 충청권 자민련의원)는 물론 당시 여당인 민주당의 당직자까지도 스스로 당적을 한나라당으로 옮겼다. 심지어 불법선거자금도 야당이 공공연한 협박을 동원해 거두어 '차떼기정당'이란 신조어가 생기는 진풍경은 사회병리 현상이 아니고는 설명이 불가하다.

'바꾸어도 그 사람이 그 사람이다'라는 말도 정치권에서 먼저 생겨난 말임에는 틀림없다. 이러한 현상의 지속은 구성원들로 하여금 일할 맛을 떨어뜨리고 아노미현상에 빠지게 한다. 세상이 다 그런 것 아니냐고 넘겨버리기에는 국가적 손실이 너무 크고 실질적인 민주화의 가장 큰 걸림돌이 되고 있다.

자유화·민주화·개방화를 우리들의 것으로 내재화하고 그 혜택을 누리기에는 역부족이었던 국민들에게는 오히려 상상치도 못할 새로운 유형의 부작용이 생겨났다. 예컨대 과소비 현상, 보험금을 노린 부부간의 생매장 등의 잔인한 범죄, 환각범행, 폭력조직의 두목이 그들의 정체를 눈 가리기 위해 우익단체에 지원금을 보내고 부하들을 동원해 안보의식을 높이는 궐기대회를 열어주고 정부기관으로부터 감사패까지 받는 수법, 부동산업자가 부당한 방법으로 대통령표창을 받은 후 대통령부부 이름을 들먹거리며 온갖 불법적인 방법으로 과열투기를 부추겨 엄청난 돈을 긁어모으는 일, 100만 원짜리 수표를 들고 문방구에 나타난 초등

학생에게 오히려 당황한 문방구 주인이 학생의 부모로부터 야단
맞은 사실, 伏地眼動·伏地不動의 자세에서 세금을 원천적으로
빼먹는 공무원들의 신종 부정부패행위, 보험금을 노린 자작극 등
이루 말할 수 없는 새로운 유형의 범죄들이 생겨나고 있다. 이것
은 범죄라기보다 오히려 6·29선언 이후 오늘에 이르기까지 급
격한 자유화·민주화·개방화로 인한 부작용으로서 한국적인 사
회질병(social disease)으로 파악하는 것이 옳을 것이다. 그렇다고
자유화·민주화·개방화를 하지 말자는 것이 아니라 접근방법이
나 실천방법 속도에 문제가 있다는 것이다.

특히 민주화란 이름으로 정권이 몇 차례나 바뀌어도 민주주의
사회가 도래하지 않는 허탈감에서 오는 정치적 아노미현상과 물
질만능의 이기주의풍조가 수직상승하고 드디어는 치유되기 어려
운 고질병으로 오염되고 있다. 예컨대, 대학의 경우만 보더라도
학과장의 서랍에 장학증서가 수년간 쌓이는 현상은 분명히 사회
질병임에 틀림없을 것이다. 장학의 종류는 여러 가지가 있어 성
적장학은 물론 빈곤자를 우선해서 주는 모범장학, 봉사장학에 이
르기까지 그 모든 장학대상자들이 회계과를 통해 돈만 타 가지
고 가지 학과장실에 있는 장학증서는 타 가지고 갈 생각을 하지
않는다. 게시판에 공고하고 조교를 통해 통지해도 결과는 마찬가
지인 것이다. 영예스러운 것은 장학금보다는 장학증서이고 이를
벽에 걸어놓고 부모님의 자랑거리로 삼아주던 미덕은 간 곳 없
다. 이렇게 하여 최근에는 장학증서제도를 없애버리고 장학금만
타가게 하고 있다. 단체장의 눈을 가리고 거짓말하고 아첨하거나
인사권자의 결점을 찾아내 으름장을 놓는 교수가 더욱 대접을
받고 보직을 맡는 현상이 점점 심화되어간다는데 문제가 있다.
젊은 교수라 해서 예외가 아니라 한 술 더 뜨니 앞날이 어두운
것이다. 비민주적인 사람이 민주주의를 안다는 것만으로 민주주
의원리를 강의하는 것은 민주주의원리를 실천 없이 암기만 하라

는 것이다. 이것은 비민주적 방법으로 민주주의를 달성하려는 것이나 다름없으니 그 효율성을 기대하기란 어렵다.

이상은 제도변화 만으로는 민주화가 어렵다는 말을 강조하기 위해 단적인 예를 몇 개 들어본 것에 불과하다. 어렵게 이룬 제도민주주의를 생활민주주의로 가교 시켜내지 못하고 자칫 愚民정치로 퇴보시킬까 걱정된다.

Ⅲ. 민주화운동 시작은 있으나 끝은 없다

1. 제대로 된 민주주의운동은 지금부터

현행 한국의 헌법상 약속한 민주주의는 서구적 가치를 중심으로 만들어진 것이기에 한국적 상황과 여건에서는 제한된 민주주의가 될 수밖에 없다. 바로 이러한 생태적 한계 때문에 한국 민주주의는 그를 극복하고자 계속 생성 발전시켜 나아가야만 하는 민주주의(growing and developing democracy)이다.

이러한 점에서 한국의 민주화운동은 시작은 있으나 끝은 없는 것이다. 그럼에도 93년도 김영삼정부가 들어선 직후부터 전국적인 민주화운동은 종식되다시피 하였다. 그러다 김영삼정부 중반 이후부터 다시 고개를 들기 시작한 민주화운동이 98년 김대중정권에 들어와서 또 한번 중단의 위기에 처했다.

70년대 이후 민주화운동의 핵심 인사 중 절반은 김영삼정부에, 나머지 절반은 김대중정부에 참여하여 정권의 안정과 유지라는 '정권 이기주의'적인 비민주적 현실정치 앞에서 민주주의운동은 더 이상 유지 명분을 찾지 못한 채 막을 내리다시피 하였다. 역대 민주화운동의 한가운데 서 있었다고 생각했던 한총련과 재야

운동권, 진보적 지식인과 진보성향 정치인도 일부를 제외하고는 위력을 잃어갔다. 한총련 전신인 삼민투와 전대협 출신을 비롯해 재야의 민주화세력 중 대부분이 김영삼정부 아니면 김대중정부에 들어와 기득권을 보호해야 하는 제도권정치의 현실 앞에서 군부정권 종식과 더불어 민주화운동은 손을 놓아 버린 셈이다.

특히 한때 100만학도의 강철대오를 자랑하던 한총련은 김영삼정부 때 불법단체로 규명한 것을 김대중정부에 와서도 그대로 계승한 탓도 있지만 오히려 그들에 의해 '절대적 敵'으로 간주됐던 군부정권의 퇴진과 더불어 투쟁해야 할 대상을 잃은 채 방황하는 모습마저 보이고 있다.

민주화의 기치로 오랫동안 야당과 재야단체를 대표했던 김영삼정부와 김대중정부에 와서도 그들의 국가경영방식이나 의사결정과정, 특히 인사행정 등에서 비민주적·권위주의적 모습은 그 이전과 달라진 게 별로 없다. 노무현정부 초기도 예외는 아니다. 물론 守舊 기득권층의 강력한 저항, 개혁주체세력의 형성 실패, 정권 내부의 부패로 인해 우리 사회의 민주주의가 위기상황으로 치닫고 있었기 때문도 있다. 그러나 문제의 본질은 민주화를 기치로 평생을 민주화운동을 했다고 해서 민주주의를 실천할 수 있는 민주적 태도가 형성된 것은 아니라는데 있다. 민주적 태도란 정치교육 또는 정치사회화라는 철저한 교육프로그램에 의해 민주주의 훈련과 체험적 수련을 통해 형성된다. 이러한 훈련을 겪지 않은 경우는 민주주의 주장자나 민주화운동의 지도자라 해도 민주주의를 추진하는 과정이 매우 비민주적일 수밖에 없다. 국민의 생활 속에 굴러가는 실물정치는 여전히 비민주적 권위주의 정치인 것이다. 이것은 한국 민주정치의 위기를 제도적 측면보다 정치문화적 측면에서 그 원인을 찾고 대안을 모색해야 됨을 의미한다.

요컨대 민주주의를 알고 주장하는 것과 민주주의를 실천할 수 있는 '민주주의자'와는 별개의 문제이다. 민주화 문제는 계속된 연구와 실천의 문제이다. 더욱이 인간의 살고 싶은 모습이나 삶의 질이란 동태적 개념이기에 시대적 흐름에 따라 더 수준 높은 것을 욕구하고 추구할 성질의 것이기 때문에 민주화운동은 시작점은 있으나 끝점은 없는 것이다.

2. 민주주의 실천과 시민의 효율적 참여

민주주의는 이론개발과 구성을 어떻게 할 것인가 보다는 어떻게 실천할 것인가가 더욱 중요한 문제이다. 이론모형의 개발도 실천을 위한 방법론이 전제되지 않는다고 할 때는 공허한 말의 성찬에 지나지 않는다. 참여문제 역시 이론과 활성화의 문제가 아니라 효율적 참여와 실천의 문제이다. 참여의 이론과 활성화가 반드시 참여의 효과를 나타내는 것이 아닌 것은 자칫 권위주의적 동원화로 연결될 가능성 때문이다.

헌팅턴(Samuel P. Huntington)에 의하면 근대화과정에 발생하는 참여폭발은 정치적 불안을 낳는다. 근대화시대는 강도 높은 노동을 요구받는데 비해 저임금과 열악한 노동환경 때문에 사회적 좌절감이 심대하다. 그러나 유동성기회가 낮아 정치참여가 폭발하지만 '하위적정치문화'(Primitive or parochial political culture)와 제한된 자원 때문에 낮은 수준의 정치제도화 밖에 이루어 질수 없으므로 정치적 불안으로 이어진다.

참여효과는 참여수준과 국가경영자 측의 정치문화에 비례한다. 그리고 적정참여수준은 민주주의 실천 정도와 등식관계가 성립된다. 결국 민주주의 실천과 시민의 효율적 참여는 상호상승작용의 관계에 놓이게 되어 높은 수준의 민주주의로 가는 길목이 된다.

이러한 관점에서 보면 민주주의란 국가의 경제역량이나 군사

역량의 높낮이에 의해서만 결정되는 것이 아니다. 오히려 민주주의실천을 위해서는 국민들이 유덕하고 相生共榮한 정신문화적 측면과 효율적 참여를 위한 지식과 테크닉 그리고 공동체문화 형성을 위한 훈련과정 등이 더욱 중요하다.

Ⅳ. 한국정치발전의 당면과제에 대한 새로운 패러다임

일반적으로 정치발전은 학자에 따라 여러 가지로 주장되어 왔다.

제임스 콜만(James S. Coleman)[1]에 의하면 정치발전이란 첫째, 분화에의 경향이다. 이것은 인간사회의 역사적 진화과정에서 두드러지게 나타난 경험적 사실로서 권력집중의 약화과정이나 가치의 권위적 배분 등을 의미한다고 볼 수 있다.

둘째, '상대적평등'에의 지향이다. 이것은 현대사회가 지향하는 인간생활의 실천적 이념을 형성하는 가치 가운데 핵심적인 에토스가 되는 동시에 논리적인 지상명제이다. 따라서 정치발전은 시장주의와 복지주의가 적절히 융화되어 가는 상태를 의미한다.

셋째, 수용능력의 증대이다. 이것은 체제유지를 위한 논리적 필요조건일 뿐만 아니라 인간이 그 환경의 관리에 있어서 적응 및 혁신을 위한 잠재적 능력을 향상시키는 것을 의미한다.

이상의 맥락에 따라서 정치발전의 개념을 규정한다면 정치발전이란 ① 분화의 과정, ② 상대적 평등의 요구, ③ 정치체제가

---

1) James S. Colman, ed., *Education and Political Development*, Princeton Univ. Press, 1965, p. 5.

지닌 분화의 통합 및 평등요구에의 적응능력이라는 세 가지 요인 간에 끊임없는 대립적 상호작용(interminable contrapuntal interplay)이라고 할 수 있는 것이다.[2]

이러한 분화, 상대적 평등, 적응능력이 한편 대립적이면서 다른 한편 상호작용을 통해 정치발전과 정치안정이 이루어진다면 이것은 아주 수준 높은 민주주의를 할 수 있는 여건이 마련된 셈이다.

그러나 정치발전이란 첫째, 국제적·국내적 장해 요인이 없어져야 하고 둘째, 권력구조가 다원화되어 각 정치집단간의 상호견제균형을 이루는 환경조건이 있어야 하며 셋째, 국민경제가 발달하여 번영과 안정을 누리고 국민 대부분이 상당한 물질적 생활수준을 누리는 사회환경에서 실현될 가능성이 더 높다. 넷째, 국민들의 참여적 정치문화가 형성되어야 하고 다섯째, 민주주의를 하나의 생활방법으로서 파악하고 생활의 민주화로서 실천되고 있어야 할 전제조건이 주어져야 한다. 뿐만 아니라 민주정치는 국민 대다수가 지적으로 현명하고, 성격적으로 유덕하며, 중산계급이 대다수를 차지하고 정치적으로 성숙된 상황에서 제대로 운영될 수 있는 것이다.

이러한 관점에서 볼 때 한국의 정치발전은 그동안 괄목할 만한 경제성장에도 불구하고 권위주의적인 통치전통이 낳은 낮은 수준의 정치문화로 인해 黨의 간부화현상과 정치권력에의 무조건적인 복종 아니면 정치적 요구폭발현상 등이 나타났기 때문에 매우 더딘 실정이다.

William C. Havard에 의하면 민주주의란 국민이 정치권을 효율적으로 감독, 감시, 통제할 수 있는 수행능력을 가짐과 동시에 자기 권리 위에 잠자지 않고 주권을 유지·보호하여 국익을 보

---

2) Ibid., p. 15.

호할 수 있는 경우를 말한다.[3]

이것은 정치발전의 책임이 상당한 부분 국민에게 있다는 것을 의미한다. 물론 이러한 경우도 정당이나 정치인 등 행정지도자들의 책임을 면할 수는 없는 것이다. 왜 교육주체인 정부에서 국민에게 국민으로 하여금 국가 및 정치권을 효율적으로 감독, 감시, 견제, 비판, 통제, 유지, 보호하는 데 필요한 교육을 하지 않았느냐는 원인행위가 발생하기 때문이다.

이상의 관점에서 한국정치발전의 당면과제에 대한 실질적이고 새로운 접근을 시도해 보기로 한다.[4] 당면과제 중 '권위주의문화'나 '인물중심정당' 문제는 각각 다른 항목에서 구체적으로 논할 것이기에 여기서는 생략하기로 한다.

1. 높은 수준의 경제와 낮은 수준의 민주적 태도간의 부조화

우리의 경제는 환율과 경제환경에 따라 약간의 변동은 있지만 GNP 1만 달러를 넘어선 높은 수준의 경제로 선진국에 입문하고 있다. 그러나 낮은 수준의 민주적 태도와 높은 수준의 경제와의 부조화로 인해 분배의 정의실현은 대단히 어려운 실정이다. 때문에 불만계층은 계속 늘어가고 동시에 불만표출이 과격화 폭력화함으로서 계층간 골이 깊어가고 사회적 갈등은 심화되어 간다. 물가는 하루가 다르게 올라가고 있으며 수출은 적자의 늪에서 헤어나지 못하는 경우가 많다. 그래서 정권에 따라서는 치유책 겸 민주화의 일환으로 정부주도의 강압적인 정의분배 실현을 위

---

3) William C. Havard, Government of Politics of the United States, New York: Harper & Row, 1965, pp. 23~25.
4) 배찬복, "정치가 만들어낸 아노미 현상", 自由公論, 1991. 1월호, pp. 180 ~183 참조.

한 정책추진을 해보지만 '일할 맛이 안 난다'는 중산층 이상 경제엘리트 집단들의 불만과 함께 생산성이 떨어지기 때문에 정책을 중도하차 하느냐 마느냐의 진퇴양난에 부닥친다.

특히 세계화와 신자유주의시대를 맞아 경쟁력을 갖춘 '팔리는 물건'을 만들기 위해 구조조정(restructuring)을 해야 함은 모두가 인식하면서도 정책적으로 추진할 때는 극도의 이기주의를 내세워 반대하고 있는 것 등도 낮은 수준의 민주적 태도 때문이다.

그러면 민주적 태도란 무엇인가. 학자에 따라 조금씩 주장이 다르긴 하나 라스웰(Harold D. Lasswell)[5]은 첫째, 다른 사람에 대해서 경직되고 배타적인 태도를 갖기보다는 온화하고 포용적인 태도를 나타내는 개방성(open ego) 둘째, 독식하거나 독식하려는 태도가 아니고 다른 사람과 가치를 공유하려는 태도 셋째, 일차원적 가치보다는 다원적인 가치를 추구하는 태도 넷째, 인간의 잠재력에 대한 신뢰감 다섯째, 불안으로부터 해방 등을 들고 있다.

이에 반해 달(Robert Dahl)[6]은 민주적 태도로써 첫째, 자기 자신에 대한 품격과 존엄성을 유지하려는 믿음 둘째, 다른 사람에 대한 품격과 존엄성을 유지하려는 믿음 셋째, 개인의 자율성과 강력한 지도력을 경원하는 믿음 넷째, 상이한 의견과 주장을 쉽게 수용하는 마음과 타협적인 태도 다섯째, 다원적인 가치를 추구하는 태도 등을 들고 있다.

이상의 민주적 태도가 지니는 몇 가지 요소로서 한국의 생활현장을 접근해 보면 충돌부분이 너무나 많다. 한국의 현실은 경제침체에도 불구하고 거리에는 고급승용차가 넘쳐나고, 비싼 외

---

5) Harold D. Lasswell, *Power and Personality*, New York: The Viking Press, 1967, pp. 148~152.

6) Robert A. Dahl, *Modern Political Analisis*, Englewood Cliffs, New Jersey: Prentice-Hall, Inc., 1963. p. 91.

제라야 잘 팔리고 과소비로 흥청망청하며, 인간의 존엄성이란 용어 자체가 사치스러울 정도의 끔찍한 생매장이나 투기로 한탕하여 세상을 쉽고 편하게 살려는 마음이 심화되고 있다. 또 서구적 평등개념을 도입하여 여권신장과 남녀평등 그리고 상속법의 제도적 변화는 형제간 부부간의 재산 갈등과 이혼율 급상승을 부추기는 역기능으로 나타타고 있다. 이익단체(interest group)의 활성화가 무엇이든 뜻대로 되지 않으면 집단으로 농성이나 시위를 하는 등 극도의 이기주의 발로 때문에 공권력이 아니면 해결이 어려운 역기능이 심화되고 있다. 다시 말해 우리의 전통문화와 급격한 민주적제도변화간에 문화충돌로 이어져 사회적부작용이 심각한 정도에 이른다.

집단이기주의 발로로 심대한 위기국면을 맞아 공권력마저도 해결의 실마리를 마련하지 못하는 경우 정부가 목소리 굵은 쪽에 손을 들어주는 식의 일관성 없는 정책은 정치불안과 사회불안만 가중시키는 결과가 된다. 예컨대 참여정부 초기 화물연대파업과 교육행정정보시스템(NEIS) 등에서 보여준 정부의 갈지(之)자 행태는 시종일관 끌려 다니다 막다른 골목에 몰리자 목소리 큰쪽의 주장을 일방적으로 수용해 버린 白旗 항복이었다.[7]

---

7) 중·장기 에너지 세제개편의 근본 틀까지 깨면서 화물연대의 경유세 보전 요구를 받아들임에 따라 연간 1800억원 가량의 재정 지출이 불가피해졌다. 전교조의 NEIS 중단 요구를 받아들임으로서 발생할 추가 부담은 교육부 추산으로도 2조원을 넘는다. 이 비용들은 결국 국민의 혈세로 메워 진다. 이에 대해 한국교총과 교장단 등 단체의 반발이 심하자 尹德弘교육부총리는 이틀만에 또다시 6개월 전면 유보안을 내도 반발이 수그러들지 않자 3일만에 또다시 학교실정에 따라 NEIS도 사용할 수 있도록 결정한 교육대란이 발생하였다.
▼교육 문제▽교육행정정보시스템(NEIS)은 문제가 많아 중단해야 할 것 같다.(윤덕홍 교육부총리, 2003년 3월8일 라디오 인터뷰)▽NEIS에 큰 문제는 없는 것 같다.(윤 부총리, 3월12일 학교 현장 방문)▽전교조가 정부의 굴복을 요구하는 것을 들어줘서는 안된다.(노무현 대통령, 5월20일 국무회의)▽고3은 NEIS로, 고2 이하는 NEIS 이전 체제로 시행하겠다.(윤 부총리, 5월26일 NEIS 대책 발표)▽법대로 하라고 지시했는데 대통

정부는 국민의 생명과 재산과 자유를 지키기 위해 존재한다는 점에서 정치적불안과 사회적 무질서에 대해 정부가 일차적 책임을 저야 할 일이다. 그러나 이해집단간의 죽기 살기 식의 극한대립은 일종의 한국적 사회질병으로서 낮은 수준의 민주적 태도 때문에 불거진 사안이다.

민주적 태도의 향상을 위한 장기적이고 효율적인 교육적 노력이 없을 때 높은 수준의 경제는 오히려 부익부 빈익빈 현상을 초래한다. 빈부격차 심화는 소외계층의 증폭과 계층갈등·세대갈등·지역갈등을 부추기는 원인이 되어 정치참여 폭발과 무질서사회(praetorian society)로 이어진다.

요컨대, 높은 수준의 경제와 낮은 수준의 민주적 태도간의 부조화는 갖가지 사회병리현상과 정치적 아노미현상을 산출한다. 이러한 경우 정부는 극약처방이라는 미봉책을 택함으로서 잠시 불을 끄는 듯하지만 문제의 소지는 계속 남는다. 문제해결의 본질은 생활민주주의를 인간에게 얼마나 착근시키느냐에 있다. 따라서 민주주의 실천훈련을 위한 교육적 노력과 개혁은 정권의 임기를 초월해 장기적으로 부단히 추진되어야 한다.

2. 정치제도와 정치의식과의 갭

旣說한 바와 같이 정치발전이란 궁극적으로는 정치제도와 정치의식의 조화에 의해 이루어진다. 이때 정치제도란 정치발전에 있어서 필요조건 또는 상부구조라 한다면, 정치의식은 충분조건

령 지시가 안 먹혔다.(노 대통령, 5월28일 노사협력 유공자 오찬)▽고2 이하는 수기(手記)로 하되 NEIS, 학교종합정보관리시스템(CS), 단독컴퓨터(SA)도 가능하다. 합의 파기가 아니다.(윤 부총리, 6월1일 NEIS 세부 시행계획 발표)

또는 토대에 해당된다.

정치제도를 개인 및 집단 대 집단 간의 이해 대립과 감정적 알력을 해소하며 공익을 증진하는 절차와 조직이라 한다면, 정치 의식이란 사람들이 어떤 정치적 행동을 선택하는 데 필요한 정 치적 인지·감정·평가를 말한다. 다시 말해 정치의식이란 정치 권에서 올바른 민주정치가 가능토록 효율적으로 감독·감시·유 도하는 데 필요한 능력은 물론 올바른 주인행세를 하는 데 필요 한 능력(competence)·참여(participation)·체제에 대한 깊은 애 착심(system affect)에 의한 정치적 충성심(political allegiance)을 말한다. 이러한 뜻의 정치의식의 실체는 결국 인간의 민주시민문 화 형성을 의미하는 것이 된다.

따라서 이러한 정치의식은 교육적 노력에 의해 의도적으로 향 상시켜야 되는 것이지 세월이 흐르고 나이가 먹는다고 자연발생 적으로 형성되는 것은 아니다. 바로 이 점이 정치의식과 정치관 심의 차이점이다. 정치제도와 정치의식은 상호균형과 조화를 이 루면서 점진적으로 향상시켜야 되지 어느 하나가 다른 하나보다 속도의 차이가 현격할 때는 예상치 못한 사회의 불안과 부작용 이 나타나게 되는 것이다.

한국의 경우 88년 정권, 93년 정권, 98년 정권 모두가 민주화, 자유화, 개방화, 국제화란 명분에 밀려 우선 손쉬운 법개정을 통 한 정치제도란 측면만 수직상승의 상향조정을 하였다. 임기중반 에 이르는 노무현정권도 적실성이나 착근여부와는 크게 상관없이 제도중심의 개혁입법을 양산하고 있는 셈이다.

6.29민주화 선언이후 4대에 걸친 정권들이 개혁입법의 제정과 개정을 통한 높은 수준의 정치제도 변화와는 달리 국민이 그 법 을 제대로 지키고 소화함으로써 더 많은 이익과 선과 자유와 행 복을 누릴 수 있는 정치의식을 함양하지는 못했다. 정치의식은 그 성격상 하루아침에 향상될 성질의 것이 아닌 데다 높이고자

하는 교육적 노력(학교교육과 사회교육 포함)마저 매우 미미하기에 정치제도와 정치의식 간 커다란 갭(gap)이 생겨난 것이다. 이 갭을 헌팅턴(Samuel P. Huntington)은 무질서사회(Praetorianism)란 말로써 정치적 후진국 사회로 특징짓고 있다. 정치제도 수준이 정치의식 수준보다 높은 경우 무질서사회와의 관계를 알기 쉽게 그림으로 그리면 〈표 10-1〉과 같다.

〈표 10-1〉 정치제도·정치의식·무질서사회

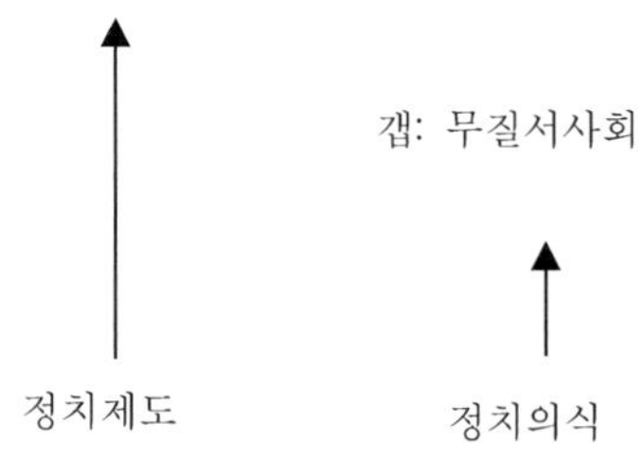

이러한 무질서사회(praetorian society)의 특징에 대하여 마키아벨리(Machiavelli)는 온갖 형태의 放恣性과 폭력과 官權의 불균형확대, 평화와 정의의 파괴, 不義의 야심, 불법, 기만, 잔악한 범죄 등 난잡한 경향 등에 의해 뒤덮인 부패된 사회로 보았고, 아리스토텔레스(Aristoteles)는 권위를 상실한 사회이며, 결합성과 규율과 합의를 缺한 사회로서 사익이 공익을 억누르고 시민의 책임이나 공중도덕이 없어져 버린 사회, 사회세력이 강한 반면에 높은 수준의 정치제도를 지녔음에도 불구하고 정치제도의 역기능이 나타나 오히려 무질서를 창출하는 취약한 사회로 보았다.

그렇다고 사회안전망 구축을 위해 정치제도 수준을 정치의식 수준보다 낮춘다고 되는 것은 아니다. 한 나라의 정치제도 수준이 정치의식 수준에 훨씬 못 미치게 만들면 기득권자의 독식이 가능한 독재사회가 오지만 중장기적으로 '국민저항'과 '국민 불복종'에 부닥친다. 따라서 정치제도 수준과 정치의식 수준의 높낮이는 균형관계 수준으로 설정해야 한다.

　정치의식 수준이 정치제도 수준보다 높은 경우 국민저항과 국민 불복종 사회와의 관계를 알기 쉽게 그림으로 그리면 〈표 10-2〉와 같다.

〈표 10-2〉 정치제도 · 정치의식 · 국민저항과 국민불복종

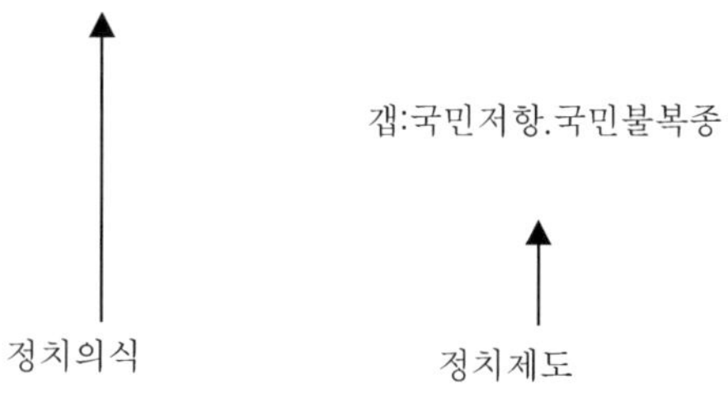

3. 정치관심과 정치의식의 혼돈

　우리나라의 여론조사에 의하면 국민의 정치관심은 대단히 높다. 마치 대통령이나 국회의원의 선거 때가 되면 유권자들의 대부분은 자기가 대통령이나 국회의원이 되는 것 못지않게 과민한 반응을 나타낸다.

　앞항에서 이미 지적한 바와 같이 낮은 수준의 정치의식 속에서 이상과 같은 높은 수준의 정치관심은 여러 가지 정치적인 부작용을 나타내는 경향이 있다. 예컨대, 과열한 선거분위기, 흑색선거, 폭로戰, 덮어씌우기, 금권선거, 혈연, 지연, 패거리정치, 지방색의 과도한 노출 등의 부작용이 나타나는 것이다.

　알몬드나 버바 같은 이의 연구사례에 의하면 미국이나 영국과

같은 나라는 국민의 정치의식과 민주적 태도 등이 높아지니 자연히 정치관심이 떨어지는 모순 혹은 간격이 나타나고, 바로 이 모순이 민주정치체제에 있어서 정치권력과 국민의 요구에 대한 호응성 간의 균형유지에 크게 도움이 되고 있다고 설명한다.[8]

우리 한국의 경우 정치관심과 정치의식을 구분하지 않고 혼용하는 경향 때문에 더욱 문제파악이 어렵고 한국인은 이제 정치의식이 높아졌다는 혼돈에 빠지게 된다. 따라서 높은 수준의 정치관심을 보고 그것이 곧 높은 정치의식이라 판단하여 높은 수준의 정치제도를 도입함으로써 앞에서 지적한 여러 가지 부작용, 즉 향락사업 번성, 과소비, 근로의욕 감퇴, 소외계층 증가, 40-50대 이혼율 급증, 조상제사나 부모 모시는 문제 등을 놓고 형제 자매 간 갈등이 심화되는 등 심각한 사회문제가 분출된다. 이러한 사회문제를 방면하게 되면 무질서사회를 초래해 심각한 사회적위기에 직면하게 된다.

사회안정과 정치발전을 통해 국민들로 하여금 생동감 넘치는 민주생활을 하게 하려면 정치의식과 정치문화를 점진적으로 높이고자 하는 정치사회화를 국가의 장기적 과제로 채택하여야 한다.

알몬드와 버바의 연구결과에 의하면 정치의식의 향상은 '보이지 않는 손'(invisible hand)에 의해서 정치에 대한 과열한 관심을 떨어뜨리게 된다는 것이다. 그렇게 되면 정치인들도 요구중압을 덜 받게 되므로 인기를 위한 정책이나 법률개정은 점점 사라지게 되고 포퓰리즘도 통하지 않게 된다. 그야말로 정치인들은 뿌린 되로 거두는 좀더 '정직한 정치'를 하게 되고, 정권 측도 임기동안 정책과제 채택의 우선순위를 국가의 장기적 발전프로그램에 맞추게 될 것이다.

---

8) G. Almond & S. Verba, *Civic Culture*, Princeton University Press, 1963, p. 481.

V. 한국의 정치적 당면과제에 대한 극복방안

1. 한국인의 정치문화 속성

정치문화는 정치적·사회적 행태에 영향을 미칠 수 있는 가치체계로서 정치체제와 깊은 관련성을 가진다. 즉 권위주의 정치문화는 권위주의 정치체제를 낳을 수밖에 없고 민주시민문화는 민주정치체제를 낳게 된다. 그렇다고 민주정치체제가 민주시민문화 형성에 영향을 미칠 수도 있으나 민주시민문화를 낳은 것은 아니다. 정치문화와 정치체제는 토대와 상부구조와의 관계에 있기 때문이며 이것이 통설이다. 물론 정치체제를 토대로 정치문화를 상부구조로 설정하는 소수설도 있다.

한국정치의 당면과제인 생활민주주의를 분석하고 설명하는 데는 통설을 따라야 가능하다. 왜냐하면 한국은 민주주의제도를 도입해도 민주주의사회나 생활민주주의가 오지 않고 있기 때문에 소수설은 맞지 않은 것이다. 따라서 한국정치의 당면과제를 극복하는데 1차적으로 한국인의 정치문화속성을 究明한다는 것은 민주화과정에 매우 중요한 일이다.

한 나라의 정치문화는 국내체제뿐만 아니라 세계체제로부터의 영향을 직접 또는 간접으로 받게 된다. 한국의 권위주의 정치문화는 중국의 외침과 더불어 오랜 기간 주종관계에 있었던 역사로 인해 자연스럽게 중국 봉건주의 시대의 유교문화로부터 유래된다. 또 조선시대의 왕정체제나 일본의 식민지배 그 이후 세계의 냉전체제·6.25동란·월남전·과대성장과 국가의 상대적 자율성 강화 등도 우리들에게 필연적으로 권위주의 정치문화를 요구했을 뿐만 아니라 그 수준에 머물 수밖에 없게 만들었다. 그러나 한국의 1948년 현대정치이후 현대민주정치체제를 헌법상 도입했지만 권위주의 정치문화만은 청산되지 않았다. 서구의 제도만 수입했지 서구의 생활은 가져오지 못했기 때문이다.

따라서 제도적 측면에서 보면 제헌과 더불어 현대민주정치체제를 도입하였고 그 이후 민주화 열망에 의해 9차례나 헌법을 개정하는 과정에서 민주화방향으로 제도적 보완은 했지만 그에 상응한 행태를 바꾸어 놓지 못했기에 실제의 정치는 아직도 권위주의 정치에 머물고 있는 것이다.

이러한 일련의 긴 권위주의 정치 과정에서 국민들은 그 바탕이 되는 권위주의문화에 무척 익숙하게 되었다. 어떤 면에서는 절대권위주의 형태인 국가주도의 성장위주경제정책이 국민들에게는 적실성이 더 높아 4, 5공화국 시절 오히려 괄목할 경제성장을 이루기도 하였다.

이제 진정한 정치발전, 즉 민주체제를 형성 유지키 위해서는 제도적 접근보다 권위주의 정치문화 속성으로부터 탈피하려는 문화적 접근으로 연구방법부터 바꾸는 패러다임의 전환이 있어야 한다. 우리가 직면한 민주정치의 위기는 제도적 측면보다 정치문화적 측면에 원인이 있기 때문이다.

2. 민주시민문화의 이행 및 정치발전 방안

(1) 민주시민문화에로의 이행

민주정치체제와 相合할 수 있는 정치문화는 국민의 민주시민문화이다. 이 경우도 민주정치체제로터 민주시민문화가 반추되는 것이 아니라 민주시민문화로부터 실현가능한 민주정치체제가 반추된다는 인식이 매우 중요하다. 다시 말해 권위주의문화에서 민주시민문화에로의 점진적인 이행은 점진적인 정치발전(민주화)을 의미하게 된다.

여기서 말하는 민주시민문화란 첫째, 어떤 정치적 행동을 선택하는데 필요한 정치정향(political orientation)의 요소인 ① 인지(cognitive orientation) ② 감정(affective orientation) ③ 평가(evaluational orientation) ④ 행동(behavioral orientation) 간에 거의 균형관계를 이루어야 한다. 둘째, 국민의 평균수준이 정치권에서 올바른 민주정치가 가능토록 효율적으로 감독·감시·유도하는데 필요한 지적능력은 물론 올바른 주인행세를 하는데 필요한 지적능력과 그에 따른 감정적인 반응이나 느낌을 지녀야 한다. 셋째, 가치기준을 정보 및 감정과 결합시킴으로서 이루어진 정치적 대상에 대한 판단과 의견이 있어야 한다. 넷째, 아는 것·느끼는 것·평가하는 것·행동하는 것 간에 일치를 이루어야 한다.

이상과 같은 민주시민문화에로 이행방안으로서는 첫째, 교육적 훈련을 통해 국민대중으로 하여금 정치에 대한 자신감·능력·영향력(political competence) 등을 향상 시켜야 한다. 둘째, 교육적 훈련을 통해 국민대중으로 하여금 정치에 대한 참여의식(political participation)을 제고 시켜야 한다. 셋째, 교육적 훈련을 통해 국민대중으로 하여금 체제에 대한 깊은 애착심(system affect)에 의한 자발적인 정치적 충성심(political allegiance)을 향상 시켜야 한다.

(2) 민주적 태도향상을 위한 시민운동 전개

높은 수준의 경제와 낮은 수준의 민주적 태도 간의 갭(gap) 또는 부조화는 각종 유형의 사회적·정치적 부작용을 낳고 있음은 앞 항목에서 살펴보았다.

이러한 현상은 주로 신생국으로서 근대화에 성공한 근대화 초기에 많이 나타난다. 신생국의 대부분은 경제적 근대화와 정치발전이라는 문제를 안고 있다. 이 근대화와 정치발전과의 관계는 상호 이율배반적인 면이 존재하기 때문에 이를 조화시킨다는 것은 대단히 어려운 일이다. 자원이 부족한 나라에서 정치발전과 근대화는 적어도 초기에는 동시추진이 불가하다.

특히 민주적 태도의 향상 없이 근대화도 성공하고 정치발전도 이루어 생동감 넘치는 국민의 생활이나 국민조화 국민통합을 약속한다는 것은 불가능한 것이다. 그래서 대부분의 국가들은 근대화 추진과정에 근대화세력과 민주화세력들 간에 충돌하여 갖가지 사회갈등 문제를 드러내고 심지어는 국가위기와 집권시스템의 정체성위기로까지 치닫게 된다. 더욱이 민주화세력도 민주주의를 하자는 정치적 주장을 하는 것이지 스스로 민주적 태도를 지닌 것은 아니어서 타협보다는 무력적 충돌을 할 경우가 더 많은 것이다. 양세력 모두 낮은 민주적 태도일 경우 양세력의 충돌은 더욱 무력적이며 장기화되고 사회갈등은 심각한 지경에 이르게 된다. 이러한 시점에서 나라에 따라서는 혁명이나 쿠데타 또는 민중폭동이 발생하기도 한다. 근대화 초기 지배계층과 민중계층이 다같이 낮은 민주적 태도일 경우 민중참여 배제는 더욱 불가피 하고 장기화되는 것도 그러한 까닭이다.

결국은 '낮은 민주적 태도' 때문에 집권엘리트층에는 권위주의지배방식, 국민대중들에게는 무질서와 정치적 아노미현상 등이 발생한다. 이에 대한 극복방안은 국민들로 하여금 민주적 태도 형성을 위한 장기적 발전프로그램을 만들어 실천하는 교육적 노력 이외에 달리 뾰족한 방법이 없다. 더욱이 단기적으로 단숨에 해결할 수단은 없다.

문제는 민주적 태도 형성을 위한 발전프로그램을 만들고 추진하는 경우도 지배엘리트층을 위한 것은 빼고 국민대중용만 만들고 강요된 추진을 하는데 있다. 물론 역사적으로 볼 때 어느 나라나 권력의 성격상 지도자들은 변하지 않는 상태에서 피지배집단만 변화할 것을 강요하는 경향이 있다. 이러한 점 때문에 국민대중이 먼저 민주적 태도 형성을 위한 노력을 한 다음, 아래로부터 위로의 변화를 시도하는 방법을 찾게 되는 것이다. 그러나 이 방법은 자칫 민중지도자들에 의해 분노한 민중으로 몰고 가 혁명적 또는 급진적 성향을 띠게 되는 경우도 있음을 주의해야 한다.

따라서 일차적으로 국민대중의 낮은 민주적 태도를 극복하기 위한 방안으로서 민주시민교육 프로그램과 실천시민운동을 동시에 전개해 나가는 것이 효율적이다.

민주시민교육 프로그램의 목적을 민주주의가치와 기본원리에 대한 지식을 행동으로 옮기는 자질과 태도를 함양하고, 협동적이며 안정된 사회를 구현하기 위한 공동체 의식을 기르는데 중점을 두어야 한다.

특히 교육전문가 양성 훈련프로그램을 운영하여야 한다. 객관적이고 균형 잡힌 자료와 정보를 공유하도록 전문적인 교수요원을 양성하여 교육의 효율화와 체계화를 기하고, 시민운동실천가와 지역여론지도층의 재교육과정을 통해 생활 속에 민주주의를 실천·확산시키도록 하여야 한다. 대학의 경우 소위 학위를 했다는 것만으로 교수로 채용하는 것은 이러한 점에서 심각한 문제인 것이다. 자칫 민주주의 산실인 대학이 가장 교활하고 권위주의적이고 비민주적인 인사를 양성하는 공장이 될 가능성이 있기 때문이다.

교사들의 체계적이고 효율적인 교수를 위해 다양한 교육내용과 교수방법을 소개·제공하고 실제 학교교육현장에서 적용하도록 지원하는 교원 직무연수 등을 방학기간을 이용 운영하는 것도 바람직하다. 아울러 청소년과 일반인을 대상으로 실천중심의 학습을 통해 국민 각자가 권리와 책임의식을 갖고 민주사회 형성에 솔선 참여하는 시민의식을 배양하고 공동체의식을 생활주변에서 개별적·조직적으로 실천하도록 유도하여야 한다.

문제는 교육전문가 양성 훈련프로그램을 만들고 추진할 주체는 누구이어야 하며, 시민운동의 전개방법 등은 구체적이고 선택 가능한 여러 가지 방법론을 별도로 연구개발해야 할 것이다.

단지 재정적 지원은 외국의 경우 수익자부담 원칙에 따라 국민이 낸 세금으로 충당한다. 그리고 세금에 의한 지원금을 官에서 관리 운영하고, 교육이나 시민운동 자체는 교육전문가 또는 민간단체가 중심이 되어 실시하고 있다. 미국의 시민연합운동이나 서구선진국이 시민운동을 통해 민주시민으로서의 태도를 고양시키고 있는 것을 그 예로 들 수 있다.

이러한 민주적 태도 향상을 위한 방법은 시민운동과 더불어 정치제도도 보조를 맞추어 나가야 한다. 예컨대 일본의 경우는 초등학교 1학년 때부터 민주적 태도를 위한 교육을 다음과 같은 프로그램으로 진행 하고 있다.

초등학교 1학년 때 민주적 태도의 하나인 협동정신을 교육하기 위해 담임교사가 수업시간을 통해 협동정신의 이론과 필요성을 먼저 강의한다. 그 다음 시간에는 생활훈련을 통해 바로 협동정신을 내재화시키고 실천시킨다. 즉 1학년 1반과 2반이 합동으로 운동장에 나가 협동정신에 대한 생활훈련을 하게 된다. 이 때 1학년 1·2반 담임교사가 양쪽에서 고무줄을 돌리고 1·2반 학생 60명은 그 고무줄을 동시에 넘는 생활훈련을 반복한다. 만약 한 학생이라도 잘못 넘을 때는 59명 모두가 줄을 제대로 넘을 수 없다는 데서 협동정신의 중요성과 생활화를 익히게 된다.

우리의 경우 민주주의를 초등학교 때부터 대학 또는 그 이상까지 공부하지만 그것은 강의를 통한 이론교육이지 생활교육은 아닌 것이다. 그러므로 우리 사회에는 민주주의 신봉자는 많지만 시민정신을 갖춘 민주시민이나 민주주의자는 찾아보기 힘들다는 말이 생겨나게 된 것이다.

(3) 정치관심과 정치의식의 구분을 위한 국민계몽운동

올바른 정치의식의 함양 없이 정치발전을 기대할 수 없다는 것은 앞에서 밝힌 바와 같다. 게다가 정치관심과 정치의식의 혼돈 또는 구분하지 않는 것은 무질서·과열투기·한탕주의·포악한 범죄발생·생명경시현상 등의 사회병리현상과 말과 행동이 다른 사이비정치인을 양산하게 되어 사회안정과 민주화에 가장 큰 걸림돌이 됨도 앞에서 규명된 바와 같다.

따라서 지금 우리의 최대과제는 국민의 과열한 정치관심을 떨어뜨리고 정치의식(민주시민문화)을 높이고자 하는 국민계몽운동을 하는데 있다. 물론 지금까지 연구된 선진 각국의 사례대로라면 굳이 정치관심을 떨어뜨리려는 의도적인 노력을 할 필요는 없다. 왜냐하면 국민의 정치에 대한 올바른 의식을 향상시키면 정치관심은 그만큼 자율적으로 떨어지기 때문이다.

특히 국민의 정치의식이 높아지게 되면 국가경영에 대한 책임이 국민에게도 있다는 것을 스스로 알게 된다. 그리고 누구나 나라의 살림살이를 자기의 살림살이와 마찬가지로 걱정하게 된다. 이렇게 되면 선거 때 우리의 고질병인 망국적인 공약남발이 사라지게 될 것이고 정치인들도 소신 있게 정치하게 될 것이다.

현재와 같이 높은 수준의 정치관심과 낮은 수준의 정치의식의 갭이 큰 경우 당선되기 위해서는 앞 다투어 공약남발을 하지 않을 수 없는 입장인 것이다. 지난 13대 총선 때 이미 각 정당 및 무소속후보들이 전국에서 제시한 공약을 실천하려면 대략 1백조 원이 소요되고 여기에다 대통령선거 때 공약까지 합하면 그 소요비용은 가히 천문학적 규모가 넘는다는 연구보고가 있었다. 16대 총선이나 16대 대통령선거에서 역시 공약남발은 달라진 것이 없고, 정치자금법이 무색할 정도로 실제 선거비용은 천문학적인 숫자로 들어갔다. 그러나 17대 총선직전 16대 대선의 불법대선자금으로 인해 여야대표를 비롯해 주요당직자들이 대거 구속되고 유권자신고 포상제와 유권자처벌강화제 등의 도입효과 탓인지 17대 총선비용만은 현저히 줄어들었다. 물론 강압적인 타율적 수단을 강구한 결과이기에 원점으로 돌아갈 여지가 있지만 일단은 고무적인 일이다. 17대 총선을 통해 본인이나 배우자 등이 선거법 위반 혐의로 기소된 17대 국회의원은 모두 41명으로서 역대 어느 총선 때 보다 많은 숫자가 나왔다. 이것은 선진국가의 수범적인 선거모델을 다 도입하다 시피 한 19차 개정선거법의 취지가 정착화 하려면 먼 훗날의 장밋빛이라는 의미이다.

제19차 개정선거법(2004.03.12)에 의하면 돈안드는 선거에 포인트를 둔 철두철미한 공명선거 실시를 제시하고는 있다. 그러나 민주주의란 형식이나 제도, 이론의 문제라기보다는 마음이나 생활태도의 문제이기 때문에 제도적 장치만으로는 고질병을 막는 데 한계가 있다. 특히 한국의 경우 지역주의선거가 대세를 판가름하는 사정이어서 더욱 죽기 살기씩 선거판이 되고 그만큼 각종 부작용은 커진다.

이러한 정치사회적 병리현상을 치유하기 위해서는 국민에게도 책임이 있다는 사실을 인식시키고 그 해결책을 위해 국민의 정치의식을 높이고자 하는 교육적 차원의 국민계몽운동이 지속적으로 전개되어야 한다. 이에는 정치권에 속하는 사람이라 해서 교육적 훈련으로부터 예외가 될 수 없다. 오히려 정치권부터 먼저 정치의식을 높여 나가는 것이 효율적이다.

(4) 정치제도 수준을 정치의식 수준에 맞춘다

국민의 민주적 태도나 정치의식의 향상 없이 민주화의 명분만으로 정치제도를 과감하게 변화시켰을 때는 그 변화된 정치제도가 민주사회를 보장한다기보다는 무질서사회(praetorian society)

를 출현시켜 사회의 온갖 유형의 병리현상을 낳는다는 것은 앞에서 밝힌 바와 같다.

물론 정치제도와 정치의식이 상호작용 하여 지그재그 식으로 상승효과를 나타낼 경우도 있으나 그러한 경우는 상호 점진적인 변화가 전제되어야 한다. 그러나 어느 한쪽의 정체와 다른 한쪽의 급격한 변화는 무질서, 과소비, 무책임의 자유방임상태가 오거나 권위에 대한 국민의 도전, 국민불복종 등이 뒤따르게 된다.

결국 제도는 국민의 행태변화를 요구하는 것이지만 의식의 변화 없이 행태의 변화가 이루어질 수 없음을 생각하면 제도의 변화는 오히려 잘못된 가치관을 심어주게 된다.

극히 예외를 제외하면 어떠한 정치제도도 실제 운영과정에서 그 국가의 발전에 순기능할 수도 있고 역기능할 수도 있다. 정치제도를 구성원인 국민들의 정치의식이나 민주적 태도에 맞추면서 점진적인 의식과 제도의 변화를 시도하지 않았을 때는 역기능할 가능성이 높다.

그러므로 정치권에서는 정치제도의 변화를 국민의 민주적 태도나 정치의식에 맞추어야지 국민의 과열한 정치관심이나 요구에 맞추어 급격한 제도변화를 하면 안될 것이다. 정치제도를 정치관심에 맞추면 정치적 부작용 이외에도 국민의 요구증압 때문에 체계가동력을 상실하여 정치권은 무력증에 빠지거나 압살될 염려마저 없지 않다. 한국의 경우 문민정부와 국민의정부에 와서 이러한 예를 많이 찾아볼 수 있다.

『문명의 충돌』 저자인 헌팅턴(Samuel P. Huntington)은 한국 민주주의 성공을 위해서는 '제도개혁을 넘어 정서와 문화를 바꿔야 한다'고 지적한 것은 한국의 민주주의 수준을 높이고 정착화 하는 데 주요한 시사점이 된다고 본다.

⑸ 한국 민주주의 이해와 정착화

서구사회라고 해서 나라마다 똑같은 내용의 민주주의가 아니라 그 나라의 역사·전통·문화·경제·안보적 조건에 따라 다른 형태의 민주주의를 하고 있다.

미국의 자유민주주의를 자유민주주의의 보편적 가치에다 미국의 역사성과 특수성을 가미한 미국민주주의(American form of democracy)라고 한다면, 한국의 자유민주주의도 민주주의의 보편적 가치에다 한국의 역사·전통·문화·경제·안보적 특수성을 가미한 한국 민주주의(Korean form of democracy) 이어야 한다.

이러한 관점에서 한국 민주주의를 개발 실천하기 위해 우선 서구형의 민주주의와 어떤 차이점이 있는가를 살펴보면 다음과 같다.9)

첫째, 한국 민주주의는 국가건설과 정치발전 도상에 있는 나라의 민주주의이지만 서구민주주의는 국가건설과 정치발전이 이미 이루어진 나라의 민주주의이다.

둘째, 서구민주주의는 사회적 갈등을 정당시하고 이견을 존중하며 비판과 저항의 자유를 헌법으로 보장한다. 그러나 한국 민주주의는 이러한 국민의 자유와 권리를 법적으로 보장은 하면서도 갈등보다는 조화를, 이견보다는 국민적 합의를, 비판이나 저항보다 폭넓은 화해·합의·협동·총화를 창출하는 수단과 과정으로서만 그 의미를 부여하려는 사회적 경향성이 있다.

셋째, 서구민주주의는 국민의 다수의사를 존중하며 기존집단의 이익에 봉사한다. 그러나 한국 민주주의는 다수의사나 기존집단 이익에 못지않게 그 윤리성과 교육적 의미를 중요시한다. 그러므로 국민운동을 통한 홍보·교육·설득의 방법으로 다수의사를 형성하여 특정한 사회집단 이익보다도 정의와 진리, 곧 전체의 사

---

9) 한승조, 「한국 민주주의」, 형설출판사, 1984, pp. 51~54 참조.

회집단이익에 균형 있게 봉사할 것을 기약하는 것이다.

넷째, 서구민주주의는 다수파의 힘, 사회집단의 힘, 그리고 집단 간의 세력과 세력의 상호견제작용에 의존한다. 그래서 힘의 관계의 변화에 따라 정권과 정책은 계속 바뀌는 정치제도이다. 한국 민주주의는 집단 간의 힘의 대립보다는 중도와 균형의 진리와 정의에 의존하는 동양사상에 의존하려는 경향이 짙다.

서구민주주의가 아래로부터의 민주적 참여(democratic partici-pation from below)에 의한 리더십의 도출과 사회적 균형감각이 이루어진다면, 한국 민주주의는 위로부터의 리더십과 권위(leadership and authority from above) 그리고 아래로부터의 민주적 참여의 원리가 동시에 균형과 조화를 이루어 내는 것이 우리의 정서에 맞을 것이다.

(6) 정치적 민주화의 속도와 경제적 · 안보적 조건과의 조화

서방민주주의가 비서방국가 내지 제3세계에서 정착화하기 어려운 가장 큰 이유는 그 정치이념과 제도를 떠받치는 객관적 조건이 결여된데 있다. 아무리 수준 높은 민주적 제도와 민주적 태도를 지니고 있다 해도 그것을 실천할 수 있는 사회적 · 안보적 환경이 취약하면 민주주의가 본질적 기능을 발휘하기 어렵게 된다.

특히 한반도가 동북아의 허브라는 지정학적으로 매우 중요한 위치에 있음에도 나라가 위약한 탓에 강점으로 활용하지 못하고 오히려 강대국들의 탐욕대상이 되어온 것이 결국 오늘날 정치이데올로기를 달리하는 분단으로 이어진 것이다.

분단으로 인한 안보문제 · 평화정착문제 · 통일문제 등은 한국 민주화에 다소 제약요인으로 작용하지 않을 수 없다. 그렇다고 신생국가 대부분이 그러했듯이 특정권위주의정권을 창출 · 유지시키는 명분으로 안보문제를 지나치게 부각시켜 민주주의를 억제하거나 유보시켜서는 안 된다.

경제문제도 마찬가지이다. 경제수준이 민주화수준에 영향을 미치는 것은 사실이나 비례관계에 있는 것은 아니다. 립셋(Seymour Martin Lipset)의 연구에 의하면 민주주의 실천을 위한 다른 환경이 조성되어 있다면 경제수준은 〈표 10-3〉에서 보는 바와 같이 GNP 659달러이면 안정된 민주주의를 할 수 있게 된다.10) 〈표 10-3〉에서 보면 GNP 119달러일 경우 안정된 독재국가가 가능하다는 것은 경제수준이 민주주의에 영향을 미친다는 뜻이 된다.

문제는 경제성장이나 가난극복을 명분으로 민주주의를 유보하고 특정권위주의정권을 유지시키려는 일부 정치엘리트들의 정치권력 야욕에 있다. 이왕이면 경제적으로 풍요한 나라가 안정된 민주주의를 할 가능성이 높은 것은 사실이다. 역사적으로 볼 때도 경제적으로 유복했던 아테네, 로마 그리고 무역을 하는 중세의 도시들과 영국에서 민주주의가 먼저 발달하였던 것이다.

그렇다고 경제나 안보를 무시한 민주주의란 성립될 수 없는 것이다. 자유민주주의는 본래 평화를 전제로 하여 가능하도록 고안된 정치제도이기 때문이다. William E. Rappard는 『민주주의의 위기』에서 '민주주의는 평화의 아들이며 그 어머니를 떠나서는 살 수 없다'고 했다. 민주주의는 평화의 산물이란 뜻이다.

1985년 이후 동서화해무드가 1989년의 헝가리를 필두로 동구공산권과 소련공산주의 붕괴를 초래해 결국은 세계공산주의 체제가 문을 닫게 되었다. 그리고 1994년 김일성의 사망과 2000년 6월 15일 남북정상들에 의한 '6.15공동선언'이란 엄청난 변화가 있었지만 북한 핵심부는 그럴수록 더욱 폐쇄정책을 강화하고 對南 심리전을 구사하고 있는 실정이다. 특히 6.15공동선언이후 오늘날 까지 통일을 위한 북한의 변화는 찾을 수 없다. 더욱이 북

---

10) Seymour Martin Lipset, 「Political Man」, New York: Doubleday & Co., 1959, pp. 51~54, 한승조, 「한국 민주주의와 정치발전」, *op. cit.*에서 재인용.

한은 북핵문제를 놓고 북.미.중 간의 3자회담을 추진하는 과정에 한국을 의도적으로 배제하더니 최근 6자회담(남.북.미.러.중.일)에서도 남북이 주도할 의사는 전혀 없다.

<표 10-3>경제수준과 민주주의와의 관계

구분 국가별	연간 1인당 국민소득	천 명당 의사의 수	자동차당 인구의 수	천 명당 전화 수	천 명당 라디오	천 명당 신문발행 수	대도시 인구율
안정된 민주국가	659달러	86명	17명	205대	350대	341부	38명
불안정한 유럽민주 국가	308	1.4	143	58	160	167	23
불안정한 남미독재 국가	171	2.1	99	25	85	102	26
안정된 독재국가	119	4.4	274	10	43	43	15

국가안보를 고려하지 않는 민주주의란 허상이 될 가능성이 높다. 단지 시대상황과 한국인의 의식구조를 고려해 과거처럼 제한된 민주주의가 실용적인가 아니면 더욱 선진화된 이상적 민주주의를 선택하는 것이 실용적인가의 선택의 문제가 남는다.

평화란 교전상태의 부재 혹은 정지만을 의미하는 것은 아니다. 갈퉁(Johan Galtung)에 의하면 상호 군사적으로 대치하면서 교전상태가 발달할 수 있는 가능성이 있다면 안정된 평화가 존재한다고 할 수 없다.11) 이것은 아직도 불안한 평화가 우리의 민주주의를 발목잡고 있다는 점을 시사한다. 이러한 가운데 2004년 하

---

11) Johan Galtung, "peace research: past experiences and future perspectives", 「Peace and Social Structure」 Vol. 1, Atlantic Highland: Humanistics Press, 1975~80, pp. 244~262.

반기 정치권의 가장 뜨거운 감자에 해당하는 국가보안법 개폐문
제는 그것이 평화와 관련되는 한 민주주의의 어머니 역할을 하
기에 매운 신중한 결정을 요구 받게 된다.

제11장 대통령중심제와 한구 적실성
-미국대통령제와의 비교를 중심으로-

I. 서 론

대통령중심제를 논의함에 있어서 다음과 같은 질문을 던져볼 수 있다. 미국은 성공하는 대통령을 만드는데 한국은 왜 실패하는 대통령을 만드는가? 한국도 권력구조를 바꾸기만 하면 국가경영을 성공시킬 수 있는 것일까?

한국은 현대정치 반세기 동안 권력구조를 놓고 늘 불안한 대통령중심제를 시행해왔다. 정권 초기에는 대통령중심제를 시행하다가 정권 말기로 가면서 의원내각제 또는 이원집정부제로 전환하려는 움직임이 역대 최고 집권층으로부터 언제나 표출되어왔다. 그러나 최고권력자의 뜻이라 해도 의원내각제나 이원집정부제로의 개편주장은 새로운 강력한 차기 與野 후보자로부터 공히 거부되어 왔다. 이유는 첫째, 대통령 임기 중 최고권력자로서 권위주의적 가치관과 권력집중화에 의해 저질러진 많은 문제점들 때문에 퇴임 후 사법조치나 후임자로부터의 격하비판 등 후유증을 줄이기 위해 권력을 분산시켜야겠다는 발상에서 비롯된 것이기 때문에 설득력이 약했다. 둘째, 임기 말의 권력자는 후진국정치의 산물인 레임덕(lame duck)현상에 빠져 권력개편을 추진하기에는 역부족이다. 셋째, 권위주의 정치문화에 숙련된 차기 후보자도 이왕이면 큰 것을 쥐겠다는 권력욕 때문에 정권 초기에는 대통령제를 선호하게 된다.

한국정치에서 권력구조에 대한 논쟁은 ① 정치인들의 大權에의 욕구와 ② 권력분산을 통한 퇴임 후 안전성 확보 ③ 현대판 帝王政治에 찌든 국민들에 의해 좌우간 바꾸어보자는 욕구 등에 의해 새 정권 탄생 전후를 중심으로 해 언제나 있어왔다. 이러한 이유에 의한 권력구조개편 논쟁은 설사 권력구조 개편이 이루어진다 해도 큰 의미가 없게 된다.

대통령중심제이든 의원내각제이든 권력구조 그 자체가 바로 바람직한 정치나 민주주의를 보장하는 것은 아니다. 어느 제도가 어느 제도보다 더 좋다거나 민주적이라고도 할 수 없다. 어느 제도가 한국이 지니고 있는 여러 가지 정치적 환경조건에 더 잘 부합되어 순기능을 산출할 수 있느냐가 중요하다. 의원내각제는 영국의 역사적 환경의 산물이고 대통령제는 미국의 역사적 환경의 산물이다. 즉, 현대정치에 있어서 권력구조의 쌍두마차격인 전통적인 의원내각제와 대통령중심제 모두 한국의 역사와 문화적 배경에서 대두된 것이 아니기에 어느 것을 선택해도 우리에게는 문제가 있다는 것을 암시한다.

미국의 대통령제가 민주주의란 기능을 산출한다고 해서 환경이 다른 나라가 미국의 대통령제를 채택한다고 미국과 같은 수준의 민주주의 기능이 산출되지 않는다. 오히려 이런 경우 후진국형 정치를 하는 제3세계국가들 대부분은 신대통령제라는 절대권력의 帝王的 대통령(president monarch)으로 변모해 갔다는 것이 역사적 경험이다. 그래서 이들 국가들의 정부형태를 '후진국형 대통령제'로 분류한다.

한국사회의 효율적 경영과 민주적 운영을 위해 대통령제의 한국 적실성을 따져보고 미국대통령제의 성공요인과 비교해 봄으로써 한국의 길을 찾고자 한다. 이러한 연구목적을 달성하기 위해 먼저 대통령제의 원형인 미국대통령제의 역사적 배경과 성공할 수 있었던 원인(자양분)이 무엇인가를 발전과정의 측면에서 究明한다. 그리고 미국대통령제가 다른 나라에 어떻게 변형·적용되었으며 그에 따른 효율적 운영 여부를 역사적·정치문화적 접근을 통해 밝혀 보기로 한다.

이러한 접근방법을 통해 한국에서는 대통령제가 의원내각제에 비해 여론조사 결과 선호도[1]가 높고, 9차례의 헌법개정 중 8차례나 민주화라는 명분으로 권력구조와 관련된 헌법개정을 했음에도 불구하고 권력집중화 현상과 그로 인한 각종 부작용이 근절되지 않는 원인과 그 대응방안이 자연스럽게 밝혀질 것이다.

Ⅱ. 미국 대통령제 채택의 역사적 배경과 성공요인

1. 미국 대통령중심제의 역사적 배경

(1) 국가주의의 發芽와 독립운동

미국이 1776년 영국으로부터 독립하기 전 미국대륙에 이주한 사람들은 약 150여 년간 영국의 식민지정책에 큰 탈 없이 지내왔다. 영국정부는 분리지배(divide and rule)원칙에 따라 미국대륙의 각 식민지가 분리되어 영국에 의존토록 하였다. 그 결과 미국대륙의 이주민들은 영국의 臣民이요 영국 왕에 대한 충성을

---

1) 97년 12월 14대 대통령선거를 앞두고 조선일보와 한국갤럽의 공동조사 (96. 11. 14~11. 28) 결과 대통령제 찬성이 55.2%, 내각제 찬성이 33.3%로 나타남.

영국국가에 대한 충성으로 간주했다.

미국대륙의 이주민들은 식민지로서 영국의 지시하에 구라파에서 프랑스와 7년전쟁을 치르고 인디언과 싸우는 사이 미국의 국가주의(nationalism)가 싹트기 시작하였다. 드디어 영국의 지시에 의하긴 했지만 프랑스 및 인디언들과의 전쟁에 승리한 1770년대 초 미국대륙의 이주민들은 영국과는 다른 정치공동체를 의식하기에 이르렀다.[2] 그 배경으로는 첫째, 전쟁에 승리한 영국이 식민지를 효율적으로 운영하기 위하여 식민지국의 대외무역을 통제하고 경비조달을 위한 세금을 과다하게 부과하여 식민지국의 商工人과 무역업자 등 자본가들로부터 반감과 저항의식을 갖게 하였다는 점이다. 물론 이에 대해 영국의 입장으로는 막대한 비용을 들여 북미대륙에서 프랑스의 세력을 몰아내었던 까닭에 미국대륙의 이주민들에게 세금을 가중시켰고, 그들의 무역을 규제할 수밖에 없었던 이유도 있었다. 둘째, 7년전쟁이 끝나기 전부터 영국은 미국의 이주민에게 비교적 자유롭게 그들 자신의 문제를 해결하도록 허용하였기 때문이다.

이러한 영국정부의 행동은 이주민들에게 국가의식과 국가적 감정(national feeling)을 더욱 자극하게 되었다. 드디어 영국에 대한 저항권의 주도권이 보수주의적인 자본가들로부터 아담스(Sam Adams), 헨리(Patrick Henry), 제퍼슨(Thomas Jefferson) 등 급진파들에게 넘어가자 저항은 혁명으로 바뀌고 동시에 독립운동은 박차를 가하게 되었다. 이들은 로크(John Lock)의 생명·자유·재산에 대한 不可讓의 자연권과 피치자의 동의에 기초한 정부, 개인의 자유와 인권을 요구했다. 이것은 곧 영국에 대한 저항이기도 했지만 바로 식민지배의 청산과 미국의 독립을 의미

---

2) 崔明, 「美國政治論」, 日新社, 1982, p. 32.
   Richard L. Merrit, 「Symbols of American Community」, Yale Univ. Press, 1966 참조.

하는 것이었다.

드디어 제1차 대륙회의(1774.9.5, Philadelphia)에서 이주민들은 영국의 본토인과 동일하게 생명자유 및 재산권을 향유하고 자치정부를 가질 것을 결의하였다.

(2) 대통령제 채택의 역사적 배경

식민지를 경험한 미국의 지도자들은 영국의 정치제도에 매우 익숙했지만 첫째, 연방정부의 권력의 남용을 방지할 방법의 모색 둘째, 지방정부의 주권존중을 위해 聯邦정부와 州정부 간의 권한 분할의 연방체제 셋째, 더 이상의 식민지 경험을 하지 않기 위해 강력한 집행기능을 가진 국가를 원해 대통령제를 채택하였다. 이러한 3가지 요건을 동시에 충족시키기 위해 다음과 같은 장치를 한 독특한 대통령제를 만들었다.

1) 연방정부의 권력남용 방지

13個 식민지가 대륙회의[3]를 통해 1776년 7월 4일 독립선언서를 채택·공포하였지만 1776년부터 1780년까지 각각 州헌법을 제정하여 명실 공히 13개의 독립국가를 자처하였다. 이것은 식민지 시절 영국으로부터 받았던 간섭과 통제로부터 자유를 원했기 때문에 13개 주를 연합한 중앙정부는 물론 어느 한 州가 다른 州보다 우월한 것을 허용하지 않겠다는 脫식민주의적 의지표명이라 할 수 있다.

이러한 탈식민주의적 의지표명은 1787년 헌법제정회의의 헌법

---

3) 보스턴 茶會事件 후 영 본국이 4개의 강제적 법령(Coercive Acts)에 의해 매사추세츠州에 징벌을 가한 데 대해 全美 식민지가 이를 美식민지 전체에 대한 탄압으로 보고 소집한 각 식민지대표회의. 2차회의는 會期도 길고 상설되어 사실상 식민지 연합정부로서 전쟁선포·독립선언·연합규약의 公布 등을 실시했다.

제정자들에게 독립선언문의 '만민은 본래 평등하게 창조되었으며 정부도 그 정당한 권력의 근거를 피치자의 동의에 구한다'를 명심케 하였고 권력구조에 있어서 견제와 균형이라는 이론적 틀(theoretical frame)을 가지게 하였다. 그 결과 국민의 실질생활에 영향을 많이 미치는 州헌법에서는 엄격한 3권분립제를 채택하되 행정부 억제와 입법부 우위의 권력분립제(separation of powers)에 주안점을 두었다. 의회가 입법활동을 통해 국민의 기본권 수호의 보루가 되어 줄 것을 기대했기 때문이다. 이에 비해 연방헌법에 있어서는 3권분립제를 채택하되 행정부를 강화하고 입법부를 억제하는 데 주안점을 둠으로써 미국이 또다시 식민지화되는 것을 막고, 다른 한편 혹시라도 있을 입법부의 권력찬탈로 인한 專制化를 막겠다는 방안을 마련하였다.

미국의 정치제도는 그 건국의 역사가 영국정치제도의 한 변형인 것이다. 오랫동안 영 본국의 통제에 대한 반항은 독립 후에도 영 본국 정부에 비견할 중앙정부 수립과 영국 황실과 같은 절대권력을 반대했다. 이러한 역사적 사명에 부응하기 위해 대통령제를 선택한 헌법제정자들은 철저한 '권력분립'과 '견제와 균형'을 헌법에 도입함으로써 집권자의 권력남용을 방지하고, 비록 다수자라 할지라도 소수자의 권리를 박탈하거나 학대하지 못하도록 제도화하였다. 특히 사법권의 우월을 통해 연방법원은 州와 연방, 대통령과 의회 간의 권한쟁의를 裁定할 뿐만 아니라 시민과 연방 및 州가 대립한 경우에도 그 裁定을 행할 수 있다. 그리하여 연방대법원이 최종적인 헌법 해석권을 가져 헌법보장기관으로서의 역할을 하며 민권수호기관으로서 기능을 하고 있다. 그 예로 미국의 제43대 대통령선거에서 공화당의 부시와 민주당의 고어 후보를 두고 선거일 한 달이 넘도록 당선결정을 내리지 못하고 재검표(recount)를 계속한 것을 들 수 있다. 드디어는 手개표의 인정여부를 놓고 플로리다州법원과 의회 간의 대결상태로

갔을 때 연방대법원의 판결에 양측이 승복하고 최종결정된 것도 미국대통령제의 역사적 특수성 때문이다.

이렇게 '견제와 균형'과 결합된 '권력분립'은 사실상 독립(independence)이 아니라 상호의존(interdependence)인 것이다. 의회가 법률을 제정하지만 대통령이 거부권을 행사할 수 있고, 또 의회는 그 거부권을 무효화할 수 있는 것과 같다. 마찬가지로 대법원은 의회가 제정하고 대통령이 서명한 법률을 무효로 할 수 있는 대신 법관은 상원의 동의를 얻어 대통령이 임명하게 된다. 미국 헌법의 아버지 매디슨(James Madison)의 이른바 '野心은 野心을 좌절시키도록 만들어져야 된다'(Ambition must be made to counteract ambition)는 말을 실현시키는 내용이다.

   2) 연방과 州간의 권한분할의 연방체제

   식민지시절 미 대륙의 13州는 영국으로부터의 독립운동에 공동으로 투쟁하여 독립을 쟁취했지만 미 대륙에 새로운 중앙집권적 정부의 창설을 원치 않았다. 강력하고 효율적인 중앙집권적 정부가 자칫 제2의 영국적 식민지를 만들어 낼까 하는 염려에서였다. 뿐만 아니라 하나의 州가 다른 州에 우월하다든가, 하나의 州가 다른 州를 강력한 힘으로 이끌어 나가는 것도 원치 않았다. 다만 자유롭게 독립된 13州의 우호동맹이라는 연합(confederation)의 형식으로 최소한의 중앙기관을 삼았다. 이러한 점은 1789년 13개州로서 미합중국연방을 만든 이후 38개의 州가 연방에 편입된 오늘날도 마찬가지다. 이렇게 식민지적 경험에서 아무리 취약한 州도 중앙정부로부터는 물론 강력한 州로부터도 억압과 차별을 받지 않기 위해 미국의 헌법제정자들은 헌법을 통해 국가권력을 제한하는 방식과 중앙정부와 州정부에 권한을 분할해야 한다는 것을 생각해 내었다. 물론 헌법제정자들은 효율적인 중앙정부를 원했지만 지나치게 강력한 중앙정부는 식민지적 경험 때문에 국민들이 용납하지 않으리라는 것을 이미 잘 알고 있었다.

13개의 독립된 모든 州는 각기 광범위한 자치권을 행사하고 중앙기관으로서의 연합회의(congress)는 외교회의에 불과했다. 이것은 英 본국의 통제에 대한 반항과 염려가 얼마나 심각했나 하는 것을 짐작케 하는 대목이다. 이러한 연합회의가 해를 거듭함에 따라 현실적으로 미국의 위상을 세계에 펼쳐 나가는 데 필요한 정도의 수정이 불가피하였다. 미국의 대외관계에서 신속한 결정과 강력한 힘을 구사하는 데는 외교회의에 불과한 정도의 연합회의로서는 곤란하였다. 그래서 연합회의와 중앙집권적 요구와의 타협으로 생겨난 것이 오늘날의 연방제도이다.

연방제도 하에서도 연방정부와 州정부 간에 권한의 분할을 명백히 함으로써 중앙의 지나친 간섭이나 통제를 받지 않겠다는 원래의 취지를 살려 나갔다. 즉 연방정부의 권한은 연방헌법에서 위탁·열거된 사항에 한하는 것을 원칙으로 하였으므로 列擧權限(enumerated powers), 위탁권한(delegated powers) 또는 제한된 정부(limited government)의 원리라고도 한다. 이 열거사항의 대략은 외교권, 군의 편성통수권, 國際·州際 통상규제권, 과세권을 중심으로 한 연방헌법 제1조 8항(연방의회의 권한) 및 제2조 2항(대통령의 권한), 제3조의 사법권 등이다. 특히 1798년에 채택된 수정헌법 제11조는 州를 상대로 하여 제기하는 개인의 소송에 대한 연방법원의 관할권을 박탈하였다.

3) 강력한 집행기능의 구가

미국인은 영국헌법을 본받아 식민지시대의 총독과 식민지의회의 권한분할의 체험에서 독립 후 각 州헌법에서 엄격한 3권분립제를 채용했다. 그러나 식민지시대 총독과의 항쟁의 경험에서 미국의 3권분립제는 영국과 달리 행정부 억제에 주안점을 두었기 때문에 실질적으로는 입법부 우위의 구성이 되었다. 헌법의 아버지 매디슨(James Madison)의 지적대로 식민지시대의 미국인은 전제군주의 대권에서 자유를 옹호하는 데는 열중이었으나 입법부의 권력집중의 위기가 행정부의 권력집중과 마찬가지로 專制化된다는 것을 의식하지 못한4) 결과가 되었다. 이후 미국의 3권분립제는 3부문간의 억제와 균형의 정도가 그때그때의 구체적인 권력관계에 의하여 결정되기는 하였으나 점차적으로 3부문간 균형화 쪽으로 변형되어 갔다.

그러나 식민지적 경험 때문에 권한분할과 견제의 대상인 약체정부에 대해 헌법제정자들도 통치의 힘이 없는 나약한 중앙정부가 강력한 중앙정부보다 인민의 자유권 보장에 더욱 어렵고 국가적 경쟁에 효율적 대처를 하지 못해 오히려 위협적임을 알게 되었다. 미국은 한편 식민지적 경험 때문에 州 인민들의 연방중앙정부에 대한 권한분할과 견제의 필요성, 다른 한편 식민지적 경험 때문에 더 이상의 식민지로 추락할 가능성을 배제하기 위해 강력한 중앙정부의 필요성간의 이율배반적 딜레마에 빠졌다. 헌법제정자들은 이러한 이율배반적 딜레마를 정부의 집행기능 강화와 3부(입법·사법, 행정)간의 운영의 妙를 통해 다음과 같이 해결하였다.

첫째, 연방헌법에 의하면 3권 분립은 분리된 권한을 갖는 정부(government of separated powers)를 만드는 것이 아니라, 권한이 분담된 분리된 기구의 정부(government of seperated institutions sharing powers)를 만듦으로써 국가적 위기 시 3부가 기능수행을 통해 견제보다 오히려 국가적 강력한 힘으로 모아지게 만들었다. 그러나 연방정부와 州정부 간의 갈등과, 정부와 국민의 기본권 보호문제간의 갈등 등 국내문제에 있어서는 매디슨의

---

4) J. Madison의 著書 「The Founding of Nation」, 「Decline of the Federalists」, 「Jeffersonians in power」 등 참조.

'야심은 야심을 좌절시키도록 만들어져야 된다'는 뜻을 상기해 3부간의 견제와 균형을 위한 제도적 조치를 충분히 취함으로서 극복하였다. 예컨대, 헌법제정자들은 대통령·의회·법원이 헌법적 기능수행에 있어서는 상호 의존적이지만 각각 相異한 유권자(constituencies)에 책임을 지게 함으로써 견제와 균형 그리고 통합력을 동시에 유도했던 것이다.

둘째, 헌법제정자들은 공화정부에서는 입법부의 專橫 가능성이 높아 정부의 집행기능의 약화를 예견하고 양원제를 채택하여 해결하였다. 입법부의 전횡이 행정부의 집행기능의 발목을 잡아 나약한 중앙정부로 추락할 가능성을 염려한 것이다. 그래서 상원과 하원이 각기 상이한 선출방식과 행동원칙을 통해 각기 다른 선거주민에게 책임지게 하였다. 이것은 입법이라는 공통의 기능수행을 놓고 상·하원 양자를 분리시켜 상호견제라는 운영의 묘를 통해 입법부의 전횡을 막고 강력한 집행기능을 지닌 중앙정부를 유지시키는 결과를 낳았다.

2. 미국대통령제의 성공요인

미국대통령제가 성공한 요인은 지난 43대 대통령선거 때처럼 많은 문제점이 있음에도 불구하고 미국의 독립과정을 비롯한 철저한 역사적 배경의 산물이란 점에 있다. 미국은 정치적 현대감각보다 통합과 독립, 강력한 국가유지를 우선시한다고 보아야 한다.

공화당의 조지 W. 부시 후보와 민주당의 앨 고어 후보가 맞선 2000년 11월의 제43대 미국 대통령선거는 플로리다州의 재개표로 36일간 법정 공방을 벌여 지구촌의 우려를 자아내기도 했다. 부시는 고어 후보보다 전체 득표에서 30여만 표 뒤졌고 개표 과정에서 빚어진 정통성 논란 등이 있었으나 12월 12일 미 연방대법원이 수개표가 헌법에 어긋난다고 결정하고 다음날 고어 후보가 승복함으로써 부시 후보가 43대 대통령 당선자로 확정됐다. 그럼에도 대통령선거에서 부시 당선자에게 패배한 앨 고어 부통령의 주재로 열린 상·하 양원 합동회의에서 플로리다州 출신의 피터 도이치 의원과 앨시 헤이팅스 의원을 시작으로 10여 명의 민주당 소속 하원의원들이 이의를 제기했으나 고어 부통령은 연방법에 따라 이의제기에 동조하는 상원의원이 없음을 확인하고 이를 인정하지 않았다. 지난 1887년 제정된 미국 헌법에 따르면 의회의 선거인단선거 결과 확인 과정에서 상원의원과 하원의원 각각 최소한 각 1명씩 이의를 제기할 경우에만 양원이 각각 별도의 회의를 열어 문제를 해결토록 규정하고 있다.

既說한 바와 같이 영국으로부터 독립한 미국은 새로운 연방정부를 구성하기 위하여 1787년 필라델피아에서 헌법제정회의가 개최되었으며, 여기서 두 개의 커다란 대안이 제안되었다. 그 하나가 행정각부의 장으로 구성하는 국무원을 두어 입법부의 의사를 집행하는 기관으로 하고, 다른 하나는 견제와 균형체제하의 독자적인 집행부를 두는 것이었다. 그 밖에 집행부의 수장을 국민이 직접 선출을 할 것인지에 관한 열띤 토론의 결과 선거인단을 통한 대통령제가 채택되었다. 이 대통령제의 원리는 권력상호간의 독립과 견제와 균형의 원리에 입각하고 있으며, 그 특징은 첫째, 입법부와 집행부는 상호독립 유지 둘째, 입법부와 집행부는 상호간의 견제와 균형유지 셋째, 양원제를 채택하여 상원의 횡포를 방지하고 넷째, 연방제도를 채택하여 중앙집권화를 방지하였다.

대통령의 지위로는 ① 국가원수로서의 지위 ② 최고외교관으로서의 지위 ③ 국군통수권자로서의 지위 ④ 최고입법권자로서의 지위 ⑤ 행정권은 대통령에 귀속 ⑥ 입법에 관한 권한(법률안거부권, 의회에 대한 교서, 위임 입법권) ⑦ 공무원임명권(특히 대사나 대법원판사와 같은 고급공무원의 임명에는 상원의 동의가 필요) ⑧ 외교상의 권한으로 상원의 동의를 얻어 조약체결, 대사 등 외교관을 임명하고 외국으로부터 외교사절을 접수하는 권한과 군의 통수권자로서의 권한(헌법은 의회의 선전포고권을 규정하고 있으나, 실제로는 대통령이 전쟁권을 갖는다)이 있다.

세계의 선진국들의 대부분이 의원내각제를 함에도 미국대통령제가 성공한 요인은 미국대통령제에 대한 上述한 것 이외에도 ① 연방제에 따른 중앙정부와 주정부 간의 권한 분배 ② 중앙통제력이 거의 없는 정당의 존재 ③ 사법권에 의한 강력한 권력통제, 특히 연방대법원의 권위와 역할의 증대 ④ 언론의 자유와 여론에 의한 국민의 정치적 의사형성의 보장 ⑤ 공정한 선거보장 ⑥ 미국인의 높은 정치의식과 교양 ⑦ 풍부한 천연자원과 부, 그 밖에 대통령과 의원임기의 차이, 상원의원의 독자성, 여론이 강한 정치적 기능과 그 input효과 때문이다.

그러나 더 중요하면서도 보이지 않는 원인은 乳兒에서 成人에 이르기까지 효율적인 정치사회화(political socialization)교육을 통해 '1등국가', '1등국민'이라는 의식을 모든 미국인에게 철저히 내재화 시켜 '위대한 미국인'(Great American)을 만들어 놓은데 있다. 이렇게 교육된 위대한 미국인은 1등국가를 위해 국가의 분열을 원치 않고, 국가위기시 국가통합(national integration)을 최우선과제로 선호한다. 위대한 미국인 만들기 교육은 자국인 뿐아니라 미국에 거주하고 교육받는 모든 국내외인에게 적용함으로서 미국의 세계지배 구도에 친숙하게 만드는 효과를 얻는다.

III. 한국대통령제 채택의 배경과 실패요인

1. 한국 정부형태 결정의 배경

"이 헌법은 확실히 많은 결점을 포함하고 있지만, 앞으로 이보다 나은 헌법을 만들 수는 없을 것이다."

이것은 1787년 미국헌법 초안을 완성한 후 제헌회의 원로였던 벤저민 프랭클린이 한 말이다. 당시 제헌회의를 주도했던 알렉산더 해밀턴의 제안에 따라 대통령중심제가 채택되고 초대 대통령에 독립전쟁의 영웅 조지 워싱턴이 만장일치로 선출됐다. 그로부터 200여 년이 지났지만 프랭클린의 예언대로 미국은 '더 나은 헌법'을 발견하지 못했지만, 2000년 제43대 대통령을 선출하는 과정에서 재검표(re-count)에 들어가 36일간 당선자발표가 연기되는 등 그 결점은 확실히 드러났다. 그러나 잠시 정치적 갈등이 있었을 뿐 결점보다 상위의 개념인 국가통합과 국민통합을 위해 국민들은 전혀 동요가 없었고 연방대법원의 판결에 모두 승복함으로써 강한 미합중국을 지킬 수 있었다. 공화당의 부시와 민주당의 고어간 누가 이기고 지든 문제제기부터 법원판결까지 깨끗한 승복 자체가 민주시민의식이다.

똑같은 대통령제를 채택하고 있는 한국은 반세기 동안 9차례나 헌법개정을 하였다. 그중 소급입법을 허용한 제4차 헌법개정을 제외한 8차례는 권력구조 개편을 위한 헌법개정이었다. 16대 대통령선거(2002.12)를 불과 5개월 앞둔 시점에서도 권력의 실질적 분립을 명분으로 권력구조관련 헌법개정 논란이 여권 중심으로 심각하게 일어났다. 그러나 여소야대인 상태에서 집권당인 민주당의 후보자에 대한 단일화 논쟁 때문에 권력구조 개편 논쟁이 사라졌다. 그러나 대통령 선거를 불과 일주일 정도 앞두고 새천년민주당과 국민통합21간의 후보단일화 과정에서 단일화에 의해 당선된 대통령은 당선직후 분권형 대통령제로 헌법개정을 하기로 약속했다. 그러나 당선된 노무현대통령은 취임후 2년이 지난 지금도 분권형 대통령제로의 헌법개정을 할 여지가 보이지 않는다.

역대 어느 정권에서도 권력구조와 관련한 헌법개정의 목소리는 늘 있어왔다. 김대중정부 역시 임기 2년을 앞둔 시점에서 집권당인 새천년민주당 의원들을 통해 5년 단임대통령제의 폐해를 지적하고 이를 내각제 또는 4년 '중임대통령제'와 '正副統領制'로 바꾸자는 목소리가 끊이지 않고 있었다. 이에 대해 야당인 한나라당은 권력창출을 위한 음모론을 내세워 반대를 하는 등 공방을 6개월 정도 계속하다 시들해지기도 했다.

김대중정부 임기 1년 6개월을 앞둔 시점에서 또다시 '통일헌법' 제정 문제가 논의의 초점으로 떠오르기도 하였다.5) 물론 '6.15남북공동선언' 이후 여권과 학계 일각에선 '남한의 연합제와 북한의 낮은 단계의 연방제 사이에 공통점이 있다'는 남북공동선언에 따라, 이를 담는 통일헌법 제정을 남북간에 논의하면 이 과정 자체가 남북관계 개선의 한 틀이 될 수도 있다는 일부 견해가 있어왔다. 그러나 논의의 시점이 정권말기여서 정권마다 그러했듯이 공방을 벌이다 논쟁으로 끝나 버렸다.6)

---

5) 조선일보, 2001.7.9일자 4면.
　　지난 6일 민주당 의원 77명이 이사 또는 회원으로 참여하고 있는 '새시대전략연구소' 정례 심포지엄에서 '통일헌법' 제정 문제가 정면 논의됨에 따라 이와 관련된 여권의 의중에 관심이 쏠리고 있다. 이날 심포지엄에서 보건복지부 장관인 김원길 연구소 이사장은 "그동안 학계에 국한되어온 통일헌법 논의를 여야간 논의의 장으로 끌어올릴 필요가 있다"고 심포지엄 개최의 목적을 명확히 했다……

6) 통일헌법 제정 문제가 불거지자 여권 인사들도 한결같이 부인했다. 청와대 한 관계자는 "처음 듣는 얘기"라며 "먼 훗날의 일일 뿐"이라고 말했다. 이와 관련, 민주당 전용학 대변인은 "민족의 미래에 관한 일을 학자

　문제는 미국의 정부형태가 그들의 역사와 문화의 소산이었다면, 한국의 정부형태는 한국의 역사와 문화의 소산이 아니라 개인의 권력욕구와 정권획득을 위한 편의와 정파간의 타협의 산물이었다는 점이다. 바로 이러한 점 때문에 정치권에서 먼저 들고 나오는 권력구조 관련 헌법개정 제안은 늘 불신의 대상이 되어 온 것이다.

　한국에서는 반세기 남짓 짧은 헌정사에 두 차례의 학생·시민봉기(60년 4.19혁명, 79년 6.10항쟁)와 세 차례의 쿠데타(61년 5.16, 72년 10월유신, 79년12.12), 그리고 무려 9차례의 개헌을 통해 지금의 5년 단임 직선 대통령제에 이르렀다. 그러기까지 내각제 하의 윤보선 대통령을 포함해 8명의 대통령을 배출했다. 사실 4.19 후의 의원내각제도 대안이 없는 가운데 이승만 독재에 대한 항거로 단순히 반대로 바꾸어 보자는 결과였지 의원내각제의 한국 적실성을 검증한 결과가 아니었기에 혼란과 무질서 속에서 실패할 수밖에 없었다.

　한국에서는 대통령제가 성공하는데 필요한 자양분이 될 3권분립의 정착, 견제와 균형의 시스템화, 국민의 효율적 비판과 감시 기능, 역사적 전통 등이 미천하다. 이러한 가운데 더욱이 권력창출과 획득의 편의와 권력분산을 통해 퇴임후 후유증 줄이기라는 정략적 가치에서 정부형태를 바꾸어 보자는 의미의 헌법개정 논의가 주어지는 한 아무리 헌법을 바꾸고 정부형태를 바꾸어도

　들이 준비하는 것은 학문 자유에 속하는 문제"라면서 ' '정치적 저의' 운운은 일고의 가치도 없다"고 했다.

　야당인 한나라당은 소속 '새시대전략연구소'의 심포지엄을 통해 '통일헌법' 논의가 시작되자, "결국 우려한 대로 장기집권 시나리오가 발동되기 시작했다"며 의혹을 제기했다. 한나라당 권철현 대변인은 이날 "언론압살 시나리오가 국가정체성의 위기로 이어질 것이라는 세간의 평가가 그대로 들어맞는 것 같다"며 "남북관계를 고리로 국체변경 시도, 더 나아가 개헌을 빙자한 야당파괴와 정계개편이 의심된다"고 말했다.

문제는 여전히 남게 되고 한국정치의 앞날은 암울하게 된다. 흔히 정치는 역동적으로 살아 숨쉬는 생명체라고 하지만 이와 같이 잦은 정부형태나 권력구조의 개편은 오히려 역동적이어야 할 정치의 목을 옥죄는 일이 된다. 정치가 역동적인 생명체이어야 한다는 말은 점진적 발전을 의미하는 것이지 그 역의 방향으로 움직이는 것을 의미하는 것은 아니다.

2. 역대정부의 헌법상 정부형태의 변천

현대국가의 정부형태나 권력구조는 자유와 민주주의를 채택하는 한 예외 없이 일단은 국가권력의 분산과 책임정치의 구현을 바탕으로 하고 있다. 이러한 바탕 위에 어느 나라이든 형식적으로는 입법·사법·행정의 三權이 분립되면서 정부형태는 대통령제와 의원내각제로 大別된다.7) 단지 정부형태의 실질적 운영과정은 각국의 민주화 정도에 따라서 헌법상의 규정과 다르기에 기존의 분류 틀 속에 넣기 곤란한 점이 많다.

(1) 제1공화국 헌법의 정부형태

1948년 제헌헌법의 정부형태는 헌법제정 당시 대통령제를 고집했던 이승만 개인의 정치적 역량과 의원내각제를 추진했던 한국민주당(후에 민주한국당)이라는 대립된 정치세력간의 정치적 타협으로 말미암아 대통령제에 의원내각제적 요소가 가미된 것이었다. 기본적으로는 대통령중심제라 할 수 있는 것이었지만 엄격한 의미에서는 '변형된 대통령제' 내지 대통령제와 의원내각제의 '혼합형'에 해당된다.8)

---

7) 정부형태에 대해 http://cyberlaw.new21.org/law/conlaw20.htm을 참조.

(2) 제2공화국 헌법의 정부형태

1960년 제2공화국 헌법의 정부형태는 의원내각제의 이념형으로 간주되는 고전적 또는 영국형 의원내각제에 해당한다고 볼 수 있다. 제2공화국 정부형태로서의 의원내각제의 특징은 의회에 대한 내각의 연대책임과 내각의 국회해산권을 규정함은 물론, 집행부의 이원적 구조, 입법부와 집행부의 권력적 균형, 입법부와 집행부의 밀접한 공존·협조관계 등이다. 이러한 순수한 영국형의 의원내각제는 영국과 같은 역사적·문화적 배경을 지니지 아니한 한국에서는 적실성이 매우 낮아서 효율적 국가경영이나 위기대처에 있어서 취약점과 더불어 심각한 사회적 균열이 생겨났다. 심지어 군부 내 쿠데타의 음모를 사전 탐지하고도 이를 분쇄할 만한 능력이 없었던 것이 장면정부의 의원내각제 붕괴요인이 되었다[9]고 보는 학자도 있다.

(3) 군사정부의 정부형태

5.16군부 쿠데타로 집권한 군사정부는 '국가재건비상조치법'에 따라 국가재건최고회의를 설치하고 여기에 모든 국가권력을 집

---

8) 의원내각제 추진파의 한민당과 대통령제 고집의 이승만 간의 암투는 계속되어 결국 단원제국회에서 대통령을 선출하고 국무총리를 두되 국회의 인준을 받아 대통령이 임명하는 대통령제에 의원내각제요소가 가미되는 정부형태가 되었다. 1950.2 제헌국회 스스로에 의해 의원내각제중심의 개헌안이 제기되었으나 부결되고, 1952.4 국회는 다시 의원내각제의 개헌안을 제출하고 이에 맞서 정부 측에서는 5월에 대통령직선제 개헌안을 제출함으로써 피난수도 부산에서 1개월여의 소위 '부산정치파동' 끝에 '拔萃改憲案'이 통과되었다.

9) 한승주, 「제2공화국과 한국의 민주주의」, 종로서적, 1983, p. 197. 그러나 몇몇 달리된 조사는 있다. 정부의 후원을 받아 60년 12월에 행한 3,000여 명의 대학생 조사에 따르면 4%만이 장면정부에 대해 강한 지지를 표시하고 있다. 그들 중 대부분은 좀더 두고 보자는 것이었다(Oh, Korea: Democracy on Trial, p. 82). *op. cit.*에서 재인용.

중시켰다. 국가재건최고회의는 국회의 권한을 대행하며, 이 회의에 의하여 구성되는 내각은 국가재건최고회의에 연대책임을 지고 대법원장과 대법원판사까지도 국가재건최고회의의 제청으로 대통령이 임명하도록 하였다. 따라서 이때의 군사정부는 군부쿠데타의 필연적 결과이기는 하지만 우리나라에서 일찍이 볼 수 없었던 이단적인 정부형태를 의미하는 의회정부제에 해당하는 것이었다.

(4) 제3공화국 헌법의 정부형태

1962년 헌법의 정부형태는 집행부의 '국회해산권'과 국회의 '정부불신임권'이 인정되지 아니하고, 4년의 임기로 국민에 의하여 직접 선거되는 대통령이 집행부의 수반이었다는 점에서 기본적으로는 대통령제에 해당하는 것이었다. 그러나 의원내각제적 요소가 가미되고 철저한 정당국가적 경향을 반영하며 지방자치를 허용하지 않았다는 점에서 순수한 미국형 대통령제라 분류할 수는 없다. 어떤 측면에서는 일종의 혼합형정부형태 내지 변형된 대통령제라 할 수 있는 점도 많았다.

(5) 제4공화국 헌법의 정부형태

1972년 유신헌법의 정부형태에 관해서는 대통령제와 의원내각제의 혼합형태, 미국식 대통령제에 속하는 독특한 정부형태, 영도적 대통령제, 절대적 대통령중심제, 권력융합주의적 대통령제, 변형된 대통령제 등 여러 가지 견해가 있었다. 제4공화국의 정부형태도 국가원수와 집행부수반의 지위를 겸하는 대통령이 임기동안 국회에 대하여 전혀 책임을 지지 않았다는 점에서 넓은 의미로는 대통령제의 범주에 속하는 것으로 볼 수 있다. 단지 서구적 정부형태에서는 찾아보기 어려운 대통령의 절대권력이라는 이질적 요소가 가미되어 있는 점을 감안할 때, 제4공화국의 정부형태는 기본적으로는 대통령제이지만, 일종의 변형된 대통령제 내지 혼합형정부형태에 해당하는 것이다.

⑹ 제5공화국 헌법의 정부형태

1980년 헌법의 정부형태는 대통령제를 기본으로 하였으나, 의원내각제의 요소가 가미되어 있었으므로 그 정부형태를 어떠한 유형으로 규정할 것인가에 관해서는 견해가 갈리고 있었다. 1958~1962년 당시의 프랑스 제5공화국헌법의 정부형태와 유사한 것이었으나 양자간에는 성격을 달리하는 점도 없지 않았다. 다시말해 제5공화국헌법의 정부형태는 넓은 의미에서는 '프랑스型 대통령제'의 범주에 포함시킬 수 있다. 프랑스 제5공화국헌법은 집행부 권력의 이원적 구조를 특징으로 하는 半대통령제(semi-presidential)적인 특색을 내포하고 있다 즉 대통령과 수상이라는 두 권력의 핵심이 각기 고유의 강력한 권한을 행사할 수 있는 일종의 이원집정제로서 강력한 대통령의 권한과 역할을 통해 정치적 분열과 불안정을 방지하는 한편, 수상으로 하여금 의회와의 관계를 유지하도록 함으로써, 결국 대통령중심제와 의회제를 결합시킨 권력형태라고 볼 수 있다.

그러나 엄격한 의미에서는 제5공화국헌법은 형식만 '프랑스型 半대통령제'처럼 정부형태의 모양을 갖추었지, 실제는 대통령型君主(presidential monarch)에 의해 영도되는 체제로서 권위성의 기반을 전통적이데올로기에 두고 있는 뢰벤슈타인의 신대통령제(neo-president)의 범주에 포함시킬 수 있다.

⑺ 제6공화국 헌법의 정부형태

1987년 개정된 현행헌법은 1980년 헌법에 규정되었던 대통령의 비상대권적 권한들을 삭제하는 대신 국회의 권한을 확대하고 사법권의 독립을 제고함은 물론, 헌법재판소의 관할을 확대하는 등 권력의 분산과 권력상호간의 억제와 균형장치를 재조정함으로써 권력구조의 합리화를 실현하고 있다. 권력구조합리화의 결과 정부형태도 입헌주의적 권력분산형을 기초로 하는 미국형 대통령제에 좀더 접근한 準미국형 대통령제로 되었다.

특히 제9차 헌법개정에서는 1987년 6월항쟁 이전까지 가장 쟁점이 되었던 대통령 선출방식과 장기집권 문제를 해결하였다. 대통령선출을 간선제에서 직선제로 바꾸는 대신 5년 단임제로 하였다. 물론 당시로서는 단임제가 임기 중반부터 권력누수현상이 일어나 대통령의 국정수행에 많은 차질이 일어난다는 것을 생각할 겨를도 없었다.

⑻ 1990년대의 정부형태

1993년 문민정부와 1998년 국민의 정부는 2003년 참여정부는 헌법개성을 통한 성무형태의 변화는 없었다. 그러나 분민정부와 국민의 정부는 정권창출과 획득을 위해 정책노선과 색깔이 전혀 다른 정당간의 엉거주춤한 소위 동거정부가 이루어져 과거에 없었던 새로운 형태의 집권당 내부의 혼란을 겪기 시작했다.

문민정부시절에는 소수의 민주계가 주류가 되고 다수의 민정계가 집권정당 중심세력에서 밀려나기 시작했고 임기중반을 넘기면서 드디어 공화계는 뛰쳐나와 자민련이란 딴살림을 차리기 시작했다.

국민의 정부 역시 정권획득을 위해 불가피한 선택으로써 정책

노선이 전혀 다른 민주당과 자민련이 후보연합 및 정책연합을 함으로써 내부적 갈등이 계속되어 일관된 정책을 추진하기 어려웠다.

1991년 집권여당인 민정당(총재 노태우)이 여소야대를 극복하기 위해 야당인 통일민주당(총재 김영삼)과 공화당(총재 김종필)을 끌어들여 3당합당을 통해 민자당이라는 거대여당을 만들어 계보정치를 하였다. 1992년 대선 직전 우여곡절 끝에 야당출신의 민주계 김영삼 대표가 합당된 여당의 후보자가 되어 평화민주당의 김대중 후보를 누르고 정권을 창출하여 '문민정부'를 구성하였다. 문민정부는 민정계와 공화계의 세력을 약화시켜 민주계 중심의 정부를 구성한 다음 당명도 민자당에서 신한국당으로 바꾸어 버렸다. 또다시 대통령 1인에의 권력집중화 현상이 나타나고 대통령의 눈과 귀는 측근들에 의해 일반대중으로부터 차단되기 시작했다. 드디어 정책미스를 포함한 부작용이 일어나기 시작해 외환위기를 맞고 IMF로부터 구제금융의 길을 걷게 되었다.

국민의 정부 역시 야당인 평화민주당을 1997년 '새정치국민회의'로 당명을 바꾼 다음 정권창출을 위해 색깔이 전혀 다른 야당인 자민련(총재 김종필)과 후보연합 및 정책연합을 통해 정권획득에 성공하였다. 한국의 헌정사상 50년 만에 처음 이룬 여야정권교체라는 명분은 있으나 자민련과 후보연합 당시 국민 앞에 약속했던 2년 후 내각제로의 권력구조 개편은 이루어지지 않았다. 그러므로 국민의 정부는 의원내각제에 대한 국민의 선호도는 낮았지만 후보연합 시 국민과의 약속을 어겼기에 늘 신뢰의 문제가 제기되었다. 얼마 가지 못해 자민련은 또다시 뛰쳐나와 딴살림을 차리고 새정치국민회의는 '새천년민주당'이라고 당명을 바꿈으로서 완전히 결별하였다. 국민의 정부는 자민련과의 관계를 청산한 이후 더욱 절대권력의 제왕적 대통령제로 회귀하는 듯 했지만 임기 중반을 넘기면서 문민정부의 전철을 그대로 답

습하게 되었다.

결과적으로 '문민정부'이든 '국민의 정부'이든 3당합당, 후보 연합, 정책연합 등은 정권획득 이외의 정치발전을 위한 어떤 기능도 수행하지 못했고, 합당이나 연합 할 때의 정책적 약속은 지켜지지 않았다. 이러한 점에서 대통령선거 직전 합당이나 연합, 후보단일화연대 때 권력구조관련 합의는 단순히 정권획득을 위한 전략적 詐術에 불과했다는 평가를 면하기 어렵게 되었다.

(9) 2000년대의 정부형태

국민의 정부는 후보연합 시 자민련 몫의 책임총리제를 약속했지만 지키지 않았고 의원내각제로의 전환 약속도 무위로 끝이 났다. 드디어 자민련과의 후보 및 정책연합이 깨지고 엉거주춤한 동거정부 마저 자민련 측에서 철수해버린 2000년 2월 이후의 '국민의 정부'는 대통령 1인에의 권력집중화 현상이 더욱 심화되어 갔다. 오직 상명하복만 존재하는 권력구조의 계층화(hierarchical)와 권력집중화가 맞물리면 필연적으로 측근정치를 수반하게 된다. 측근정치는 필시 측근들에 의해 대통령의 눈과 귀가 가려지고 대통령은 무력화되며 소수의 측근들이 권력독식을 하는 기형적인 정부형태를 낳게 한다. 이때부터는 시간에 비례해 대통령과 국민과는 거리가 멀어지고 부패와 국민불만지수는 높아진다.

특히 2002년 임기 말은 대통령 측근들의 전 방위적 부패가 극에 달했고 친인척과 두 아들의 비리혐의 구속이라는 최악의 상태로 마무리되는 등 권력집중화의 말로는 역대 어느 대통령 못지않게 불행하게 끝이 났다. 국민의 정부 최대의 업적이라는 6.15남북공동선언도 2003년 참여정부에 와서 특검에 의해 대북비밀송금 의혹이 밝혀지고 핵심추진 인사들은 법정구속 되는 등 몇 사람에 의해 저질러진 문제점이 드러나게 되었다.

참여정부 역시 권력구조나 정부형태가 크게 달라진 점은 없다. 노무현 대통령은 취임 후 일관되게 책임총리와 책임장관을 강조하지만 취임 2년이 다된 시점에서 이를 평가해보면 노 대통령이 기대했던 '원심효과'는 발생하지 않고 여전히 대통령의 입만 바라보는 '구심력'만 작용하고 있는 것 같다. 총리도 장관도 제 역할을 찾지 못하고 있다. '화물연대 사태'와 '교육행정시스템(NEIS) 파문'은 청와대가 현안에 너무 나서는 바람에 총리의 고유 역할인 내각 통솔과 조정 권한이 사실상 정부 출범 초부터 사라지고 있음을 의미한다. 투명한 국정운영과 脫권위주의를 통해 과거정권과 차별화를 시도했지만 아직은 착근하지 못하고 있다.

3. 한국 대통령제의 성격

(1) 헌법상 대통령제의 요소

현행헌법에 규정된 대통령제의 요소는 다음과 같다. ① 대통령은 국가원수인 동시에 행정부 수반으로서의 지위와 권한을 가지고 있으므로 집행에 관한 최고의 권한과 최종적인 책임은 대통령에게 귀속되어 있다. ② 대통령은 국민에 의하여 직접 선출되므로 국민으로부터 직접 대표성을 부여받고 있다. ③ 대통령은 5년의 임기 동안 탄핵소추의 경우를 제외하고는 국회에 대하여 정치적 책임을 지지 아니하며, 국회도 대통령에 대하여 불신임결의를 할 수 없다. ④ 대통령이 국회해산권을 가지고 있지 아니하므로 권력분립의 원리가 어느 정도 반영은 되는 듯하다. 그러나 소속정당의 총재로서 국회의원후보 공천권을 통해 입법부에 영향력 행사를 함으로써 권력분립의 실효성은 매우 약하다. 그러나 대통령이 총재직을 겸직하지 않거나 당선 후 탈당한다 해도 측근 의원을 통해서 영향력 행사를 계속한다면 결과는 마찬가지다. ⑤ 대통령은 법률안거부권을 행사함으로써 국회의 경솔과 전제를 방지할 수 있다. 이상의 요소들만을 염두에 둔다면 현행헌법의 정부형태는 기본적으로 미국형 대통령제와 매우 흡사하다고 볼 수 있다.

(2) 헌법상 의원내각제의 요소

현행헌법에서 의원내각제의 요소를 든다면 다음과 같다. ① 외형상 의원내각제의 내각에 유사한 국무회의를 설치하여 집행부의 권한에 속하는 중요정책을 심의하게 하고 있으며, 대통령을 국무회의의 의장으로 하고 있다. ② 국무총리를 임명함에 있어 국회의 동의를 얻게 하고 있다. ③ 국무총리는 대통령의 명을 받아 행정각부를 통할하고 국무위원의 임명을 대통령에게 제청할 수 있으며, 국무위원의 해임을 건의할 수 있다. ④ 국회는 국무총리와 국무위원에 대한 해임을 대통령에게 건의할 수 있다. ⑤ 대통령의 국법상 행위에는 국무총리와 관계국무위원의 副署가 있어야 한다. ⑥ 정부도 법률안을 제출할 수 있다. ⑦ 국무총리·국무위원·정부위원은 국회나 그 위원회에 출석하여 발언할 수 있고, 국회와 그 위원회도 이들을 출석시켜 답변을 요구할 수 있다.

(3) 한국형 대통령제

위에서 본 바와 같이 대통령제를 기본으로 하면서도 여러 가지 의원내각제의 요소를 가미하고 있으므로, 현행헌법의 정부형태를 어떠한 유형의 정부형태로 분류할 것인가가 문제된다. 현행헌법이 규정하고 있는 대통령제의 요소와 의원내각제의 요소를 개별적·

단편적으로 조명하지 아니하고 이들 요소를 총체적·통합적으로 분석한다면, 현행헌법의 정부형태는 기본적으로 대통령제 정부형태의 범주에 속하는 것이라는 결론을 내릴 수 있다. 그 이유로 첫째, 오늘날에 있어서 대통령제와 의원내각제의 기본적인 식별기준을 의회의 집행부 불신임권과 집행부의 의회해산권의 유무에서 구하는 것이 통설적 입장인데, 현행헌법은 국회의 정부불신임권도 대통령의 국회해산권도 규정하고 있지 않기 때문이다. 둘째, 현행헌법에서 의원내각제의 요소로 간주되는 ① 국무회의제 ② 국무총리·국무위원제 ③ 국회의 국무총리·국무위원 등에 대한 해임건의제 등을 제도 면에서가 아니라 기능 면에서 관찰한다면, 그것들은 단지 대통령의 전횡적 권한행사에 대한 억제 내지 통제기능을 발휘할 수 있는 것일 뿐 결코 의원내각제적 기능을 수행할 수 없는 것이기 때문이다. 셋째, 의원내각제적 요소로 간주되는 정부의 법률안제출권도 현대국가에서는 법률안의 준비와 입안을 집행부가 주도하고, 입법부는 법률안을 통과시키기만 하는 通法府로 전락하고 있는 점을 감안한다면, 집행부에 의한 법률안제출은 정부형태 여하를 불문하고 현대국가적 과제수행을 위하여 헌법정책상 불가피한 제도이기 때문이다. 다만 현행헌법의 정부형태가 기본적으로 대통령제라 할지라도 순수한 '미국型 대통령제'라고는 할 수 없다. 결국 현행헌법의 정부형태는 비록 제도적 기능을 발휘할 수 없는 것이기는 하나 의원내각제적 요소를 가미하고 있고 부통령제를 설치하지 않고 있을 뿐 아니라, 대통령이 긴급명령권 등을 보유하고 있다는 점에서 외국의 헌법에서는 그 예를 발견하기 어려운 변형된 대통령제의 일종으로서 한국헌법에 특유한 '한국형 대통령제'라 할 수밖에 없다.

Ⅳ. 한국과 미국의 대통령제 비교

1. 역사적 배경의 소산물

한국은 의원내각제 중심의 제헌협법을 만드는 과정에서 이승만 개인의 요구에 의해 최종단계에서 대통령중심제로 채택되었다. 다시 말해 대통령중심제가 한국이 처한 국내외적 여건이나 역사적 배경에서라기보다 개인의 권력에 관한 강력한 욕구가 채택의 배경이 된 것이다. 이러한 사적인 배경은 그 이후 헌정질서 운영과정의 무수한 왜곡과 자의적 해석의 원인이 되기도 하였다.

이에 반해 미국은 또다시 영국의 식민지가 되거나, 다른 어떤 제2의 영국과 같은 나라로부터의 식민지가 될 가능성도 막아야 한다는 역사적 경험을 바탕으로 해서 대통령제를 채택하였다. 심지어 13개의 나라가 단일 연방국가를 만들기는 했지만 13개 나라 중 어느 한 나라도 우월한 국가가 되어 다른 12개의 나라를 식민지화시키는 가능성마저 철저히 배제하기 위해 외강·내강의 강력한 대통령제를 채택한 것이다.

2. 실질적 3권분립제 여부

대통령제의 최대문제점은 대통령 1인에의 권력집중화 현상과 그로 인한 엄청난 부작용이다. 이러한 폐단을 막는 가장 효율적 방법은 엄격한 3권분립을 함으로써 가능하다.

한국의 대통령제는 3권분립을 원칙으로 하지만 대통령이 당의 총재로서 공천권을 통해 의회를 장악하고, 인사권을 통해 사법부에 영향을 강하게 미침으로써 3권분립은 선언적이고 형식적인 데 그쳤다. 16대 대통령선거를 앞두고 당정분리를 채택해 대통령은 평당원에 불과하지만 당의 자파세력을 바탕으로 의회를 장악하는 것은 마찬가지 이다.

미국의 주헌법은 엄격한 3권분립제를 채택하되 입법부 우위의 권력분립제(separation of powers)를 채택하였고, 연방헌법에서는 3권분립제를 채택하되 행정부를 강화하고 입법부를 억제함으로써 3권의 균형을 취하였다. 특히 미국은 사법권의 우월을 통해 연방법원은 州와 聯邦, 대통령과 의회 간의 권한쟁의를 裁定할 뿐만 아니라 시민과 연방 및 州가 대립한 경우에도 그 裁定을 행함으로써 국가경영의 균형감각을 살려 나간다.

특히 미국대통령제하의 3권분립은 분리된 권한을 갖는 정부(government of separated powers)를 만든 것이 아니라, 권한이 분담된 분리된 기구의 정부(government of separated institutions sharing powers)를 만듦으로써 국가적 위기 시 3부가 기능수행을 통해 견제보다 오히려 국가적인 강력한 힘으로 모아지게 만들었다.

3. 권력억제를 위한 태생적 장치

미국대통령제는 대통령제의 가장 큰 문제점인 권력집중화현상과 그 여파로 일어나는 지역갈등·계층갈등·세대갈등을 막는 원천적이고 태생적인 장치가 존재하지만 한국대통령제에는 존재하지 않는다.

미국은 제2의 영국적 식민지 경험을 하지 않기 위해 아무리 취약한 州도 중앙정부로부터는 물론 강력한 다른 州로부터도 억압과 차별을 받지 않도록 헌법을 통해 국가권력을 제한하거나, 중앙정부와 州정부의 권한을 분할하는 방식을 채택했다. 당시 헌법제정자들은 효율적인 중앙정부를 원했지만 지나치게 강력한 정부는 식민지 경험 때문에 국민들이 용납하지 않는다는 것을 받아들였다. 독립된 13州는 각기 광범위한 자치권을 행사하고 중앙기관으로서의 연합회의(congress)는 외교회의에 불과했다.

이러한 태생적 장치를 통해 미국대통령제는 중앙과 지방, 지방과 지방간의 권한분할을 함으로써 한국대통령제의 최대 맹점인 권력집중화현상과 제왕적 권력으로부터 파생되는 지역갈등과 최고 권력자에 대한 눈 가리기를 막을 수 있다.

V. 대통령중심제의 한국 적실성
-결론에 갈음하여-

현대국가의 정부형태는 두 개의 축을 중심으로 하여 만들어지고 있다. 하나의 축은 자유와 민주주의, 다른 축은 예외 없이 국가권력의 분산과 책임정치의 구현을 바탕으로 하고 있다. 이러한 두 개의 축을 날줄과 씨줄로 엮어서 어느 나라이든 형식적으로는 입법·사법·행정의 삼권을 분립시킨다. 그리고 정부형태는 대통령제와 의원내각제 또는 절충형태 중 어느 하나를 채택한다. 나라에 따라서는 대통령제와 의원내각제를 그 나라의 형편에 따라 적절히 배합한 다양한 정부형태를 취하게 되므로 구체적인 정부형태의 유형은 나라마다 조금씩 다르다.

既說한 바와 같이 대통령제는 행정부의 수반이 국민으로부터 직접 선출되어 일정한 기간 집권한 후 국민에 대한 책임을 묻는 제도이며, 후자는 국민의 대표인 입법부에서 선출된 행정수반이 국정에 관해 늘 입법부에 책임을 지는 제도이다. 이러한 점에서 한국의 정부형태는 일단은 의원내각제를 가미한 대통령중심제에 속한다. 그러나 정부형태는 유형마다 장단점이 있고 여기에 대한

贊反是非가 있기에 헌법개정에 대한 여지가 늘 있을 수 있다. 또한 정권획득이나 유지를 위해 정치적으로 악용할 여지도 있다. 바로 이 점 때문에 한국은 헌법개정을 반세기의 헌정사에 9번이나 했으며 글을 쓰는 이 시간에도 헌법개정에 대한 논란이 일고 있다.

오늘의 국민적 여론은 미국이 대통령제를 선택한 배경과 비슷한 이유로 국민이 직접 선출하는 대통령제에 압도적으로 기울어져 있는 것이 사실이다.

우리 국민의 10명 중 5명 이상이 대통령제를 선호하고 있으며, 10명 중 2명 정도는 내각제를 선호하고 있는 것으로 나타났다. 15대 대통령선거 직후 바람직한 권력구조를 묻는 질문에서 대통령제 선호도는 53.6%, 내각제는 19.1%로 나타났다. '잘 모름'은 18.8%, '뭐라 말못함'은 8.6%였다.[10] 그러나 이런 수치는 대선 전인 1997년 11월 「한겨레」 여론조사에서 대통령제 37.6%, 내각제 33.8%로 엇비슷하게 나왔던 것과는 상당히 대조적이어서 혼란스럽기도 하다. 16대 대통령선거 1년전 국회의원을 대상으로 한 조사와 지역별 주민을 대상으로 한 여론조사에서도 대통령제 선호도가 압도적이다.[11] 특히 그동안 대통령 단임제의 폐단 때문인지 중임제의 지지도가 높았다.

---

10) 「한겨레21」 제222호, 98.8.27.
11) ※ 참고자료 : 개헌방식 (2001.4.7)에 대한 MBC, KBS, 한나라당의 여론조사

	MBC(국회의원)	KBS(국회의원)	TN소프레스(국민)
4년중임제&정·부통령제	75.5	77.0	30.0
내각제	14.2	13.0	28.0
4년 중임제	10.4	10.0	26.0
정·부통령제	−	−	10.0

▶ 지역별

 이러한 경향은 우리 국민들이 상시에는 대통령제에 대한 선호도가 높은 것은 사실이나 정권 말기쯤 실패한 정책이나 권력집중화 현상이 나타나는 즈음에는 바꾸어 보자는 단순한 논리에 의해 의원내각제 지지율이 일시적으로 상승하는 것이라고 해석할 수 있다.

 다만 선진국형의 정부형태와 역사적·문화적 배경을 달리하는 후진국형 정치를 하는 나라가 단순히 선진국형 정치를 하는 나라의 정부형태를 모방한 경우 대통령제는 권력집중화로, 의원내각제는 무질서상태로 빠지게 될 가능성이 높아진다. 특히 선진국형 정치를 하는 나라와는 달리 한국의 대통령중심제는 모노드라마처럼 대통령의 1인독주를 막을 장치가 없다. 책임총리제나 시스템마련을 대통령스스로 강조하면서도 한국인의 의식구조상 지켜지지 않는다. 1997년 대통령선거전 국민회의와 자민련간의 후보연합과 정책연합 시 약속했던 권력분산을 위한 의원내각제로의 개헌과 책임총리제 등은 98년 국민회의의 정권획득 후 일련의 정치과정에서 지켜지지 않았다. 또 민주당의 노무현후보와 국민통합21의 정몽준후보 간 단일후보협상과정에서 약속한 권력분산을 위한 '분권형 대통령제'가 노무현 대통령의 집권이래 지켜지지 않고 있다. 한국의 경우 청와대 앞뜰을 개방하고, 토론공화국을 선보하며, 당·정분리를 한다고 대통령이 제왕적 권력으로부터 벗어 날 수 있는 것은 아니다. 민주화란 이름으로 정권을

	4년 중임제	정·부통령제	4년중임제정·부통령제	내각제	잘 모름
수 도 권	33.1	10.0	18.4	15.7	22.9
충 청 권	24.4	9.3	20.1	14.1	32.2
영 남 권	30.4	13.0	19.4	13.4	23.9
호 남 권	26.5	8.6	22.9	10.5	31.5
강 원·제주	18.8	14.2	18.7	13.0	35.3

획득한 정부가 그토록 문민, 국민, 참여, 시스템 등을 강조했지만 대통령의 독선은 여전했다.

대통령 1인에의 강력한 권력집중화에는 변함이 없음에도 불구하고 국정수행능력은 해가 거듭할수록 떨어지고 있다.[12] 이것은 과거와는 달리 사회의 다양화 추세를 대통령 혼자서 감당 할 수 없기 때문이다. 특히 선거 때 득표전략으로서 다양한 이익집단의 요구를 적정성을 따지지 않은 채 제도화한 것에 의해 대통령 스스로 발목이 잡혀 극한대립을 조정할 기능을 상실하고 있는 실정이다. 이러한 가운데 대통령의 절대권력에 눌려 하부기구(총리. 장관. 청와대의 고위공직자 등)에서 대통령의 思考대로 움직이다 보니 국민 적실성이 낮은 정책을 추진할 수밖에 없었던 것이 주요인이라 본다. 예컨대 대통령이 특정언론을 실어하는 눈치가 보이면 정부의 모든 하부기구에서 그 언론을 싫어하는 척이라도 해야 하는 실정이다. 특히 국민의정부와 참여정부에 와서 특정언론에 대해 거부반응을 보이자 하부 권력기구에서는 한수 더 떠 경쟁적으로 그 특정신문을 "OO부서에는 몇부 끊었다"는 식으로 자랑하거나, 사실은 그 특정신문을 더 눈여겨보면서도 "그것도 신문이냐"는 식으로 소문을 냄으로서 윗사람의 눈도장을 찍으려는 아첨행위가 많아졌다. 바로 그러한 엘리트는 언제나 정권 따라 말(馬)을 갈아타고 말(言)도 바꾸어 온 고질적인 한국병 환자의 유형이다. 문제는 그렇게 할수록 그 특정신문의 구독자는 오히려 늘어만 갔다. 이렇게 되면 최고권력자와 언론간의 갈등은

---

12) 대통령취임 100일 국정수행 평가 여론조사에 의하면 잘하고 있다는 지지도가 金泳三 전대통령 83.4%, 金大中 전대통령 62.2%, 盧武鉉 대통령 40.2% 이다.(한국갤럽조사)
대통령취임 6개월 지지도는 金泳三 전대통령 80%대, 金大中 전대통령 70%대, 盧武鉉 대통령 30%대 이다.(TN소프레스와 한국사회여론조사:KSOI)
대통령취임 1년6개월 지지도는 노무현대통령 25.7%(한국갤럽), 32.7%(한길리서치)

점점 심화되고 정책혼선과 법적·합리적 권위에 흠집이 생겨 지지쇠퇴로 연결된다. 이러한 현상도 결국 대통령의 막강한 위계적(hierarchical) 권력 탓이다.

한국의 역사적 배경과 정치문화를 고려하면 미국대통령제이든 영국의원내각제이든 원형 그대로 수입하는 것은 적실성이 매우 낮다. 이렇게 낮은 적실성이 오히려 대통령의 권력을 집중화 현상으로 치닫게 하는 요인이 되고 있다.

제12장 의원내각제와 한구 적실성
- 영국·캐나다·일본 의원내각제와 비교를 중심으로 -

Ⅰ. 서 론

한국의 현대정치사 반세기 동안 권력구조 개편을 놓고 정치인들간 가장 논란이 심했던 부분은 대통령중심제냐 의원내각제냐이었다. 어느 제도가 한국의 정치발전과 국민의 이익을 담보하며 적실성이 높으냐보다 현실적으로 어느 제도가 권력획득에 편의적이냐 하는 정략적 가치에서 판단하다 보니 여야 간 또는 정치지도자 간에 일관된 주장을 들을 수가 없었다. 정치적 상황이 늘 바뀌기 때문에 어느 제도가 어느 당 또는 어느 정치인에게 권력획득상 고정적으로 유리하다고 말할 수 없기 때문이다. 대체적으로 권력획득에 자신이 있는 정당이나 후보자는 대통령중심제를, 그렇지 못한 정당과 후보자는 의원내각제를 주장해왔다. 이러한 가운데 증폭되는 사회적 혼란과 가치갈등은 지역갈등·계층갈등·세대갈등·아노미현상 등 여러 가지 사회적 질병을 파생하게 된다.

대통령중심제와 의원내각제는 각기 장단점을 지니고 있을 뿐아니라 성장배경을 달리하기 때문에 무엇을 자양분으로 할 때 순기능 하게 되는 가라는 관점에서 연구되어져야 한다. 하나의 정치기구가 순기능 하는 데는 밑거름이 될 자양분이 필요하다. 만약 그 자양분이 부족할 때는 예상치 못한 여러 가지 질병이 발생하게 된다. 대통령중심제는 뢰벤슈타인(K. Löewenstein)의 '新대통령제'로 되어 생사람 잡거나, 의원내각제는 무질서사회(praetorian society)로 둔갑되어 황폐화된 사회를 연출할 가능성이 잠재되어 있다. 특히 정치지도자가 권위주의적 결정과 추진을 좋아하며 이를 둘러싼 정치문화가 신민적(subject culture)일 때는 어떤 제도나 권력구조도 국민이익적인 민주주의 정치를 보장하지는 못하며 역기능할 수밖에 없다.

미국의 대통령중심제가 미국의 특수배경에서 유래된 것이라면 의원내각제는 영국의 특수배경에 기인해 만들어진 제도이다. 그러므로 대통령중심제는 미국식의 역사적 배경 및 환경, 의원내각제는 영국식의 역사적 배경 및 환경 하에서 꾸며졌을 때 가장 순기능할 뿐 아니라 대표의 원리에도 충실하다. 그렇다고 미국이나 영국과 역사적·정치적 배경이 전혀 다른 나라에서 형식만 미국식 대통령제나 영국식 의원내각제로 만들었을 경우 미국이나 영국과 같은 순기능이 반드시 나온다고 말할 수 없다. 그래서 대통령중심제와 의원내각제 사이에는 두 제도를 적절히 배합한 꿀단지 같은 수많은 제도가 존재하게 되고 각 나라들은 그들의 실정에 알맞은 것을 선택하게 된다. 미국이나 영국과 특수사정이 선혀 다른 아시아와 중남미 등 기타 나라에 수출된 두 제도의 원형은 온갖 시행착오와 정변을 겪으며 변형되어 정상화의 길을 걷는 나라도 있고, 그렇지 못해 권력구조를 놓고 늘 政爭을 일삼으며 미궁에서 혼돈을 거듭하는 나라도 있다. 한국은 미국식 대통령제와 영국식 의원내각제를 짧은 의정 사에 번갈아 채택해 보았지만 모두 문제점이 제기되어 또다시 권력구조 개편의 문제에 휩싸여 있다. 아래에서는 한국정치에서 정권 초기나 말기 때마다 가장 쟁점이 되어온 의원내각제와 대통령중심제 그리고 절충으로서의 이원집정부제를 비교하여 한국에 가장 적실성이 높

은 권력구조가 무엇이냐를 판단하는데 필요한 기준 제시를 하고
자 한다.

Ⅱ. 의원내각제의 원형과 변형

1. 영국 의원내각제의 배경

  의원내각제나 대통령중심제의 원형은 어떠한 理想이나 計劃에
서가 아니라 역사적 환경의 산물로서 자연스럽게 만들어진 것이
다. 이러한 점에서 현대의 의원내각제(parliamentary government)
는 영국의 정치적 전통과 배경을 바탕으로 하여 생성되었고, 군
주와 의회간의 권력배분 조정과정에 따라 일종의 진화론적 발달
을 이루어 왔다.
  영국의 의원내각제는 의회가 군주의 특권을 잠식·탈취한 정
도와 과정에 따라 절대군주제(absolute monarchy)→제한군주제
(limited monarchy)→의회군주제(parliamentary monarchy)로 점
진적 발달을 해 오늘에 이르렀다.
  영국 議會制는 봉건시대 三部會라고도 불리는 等族會議에서
유래한다. 1295년 에드워드(Edward) 1세가 웨스트민스터(West-
minster)市에 당시 봉건시대의 각 신분인 귀족·승려·시민 등 3
개 신분계급의 위임대표들을 모아 模範會議(model parliament)
를 소집한 이래 시민계급(도시자유민, 지주, 상공인)의 지위가 점
차 높이 인정받게 된 것이다. 여기서 '代表 없이 課稅 없다'(no
taxation without representation) '賠償 먼저 供給 나중'(no
supply before redress)이라는 원칙도 생겨나게 되었다. 그렇다고
여기까지 온 과정이 수월한 것은 아니었다. 17세기 의회와 국왕

의 대립에 종지부를 찍고 명예혁명(glorious revolution)에 법적 효력을 부여하고 권리장전(bill of rights)을 선언하기까지 의회의 일련의 혁명적 결의와 청교도혁명(Puritan revolution), 권리청원(petition of right) 등을 거쳤다. 의회제도의 확립 이후에도 정치적 실권이 국왕으로부터 내각으로 옮겨지고 내각은 하원을 조정하여 그 다수의 지지를 받아야만 비로소 정권장악이 가능한 현대 의원내각제에 이르기까지는 순탄치 않은 많은 역경이 있었다.

2. 영국 의원내각제의 특징

의원내각제는 첫째, 국민의 1차적 대표인 의회가 행정부와 내각의 진퇴를 결정케 함으로써 정국운영의 무게중심을 의회에 두고 행정부의 獨走化 경향을 막고 둘째, 의회의 내각에 대한 잦은 불신임 때문에 오는 정국혼란을 막기 위해 내각으로 하여금 의회에 대한 해산권을 줌으로써 상호 견제하는 것을 핵심으로 하는 제도이다. 이러한 상호견제는 결국 내각과 의회 모두가 주권자인 국민을 위한 정치와 국민에 대한 책임을 완수하라는 뜻이 함축되어 있다.

그렇다고 의원내각제가 더 민주적이고 '국민이익적'이라고는 말하기 어렵다. 어떠한 제도도 여건에 따라서 순·역기능 할 수 있기 때문이다. 1841년 선거를 계기로 하여 확립된 영국의 의원내각제도 20세기 들어오면서 정치적·경제적·사회적 상황의 변화에 따라 현저한 구조적 변화를 겪지만 민주주의 국가에로의 성공한 케이스로 알려져 있다. 과연 영국의 의원내각제는 어떠한 특징과 배경을 지니고 있기에 민주적 성공을 할 수 있었을까.

(1) 국정조정자로서의 국왕

영국의 국왕은 정치적 실권은 없으나 영국의 민주주의를 실현시키는데 불가결한 요소로 꼽힌다. 영국의 국왕은 국민에 있어서는 역사적으로 신앙차원의 상징적 존재로서 국민통합과 국정조정자의 역할이 가능하기 때문이다.

국왕은 형식적이고 의례적이지만 국가원수로서 행정부의 수반, 입법부의 구성원, 사법부의 총수, 영국교회의 수장의 지위를 가지고 있다. 국왕은 이러한 지위를 통해 정파간의 갈등극복이나 의회회산 등 중대한 국사에 대해 정당지도자들에게 구속력은 없지만 상당한 영향력을 행사함으로써 조정의 場을 마련하고 정치적 안정을 기한다.[1] 이러한 점에서 영국 헌정상 국왕의 지위가 집행기능으로부터 아주 먼 거리에 있는 것은 아니라고 보는 자들도 있다.[2]

특히 영국의 국왕은 국가원수로써 수상[3] 및 각료임명권, 의회 통과 법률승인권,[4] 외교 및 전쟁에 관한 권한, 수상의 하원해산 및 대사임명 등에 어느 정도 실질적인 영향력을 행사함으로써 의원내각제의 최대 약점인 내각불신임권과 의회해산권의 남발로 인한 정국혼란을 막아내는 역할을 한다. 이것은 영국의 국왕이 단순히 상징적인 존재에 그치지 않고 영연방통합과 정국안정 및 국정수행에 있어서도 매우 효율적인 기능을 수행하고 있음을 의

---

1) S. A. de Smith, 「Constitutional and Administrative Law」, 2nd ed., Middle Sex: Penguin, 1973, p. 158.
2) Harvey & Bather, 「The Constitution」, 3rd ed., 1972, p. 207.
3) 국왕은 총선결과 하원에서 안정된 다수를 확보한 정당의 공인된 당수를 수상으로 임명하는 것이 관습화되어 있다.
   張錫權, "英國 議員內閣制의 特徵", 「土地公法硏究」第3輯, p. 280.
4) 국왕의 의회통과 법률에 대한 거부권은 1707년 앤 女王 이래로 한 번도 행사된 일이 없어서 현재는 거부권을 행사하지 않는 것이 관례로 되어 있다.

미한다.5) 영국 국왕은 빅토리아(Victoria) 女王 이후 초당적 입장에서 정치적 위기에 직면하여 조정자역할을 해왔고, 국가긴급사태 시에는 정부와 하원 등의 사후승인을 조건으로 국왕의 재량과 책임하에 사태의 진전에 개입하는 의무를 大權上 가지고 있다고 해석함으로써6) 민주정치의 효율성과 안정성의 보루가 되고 있다.

(2) 행정권의 강화와 정당제의 발달

영국의 의원내각제는 의회정치의 모국답게 오랜 세월 동안 변화를 겪으며 오늘에 이르기까지 비교적 자연스럽게 정치적 관행으로 이루어졌다. 바로 이러한 점이 권력획득과정에서 정략적·인위적으로 정부형태를 변화시키려는 정치후진국의 의원내각제 요구와 다른 점이기도 하다.

의원내각제는 입법부와 행정부의 '상호의존성의 원리'에 의해 규정되고 운용되는 권력형태로서 국정에 대한 신속한 책임과 국민 여론의 신속한 반영을 특징으로 한다. 바로 이러한 점이 중앙집권적인 권력구조를 가진 대통령제보다 정치적 안정성에 문제가 있다고 흔히 지적된다. 그러나 영국 의원내각제의 경우 內閣과 黨의 관계를 끈끈하게 하고, 수상의 권력을 강화하는 대신 정당제의 발달을 통해 당내민주제를 실시함으로써 안정성문제를 극복하고 있다.

영국은 정당의 규율을 중앙집권식으로 강화하여 당에 대한 충성심을 중심으로 당의 정체성을 확립함으로써 민주적 절차에 의한 당의 결정에는 수상이든 당원이든 절대 승복케 하고 있다. 만

---

5) Harvey & Bather, *op. cit.*, p. 208.
6) K. Loewenstein, 「British Cabinet Government」, London Univ. Press, 1967, pp. 176~178.

약 당의 결정에 따르지 아니하는 당원은 害黨행위자로 간주되어 제명되거나 다음 공천에서 탈락하게 되어 정치생명을 유지할 수 없게 된다.7) 수상도 당원으로서 엄격한 당의 룰을 지키지 않거나 민주적 절차를 무시하고 전횡할 때는 黨規에 의해 제재를 받게 함으로써 당내 민주주의를 실현하고 나아가 국정전반을 민주적으로 운영케 하는 계기가 되게 한다. 또 수상은 집권당의 당수로서 閣議의 의장과 하원의 지도자를 겸함으로써 下院의 잦은 내각불심임권 행사로 인한 정국불안과 사회적 혼란을 극복해낸다. 바로 이러한 정당제 하에서는 선거 시 유권자들은 후보 선택에 있어서 개개인의 인물보다 정당의 이미지나 정책을 더욱 중요시하게 된다.

(3) 의원내각제→내각책임제→수상정부제로의 이행

영국은 시대적 변화와 요구의 다양성에 대처하기 위해 고전적 의미의 의원내각제도를 변형시켜 나갔다. 의회정치제(parliamen-talism)의 모국인 영국으로서는 자연스럽게 의회다수파가 내각을 구성하는 의원내각제(parlimentary government)를 성립시켰지만 날로 늘어가는 행정수요를 감당하기 위해서 내각의 지위를 확대 강화할 수밖에 없었다. 이러한 과정에서 19세기를 장식했던 고전적 의미의 의원내각제는 20세기에 들어오면서 내각책임제(cabinet government)로 바뀌게 되었다. 오늘날에 와서는 급변하는 국내외 정세에 효율적으로 대처하고 복지문제 등 적극적 정부의 역할을 위해 내각의 수상이 강력한 권한을 가지는 首相政府制(chancellor government)로 변모하였다.8) 의원내각제가 내각책임제로 변화하

---

7) P. J. Madgwick, 「The Government and Politics of Britain」, p. 119. 張錫權, *op. cit.*에서 再引用.

8) R. H. S. Crossman, 「Three lectures on Prime ministeral Government」,

는 과정에서 의원내각제적 요소가 완전히 소멸되고 새로운 요소
만으로 내각책임제를 재구성하는 것이 아니라 환경변화를 주도하
기 위해 보완한 것에 불과하다. 이것은 1인1표의 主權在民 원칙
이 확립된 1948년 영국 선거법개정 이후 내각책임제가 수상정부
제로 변화하는 과정에서도 마찬가지이다.

K. Löewenstein에 의하면 내각책임제는 의회의 다수당에 의한
내각구성, 의회해산권, 집행권과 입법권의 유대관계 유지 등을
골자로 한 의원내각제를 승계하면서 다음과 같은 특징을 가진
다.9) ① 2개의 교체 가능한 정당이 있어야 한다. ② 내각에서 실
력있는 각료그룹(inner cabinet)에 속하는 大臣은 의원으로 구성
한다. ③ 수상은 각료의 선임에 재량권을 발휘하고 정책결정과
방법을 결정한다. ④ 下院은 내각이 사전에 결정한 정책을 원칙
적으로 확인하는 범위 내에서만 정책결정에 참여한다. ⑤ 정치적
통제는 국민여론을 대변하는 兩院과 선거민에 의해 이루어진다.

요컨대 내각책임제는 내각이 의회에 대한 강력한 통제력을 통
해 우월성을 지닌다는 점이 의원내각제와 다르다.

이에 반해 수상정부제의 특징은 첫째, 1948년 선거법개정을 계
기로 국민총선거를 통해 수상을 선출함으로써 수상의 위상을 격
상시켰다. 둘째, 정당제도의 발달로 인해 보수당과 노동당의 양
당제가 정착화되고 黨에의 충성과 당 규율의 강화가 이루어졌다.
셋째, 경제위기, 戰時, 복지국가 지향, 산업국유화정책, 재정의 팽창
등으로 인한 행정권의 확대는 내각의 지위 및 기능의 강화, 나아
가 수상의 지위와 기능의 강화현상을 자연스럽게 가져왔다. 마지
막으로 정당의 조직화와 양당제의 확립은 議會의 機能 약화를
초래했다. 특히 下院은 수상과 내각에 의해서 지도되고 내각을

London Jonatan Cape, 1972 참조.
9) K. Löewenstein, 「Political Power and the Governmental Process」, pp. 100~
104 참조.

지지하는 역할을 함으로써 하원의 내각지배는 막을 내리고 기껏
해야 내각을 비판하는 기능만 남게 되었다.

이렇게 20세기 후반에 와서 영국 정부형태의 특징은 의회에
대한 내각의 우월성을 바탕으로 하여 수상의 지위와 권한이 한
층 강화된 데 있다. 이러한 일련의 정부형태의 변화를 놓고 국내
외의 정치적 諸 條件 변화에 대처하기 위한 노력의 일환으로 이
를 어디까지나 내각책임제의 변화과정으로 보려는 학설10)과 또
내각책임제가 질적으로 수상정부제로 이행한 것이라 보는 학
설11)로 나누어진다.

어느 학설이든 첫째, 의원내각제의 고전적 형태는 붕괴되었다
는 사실과 둘째, 수상정부제를 채택함으로써 의원내각제가 약체
정부라든지 사회적 무질서를 초래할 가능성 등의 우려를 극복
할 수 있다는 점에 있어서는 같다. 바로 이 점이 지난 50년간 한
국에서의 대통령제와 의원내각제 논쟁에 있어서 서로가 상대 주
장의 발목을 잡는 '뜨거운 감자' 역할을 하였다. 여기서 우리는
이러한 논쟁이 정쟁의 수단은 될지언정 한국의 정치발전과는 상
관없는 무의미한 논쟁임을 알 수 있다.

---

10) Morrison, Government and Parliament(1966); Amery, *Though of the
Constitution*(1953), Laski, *Reflections on the Constitution*(1951); Jennings,
Cabinet Government(1959); Jones, Prime ministers Kings British Prime
Minister(1969). Crossman, *op. cit.*, p. 51.
　　호광석, "內閣制와 大統領制의 比較", 「國際論壇」, pp. 91~95.
11) 金憲, 「議員內閣制와 勢力均衡에 관한 硏究」, pp. 70~73.
J. P. Mackintosh, "The Prime Minister and the Cabinet", 「Parlimentary
Affairs」 21, No. 1, Winter 1968, p. 68.

3. 의원내각제의 변형

정치안정과 불안정, 민주주의적 발전과 퇴행은 다양한 요소의 결합에 의해서 설명될 수 있다. 무엇이 의원내각제의 원형이고 변형이냐라는 개념을 정확히 하기는 어렵다. 既說한 바와 같이 의원내각제의 母國인 영국도 의원내각제의 내용과 추진방법을 환경변화에 맞추어 변형시켜 나갔기 때문이다. 또 의원내각제를 채택한 기타 나라의 경우도 영국식 의원내각제를 그대로 모방한 것이 아니라 그들 국가에 가장 적합한 의원내각제의 모형을 찾고 그것마저도 시대에 따라 변형시켜 나갔다. 이러한 과정에서 대체로 선진국들은 그들에게 고유한 정치제도와 민주적·효율적 운영방안을 연구·채택해왔다. 식민지로부터 독립된 국가들이나 개발도상국가들은 무엇이 고유하고 적합하냐보다 권력획득의 편의란 점에서 선진국의 제도를 수입하다 보니 운영과정에서 시행착오를 겪게 마련이므로 아직도 정착화하지 못하고 있는 실정이다. 특히 이들 국가들은 고유의 정치제도로부터 변화를 시도한 것이 아니기 때문에 안정과 민주주의란 점에서 태생적 한계를 가지게 된다. 이러한 한계는 대통령제에서도 마찬가지다. 본 항에서는 의회정치의 모국인 영국의 의원내각제를 原形, 기타 나라의 의원내각제는 變形이라고 가설한다. 의원내각제의 원형과 변형은 선악이나 好不好의 개념이 아니라 본 논문의 연구목적과 설명의 편의를 위해 분류한 것에 불과하다.

의원내각제의 정상적인 운영을 위해 필요조건에 해당하는 제도로써 정당정치와 민주적 선거제 그리고 지방자치와 직업공무원제를 들 수 있다. 대체로 이러한 요소가 확립된 독일, 프랑스, 캐나다, 일본 등은 의원내각제를 성공시키고 있다. 그렇다고 이들 나라들의 의원내각제 시스템이 같은 내용과 방법으로 추진되고 있는 것은 아니다. 즉, 영국 의원내각제로부터 많은 영향은 받았지만 자국의 전통과 특수성 기타조건에 맞게 변형된 정부형태 이다. 아래에서는 의원내각제의 채택과정이나 정치문화적 배경이 대조적인 캐나다와 일본의 경우에 한정하여 본 주제의 연구목적에 맞게 요점과 쟁점만 살펴보기로 한다.

(1) 캐나다의 의원내각제

캐나다는 영국의 의원내각제를 아주 흡사하게 모방하여 비교적 빠른 시간에 안정시키고 政體를 유지하고 있는 대표적인 나라이다. 캐나다는 영국으로부터 미국과 비슷한 시기에 독립했지만 미국과는 서로 전혀 다른 정치제도를 도입하여 양국이 각각 비교적 성공시킨 나라이다. 이것은 캐나다와 미국이 거의 같은 시기에 영국의 식민지를 경험했고 영국으로부터 독립했지만 캐나다와 미국이 서로 다른 정부형태를 도입한 것은 양국의 정치적 배경과 조건이 전혀 다르기 때문이었다.

독립된 국가를 갖지 못하고 원주민 인디언들과 에스키모인들로 구성된 캐나다는 1606년 프랑스 점령이래 프랑스의 식민지로 존재했다. 그러다 1763년 英佛간의 식민지쟁탈전에서 영국이 승리함으로써 영국의 식민통치로 넘어가게 된다. 이러한 과정에서 캐나다의 어떠한 역사적·정치적 배경이 영국의 의원내각제를 모방케 하여 캐나다에 정착시킬 수 있었던 것일까.

첫째, 캐나다의 독립 초기 국민구성의 상당부분은 중상층을 토대로 하는 친영국적 분위기였다.12) 미국이 영국과 독립전쟁을 치르는 동안 영국에 우호적인 친영국계 미국인들이 대거 캐나다로 이주하였던 사실들이 캐나다 국민들로 하여금 더욱 친영국적 분위기를 고조시킨 셈이다. 하츠(Louis Hartz)에 의하면 캐나다는

---

12) 김세중, 캐나다 의원내각제의 성격과 기능, pp. 42~43.

프랑스 점령시기부터 이미 프랑스의 중산층이 자리 잡게 되었다. 이러한 친영국적 분위기와 중산층의 형성은 영국적 의원내각제가 캐나다에 조기 정착과 정국안정에 큰 도움이 되었다.

둘째, 캐나다는 1867년 독립과 동시에 제정한 '영국령 북아메리카법'13)에 영국 여왕을 중심으로 한 의원내각제를 채택하였다. 그렇다고 식민지 시절처럼 영국여왕의 직접지배가 아니라 여왕이 파견한 총독에 의해 간접 지배케 함으로써 캐나다인들의 反식민지 저항운동을 어느 정도 막고 의원내각제의 함정인 무질서로부터 안정을 찾을 수도 있었다. 즉, 여야의원들의 격돌에 의해 잦은 정권교체로부터 올 수 있는 정국혼란을 극복하는 데 총독의 조정역할이 주효했다.

셋째, 캐나다의 의원내각제는 각 지역에 대한 중앙의 간섭이나 통제 없이 각 주들의 타협과 자율성을 존중하는 형태로 발전하였다. 프랑스인이 많은 퀘벡주에서는 당연히 영국에 저항하는 분위기가 남아 있었기 때문이다. 오늘날도 퀘벡주에서는 가끔 영국자치령으로부터의 분리독립운동을 하는가 하면 프랑스언어를 고수하고 의식행사도 프랑스 의전에 맞추는 경향이 있다. 이러한 점은 미국의 대통령제가 강력한 권력의 연방정부에 의해 주정부를 영국식민지 시절처럼 억압을 할까 의식해 주정부의 자주적 판단과 자율성을 提高하는 것과 마찬가지이다. 단지 '영국령 북아메리카법'이 의회주의와 연방주의를 결합해 캐나다의 政體를 유지하고, 다른 한편 영국과의 일정한 관계(자치령 또는 보호령)를 계속 유지하는 근거14)를 마련한 점은 다같이 영국의 식민지

---

13) '영국령 북아메리카법'(BNAA)은 영국 총통의 권력에 대한 규정과 함께 캐나다의 식민지적인 관계를 명시. 캐나다에서 영국의 의회를 모방하게 하고 선출직 하원과 임명제직 상원을 두고, 하원의 다수의석을 차지한 당수가 수상이 됨.

14) Roger Gibbins, 「Conflict and Unity」, Ontario: Nelson Canada, 1990, p. 25 참조.

로부터 독립했지만 다른 점이기도 하다.

넷째, 캐나다는 형식상 다당제를 원칙으로 하지만 연방 차원에서는 '자유당'과 '보수당'이라는 양대 정당이 실질적으로 정치권력을 장악하고, 지역적 차원에서는 지역의 특정 정당이 다수의 석을 차지하는 것이 특징이다.15) 유권자의 지지도에 따라 연방 차원에서는 양대 정당간의 정권교체가 자유롭고 특히 소선거구제를 채택함으로써 연방정부가 지역적 이해와 요구에 민감하게 반응할 수밖에 없다. 이와 같이 정당과 민주적 선거제의 발달은 의원내각제의 제도적 효용성을 증가시켜 정치적 안정과 국민통합을 이루어 내는 역할을 수행하고 있다.

(2) 일본의 의원내각제

일본의 의원내각제는 매우 특이하다. 일본의 헌법을 '맥아더 헌법'이라 부르는데 미국의 강력한 요구에 의해 만들어졌음을 의미한다. 미국의 대통령제와 영국의 의원내각제를 절충한 형태이지만 일본의 헌법을 보면 영국의 의원내각제에 더 가까움을 알 수 있다. 이렇게 일본은 전후 미국의 정치개입에 의해 軍國主義를 포기하고 특이한 권력구조와 1黨優勢로 시작된 의원내각제이지만 일본의 정국안정과 경제대국을 뒷받침할 수 있었다.

1955년 자유당과 민주당이 합당하여 만든 자유민주당이 창당이래 사회당을 중심으로 한 야당연합에 한 차례 정권을 빼앗긴 것을 제외하고는 줄곧 정권을 잡고 있다. 이렇게 자민당은 장기집권뿐 아니라 財界의 실력자 및 중진급대신들과 파벌정치·인맥정치를 이루어왔던 것도 독특한 양상이다. 이리하여 일본의 財界는 자민당의 정치자금을 떠맡고, 자민당은 大臣의 인사권을 통해

---

15) Ibid., p. 275.

관료조직을 관리하고, 관료는 행정기능을 통하여 재계에 영향력을 행사한다는 상호의존 및 억제시스템에 의하여 중요정책이 결정된다16)는 주장이 강하게 대두되었다.

이렇게 재계와 결탁한 파벌정치는 대부분 국가에서 부정적 증후군이 나타났지만 일본의 경우 강한 일본과 정치적 안정에 오히려 도움이 된 특이한 현상이다. 그러나 오랫동안 지속된 이러한 파벌정치는 국민의 다양한 정치적 요구와 기대, 시대적 변화를 수용하지 못해 93년 총선 이후 새로운 형태의 정치적 혼란을 일시적으로 겪었다. 既說한 바와 같이 일본정치는 권력구조의 특징상 폭넓은 국민적 요구수렴이 어려웠고, 특히 진보적 청년층과 빈곤계층의 요구중압과 반발로 드디어 자민당은 93년 7월 총선에서 단독정권 수립에 실패하였다. 재야 및 군소야당 연립정권으로서 호소카와 내각이 잠시 들어섰지만 혼란 끝에 중도하차하기에 이르렀다. 이후 한 차례 더 사회당 중심의 연립정권이 유지되다 곧 붕괴되고 다시 자민당 연립정권이 계속되고 있다. 일본은 95년 이후 소선거구제로 바뀌고, 자민당은 38년이나 지속되었던 자민당 단독정부 수립으로의 회귀는 실패하고 보수대연합을 통한 연립내각을 이끌고 있다. 그러나 지금도 일본은 자민당 1당 우세에 의해 정국이 주도되고 있다는 사실은 부인할 수 없다. 여기서 우리는 중대한 사실을 발견할 수 있다. 일본국민들은 1黨 중심의 자민당 독주를 염려해 38년 만에 정권을 바꾸었지만 위약한 정부와 심한 정치적 혼란을 겪다 다시 강력한 자민당을 선택했다는 점이다. 단지 과거처럼 자민당 단독내각이 아니라 독주를 막기 위해 자민당을 주축으로 한 연립내각이 되도록 지지율을 조정했다는 점이다.

미국에 의해 영국의 의원내각제를 수입 재편한 일본의 의원내

---

16) 憲政制度研究委員會, 「世界各國憲政制度概觀」, 法制處, 1986, p. 173.

각제가 캐나다와는 달리 영국과는 전혀 다른 권력구조와 정부형태로 변형되었다. 뿐만 아니라 일본의 의원내각제는 일반적으로 의원내각제 채택국가들이 지니는 요소들과도 판이하게 다른 요소들을 가지고 있다.

이러한 관점에서 일본의 의원내각제의 주요요소와 국민의 정치의식 그리고 정치안정, 국력결집 등과의 상관성을 중심으로 몇 가지 특징을 究明해 보기로 한다.

첫째, 의원내각제는 의회와 내각의 마찰이 잦을 경우 내각의 원활한 교체가 이루어져야 하기 때문에 최소한 두드러지게 발달한 2개의 정당이 존재해야 한다. 일본의 경우는 의원내각제의 일반적인 경우와 달리 다당제(자민당·사회당·공명당·민사당·공산당·사민련 등)하에서의 자민당 일당우위제를 이루고 있다. 이것은 국민들의 의식구조가 급격한 변화를 싫어하고 강력한 정부를 원하기 때문이라 볼 수 있다. 93년 7월 총선에서 자민당이 정권획득에 실패했지만 바로 자민당 집권시대로 돌아올 수 있었던 것도 국민들이 소수당 중심의 연립내각이 표출하는 정치불안과 위약한 정부를 싫어했기 때문이다.

둘째, 상징적 존재로서의 일본 천황은 영국의 국왕만큼 권한[17]은 없으나 국민통합의 상징적 역할을 해낸다. 천왕은 형식적이지만 국가적 의식을 主宰하고 외국의 외교사절이 부임하면 접견하고 신임장을 수리하며, 내각이 결정해놓은 국회를 소집한다거나 衆議院을 해산하는 등 헌법 제6조와 제7조를 통해 12개 항목의 國事행위를 규정함으로써 국민들로 하여금 천황의 권위를 인정하는 계기가 된다. 이러한 천황의 권위는 정치적 혼란을 조정하

---

17) 영국의 국왕은 형식적 권한이지만 수상임명권이 있고, 한정적이지만 내각해산권, 하원해산의 助言 거절권, 大臣임명권, 大臣해산권 등을 지니고 있다.

　　Harvey & Bather, *op. cit.* 참조.

고 정국을 안정시키며, 국민적 일체감·결속력·통합력을 유도해
내는 데 간접적인 기여를 하고 있다.

셋째, 일본의 수상은 다른 의원내각제 국가의 수상과 달리 제1
당의 파벌 연합적 성격으로 인해 파벌간의 이해를 조정해야 하
므로 당수로서의 수상의 주도적 기능은 상대적으로 약화되고 있
다. 더욱이 근래에 와서는 제1당인 자민당 단독내각 수립이 어려
워 보수성향의 소수정당과 연립내각을 형성함으로써 수상의 입
지는 더욱 좁아졌다. 이것은 내각의 잦은 불신임과 정국불안의
요인이 되기도 한다.

넷째, 일본의 정당은 크게 나누어 보수·진보·좌파 등 이념노
선이 뚜렷하지만 실제는 보수노선의 자민당의 장기집권으로 인
해 이념과 정책정당으로서의 기능을 발휘하지 못하고 있다. 그래
서 자민당 내의 당권경쟁 과정에서 파벌대립, 계보대립을 해오다
최근에 오면서 차츰 당내 파벌간 정책대결화 되어 가는 조짐을
보이고 있다.

Ⅲ. 의원내각제의 자양분

의원내각제의 원형과 변형을 究明하는 가운데 나라마다 도입
배경이나 정치적 상황이 다름에도 의원내각제의 성공적 운영에
필요한 최소한의 몇 가지 공통분모가 있다는 점을 발견할 수 있
다. 이 공통분모란 바로 의원내각제가 한 국가의 안정적 운영과
효율적 관리에 필요한 불가결의 요소로서, 하나의 생명체가 자라
고 존재하는 데 필요한 자양분에 해당된다.

1. 상징적 권위체로서 국가원수(왕)의 존재

의원내각제의 문제점으로서 흔히 지적되는 것 중의 하나가 의회와 내각 간의 불신과 알력 그리고 첨예한 대립 등으로 인한 정국불안 및 사회적 혼란이다. 의원내각제는 기본적으로 의회로부터 내각이 탄생하는 데다, 수권능력을 갖춘 두드러진 2개의 정당과 기타 소수정당을 대체적인 존재이유로 하기에 의회를 놓고 양당간의 대립은 첨예하다. 의회와 내각간의 다툼이라 하지만 실제는 여야 간의 다툼이다. 대통령제 하에서도 의원내각제 못잖은 여야 간 격돌은 때에 따라 당연히 존재한다. 의원내각제하의 여야격돌은 의회와 내각간의 심대한 갈등으로 이어지는 데다 의회와 내각 간 상호 불신임권이 원칙적으로 인정되기에 정치불안은 가중되는 것이다. 그렇다고 불신임권을 빼버리면 의원내각제의 특수성이 소멸되므로 의원내각제 자체의 의미가 상실된다.

이러한 점에서 의원내각제는 대통령제보다 책임정치가 더 확고히 구현되는 것이 장점이기도 하다. 반면 의원내각제는 집권세력이 의회의 안정세력을 확보하지 못했을 경우 불신임권 때문에 잦은 내각교체와 의회해산의 가능성이 있어 정치불안의 부담을 안게 된다. 그래서 의원내각제는 정치불안의 최소화를 위해 의회와 내각 간 및 여야 간을 거중 조정할 상징적 권위체로서 王이 존재하는 것이 보통이다. 물론 현대정치에서 의원내각제로 전환하거나 새로이 채택할 경우 없는 왕제도를 굳이 의원내각제를 위해 만들 필요는 없다. 또 한국의 경우도 과거의 왕정제도를 의원내각제의 원활화를 위해 복원시킬 필요 없이 상징적 권위체로서 국가원수의 존재로 충분하다.

의원내각제 하의 왕은 고전적 왕처럼 절대권력은 없지만 旣說한 바와 같이 영국처럼 거부권을 통해 상당한 실질적 권한을 행사하는 경우도 있고, 일본처럼 완전히 형식적이고 儀典的인 행사

만 수행하는 경우도 있다. 어느 경우이든 왕에 대한 국민의 신뢰
와 권위로 인해 국민통합과 정체성 확보에 기여하고 정치혼란이
나 국난 등 국가적 위기 시 거중조정을 통해 정치를 안정화시키
고 국민을 안심시키는 기능을 수행한다. Bagehot는 영국에서 왕
이 없었다면 현재와 같은 영국정부는 실패했거나 망했을 것이라
고 하면서 왕의 존재가치를 지성적인 정부(intelligible govern-
ment), 신앙차원의 제도(Divine institution), 도덕적 대표(moralist)
로 정형화하였다.18)

　의원내각제를 채택한 대부분의 나라들이 국가원수로서 王을
두고 있는 것은 위의 이유뿐만 아니다. 의원내각제의 모태인 영
국에서 절대군주제와의 민권투쟁 과정에서 생겨난 정치적 타협
물이 의원내각제이다. 그러므로 의원내각제의 정부형태는 군주제
적 원리와 민주제적 원리의 적절한 융합과 안배로서 이루어진
역사적·문화적 배경을 지니게 된다.

2. 실질적인 권력분산과 균형 및 견제

　현대민주정치 하에서는 의원내각제이든 대통령중심제이든 당
연히 3권분립과 3권간의 균형과 견제를 원칙으로 한다. 그러나
낮은 수준의 민주정치를 하는 곳에서는 헌법 및 법률 등 제도적
측면에서는 권력분산을 원칙적으로 규정해 놓고 균형과 견제를
위한 장치도 대체적으로 마련해놓고 있지만, 실제의 현실정치에
서는 균형이 깨지고 견제가 무디어지고 있다. 문제는 현실정치에
서 권력분산 원칙이 지켜지지 않고 입법부가 마치 통법부처럼
행정부의 시녀가 된다 해도 대통령중심제의 경우는 강력한 행정

---

18) Walter Bagehot, 「The English Constitution」, 1963, pp. 48～49.

권의 발동으로 정권의 안정을 일단은 취할 수 있다.

이러한 강력한 행정권의 발동에 의해 이끌려 가는 국정은 늘 불안할 수밖에 없고 그럴수록 대통령 1인에게로의 권력집중화의 현상은 더욱 두드러지게 나타난다. 따라서 대통령중심제의 경우 권력집중화에 대한 억제기구로서 의원내각제적 요소를 많이 도입하지만 제대로 억제기능을 수행해 내지 못하고 있는 것이 현실이다. 물론 미국의 대통령중심제처럼 정치적 선진화가 이루어지고 있는 곳은 예외이다.

바로 이러한 대통령제의 권력집중화 현상 때문에 의원내각제를 채택하게 된다. 지금 우리나라에서 의원내각제에로의 권력구조 전환문제가 정가의 뜨거운 논쟁거리가 되고 있는 것도 바로 이러한 所以이다. 즉, 대통령제의 권력집중화현상이 주는 폐해와 억제기구로써 의원내각제적 요소를 도입해도 권력집중화 현상을 막을 길이 없기 때문이다.

의원내각제는 근원적으로 권력분산을 존립기반으로 하기 때문에 3권이 상호 견제와 균형을 취하게 된다. 사법부가 현직 행정부의 수장인 수상이나 국무총리를 유죄판결 하는가 하면, 의회의 내각불신임권과 내각의 의회해산권이 상호 균형과 견제의 기능을 수행해 내게 된다.

문제는 각국이 처한 역사적 배경이나 민주화의 과정, 전통문화 등에 의해 권력분산이 거의 불가능한 지경에 있을 때는 의원내각제의 시행이 매우 어려운 면도 있다.

우리 헌법은 제정 당초부터 국가권력구조의 측면에서 대통령제이든 의원내각제이든 특정한 정부형태 모델로만 일관하여 규정하지 않았다. 이러한 헌법입법 경향이 큰 변화 없이 지금까지 계승되어 오고 있다. 본래 의원내각제에만 필요한 내각에 준하는 국무총리제는 이미 우리 헌법에 있어서 하나의 전통으로 자리 잡고 있다. 그 밖의 여러 가지 의원내각제에 친숙한 제도들도 국무회의제와 국무총리제가 존속하는 한 병존할 수밖에 없게 되어 있다.

이것은 의원내각제적 요소들이 제도로서는 헌법에 뿌리를 이미 내리고 있고 아울러 권력분산도 이루어지고 있다는 뜻이다. 그러나 그 운용의 실제에 있어서는 원래의 기대를 전혀 충족시키지 못해 왔다. 오히려 의원내각제적 요소는 집행부의 2원적 구성을 이루어 대통령의 책임을 가리고 막아주는 역기능마저 수행하게 되었다.[19]

이러한 관점에서 오늘의 한국은 대통령 1인에게로 권력집중화 현상의 역기능을 탓하면서도 이의 극복방안인 민주화나 권력분산 조치가 순기능을 하지 못하고 종종 무질서로 연결되는 것을 볼 수 있다. 이것은 아마 1인집권의 오랜 왕조시대의 유산이 아직도 우리의 정치문화를 상당히 지배하고 있다는 사실을 말해주는 것일 게다.

3. 정당정치의 발달

현대정치에 있어서 정당정치의 발달 역시 의원내각제든 대통령중심제든 정치 선진화를 위해 필수불가결의 요건이다. 현대정치를 여론정치로 볼 경우 정당은 바로 여론의 조직화·통일화·가치화라는 세 가지 기본적 요구를 충족시키는 것이 본질적 기능이기 때문이다.

특히 의원내각제는 대통령제와는 달리 의회와 내각간의 상호 불신임권 인정과 책임정치 具現의 철저화를 기본요소로 하기 때

---

19) 金善擇, "의원내각제적 요소의 권력분산효과", 「法學論集」 第33輯, 1998, pp. 116~117.

문에 정권교체가 빈번할 가능성이 높다. 그러므로 빈번한 정권교체의 가능성에 대비하기 위해 항시라도 授權이 가능한 발달된 2개 이상의 정당이 존재해야 하는 것은 필수조건이다. 예컨대, 미국의 민주당과 공화당, 영국의 보수당과 노동당 등이 그러하다. 단지 일본의 경우는 예외로서 의원내각제를 함에도 1당우세의 정당으로 당내 파벌정치를 통해 잦은 정권교체에 대비하고 있다.

이러한 점에서 보면 정당정치의 발달을 통해 授權 준비가 된 2개 이상의 정당이 존재하지 않은 상태에서 의원내각제를 실시할 경우 정국혼미를 거듭할 가능성이 있다.

2개 이상의 정당도 정당의 본질에 맞게 정책과 이념에 따라 구분되는 정당이라야 한다. 참고로 이념과 정책 그리고 개혁에 대한 감각의 정도에 따라 이념체계 및 정당의 유형을 나누어 보면 〈표 12-1〉과 같다.20)

〈표 12-1〉 이념체제 및 정당의 유형

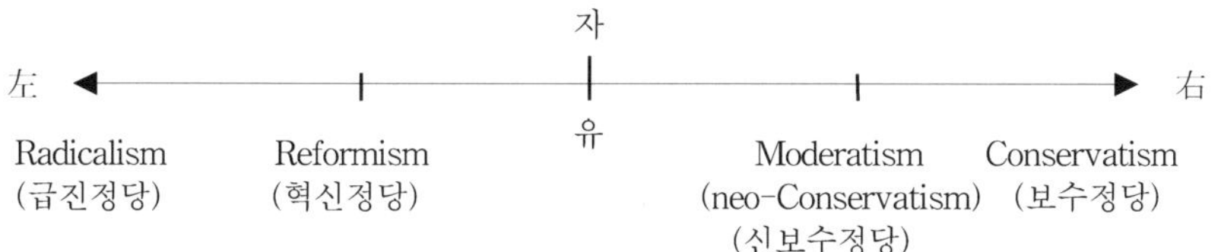

현행 한국의 헌법과 정당법에 의하면 혁신정당과 보수정당 그리고 신보수정당은 설립이 가능하나 급진정당은 허용되지 않는다. 최근 우리 사회에 사회당도 간판을 달고 지난(2002. 6. 13) 지자체 선거에 참여하기도 하였지만 아마 政綱에서는 자유민주주의를 전면부정하지 않고 혁신정당의 성격을 띠었을 것이다.

---

20) 배찬복, "국가발전과 신보수세력의 역할" 「21세기 국가발전과 신보수주의」, 자유민주연합 정책실, 99. 9. 21, p. 94.

한국의 여당과 제1야당은 언제나 국민의 보수의식을 감안해 선거 때만 되면 보수 내지 신보수 정당임을 표방해오다 지난 16대 대통령선거 때 처음으로 보수와 진보의 대결장이 되었다. 앞으로도 보수와 진보의 대결장이 될 것이라는 보장은 없다. 진보를 표방한 노무현대통령은 여론에서는 지고 전략에서 이겼다는 말이 그래서 나도는 것이다. 노대통령은 취임이후 기설한 바와 같이 진보관련 정책들로 인해 지지쇠퇴는 추진시간에 비례하고 있다는 것이 그 반증이다.

이와 유사한 분류로서 미국의 로웰(A. Lowell)은 정당분립의 기준으로서 현재상태의 만족여부와 개혁에 대한 긍정적이냐 아니냐에 따라 분류하고 있다.21) 현재상태의 기존질서나 기존체제에 대해 자유당(liberals)은 만족을 느끼면서도 개혁에 대해서는 긍정적 시각을 가진 경우이고, 혁신당(reforms)은 현재상태에 대해 불만을 느끼며 개혁에 대해서는 아주 긍정적인 상태이다. 보수당(conservatives)은 현재상태에 만족하므로 개혁에 대해 부정적이다. 反動黨(reactionaires)은 현재상태에 대해 불만을 느끼지만 개혁에 대해서는 부정적인 경우를 말한다.

급진정당은 기존체제와 질서 자체의 변혁(change of the system)을 요구하고, 혁신정당과 신보수주의정당은 기존체제와 질서 범위내의 변화와 개혁(change in the system)을 말한다.

4. 직업공무원제

의원내각제를 채택할 경우 빈번한 정권교체 가능성과 정국혼란 및 사회적 혼란이 있음은 旣述한 바와 같다. 의원내각제를 시

---

21) A. L. Lowell, 「Public Opinion in War and Peace」, Cambridge, Reading Mass.: Harvard University Press, 1923, p. 271.

행하면서도 이러한 혼란을 겪지 않으려면 직업공무원제의 정착이 필요하다. 이 직업공무원제를 훼손하는 1차 주범은 공무원의 정치적 중립을 지키지 못하는데 있다.

한국정치에 있어서 공무원의 정치적 중립이 정치발전에 지대한 영향을 미침은 아무리 강조해도 지나치지 않을 것이다. 공무원이 직무에 전념하는 것보다 정당이나 정권을 따라 움직이는 것이 출세에 도움이 된다고 생각하는 한 정치는 무수히 歪曲될 수 있고 부정과 부패의 근원이 되기도 한다. 물론 나라에 따라서는 정당이념의 철저한 실현과 관료의 특권화 방지, 공직침체화의 방지 등의 이점을 내세워 엽관제(spoils system)를 도입하는 경우도 있다.22) 이러한 경우 행정의 부패, 행정능률의 저하, 관료의 정당사병화, 爲人設官에 의한 예산낭비 등의 문제점이 있음을 각오해야 한다.23)

공무원의 정치적 중립을 보장하는 길은 직업공무원제의 정착에 달려 있다. 이러한 공무원의 정치적 중립과 직업공무원제는 대통령제든 의원내각제든 정치안정과 선진화를 위해 필요한 것이어서 대부분의 나라가 법제화하고 있다. 우리나라도 당연히 실정법화 하고 있다. 그럼에도 선거 때가 되면 공무원들이 동요하고 정부의 중요기관장이 소위 특정 후보자에게 줄을 서는 등 정국을 어지럽힐 뿐 아니라 선거 후 엄청난 후유증으로 인해 국정운영에 굉장한 차질을 빚고 있는 것이 한국의 정치현실이다.

특히 의원내각제를 채택할 경우 직업공무원제의 정착은 필수적 요건이다. 의원내각제 하에서 빈번한 내각불신임과 의회해산

---

22) C. R. Fish, 「The Civil Service and Patronage」, New York: Longmans, Green and Co., 1904, p. 172.
23) 엽관제에 관해서는 ① H. M. Stout, 「Public Service in Great Britain」, Chapel Hill: The Univ. of North Carolina Press. ② O. G. Stahl, 「Public Personel Administration」, New York: Harper & Row Publishers, 1971.

이 이루어진다 해도 정국을 안정화시키고 일관된 정책을 추진하기 위해서는 공무원들의 동요를 막아야 하기 때문이다.

직업공무원제란 공직이 매력적이고 보람 있는 것이어서 전 생애를 바쳐서 공직생활을 할 수 있도록 마련한 공무원제를 말한다. 이러한 직업공무원제가 확립되기 위해서는 다음과 같은 요건이 확립되어야 한다.24) ① 공직에 대한 사회적인 높은 평가. ② 교육훈련 등에 의한 능력발전 ③ 적정한 보수제도 ④ 적절한 퇴직연금제 ⑤ 공정한 방법에 의한 유능한 젊은 남녀의 채용 ⑥ 합리적 승진·전직·전보제도 ⑦ 장기적 인력수급계획의 수립과 신분보장의 확립 등이 이루어져야 한다.

특히 한국인의 의식구조를 고려하면 직업공무원제 확립을 위해 무엇보다도 일관성 있는 처벌규정과 엄격한 운영체계가 필요하다. 수많은 고위공직자들이 불법적인 정경유착의 매개인이 되거나 정치행위 또는 정치관여를 하여 중벌의 사법조치를 받고도 6개월 이내에 거의 다 保釋이나 집행유예 등으로 빠져나오는 실정이다. 그래서 공무원들이 정치인들의 눈치를 살피고 선거 때가 되면 줄을 서게 되는 것이 관행처럼 되어 있다. 이러한 공무원들의 의식구조가 바뀌지 않고 법체계의 운영이 형평성을 잃고 歪曲되는 한 의원내각제 하에서 사회적 안정과 효율적인 정국운영은 어려울 것이다.

5. 지방자치의 발달

지방자치란 일정한 경계구역을 중심으로 하여 지방의 업무는 지방주민에 의하여 이루어지는 것을 의미한다. 다시 말해 중앙정

---

24) L. D. White, 「Civil Service Abroad」, New York: McGraw-Hill, 1935, p. 8. 韓榮春·權奇星 共著, 「行政學槪論」, 法文社, 1985, pp. 327~329.

부의 일선 행정기관에 불과했던 각급 지방자치단체에 대하여 정부로서의 지위를 부여하여 지방정치의 존재를 인정하는 것이다. 중앙정치가 국민 전체를 위한 자원의 권위적 배분이라면 지방정치는 지역단위의 한정된 범위 안에서 하는 자원의 권위적 배분을 의미한다. 결과적으로 지방정치는 모든 주민의 일상생활에 영향을 미친다.

이러한 관점에서 보면 의원내각제이든 대통령중심제이든 민주정치를 하는 데 지방자치의 발달은 공히 필요하다. 단지 의원내각제의 경우 책임정치구현이라고는 하지만 정권교체가 빈번할 수 있기에 중앙정치는 항시 정국혼란을 초래할 가능성이 있다. 이러할 경우 중앙정치의 잦은 정권교체와 지나친 政爭에서 오는 정국혼란에 큰 영향을 받지 않고 국정의 안정화와 효율화를 위해 전력을 다하려면 지방자치가 발달이 되어 있어야 한다. 물론 지방정치를 한다 해도 중앙정치의 영향을 전혀 받지 않을 수는 없지만, 지방정치의 생명줄이라 할 수 있는 자율성확보와 분권화를 활용해 중앙정치의 영향을 상당한 부분 막을 수 있기 때문이다.

한국은 우여곡절 끝에 1955년 지방자치를 실시하게 되었다. 역대정권들이 지방정치의 필요성은 강조했으나 집권에 걸림돌이 된다고 생각했는지 유보 또는 실시연기를 해왔다. 그래서 자연스럽게 지방자치 실시에 필요한 자율성·책임성·재정자립 등에 성의를 보이지 않았고 제도정비도 미비한 상태이다. 지방자치 발달이란 점에서 보면 아직도 매우 낮은 수준에 머무르고 있다고 평가된다.

Ⅳ. 의원내각제와 한국 적실성
-결론에 갈음하여-

한국정치가 민주주의에로의 이행기에 있음은 異論의 여지가 없을 것이다. 문제는 이행기가 언제부터이며 어디까지이냐에 대해서는 논쟁의 여지가 있다. 사람에 따라 한국이 상당한 수준의 민주주의를 하고 있다고 보는 학자가 있는가 하면 예나 지금이나 매우 낮은 수준의 민주주의에 머물고 있다고 보는 학자들도 있다. 전자는 주로 제도정치에 분석 틀을 맞출 경우이고 후자는 생활정치에 기준을 두고 분석할 경우이다. 이러한 점에서도 한국의 정당정치는 매우 미숙할 뿐 아니라 국민에 뿌리를 내리지 못하고 있다. 더 솔직히 말하면 아직은 선거용이라 해도 과언이 아니다.

미국의 정치학자들 중 특히 移行論(transitologie)의 전문가들이 수립한 이론의 처방만 따르면 민주화의 성공은 보장된다고 주장해왔던 것은 이제 한낱 웃음거리가 되었다. 예컨대, 민주화의 추진기간이 나라에 따라서는 온갖 재앙을 끌어들이는 기간처럼 되어 버린다거나, 개혁을 실천한다는 것이 모순이 나타나 모든 것을 마비시켜 버린다든지, 시장개방이 경기침체를 불러오고 경기침체는 다시 민주주의 정당성의 발목을 잡으니 말이다.

이러한 현상은 나라마다 정치적·경제적·사회적·전통문화적 환경이 다름에도 불구하고 일률적인 발전프로그램을 만들고 추진하려는 데 원인이 있다.

오늘의 한국 역시 이상의 관점에서 의원내각제나 대통령제냐의 논쟁이 아니라 이미 웃음거리가 된 서구 이행론자들의 주장대로 각자의 이해관계에 따라 '이것 아니면 저것'을 선택하고 그것이 최고요 최선이라는 식으로 다투고 있다. 권력구조 변화에 대한 또 하나의 원인을 찾는다면 대통령중심제 하에서 이승만의

無所不爲의 절대권력에 대한 일종의 항거로서 의원내각제를 구세주처럼 여겼고, 그 이후의 의원내각제가 산출한 극도의 무질서란 위기사항에서 대통령제로 회귀하게 되어 지금까지 이어지고 있다. 대통령제의 권력집중화현상은 국정운영에 엄청난 폐단과 차질을 빚어 또다시 권력구조 변화 시비에 걸려 있다. 특히 김대중정권은 의원내각제로의 권력구조 변화를 전제로 한 2년짜리 대통령제로 출발해 약속시한(99년 12월) 직전에 민주당과 자민련 간의 이해조정으로 무효화시켜 버렸다. 이것은 권력구조의 변화에 대한 심도 있는 연구나 한국의 적실성 여부를 논하지 않고 국민회의와 자민련이 97년 대선 때 권력획득이라는 득표전략에서 나온 것임을 반증하는 것이다.

본론에서 찾아진 의원내각제의 공통분모에 해당하는 자양분을 분석 틀로 하여 한국의 정치현상을 분석하면 의원내각제의 한국 적실성 여부가 판명될 것이다.

첫째, 의원내각제의 가장 두드러진 특징이라면 의회와 내각간의 상호불신임권을 갖는 데 있다. 이것은 책임정치 具現이라는 최대의 장점이 있는 반면 심각한 政爭과 빈번한 정권교체로 인한 정국혼란을 야기할 수 있는 단점이 있다. 바로 이러한 단점을 보완하고 조정하는 데 상징적 권위체로서의 국가원수가 존재할 필요가 있다. 이때 국가원수로서는 현대적 개념의 王이나 國父와 같은 국민적 숭앙을 받는 전직 대통령이 적절하다. 경우에 따라서는 굳이 왕이나 國父와 같은 대통령이 아니라도 국민들의 추앙을 한 몸에 받는 偉人의 존재로서도 거중조정자 역할을 해낼 것이다.

이러한 관점에서 한국에는 현재 상징적 권위체로서 거중조정자의 역할을 할 현대적 개념의 왕제도가 없고 국민적 추앙을 받는 전직 대통령이나 위인도 없는 실정이다. 설사 대통령제하에서도 대통령이 의회, 언론, 국민들과 심각한 갈등관계에 있거나 국가안

위나 존망에 관한 사항은 전직대통령들이 경험적훈수를 하는 등 조정자의 역할을 하면 안정된 국정운영에 도움이 될 것이다. 특히 2004년도는 대통령탄핵문제, 행정수도이전문제, 국가보안법개폐문제, 과거사진상문제 등으로 온국민의 의사가 분출되고 불안해하는데도 생존의 전직대통령들은 비리연루 때문인지 꿀 먹은 벙어리가 된 상태처럼 입을 다물고 있어 안타까운 노릇이다.

둘째, 의원내각제는 본질적으로 권력분산과 분산된 권력간 균형 및 견제를 존립기반으로 함은 본문에서 구체적으로 살펴보았다.

한국의 경우 수천 년간 절대권력의 1인 왕조세습체제 하에서 생활해 오다 일본의 강점 끝에 왕조체제가 무너지기는 했지만 권력분산을 위한 자발적 해체는 아니었다. 따라서 권력분산이나 현대적 개념의 민주주의는 싹을 틔울 여지가 없었다. 48년 이후의 현대정치에 와서도 헌법상 제도적·형식적 권력분산은 채택했지만 실제의 권력구조는 대통령 1인에 권력이 집중되는 신대통령제 이었다. 그 이후 50여 년이 지난 지금에 와서도 상대적 차이는 있다고 하지만 권력집중화 현상은 여전하고 그로 인한 정책오류나 정경유착, 부패의 구조적 관행성이 없어지지 않고 있다. 바로 이러한 대통령제의 권력집중화 현상이 낳는 폐해 때문에 한국에서는 의원내각제가 적실성이 낮음에도 불구하고 대통령제의 폐시론과 의원내각세로의 전환론이 논생거리로 내두되고 있는 실정이다.

셋째, 의원내각제는 책임정치 구현과 빈번한 정권교체의 가능성 때문에 정당의 본질을 훼손하지 않으면서도 授權能力을 갖춘 발달된 2개 이상의 정당이 존재해야 함은 본문에서 충분히 다루었다.

한국은 건국 초부터 단일정당 제도를 배격하여 복수정당 제도를 채택해 왔다. 그러나 한국의 정당이 사회세력과 의사를 정치활동으로 연결하며 국민의 여론을 정부에 전달하는 컨베이어 역할을 충분히 하지 못함으로써 대중적 기반을 갖지 못하여 특수층의 이익이나 여론을 반영하는 것이 고작이었다. 둘째, 명사정당, 파당, 붕당, 인물중심정당, 지역중심정당 등으로 불려지는 한국의 정당은 정책중심의 정당이 되지 못했기에 선거 전략 등 필요에 의해 수시로 이합집산을 해왔다. 이렇게 한국의 정당은 45년만 해도 朝鮮民主黨(45. 11. 3 趙晩植), 三民黨(45. 8. 24 文容彩), 大韓女子國民黨(45. 8. 17 任永信), 金性洙·宋鎭禹의 臨時政府歡迎會와 金炳魯의 朝鮮民族黨, 元世勳의 高麗民主黨, 金度演의 韓國國民黨을 합쳐 韓國民主黨(45. 9. 16 宋鎭禹), 興士團(張勉), 韓國獨立黨(45. 8. 28 金九), 新韓民族黨(吳世昌), 國民黨(45. 9. 2 安在鴻), 建國準備委員會(45. 8. 17 呂運亨), 朝鮮共産黨(45. 9. 12 朴憲永) 등으로 난립하여 이후 오늘날에 이르기까지 정당이 이념적으로 정착하지 못하고 이합집산과 헐고 만들기를 계속하고 있다.

넷째, 공무원의 정치적 중립과 직업공무원제의 정착이 의원내각제의 필요충분조건이 된다. 그러나 한국의 공무원은 고위 공직자일수록 정치적 중립을 지키지 않고 있다는 것은 본문에서 상론하였다.

임기가 보장된 대통령제 하에서도 임기 말과 임기 초에 고위 공직자 대다수가 스스로의 신분에 불안을 느끼거나 출세를 위해 당선가능성이 높은 후보자에게 정부의 기밀을 빼돌리고 줄을 대거나 복지부동으로 업무가 마비되다시피 한다. 이러한 일련의 과정에서 정경유착과 부패의 고리가 구조적으로 발생하게 된다. 만약 정권교체가 잦은 의원내각제 하에서 이러한 일이 벌어진다면 정국은 극도로 혼란해질 뿐 아니라 일관성 없는 정책추진으로 인해 국민적 손실이 엄청나게 발생하게 되고 민심은 극도로 나빠져 산출실패(output failure)와 지지쇠퇴(decline in support)가 동시에 상승작용할 가능성이 높다.

요컨대, 권력구조로서의 의원내각제가 성숙하는 데 반드시 전제되어야 할 자양분을 분석 틀로 하여 한국의 정치현상에 대입하면 의원내각제의 한국 적실성은 매우 낮다. 그럼에도 한국에서 의원내각제 도입여부가 강력히 대두되고 논쟁이 되고 있는 것은 대통령제의 권력집중화 현상이 낳는 폐단이 워낙 크기 때문이다. 대통령 1인에의 권력집중은 결국 시스템에 의한 정치가 아니라 주변 몇 사람에 의한 측근정치를 하게 되고, 측근들에 의해 정보가 차단 또는 조작됨으로써 정치와 국가경영은 무수히 歪曲될 가능성을 낳게 한다.

대통령중심제는 의원내각제보다 한국에 적실성은 더 높지만 민주시민문화가 성숙되지 못한 곳에서는 권력집중화 현상이 일어난다. 바로 이 권력집중화 현상은 'all or nothing'을 놓고 과열·혼탁·부정선거를 부추기게 된다. 뿐만 아니라 권력집중화 아래에서는 최고권력자에 대한 충성경쟁에서 이기는 자만 살아남을 수 있게 됨으로써 충성경쟁에서 이긴 몇 사람에 의해 자연스럽게 최고권력자의 눈과 귀는 가려지게 되고 정치적 악순환이 거듭되어 갖가지 역기능이 나타나게 된다. 바로 이러한 점 때문에 대안으로서 의원내각제를 제안하게 된다. 그러나 본문에서 연구된 바와 같이 의원내각제는 한국의 적실성과는 거리가 멀다.

제13장 이원집정부제와 한구의 적실성
-독일·프랑스의 이원집정부제와 비교를 중심으로-

I. 서 론

이원집정부제 문제가 한국에서 결정적으로 제기된 것은 제5공화국 말기부터이다. 제5공화국 임기 말에 정부형태를 이원집정부제로 하자는 헌법개정 논의가 수면 위로 잠깐 떠올랐다. 그러나 당시 군부통치종식과 대통령 직선제를 외치던 소위 '민주화세력'들에 의해 이원집정부제가 정권연장의 방패라는 인식과 더불어 반대에 부닥치자 여론으로부터 사라져 버렸다.

1999년 하반기 '내각제 담판'을 앞두고 일각에서는 김대중 대통령의 임기를 보장하는 대신 김종필 총리에게는 정치적 보상을 하는 방안을 찾을 것으로 예상했다. 이 방안과 관련하여 개헌 시기와 개헌 형태가 주목되었는데 97년 11월의 'DJP 합의' 당시 약속한 순수내각제 개헌은 DJP합의에 의해 일차적으로 개헌 논의대상에서 제외된다. 그 대안으로 떠올랐던 것이 대통령이 외교·통일·국방을 맡고 국무총리가 내정을 담당하는 '이원집정부제 개헌'이나 또는 이원집정부제 개헌을 하지 않고 국무총리가 실질적 권한을 갖는 책임총리제를 채택 '이원집정부제식 국정운영'을 하는 것 중에서 택일할 것이라는 여론이 한때 많이 나돌았다. 결과적으로 김대통령의 임기보장과 동시에 기존의 대통령제가 유지되고 의원내각제이든 이원집정부제이든 개헌을 위한 공론화는 일단은 막을 내렸다.

2002년 8월 8일 국회의원 재·보선을 10여 일 앞둔 시점에 집권당인 민주당의 '정치개혁특위'가 개최한 공청회에서 또다시 이원집정부제 논의가 불거져 나왔다. 민주당 대표 韓和甲과 정개위 위원장 朴相千은 "프랑스식 이원집정부제가 시대상황에 맞는 제도"라면서 "12월 대선에서 각당 후보는 분권형 개헌을 공약으로 제시해야 하며, 국회의장 산하에 헌법개정추진기구를 설치해야 한다"고 주장해 주목을 끌었다.[1] 문제는 과거처럼 정권 말에 권력창출을 염두에 둔 정략적 주장이란 의구심과 대통령의 두 아들 및 친인척 권력형 비리로 인한 연쇄 구속사태와 더불어 민주당의 지지추락으로 인해 호응을 받지 못했다.

민주당은 2002년 12월 17일 대통령선거를 얼마 앞두고 한나라당의 이회창후보에 비해 민주당의 노무현후보의 열세를 만회하는 과정에서 국민통합21의 정몽준후보와 후보단일화를 서둘렀다. 이 과정에서 국민통합21측은 단일후보의 조건으로 정부형태의 변화를 제시했다. 즉 이원집정부제는 5공화국때 오해의 대상이었다는 이미지 때문에 이원집정부제 대신 '분권형 대통령제'를 집권하자마자 헌법개정을 통해 수용한다는 전제로 단일화를 성사시켰다.

16대 노무현대통령의 분권형 대통령제 실시라는 선거공약은 탄핵정국의 고비를 넘긴 다음 2004년 8월 10일 국무회의에서 노대통령이 분권형 국정운영을 설명하자, 총리실에서 이를 '책임총리제'로 해석했다가, 청와대의 부인으로 이를 수정한 해프닝 정도가 현재(1년6월)로서는 전부이다.

이원집정부제는 대통령제에 대한 국민의 선호도가 강하면서도

---

1) "改憲 두드리는 민주 非主流", 조선일보 2002. 7. 27.

후진국형 정치를 하고 있는 나라에서 활용하면 순기능 할 수 있는 제도이다. 후진국형 정치를 벗어나지 못한 나라의 대통령제는 대체로 권력집중화의 폐단을 겪고 있기 때문에 권력을 분산시킬 필요성 때문이다.

이러한 관점은 한국에서의 이원집정부제에 관한 연구의 필요성을 의미한다. 그렇다고 이원집정부제가 개념부터 논리구성·용어사용에 이르기까지 다른 제도와 확연하게 구분할 수 있는 것도 아니다. 학자에 따라서는 이원집정부제라는 용어 사용을 의도적으로 회피하고 '절충형 정부형태'[2]라는 용어를 쓰기도 한다.

여기서 말하는 절충형 정부형태란 적용하려는 나라의 형편에 따라 대통령제와 의원내각제를 변형시키거나 두 제도를 적절히 혼합시킨 정부형태를 말한다. 예컨대, 현행 한국헌법상의 정부형태, 프랑스 제5공화국과 1919년 헌법상의 핀란드는 '대통령중심의 절충형'에 속하고, 현 오스트리아의 정부형태는 '의원내각제 중심의 절충형'으로 분류할 수 있다.

한국에 있어서 제2공화국을 제외한 헌법상 대통령중심의 절충제는 형식적으로는 이원집정부제라고도 할 수 있다. 그러나 실질적으로는 이원집정이 아니라 '帝王的 대통령제'라 할 만큼 대통령 1인의 권력집중화 현상이 어느 정권에서도 일어났다. 권력집중화로 인한 문제점과 권력집중화에 당연히 수반하는 구조적 부패상을 극복해 보자는 뜻에서는 모호한 절충형보다는 이원집정부제라는 용어를 사용하는 것이 좋다. 절충형은 아무래도 모호함을 틈타 악용의 여지가 있기 때문이다.

아래에서는 이원집정부제의 외국 적용사례와 모델을 분석하고 이원집정부제가 한국의 상황에 과연 적실성이 있는가를 검토하도록 하는데 주안점을 두기로 한다. 또한 이원집정부제의 유형인

---

2) 허영, 「한국헌법론」, 신정7판, 박영사, 1997, p. 691.

분권형 대통령제에 대해서도 고찰하기로 한다.

II. 이원집정부제의 역사적 고찰

1. 이원집정부제의 개념

이원집정부제란 지금까지 학문적으로나 현실적으로 대통령제나 의원내각제처럼 통일된 용어와 다듬어진 내용 없이 아직은 사용국가나 사용자에 따라서 다양한 양상을 띤다.

넓은 의미로 이원집정부제에 해당하는 용어만 해도 분할집정제(divided executive), 내각제적 대통령제공화국(parliamentary presidential republic), 의사내각제(quasi-parliamentary government), 중간형대통령제(semipresidential government), 분권형 대통령제(divided presidential), 총리형대통령제(premier-presidential system), 이원집정(부)제(bicephalous government system) 등 다양하다. 사용하는 용어에 따라 권한과 역할의 분할기준과 운영양식이 조금씩 다르다. 이것은 이원집정부제의 이론이 체계화되지 않았다는 점과 둘째, 실제 적용과정에서도 매우 다양한 모습을 나타내고 있다는 뜻이다.

이원집정부제의 원류라 할 수 있는 독일의 바이마르공화국과 프랑스 제5공화국에 대해서도 연구자에 따라 다양한 용어를 사용하고 있으며 해석도 구구하다. 바이마르 공화국의 정부형태에 대해서는 '불진정의원내각제(K. Löwenstein)', '혼합형 의원내각제(C. Schmitt)', '이원집정부제(K. Löwenstein)', '절름발이 의원내각제(R. Thoma)' 등으로, 프랑스 제5공화국의 정부형태에 대해서는 '신대통령제', '반대통령제', '공화국 군주제' 등으로

호칭한 데에서도 나타난다.

또 원칙적으로 위기 시에는 대통령이 행정권을 전적으로 행사하나, 평상시에는 내각수상이 행정권을 행사하며, 하원에 대하여 책임을 지는 의원내각제 형식으로 운영되는 정부형태를 지닌 오스트리아(1929년 이후), 핀란드(1919년 이후), 바이마르 헌법 하의 독일(1919~1933), 그리고 프랑스 제5공화국(1962년 이후), 아일랜드(1937년 이후), 아이슬란드(1945년 이후), 포르투갈(1976년 이후) 등에 대해서도 학자에 따라 절충형이라는 용어를 쓰기도 하나 넓은 의미의 이원집정부제로 분류할 수 있다.3)

이상의 관점에서 보면 이원집정부제란 대체로 의원내각제보다 대통령중심제를 채택하고 있는 국가에서 권력집중화 현상을 막기 위해 대통령의 권한을 제도적으로 분산하고 책임소재를 명백히 하기 위해 첫째, 의원내각제를 가미하여 절충하거나, 둘째, 국무총리를 두어 대통령은 외무·국방·통일 등 외치, 국무총리는 내무·법무·경제·복지·환경 등 내치로 권한과 책임을 이원화하거나 셋째, 正副統領制를 채택해 부통령에게 단순한 대통령 궐위 시 대행체제로서의 역할뿐 아니라 상시에도 부통령에게 일정한 권한과 책임을 주어 권력구조를 이원화시키는 등 크게 3가지 유형으로 나눌 수 있다. 그러나 현 오스트리아 정부형태처럼 의원내각제중심의 절충형도 예외적으로 존재한다.

본고에서는 학자에 따라 명칭을 무엇으로 붙이든 이원집정부제란 행정부의 권한이 제도상은 물론 실질적으로 이원화되어 운영되어야 하고, 이원화된 권력의 首長간 상호 견제관계가 존재하는 경우에 국한한다. 왜냐하면 한국의 경우 형식적으로는 헌법상

---

3) 공보경, http://ssri.kyung.ac.kr/doc/13-3.html
　　김철수, 「헌법학개론」, 제9전정신판, 박영사, 1997, p. 780.
　　성낙인, 「프랑스헌법학」, 법문사, 1995, p. 339.
　　권영성, 「헌법학원론」, 법문사, 1997, p. 678.

행정부의 권한이 대통령제적 요소와 의원내각제적 요소로 절충화되어 있고 국무총리와 적절히 나누어 있는 것처럼 보이지만 실질적으로는 대통령 일인에 권력집중화가 되어 있기 때문이다.

2. 독일과 프랑스의 이원집정부제

이원집정부제를 최초로 실험하였던 민주체제가 바이마르공화국이다. 그리고 현실정치에서 이원집정부제에 대한 논의를 하게 될 경우 주로 독일과 프랑스의 이원집정부제를 예로 들기 때문에 이에 대해 간단히 고찰해 보기로 한다. 특히 이 두 국가는 한국의 절충적인 정부형태에 많은 영향을 미치기도 했다. 그런 의미에서 독일과 프랑스의 이원집정부제에 한해 역사적 배경, 본질과 특징을 중심으로 살펴보기로 한다.

(1) 바이마르공화국의 이원집정부제

1차 세계대전에 패배한 독일은 군주제를 폐지하고 새로운 공화국을 만들어 군주에 대체할 강력한 지도자를 필요로 했다. 처음에는 영국식의 입헌군주제적 내각제를 구상했으나 당시 독일의 취약한 정당제와 연약한 연방제, 불리했던 국제환경 등을 감안해 내각제적 요소를 가미한 강력한 직선 대통령제를 채택하였다. 그러면서도 막스 베버 등 헌법 입안에 참여했던 자들은 대통령에의 권력집중화 현상을 막기 위해 행정부의 권한분산과 책임정치를 구현하기로 하였다. 특히 1918년 10월 30일 킬(Kiel)에서 일어난 수병들의 폭동과 노동자들의 폭동이 전국적으로 확산되자 11월 7일 바이에른왕국이 혁명에 의해 전복되고 네덜란드에 망명한 빌헬름황제는 자신의 퇴위증서를 보내왔다. 재상직에 오

른 사회민주당의 당수 에베르트(Friedrich Ebert)는 공화제를 선
언하고 임시정부를 통해 바이마르공화국을 수립하여 독일 문화
의 발상지인 바이마르에서 열린 신의회의 회의를 통해 바이마르
공화국의 대통령이 되었다.

바이마르에서 새 독일 의회가 소집된 1919년부터 1933년까지
를 바이마르공화국시대라고 한다. 1918년 8월에 총 181개 조문으
로 제정된 바이마르헌법에 따르면, 독일은 연방공화국이며 연방
의 대통령은 국민의 직접선거로 선출되며 임기는 7년이다. 대통
령은 수상을 임명하고 의회를 해산할 권한이 있으며 긴급령을
내릴 권한도 부여받았다. 연방수상은 대통령에 의해 임명되지만
의회에 대해 책임을 지도록 하였다. 바로 이 부분이 이원집정부
제의 근간이 된다.

린즈(Juan J. Linz)에 의하면 바이마르헌법과 같이 국민들에
의해 직접 혹은 간접으로 선출된 대통령과 의회의 신임을 기반
으로 한 수상이 함께 통치하는 체제가 바로 이원집정부제이다.

바이마르헌법에 의하면 수상은 대통령에 의해 임명(제52조)되
며, 라이히 정부의 의장이 된다. 수상은 집무규칙에 의하여 독자
적으로 그 집무를 행하며(제55조), 정치의 기본방침을 결정한다
(제56조). 수상은 국무대신을 대통령에게 제안(제53조)하며, 국무
대신과 함께 라이히정부를 조직(제52조)한다. 수상의 제안에 의
하여 대통령이 임명하는 국무대신은 수상이 정한 기본방침 내에
서 그의 업무를 자주적으로 집행한다(제56조). 국무대신은 모든
법률안과 헌법 또는 법률에 의하여 규정된 사항 및 국무대신간
업무에 관련되어 의견의 일치를 얻지 못한 문제를 정부에 제출
하여 그 평의 및 의결을 구하여야 한다(제57조).

바이마르헌법에 의하면 정부와 의회와의 관계는 의원내각제적
성격을 지닌다. 수상 및 국무대신은 그의 직무를 수행할 때 의회
의 신임을 필요로 하며, 의회가 명시한 결의에 대하여 불신임을

표시한 때에는 수상 및 국무대신은 사직하여야 한다(제54조). 또 수상은 그가 정한 정치의 기본방침에 관하여, 각 국무대신은 자주적으로 집행한 그의 업무에 관하여 라이히 의회에 대하여 책임을 진다(제56조).

이에 반해 대통령은 독일 국민에 의하여 선출(제41조)되며, 국제법상 라이히를 대표하며(제45조), 라이히 전 군대에 대한 최고명령권을 가지며(제47조), 라이히 수상을 임명하며, 라이히 수상의 제안에 의하여 국무대신을 임명하고(제53조), 라이히 의회를 해산할 수 있다(제25조). 라이히의 공무원 및 장교를 임명하며(제46조), 라이히를 위해 은사권을 행사(제49조)할 권한을 가진다.

바이마르헌법은 또 대통령의 국가긴급권[4]과 모든 명령 및 처분이 유효하기 위해서는 수상 또는 주임 국무대신의 부서를 필요로 한다는 것을 제50조에 규정하여 대통령의 권한을 견제하고자 하였다. 또한 제59조에서 의회는 대통령, 수상 및 국무대신의 헌법 또는 법률위반에 대하여 독일국 국사재판소에 공소하는 권한을 가진다고 규정하여 의회가 대통령 또는 행정부를 견제할 수 있도록 규정하였다.

이상에서 살펴본 바와 같이 바이마르 헌법에는 대통령이 내각

---

4) 바이마르헌법 제48조는 대통령의 국가긴급권에 속한다. 제48조 1항에는 각 란트 중에 라이히의 헌법 또는 법률에 의하여 과해지는 의무를 이행하지 아니하는 자가 있을 때에는 라이히 대통령은 병력을 이용하여 그 의무를 이행할 수 있다고 규정하고, 제48조 2항에는 독일국 내에 있어서 공공의 안녕 질서에 중대한 장애가 발생하거나 또는 장애가 발생할 우려가 있을 때에는 라이히 대통령은 공공의 안녕 질서를 회복할 때 필요한 조치를 하고 필요 있을 때에는 병력을 사용할 수 있다. 이 목적을 위하여 대통령은 제114조, 제115조, 제117조, 제118조, 제123조, 제124조 및 제153조에 정한 기본권의 전부 또는 일부를 일시적으로 정지할 수 있다고 규정하고 있다. 이런 대통령의 막강한 권한에 대한 견제로서 제48조 3항에 본조 제1항 또는 제2항에 의하여 실행한 모든 조치에 대하여 대통령은 지체 없이 이를 라이히 의회에 보고하여야 하며, 라이히 의회의 요구가 있을 때에 그 조치는 효력을 상실한다고 규정하고 있다.

임명권을 비롯한 헌법상 상당한 권력을 보유하고 국민에 의해 선출되며 일정한 임기를 보장받고 있다는 점에서 대통령제의 특징을 가진다. 또 의원내각제의 일반적 특징5)인 수상이 내각의 수반으로서 실질적 집행권을 행사한다는 점에서 이원집정부제의 형태를 갖추고 있다고 하겠다.

그러나 바이마르공화국은 처음부터 전쟁 피해보상금과 인플레이션, 경제적인 위기들과 대량 실업 등의 부담을 지고 있었다. 많은 정당들이 난립하여 파업과 혁명, 쿠데타를 통해 정부를 전복하고자 했다. 더욱이 바이마르공화국은 1929년의 세계경제공황과 함께 극도의 혼란에 빠지고 결국 몰락하게 되었다. 경제가 거의 미국 차관에 의존해 있던 독일은 경제공황으로 가장 심한 타격을 받았다. 몇 달 사이에 6백만 명의 실업자가 생겨났고 절망에 빠진 대중은 1932년 11월 선거에서 공산당 100석, 나치스당에는 196석을 주는 등 급진적인 정당으로 기울었다.6) 히틀러의 국가사회주의 운동은 불안한 정세를 틈타 1930년 이후 급격히 발전하여 1932년에는 가장 강력한 정당이 되었다. 드디어 1933년 1월 30일 히틀러는 수상직에 오르게 된다.

그러나 바이마르헌법은 이원집정부제의 효시로서 국민주권원칙(제1조)과 남녀평등·참정권 등 민주주의헌법 형태의 단초를 열어 줌으로써 그 후 오늘에 이르기까지 여러 나라 헌법에 큰 영향을 주고 있다.

⑵ 프랑스 제5공화국의 이원집정부제

1789년 프랑스대혁명은 절대군주제(absolute monarchy)를 民主

---

5) 김철수, *op. cit.*, p. 958.
6) 백경남, 「바이마르공화국—서구민주주의 실험의 비극」, 서울, 종로서적 참조.

的 共和政(democratic republicanism)으로 바꾸는 것이 주된 목적이었지만 反혁명세력들의 끊임없는 도전 때문에 1958년 프랑스 제5공화국이 들어설 때까지 분열과 혼란은 계속되었다.

프랑스 국민들은 대체로 국제정치에서는 강한 국가, 국내정치에서는 국민주권 시대를 희망하였다. 이 두 가지의 희망을 충족시키는 정부형태는 이원집정부제로서 국가경영의 이원화와 지도자의 강한 리더십이 필요하다고 믿었다.

이러한 점에서 1946년 프랑스 제4공화국 헌법을 제정할 때도 한편 의회의 독주를 막기 위해 행정부의 권한을 강화하고, 다른 한편 대통령의 독재를 막기 위해 대통령의 자의적 내각구성권을 제한하였으나 의회우위와 정치 불안정은 계속되었다. 특히 당시의 극좌파와 극우파는 공화정을 거부하는 입장이어서 정치불안은 더욱 가중되었다. 당시 프랑스 국민들의 전통적 정치문화에 의하면 정치지도자의 강한 리더십은 보나파르트(Bonapartism)시대에도 국민투표를 통해 국민의 직접지지를 받은 강력한 지도자로부터 나온다고 믿었다. 특히 나폴레옹은 행정의 자주성과 효율적 집행을 통해 사회분열과 정치불안을 막을 수 있다고 보았다. 또 강력한 행정부를 위해 행정이 의회의 통제로부터 자유스러워야 한다고 믿었다. 국내정치 불안의 틈을 타 극우세력은 군주제의 환원을 주장하기도 하는 등 혼란은 여전히 계속되었다.

이러한 과정에서 1958년 9월 28일 국민투표에서 압도적인 지지7)를 받은 제5공화국헌법이 10월 5일 공포됨으로써 프랑스 제5공화국이 출범하게 되었다. 프랑스 제5공화국은 강력한 대통령제를 표방했지만 형식상 대통령과 수상이라는 두 개의 행정권자(executive)를 두고 각각 헌법상 상당한 역할을 제도적으로 보장

---

7) 프랑스 제5공화국헌법은 84.6%의 투표율을 보인 가운데 프랑스 본국에서만 79.3%의 지지를 얻었다. 알제리와 중남부 아프리카에서는 본국보다 더 압도적인 지지를 하였다.

함으로써 이원집정부제 정부형태를 띠게 되었다. 단지 이원집정부라 해도 대통령과 수상이 같은 정당에서 나올 때는 사실상 대통령과 수상은 대통령의 수상 임면권 행사를 통해 상하관계에 놓일 수밖에 없게 되어 대통령은 국가원수로서의 역할은 물론 정부수반의 역할 중 수상의 몫까지 하게 될 가능성이 높아진다. 이럴 경우 수상은 정부수반의 역할보다 참모장(chief of staff)격이 된다. 실제 대통령도 수상을 대등 관계로 인정하기를 꺼려하는 경향 때문에 이원집정부제의 기능이 유명무실하게 되는 경우가 프랑스 제5공화국 출범 때부터 1980년도까지 허다했다.

이 헌법에 따르면 대통령은 공화국의 모든 제도, 국가의 독립성, 영역의 보전 또는 국제협약의 집행에 중대하고 직접적으로 위협되는 경우와 같은 헌법상의 공권력의 정상적인 기능이 중단되는 경우 수상, 양원 의장 및 헌법평의회 의장에게 공식적인 자문을 거쳐 필요한 조치를 취한다(§6.1)는 광범한 권한을 인정한다. 그러나 이때 국회는 당연히 소집되어야 하고(§6.4), 국민의회는 이러한 예외적인 권한이 행사되는 기간 중에 해산되어서는 안 된다(§6.5)는 규정을 둠으로써 대통령의 권한을 견제한다.

수상은 대통령에 의해 任免되지만, 국가의 정책을 결정하고 집행하며 행정 및 군사를 관리하는 행정부의 활동을 지도하고 국정에 관하여 책임을 지며 모든 법률의 집행을 보장하는 권한을 가진다. 법률발안권과 국회폐회의 발포가 있은 후 익월이 만료되기 전에 새로운 회기(임시회)를 요구할 수 있는 권한을 가지며, 공동체 집행위원장이 된다. 또한 수상을 포함한 행정부 구성원은 국회의원의 직을 겸직할 수 없으며, 양원에 출석할 수 있고 요구가 있을 때에는 발언권을 가진다.

프랑스는 1981년 이후에 와서야 정치적으로 좌우파 성격을 지닌 대통령과 수상이 국정을 나눠 맡아 함께 수행하는 소위 코아비타시옹(Cohabitation)이란 좌우동거정부를 통해 이원집정부제의 기능을 살려왔다. 동거정부는 프랑스 정치과정의 독특한 형태로 직선 대통령이 있지만 내각은 의회 다수당이 구성토록 한 제5공화국 헌법에 따라 가능해진 것이다. 즉, 대통령 소속의 여당이 총선에서 과반수 의석획득에 실패해 與小野大 정국이 형성될 경우 행정부 구성은 야당측에 맡김으로써 동거정부가 탄생한다.

동거정부가 들어서면, 대통령의 권한은 국방과 외교에 국한되고 수상이 경제 등 나머지 모든 권한을 갖게 된다. 따라서 대통령이 펴온 국정 노선은 대폭 수정되는 것이 관례이다. 1997년 총선에서 사회당을 주축으로 한 좌파연합이 반수를 30석 가량 상회하는 다수의석을 차지함으로써 지난 86년과 93년에 이어 프랑스 제5공화국 이래 세 번째로 좌우 동거정부가 들어서게 되었다. 시라크 우파 대통령과 조스팽 좌파 총리가 공동 관리할 프랑스의 앞날에는 불안요소가 많고 유럽통합에도 부정적 영향을 미칠 수 있다는 점에서 비판과 염려를 하는 사람도 없지 않았다.

그럼에도 이원집정부제를 채택하는 것은 이원집정부제의 궁극적 목표인 첫째, 대통령에의 권력집중화현상과 그로 인한 정경유착과 부패를 막고 둘째, 대통령제와 의원내각제의 장점을 동시에 살릴 수 있으며 셋째, 대외적으로는 강력한 국가와 대내적으로는 민주정부 및 책임정치를 동시에 구현함으로써 사회혼란과 정치불안을 극복하여 국민통합을 이루어 내는 데 유리하기 때문이다.

III. 한국의 이원집정부제

1. 이원집정부제 논의

한국에서 이원집정부제가 논의되기 시작한 것은 제5공화국 말기에 와서이다. 제5공화국 중반기부터 군부통치 반대, 민주화항쟁, 대통령직선제 요구 등이 절정에 달했을 무렵 이원집정부제에 대한 시비가 수면 위로 떠올랐다. 그러나 심도 있게 논의가 주어지지 않은 상태에서 다시 잠적해 버렸다. 정권 측에 의해 정권연장을 위한 음모가 아니냐는 의구심이 국민들 사이에 들끓기 시작했기 때문이다.

역대 어느 정권에서나 그러해 왔듯이 김대중정권 임기 말에 가까운 2001년 봄부터 언론을 중심으로 또다시 헌법개정 논의가 가끔 수면 위로 떠올랐다 다시 잠복되는 일들이 반복되기 시작했다. 노무현정권에 와서도 헌법개정에 대한 같은 현상이 반복되고 있다. 단임제 대통령중심제의 문제점 때문에 重任制와 正副統領制로 개헌해야 한다는 주장을 비롯해 드물게는 이원집정부제 논의까지 나오고 있다. 개헌주장이 형식적으로는 충분히 의의가 있다고 보는 사람들이 많으나 역시 정권연장의 방패가 아닐까 하는 의구심과 현실적으로 근소한 여소야대나 여대야소의 입장에서는 상대정당에서 반란표가 상당한 수 나와야 하기 때문에 거의 불가능한 형편이다.

2002년 8월 8일 국회의원 재·보선을 10여 일 앞둔 시점에 집권당인 민주당의 '정치개혁특위'가 개최한 공청회에서 또다시 프랑스식 이원집정부제가 한국의 시대적 상황에 맞는다는 주장이 강하게 대두되었다. 문제는 이미 대통령후보자를 공식 선출한 상태이기에 과거처럼 이들에 의해 거부되고 있다는 사실이다. 특히 당선가능성이 높은 측에서는 이왕이면 큰 것 먹으려 할 것이고, 권력 창출이 어려운 집권측은 권력을 분산시키고 물러나는 것이 후환이 적을 것이므로 권력분산을 선택할 것이다. 후보자의 입장에서는 인기가 낮은 측도 혹시나 하는 권력의 탐욕에 큰 것을 노려온 것이 우리의 역사적 경험이기에 개헌은 어려운 난관에 봉착할 수밖에 없다.

후진국형 정치의 가장 큰 특징은 人治에 있기 때문에 제도보다는 정권담당자가 매우 중요하다. 권력집중화로 인한 막강한 권력을 가진 정권담당자의 독단 앞에서는 어떠한 참모도 NO를 할 수 없기에 차라리 눈과 귀를 가려 이익을 독점하려는 무리가 생겨날 가능성이 많기 때문이다.

유럽의 선진국 대부분이 채택하는 의원내각제는 당위성이 있음에도 한국의 경우는 적실성이 매우 낮다. 의원내각제는 최소한 정당정치의 확립과 지방자치의 활성화 그리고 政爭을 화해시키고 국민통합을 호소할 수 있는 수단으로써 형식적이나마 국왕제도가 있는 곳에서 성공사례가 더 많기 때문이다. 한국의 경우 의원내각제가 요구하는 토양이 길러져 있지 않은 데다 국민의 지지도가 낮기 때문에 당위론적 이유만으로 채택할 경우 제2공화국 때 못지않게 많은 부작용이 표출될 것이라는 우려가 아직은 높다.

2001년 3월 의약분업에 대한 의사들의 과격시위와 파업 장기화로 인한 정국혼란에 대해 대통령 스스로가 實情을 잘못 알고 있었다고 인정했다. 의약분업은 대통령의 정책의지라는 것을 아는 보건복지부장관은 막강한 권력의 대통령제하에서 대통령의 질문에 아무런 문제가 없다고 거짓 보고한 것이 발단이었다.

한국에서 아직은 낮은 시시의 의원내각제와 위의 例와 같은 대통령제의 부작용을 고려해 보면 그 대안으로써 이원집정부제를 심각히 고려해 볼 만하다.

2. 한국 정부형태의 문제와 대안

정치에 회의적인 사람들은 민주주의란 여러 정치체제 중에서 '가장 덜 고약한 것'이라고 말하기도 한다. 현대국가는 어차피

代議政治를 할 수밖에 없는 상황이지만 제3세계국가 대부분이 代議란 '빛 좋은 개살구'로서 소수의 정치인을 위한 정치가 되고 있다고 탄식한다. 문제는 소수지배의 원칙이 나쁜 것이 아니라 소수지배의 위치에 있는 엘리트들의 비민주적 행태에 있다.

대통령제이든 의원내각제이든 민주성·효율성·책임성을 바탕으로 잘 운영되는 나라가 있는가 하면 아무리 노력해도 안 되는 나라가 있다. 두 제도를 적절히 배합하여 절충적 정부형태를 만들어도 민주대장정의 계기가 되는 나라가 있는가 하면 오히려 권위주의 정치의 심화가 이루어지는 나라도 있다. 심지어 비서방국가의 대부분은 권위주의정부를 배척하는 민중항쟁이나 혁명을 성공시킨 다음 들어서는 정부도 또다시 권위주의 정치의 순환론적 모순을 되풀이하기도 하였다.

아래에서는 한국에 적실성이 높은 정부형태를 찾아내기 위해 대통령제와 의원내각제의 운영상 문제점이 무엇이며 적실성이 낮은 이유가 무엇인가를 중심으로 고찰키로 한다.

(1) 한국에서 대통령제의 문제점과 적실성

제1공화국은 순수의원내각제로 가닥이 잡혀가는 중에 이승만의 주장에 의해 대통령제중심에 의원내각제를 가미한 절충형의 정부형태를 채택하게 되었다. 정부구성은 주로 미군정과 한민당 그리고 이승만에 의해 이루어졌다. 한민당은 대부분이 친일파였다가 미군정에 의해 다시 고용되어 친미파로 돌변한 정치가 및 고위관리들 그리고 기득권을 유지하려는 지주들을 정치적 기반으로 삼고 있었다. 따라서 친일파 처단을 위해 만든 반민특위는 무산될 수밖에 없었다. 이승만 정부는 반민특위 활동에 가장 앞장섰던 국회의원들을 간첩으로 몰아 줄줄이 구속하고 경찰을 동원하여 반민특위를 강제로 해체시켜 버렸다. 첫 단추를 잘못 끼우는 순간이었다.

문제는 독립운동을 했던 이승만이 오직 권력획득과 유지 그리고 강화를 위해 친일파를 처단하기는커녕 주요 자리에 등용한 데 있다. 이로부터 역사는 왜곡되기 시작했고 이승만 개인의 권력을 위해 대통령제는 무서운 개인독재로 변해 갔다.

1950년 5월 30일 제2대 국회의원 선거에서 이승만을 지지하는 국회의원이 전체 210명 가운데 48명밖에 당선되지 못하자 다시 대통령이 되기 위해 1952년 5월 14일, 임시수도 부산에서 '대통령 직선제 개헌안'을 국회에 제출하였다. 5월 25일 비상계엄령 선포를 한 다음 147명의 국회의원이 강제연행 되었고 국회 앞과 거리에서는 날마다 이승만의 사주를 받은 백골단, 땃벌떼, 민중자결단 등 정체를 알 수 없는 단체들이 야당 의원을 협박하고 국회 해산을 요구하는 시위를 벌였다.

이러한 가운데 대통령에 재선된 이승만은 사사오입개헌[8]을 통해 영구집권의 기회를 만들기도 하였다. 다른 한편 독재정치에 무기력하게 대처하는 야당을 보며 국민들이 실망을 금치 못하고 있을 때 조봉암이 이끄는 혁신세력인 진보당이 결성되어 이승만의 1인 장기집권을 반대하면서 사회적 민주주의와 평화통일 등을 주장하다가 간첩혐의로 처형되기도 하였다.[9]

---

8) 1954년 9월 이승만은 중임조항을 철폐하는 개헌안을 국회에 제출하였다. 표결 결과 재적 의원 203명 중 찬성이 135표가 나와 통과선인 136표에서 한 표가 모자라 통과되지 못했다. 그런데 이승만과 자유당은 203의 2/3는 135.33…인데 0.3…은 반올림하여야 하므로 135표로 통과할 수 있다고 주장하고 개헌안의 국회 통과를 선언했다.

9) 1956년 제3대 정부통령 선거에서 민주당의 신익희 후보가 갑자기 서거한 가운데 진보당의 조봉암은 이승만을 위협할 정도의 지지를 받았다 (이승만 504만여 표, 조봉암 216만여 표). 위기의식을 느낀 보수세력은 1958년 2월 진보당이 주장한 평화통일안이 북한과 같으며 간첩으로 정치 자금을 받았다고 매도하여 진보당을 파괴하고 조봉암을 사형시켰다.
참고로 진보당의 주장은 "세계 대세가 전쟁을 반대하고 평화를 희구하는 방향으로 흘러가고 있으며… 6·25참변의 경험이 있기 때문에 무력

　이후 의원내각제를 채택한 제2공화국은 시험단계도 거치기 전에 집권여당인 민주당의 新舊派 간의 싸움을 비롯한 사회적 혼란을 겪다 8개월 만에 5·16 주도세력에 의해 밀려나게 되었다. 그 이후 대통령중심제를 채택, 그 범주 안에서 정부형태와 관련한 헌법을 여러 차례 바꾸었지만 모두가 권력획득과 유지의 편의적 해석에서 불거진 것이어서 정치적 갈등을 줄이거나 정치문화적 환경을 바꾸어 내지는 못했다.

　대통령의 의사와 상충되는 사안이나 걸림돌은 대체로 정책적 수렴보다는 탄압이나 채찍을 통해 해결하여 왔다. 특히 이렇게 되면 집권층 내에서도 대통령의 의중과 다른 사안은 보고할 방법이 없게 된다. 보고체계가 시스템화 되어 있지 않는 가운데 대통령 1인에로의 권력집중화현상은 자연스럽게 대통령의 눈과 귀를 측근에서부터 가릴 수밖에 없다. 또 대통령의 권력비대화는 자연스럽게 지역갈등과 계층갈등을 심화시키고, 법을 지키며 바르게 사는 사람이 손해보고, 벌 받을 사람이 상 받는 사회가 될 가능성이 높게 된다. 이러한 점에서 문민시대라고 하지만 국가경영주체가 군부엘리트(military elite)에서 민간엘리트(civilian elite)로 바뀌었을 뿐 군사독재에 상응하는 문민독재란 말이 나오게 된 것이다.

　현재 당면한 한국의 정치문화를 고려하면 선진국형 정치에로의 진입은 매우 어렵다. 이러한 관점에서 보면 한국에서의 대통령제는 적실성이 낮기에 순기능보다는 역기능이 나타날 가능성이 훨씬 높다.

통일은 불가능·불필요하며 민주주의의 승리에 의한 조국의 평화적 통일만이 유일한 길이다. 통일은 정치적 민주주의의 실천으로 모든 국민을 굶어죽지 않도록 응급조치하고… 완전 고용제를 실시하여 실업자를 없게 하는 등의 혁신적 정치와 진보적 정책을 과감히 실행하는 것이다. … 유엔 감시하의 남북 통일총선거를 실시해야 한다."는 것이다.

⑵ 한국에서 의원내각제의 문제점과 적실성

한국에서 의원내각제는 4·19혁명의 성공으로 대통령중심제였던 제1공화국이 붕괴되어 반사적으로 선택된 것이었다고 볼 수 있다. 적어도 의원내각제 도입에 대한 타당성과 적실성을 연구하고 검토한 끝에 채택한 것은 아니다. 혼란과 무질서로 이어지던 제2공화국의 의원내각제는 단명으로 끝나버렸기에 합리적 평가는 어렵다. 집권 초기의 혼란과 무질서로 인함인지 아니면 한국인의 정치의식구조와 정치환경에 맞지 않는 등 胎生的 한계를 지닌 것이었는지도 정확히 구분되지 않는다.

단순히 이승만정부의 독재에 대한 항거로 모든 것을 거부하는 연장선상에서 채택했던 것이 제2공화국의 의원내각제 이었던 것은 사실이다. 따라서 당시의 정치적 소용돌이에서 의원내각제의 한국 적실성에 대한 깊이 있는 연구나 시뮬레이션을 거친 결과 채택한 것이 아니라 맹신에 가까울 정도로 의원내각제야말로 정치적 위기를 구할 구세주로 신봉했던 것이다. 다시 말해 의원내각제는 이승만이 채택했던 대통령제와 반대의 개념일 것이라는 것만으로 처음에는 국민적 지지가 있었던 것도 사실이다. 바로 이 점이 매우 아쉬운 대목이다. 의원내각제에 대한 연구나 고민을 할 필요도 없이 국민의 반사적 지지에 힘입어 시행하다 실패했기 때문이다.

1688년 영국의 명예혁명, 1776년 미국의 독립혁명, 1789년 프랑스대혁명 등은 모두가 국민의 '기본권 伸張'과 '통치권자의 권력남용의 방지'가 주 이슈였다. 혁명 이후 영국은 의원내각제의 길로, 미국은 대통령중심제의 길로, 프랑스는 이원집정부제의 길로 각각 다른 정부형태를 채택했지만 대체로 성공한 나라들로 인정되고 있다.

이것은 어떠한 정부형태가 기본권보장과 권력남용금지에 더욱

‘좋다 나쁘다’라는 것으로 등식화시킬 수 없음을 의미한다. 그 국가의 전통문화와 정치문화, 구성원들의 정치의식, 역사적 배경, 국내외의 정세 및 환경 등에 따라 어떠한 정부형태가 그 나라에 적실성이 더욱 높은가의 문제이다.

한국의 의원내각제는 제3공화국 이후 늘 정치개혁 또는 헌법개정의 언저리에 맴돌았다. 기존의 정부형태에 대한 비판의 목소리가 높아질 경우 대안으로 등장하는 것은 단순히 기존의 정부형태와 대칭적인 의원내각제를 생각해 내는 식이었다. 심지어 정권 말기에 권력독점으로 인한 퇴임 후의 후환을 염려한 나머지 권력분산이라는 안전편으로서 의원내각제 개헌을 주장하다 자파의 차기 대통령후보로부터 거부나 공격을 당하는 어처구니없는 일도 많았다. 역대 대통령제 정권 말기의 권력분산용 의원내각제 향수가 모두 좌절된 것도 그러한 所以였다. 동기가 퇴임 후 보신용이라는 정략적이고 불순하였기 때문이다.

의원내각제를 하기 위해서는 경제적·사회적·문화적 조건이 상당히 높은 수준으로 성숙되어 있어야 한다. 특히 의원내각제는 다원화된 사회가 생활화되어 있을 경우와 사법부의 독립이 확실할 경우에 적실성이 높아진다. 이러한 점에서 한국사회에서는 의원내각제의 적실성이 낮다고 평가할 수밖에 없다.

Ⅳ. 한국의 이원집정부제 적실성 및 실현방안

1. 한국의 이원집정부제 적실성

이원집정부제란 한마디로 대통령제와 의원내각제의 중간에 위치한 정부형태이다. 문제는 이미 실시해 본 대통령제와 의원내각제가 한국사회에서 많은 부정적 기능이 노출되었기 때문에 대안으로 제시된 것이 이원집정부제라는 데 있다.

어떠한 정부형태가 반드시 가장 민주적 정부형태라고 단정할 수는 없다. 같은 정부형태도 각 나라의 정치환경에 따라 적합성·효율성·민주성이 다르게 나타나기 때문이다. 바로 여기에 한 국가가 정부형태를 선택함에 어려움이 있는 것이다. 특히 정부형태란 궁극적으로 권력배분의 문제이기 때문에 그 선택과정에서 정치적 긴장과 갈등이 당연히 야기된다. 더 적실성이 높은 정부형태의 선택은 설사 권력변화로 인해 권력엘리트들간에 긴장과 갈등이 따르더라도 민주주의 체제화와 공고화를 위한 정치적 홍역에 해당하기에 당연히 대가를 치러야 한다.

헌팅턴은 '제3의 민주화물결'(The Third Wave of Democra-tization)에서 20세기 말 이후 남부와 동부유럽, 중남미, 아시아, 아프리카 등의 30여 개 국가들이 민주주의 체제화와 공고화 문제로 갈등을 경험하고 있다. 민주화물결을 경험하고 있는 국가들에서 민주정부의 형태를 선택하는 문제가 민주화과정의 딜레마요 난제이다. 왜냐하면 민주화추진세력도 권력배분에 있어서는 누구보다도 집중된 권력독점에 집착하기 때문이다.

한국도 예외는 아니어서 민주화와 더불어 수반된 구호는 언제나 정부형태의 선택문제였다. 따지고 보면 제헌국회 때부터 의원내각제에 대한 헌법적 준비가 마무리될 무렵에도 이승만의 강력한 요구에 의해 대통령제로 바뀌는 등 정부형태의 선택에 개인의 권력욕구가 상당히 작용하였다. 이후 오늘날까지 정부형태에 관한 논쟁이나 헌법개정 과정에서 민주적 보편가치나 한국의 적실성보다 개인의 권력욕구나 이해집단간의 권력획득 편의가 논쟁의 중심이 되는 기형적 다툼을 주로 해왔다. 이렇게 해서 실시된 대통령제는 '후진국형 대통령제'로서 독일출신의 미국정치학자 칼 뢰벤슈타인이 말하는 독재정치를 의미하는 신대통령제에 불과하다. 이에 반해 '선진국형 대통령제'란 미국 대통령제처럼 3부(입법·사법·행정)간의 엄격한 균형과 견제의 원칙 아래 놓여지기 때문에 대통령의 권한에 자연적으로 한계가 주어진다.

그렇다고 서유럽의 선진 민주복지국가들에게나 알맞은 의원내각제 역시 정당정치가 정착화하지 못하고, 자율능력이나 재정자립도 빈약으로 지방자치가 활성화되지 못하는 곳에서 적실성이 낮아 채택하기가 어려운 마당이다.

한국정치의 최대 고질병은 권력집중화로 인한 지역갈등과 눈가리기로 인한 엄청난 정책미스와 부작용 산출에 있다. 이러한 고질병은 비단 정치현장뿐 아니라 집단의 한 구성원으로 살아가는 인간사회의 모든 조직에 구조적으로 파고들어 '삶의 질'을 퇴락시키고 있다.

이러한 고질병의 근본원인은 후진국형 대통령제가 낳는 구조적 문제이기에 정부형태 자체를 바꾸는 것 이외에 특별한 치료방법이 없다. 물론 선진국형 정치를 하는 곳에서의 대통령제는 名實共히 3권 분립을 전제로 하기에 권력집중화나 눈 가리기라는 부작용이 발생할 수 없다.

이렇게 권력구조로부터 오는 한국적인 고질병을 치유하고, 낮은 수준의 정치문화를 가진 한국의 정치발전을 위한 대안으로서 이원집정부제가 타당성·효율성·민주성이라는 점에서 대통령제나 의원내각제보다 적실성이 높을 것이다. 특히 한국 최대의 정치적 고질병인 '지역갈등심화'와 '지도자 눈 가리기'는 대통령의 帝王的 權力으로부터 나오는 것이기에 대통령의 권한을 실질적으로 줄이는 결과인 이원집정부제가 아니고는 극복방안이 없다 해도 과언이 아니다.

2. 한국의 이원집정부제 실현방안

한국의 정부형태를 이원집정부제로 변화하려면 실현 가능한 방안으로서 첫째, 현행법 테두리 안에서 국무총리의 권한을 강화하는 방안 둘째, 프랑스식 이원집정부제 도입방안 셋째, 대통령제형 이원집정부제 도입방안 등을 고려해 볼 수 있다. 프랑스식 이원집정부제와 대통령제형 이원집정부제는 헌법개정을 해야만 가능하다. 어느 유형을 선택하든 여소야대인 현 정국 하에서는 이원집정부제 도입이 거의 불가능하다. 이원집정부제로의 권력구조 변화를 제의하는 측은 여권의 일부세력에 불과하고 그것마저도 대통령선거를 앞두고 미묘한 시기에 나온 주장이라 인식되기 때문이다.

특히 헌법개정을 필요로 하는 이원집정부제 유형은 국회 재적의원 3분의 2 이상 찬성을 얻어야 하기 때문에 더욱 현실성이 없다. 그럼에도 이원집정부제 정부형태를 해야 한다면 한국정치의 최대 현안문제인 대통령의 권력집중화 현상으로 인한 폐해(弊害)로서 국민적 손실을 방지할 다른 수단이 없기 때문이다. 이러한 점에서는 장기적이고 구체적인 한국정치발전 프로그램과 더불어 이원집정부제 전환에 필요한 타당성검토와 적실성여부를 연구하는 것은 매우 유의미하다.

(1) 국무총리의 권한강화를 통한 이원집정부제

이원집정부제를 절충제 정도로 포괄적인 개념설정을 할 경우 한국은 헌법개정을 하지 않고도 기존의 법적 테두리 안에서 국정운영의 묘를 살려 이원집정부제의 기능적 효과를 어느 정도 얻을 수 있다. 한국은 1948년 제헌헌법 당시부터 이미 절충제형 정부형태를 채택했기 때문이다.

첫째, 대통령은 현행법 테두리 안에서 국무총리의 위상을 강화하고 또 권한을 대폭 이양해 우리 헌법의 내각제적 요소를 살려 나간다면 이원집정부제의 취지를 상당한 부분 살릴 수 있다. 한국에서의 이원집정부제 논의는 대통령의 권력을 약화시키자는 데 있기 때문에 국무총리의 위상강화나 대통령의 권한 이양 그리고 국무총리의 권한을 실질화해 나가면 상대적으로 대통령의 권한은 축소효과를 나타내게 된다. 그러나 이원집정제의 본질은 대통령권한의 축소뿐만 아니라 견제기능도 가져야 한다. 따라서 현행헌법 하에서 책임총리를 허용한다 해도 총리가 대통령에 대한 견제기능까지 기대하기란 불가능하다.

둘째, 국무총리의 副署제도(countersignature system)만 제대로 활용해도 대통령의 부당한 권력행사를 상당히 제어할 수 있으므로 이원집정부제의 효과를 어느 정도 얻을 수 있다. 법령이나 대통령의 국무에 관한 문서에는 총리와 관계 국무위원이 함께 서명을 하게 되어 있다. 부서 없는 법령이나 국무사항을 대통령이 시행하면 위헌문제가 발생하므로 국무총리의 부서는 제왕대통령의 권한에 제동을 거는 주요한 수단이 된다. 설사 국무회의를 통과한 법률 공포안도 관계 국무위원과 국무총리가 부서를 한 후 대통령이 재가하는 절차를 밟아야 한다.

최근 있었던 북한상선의 영해침범이나 북한해군의 일방적인 남침과 발포로 인해 우리 군의 사상자가 많이 발생했음에도 청와대의 지시에 의해 즉각적인 응사를 못한 데 대한 의혹의 문제도 국무총리의 부서와 관련한 사항이다. 우리 헌법은 국방장관이 군정과 군령을 일원적으로 보필하는 군정군령 통합주의를 원칙으로 하고 있으며 군 통수권자의 명령은 반드시 국무총리와 관계국무위원이 부서한 문서에 의해서만 효력을 발하도록 되어 있다. 만약 대통령이 북한상선의 영해침범이나 북한해군의 일방적인 남침과 발포에 대해 합법적으로 대처하려는 해상지휘관의 정당한 행동을 국무총리와 국방장관의 부서하지 않은 내용으로 전화나 구두지시로 저지했다면 이는 명백한 위헌행위이다. 대통령의 햇볕정책도 당시 보수적인 총리(김종필 총리와 이한동 총리는 스스로 보수주의자라고 늘 표방함)가 부서를 신중히 했다면 대통령의 독주에 제동이 걸려 국민호응도가 더 높은 정책이 되었을 것이다.

셋째, 국무총리의 국무위원 제청권의 실질화를 통해 대통령의 인사전횡을 막을 수 있다. 대통령의 인사전횡이 낙루(落淚)장관을 만들어내고, 국정을 그르치게 하며, 공사 모든 조직에서 아첨과 아부가 판을 치고 충성경쟁을 통해 최고권력자의 눈을 가리는 일이 생겨난다. 이러한 국가경영이 바로 지역갈등·계층갈등·세대갈등의 원인이 되어 국민통합에 방해가 된다.

넷째, 국무총리에 대한 국회의 인사청문회를 통해 대통령의 권한에 제동을 걸 수 있다. 국회는 2002년 7월 31일 장상 국무총리 서리에 대한 인사청문회 결과 자식의 국적문제, 재산투기의혹 등 국가관과 도덕성문제를 빌미로 인준을 해주지 않음으로써 대통령의 帝王的 권한에 제동을 건 셈이다. 문제는 대통령의 임기 6개월 앞둔 시점에 레임덕현상이 위기일 정도였으며 더욱이 여소야대의 환경이었기에 인준거부가 가능했던 것이란 점에서 대통령의 제왕적 권한에 제동을 걸었다고 볼 수 없다는 회의론도 만만치 않다.

한국의 정치문화나 권력에 관한 대통령의 인식을 고려하면 현행헌법상 존재하는 총리의 부서제나 국무위원 제청권, 국회의 국무총리 임명동의안 등을 통해 이원집정부제의 본질을 살릴 수는 없다고 보는 것이 일반적이다. 현행법상 국무총리가 그의 권한행사를 위해 대통령의 개입을 차단할 길이 없다. 또 의회의 대통령 견제가 대통령의 결정을 구속하는 것도 아니다.

(2) 프랑스식 이원집정부제 도입

후진국형 정치가 계속되고 있는 한국과 같은 나라에서는 헌법 개정을 통해 헌법적 장치로서 정부형태를 이원화하지 않는 한 이원집정부제는 유명무실하게 되고 대통령 1인에의 권력집중화와 그로 인한 엄청난 부작용이 나타날 수밖에 없다.

프랑스식 이원집정부제란 한마디로 복잡한 코아비타시옹(Cohabitation)이란 동거정부가 핵심내용이다. 프랑스는 동거정부형태를 통해 비교적 안정적인 헌정체제를 구축하고 있는 것이 사실이다. 그렇다고 1958년 헌법의 준비과정에서부터 동거체제를 예정하고 구축했던 것이 아니라 운영과정에서 자연스럽게 동거체제라는 상황을 맞이한 것이다.[10]

동거체제란 어떤 정치적 다수의 지지를 받는 대통령과 그와는 다른 정치적 다수에 속하는 총리 및 하원 다수당이 공존하는 정치체제라고 할 수 있다. 즉 총리와 정부를 한 축으로, 대통령을 다른 한 축으로 한 양자의 관계에 의해서 국정이 운영된다. 프랑스의 동거체제는 1986년에 최초로 시작되어 1988년까지 2년간 지속되었다. 그 후 1993년부터 1995년 사이에 두 번째 동거체제를 맞이하였으며, 1997년 6월 총선 이래 제3차 동거체제에 접어들었다. 프랑스는 엄밀한 의미에서 대통령보다 총리에게 부여된 권한이 훨씬 많다.

프랑스의 국무총리의 권한은 헌법 제21조에서 '총리는 정부의 행위를 주도하고, 국방의 책임을 지며, 제13조의 규정을 제외하고는 법률의 집행을 보장하고, 명령제정권을 행사하며, 軍과 民의 고위공직을 임명한다.'라고 규정하고 있다. 헌법 20조에서는 '정부가 국정을 결정하고 주도한다.'고 함으로써 총리가 집행권을 갖

---

10) 디디에 모스(프랑스 국제행정대학원장)가 1997. 11. 6 한불정법학회 제2회 국제학술세미나에서 발표한 주제발표 내용을 참고함.

는다. 프랑스 정부는 의회에 대해 매우 강력한 권한을 갖고 있으며, 실제로는 국가의 정책을 이끌어 나가는 데 필요한 모든 권한을 부여받고 있다.

이에 반해 프랑스 대통령의 권한으로서 헌법 제5조는 '대통령은 헌법의 준수를 보장하며, 그의 중재로써 공권력의 정상적인 가동과 국가의 영속성을 보장하고, 국가의 독립성과 영토의 보전, 국제협약의 준수를 보장한다.'라고 규정하고 있다.

프랑스 대통령의 고유권한은 총리임명권이다. 자주 있는 일은 아니지만 대통령이 어떤 특정 상황에서 국민투표 실시를 결정할 수 있다. 또 하원을 해산할 수 있고 국가에 중대한 위기상황이 발생했을 경우 대통령이 예외적 권한을 행사할 수 있다. 대통령은 또한 의회에 교서를 보내 자신의 의사를 표현할 수 있다. 대통령은 헌법평의회 구성원의 3분의 1을 임명하고, 법률안의 위헌심판을 제소할 수 있다. 이상을 제외한 모든 경우에 있어서 대통령은 부서(countersignature)로서 총리와 정부의 동의를 얻어야만 권한을 행사할 수 있다.

문제는 대통령과 총리가 어떻게 동거정부를 구성하고 운영하느냐는 대통령의 소속정당이 하원 다수당과 동일하냐에 달려 있다. 대통령의 소속정당이 다수당이면 프랑스식 이원집정부제는 아수 단순하며 그 본질적 기능을 수행할 수 없게 된다. 왜냐하면 대통령과 하원의 다수당 그리고 총리와 정부 간에 연대가 있을 수 있기 때문이다. 이러한 상황에서는 총리가 고유의 자율적인 정치적 권위를 가질 수 없다. 총리는 대통령에 의해 임명되며, 자동적으로 하원 다수당에 의지하게 된다. 총리는 때로는 대통령과 위계적 관계는 아니지만 협력적·공생적 관계에 있을 수밖에 없게 된다. 즉 대통령과 의회의 다수파가 동일한 우파이거나 좌파라면 대통령과 수상은 밀월관계를 형성하고 대통령 우위의 국정을 편다. 이때 수상의 권위는 실질적으로 대통령 위임사항만으로 국한되기 때문에, 한국의 대통령제하의 국무총리격인 역할밖에 하지 못한다.

단지 프랑스식 이원집정부제는 하원의 다수당이 대통령과 반대되는 당에 속하는 상황이 되어야 진정한 이원집정부제의 성격을 띠게 된다. 물론 이때도 총리를 임명하는 법적인 권한은 대통령에게 있지만, 하원 다수당의 지지를 받지 못하는 총리를 임명하였을 경우 그 총리는 임명 즉시 불신임될 것이다. 이 경우 대통령과 수상은 밀월관계가 아닌 경쟁과 갈등관계로 치달으며 수상은 의원내각제하의 고유한 법률적 권한을 유지하며 국정 전반에 걸쳐 대통령을 견제한다.

프랑스는 대통령을 선출하는 정파와 하원의 다수당이 되는 정파가 동일한 정치적 다수일 때가 1958~1981년, 1981~1986년, 1988~1993년, 1995~2000년 사이이다.

동거체제란 엄밀하게 말해서 하원의 다수당이 대통령과 반대되는 당이 되었을 경우이므로 프랑스는 3회에 걸쳐 이원집정부제 본래의 경험을 가진 셈이다.

프랑스식 이원집정부제의 동거정부에 있어서 內治와 정치적 힘이 정부와 하원 다수당에 속해 있다. 예컨대, 1986년에 미테랑 대통령은 정부의 공기업 민영화 법안에 대해 우호적이지 않았으나 계속적으로 반대할 수단이 없어 결국은 민영화 법안에 서명할 수밖에 없었다. 시라크 대통령 역시 고용과 관련된 몇 가지 법안에 대해 비우호적이지만, 이를 거부할 수 있는 법적 수단을 갖지 못하고 있는 것이다.

국제관계와 국방정책 그리고 국제경제 분야 등 外治에 있어서도 대통령과 정부가 반드시 합의를 도출해야 한다.

(3) 대통령제형 이원집정부제 도입

대통령제형 이원집정부제는 독일의 바이마르공화국 때 수상에게 내각수반으로서 실질적 집행권을 가지게 한 것이 이원집정부제의 효시가 되었다 해서 독일식 이원집정부제라 부르기도 한다.

대통령제형 이원집정부제를 채택할 경우 헌법개정을 통해 첫째, 正副統領制로 하여 부통령을 대통령 闕位時 권한대행 역할에서 벗어나 행정부의 일정부분을 맡아 국가경영에 직접 참여하도록 한다. 둘째, 현행 국무총리제를 그대로 채택할 경우라도 국무총리에게 일정 부분 대통령과 대등한 실질적 집행권을 인정한다. 또한 이원집정부제의 취지를 살리고 효율화하기 위해서는 국무총리의 선출방안도 바꾸어야 한다. 즉, 대통령은 국무총리에 대한 任免權을 행사하되 의회의 다수당에 추천권을 줌으로써 형식적 절차에 그치도록 한다. 그리고 국무총리의 뿌리는 근본적으로 국회에 두도록 해 국회가 통법부나 행정부의 시녀가 되지 않게 한다. 셋째, 대통령은 외무·국방·안보·평화·통일 등 外治를 맡고, 부통령 또는 국무총리가 내무·경제·교육·문화·건설·교통 등 內治에 속하는 모든 권한을 갖게 한다.

(4) 한국의 신택

바이마르공화국과 프랑스 제5공화국이 이원집정부제의 기능을 살려내지 못한 것은 대통령과 수상이 모두 같은 黨에서 나왔기 때문이다. 같은 당일 경우 총리는 대통령에 의해 임명되며, 자동적으로 하원 다수당에 의지하게 된다. 이러한 상황에서는 총리가 고유의 자율적인 정치적 권위를 가질 수 없다. 총리는 때로는 대통령과 위계적 관계는 아니지만 협력적·공생적인 밀월관계에 있을 수밖에 없게 된다.

그러나 프랑스의 경우 대통령과 의회 다수당이 서로 다른 정당에서 나온 때에도 많은 부정적인 결과를 도출한 사례가 있었다. 민주주의 역사가 오래된 프랑스의 경우도 그러했다면, 한국의 상황은 프랑스보다 더 부정적인 결과를 초래할 가능성이 높다.

이러한 점에서 한국의 경우 만약 이원집정부제를 실시할 경우 국무총리 또는 부통령이 대통령과 정당이 다른 다수당에 속하고 입법부에 존립기반을 둔다 해도 순조로운 조화를 통해 제 기능을 다할 수 있을지는 의문이다. 두 개의 행정권자(excutive)가 같은 정당에 속할 경우는 바이마르공화국과 프랑스 제5공화국의 경우와 같은 실패의 전철을 밟을 가능성이 높아 이원집정부제의 본질적 기능을 기대할 수 없다. 그럼에도 이원집정부제를 채택할 당위성이 있다면 한국인의 의식구조와 정치문화 때문이다. 즉 대통령제는 권력집중화현상을, 의원내각제는 무질서사회를 낳을 가능성이 있으며 그로 인한 엄청난 국가적 손실과 치유가 불가능하다시피 한 지역갈등이라는 경험 때문이다. 사실 이원집정부제가 어떤 형태를 띠든 권력구조의 근본을 바꾸는 것이기에 헌법을 개정하지 않고는 불가하다. 대통령 1인에의 권력집중화현상을 낳는 현행 대통령제가 효율적인 정책을 수행하기에는 이미 시대적으로 맞지 않다. 절대권력과 눈 가리기가 어우러져 최고권력자의 의중을 살펴 거짓보고에 의해 만들어진 정책을 강압적으로 추진하기에는 이미 시민의식의 성숙으로 엄청난 저항에 부닥쳐 부작용만 나타낼 것이기 때문이다. 2001년 봄의 의약분업 강행이 낳은 엄청난 국민적 손실은 좋은 예가 될 것이다.

이상과 같이 어려움이 따른다 해도 이원집정부제가 아니고는 선택의 여지가 없다면 한국이 선택할 수 있는 우선순위는 프랑스식 이원집정부제라 본다. '국무총리의 권한강화를 통한 책임총리제'는 이원집정부제와는 본질이 다르기에 이원집정제의 본질적 기능은 기대할 수 없다. 자칫 국무총리에 힘을 실어주게 되어 대통령과 더불어 쌍칼을 휘두를 부작용마저 없지 않다. '독일식 대통령제형이원집정부제'는 한국의 정치문화와 국민의 정치의식구조를 고려할 때 악용의 여지가 많고 유명무실할 가능성이 높다.

V. 한국의 분권형 대통령제

1. 한국의 분권형 대통령제 배경

(1) 내생적 배경

반세기 남짓한 한국의 현대정치사는 언제나 폭풍노도와 같은 소용돌이(vortex) 가운데 권력구조의 변화를 겪어왔다. 시간에 비례해 저항의 강도가 높아지자 권력을 움켜쥔 자의 일방적 정치프로그램에 의해 국가의 근본규범인 헌법마저 흔들거리기 시작했다. 그래서 짧은 현대정치사에 9번의 헌법 개정이 있었고 그중 제4차 개헌을 제외한 8번의 개헌은 모두 권력구조의 변화에 관한 내용이었디.

권력구조의 변화라고 하지만 볼딩(Kenneth E. Boulding)교수가 지적하는 인간사회의 당위적 자연발생적 전환을 의미하는 것도 아니었다. 구석기시대에서 신석기시대로, 촌락사회에서 문명사회로의 전환기에도 무서울 만큼의 공포가 감도는 가운데 의식과 제도의 변화가 있었다. 이러한 변화도 진통은 수반했지만 더 인간적인 삶의 양식을 위한 방향으로 자리 잡아 나간 위대한 전환이었다.

한국의 권력구조관련 헌법개정시기도 그때마다 국가적 중대사

나 정치적 소용돌이가 가 있었고 만약 없었다면 인위적으로 만
들었다. 이러한 국가적 중대사나 정치적 소용돌이를 해결하는 과
정에 헌법개정을 통한 권력구조의 변화를 시도했던 것이다. 심지
어 대통령제냐 의원내각제냐 혹은 절충형태의 이원집정부제냐
하는 것은 논의의 대상이 되지 못했다. 권력의 탐욕이 저변에 깔
려 있었기 때문이다. 총 9번의 헌법개정 중 8번의 헌법개정이 모
두 개인의 권력획득과 유지 및 확장의 편의를 위한 계획적인 것
이었기에 위대하지도 진화론적이지도 못했다는데 있다.11)

---

11) 개헌요지

	공포일	주요내용	비고
제헌헌법	48. 7. 17	△대통령 중심제 △대통령 국회간선 △국회단원제	당초 내각책임제案이었으나 李承晩대통령이 간선제주장
제1차 개헌	52. 7. 7	△대통령 부통령 직선 △국회 양원제	발췌개헌, 계엄령선포 국회의원감금 등 파동
제2차 개헌	54. 11. 29	△대통령연임 제한 철폐 △국무총리제 폐지	11월 29일 부결발표 이틀 뒤 수정발표 통과 (四捨五入)
제3차 개헌	60. 6. 15	△의원 내각제 △헌법재판소설치 △대통령 국회선출	민주당 정권 탄생
제4차 개헌	60. 11. 29	△부정선거 관련자 및 반민주행위자 처벌 △특별재판부와 검찰부설치	소급입법
제5차 개헌	62. 12. 26	△대통령 중심제 △단원제 환원 △헌법재판소 폐지	공화당 정권수립 舊 정치인 규제
제6차 개헌	69. 10. 27	△대통령 3선 허용 △국회의원 겸직금지	공화당 단독 변칙통과
제7차 개헌	72. 12. 17	△통일주체국민회의 신설 △대통령 간선 △국회권한 지위축소	유신헌법 비상계엄 선포
제8차 개헌	80. 10. 27	△대통령 7년단임 △비례대표제 △국정조사권 신설	5공화국 출범
제9차 개헌	87. 10. 29	△대통령직선제. △헌법재판소 신설 △국정감사권 부활	최초의 여야 합의개헌

일종의 권력투쟁음모가 진행되는 가운데 헌법개정을 추진하는 경우에도 권력구조 이외에 기본권신장이나 생활권적기본권 행복추구권 등 양념을 썩어 위장했기에 유권자들을 속일 수 있었던 것이다. 물론 마지막 보루인 헌법개정을 통해서 획득한 권력을 어디에 어떻게 쓰였느냐는 여기서 함께 다룰 문제가 아니다. 경우에 따라 권력의 획득과 확대 유지는 무리수를 두었지만 근대화의 성공에 활용했다든지 하는 功이나, 양념으로 썩어 넣은 기본권문제가 제도민주화에 일조한 것은 사실이지만 별개의 문제이기에 본란에서는 제외한다. 본란은 권력집중화현상이 낳는 민주주의 파괴측면과 한국정치의 왜곡과정만 취급한다.

굳어질 때로 굳어져 바뀔 줄 모르는 한국의 권위주의 정치문화를 고려하면 헌법개정을 통한 분권이 아니고는 제왕적 대통령의 절대권력을 막을 길은 현행헌법 하에서는 없는 것이다. 물론 한국헌법은 제헌 때부터 현행까지 넓은 의미의 절충형 이원집정제에 속한다. 따라서 정권이나 지도자의 성향에 따라서 현행헌법으로도 권력분산이 가능한 책임총리제나 이원집정부제를 형식적으로 실행할 수는 있지만 이원집정부제나 분권형 대통령제의 본질과는 다르다. 이원집정부제나 분권형 대통령제의 본질은 권력분산 보다도 분산된 권력간 상호 견제하는데 있기 때문이다. 즉 책임총리제의 경우 총리가 내통령의 권력을 견제하는데 본질이 있다.

한국 엘리트들의 의식구조나 행태에 비하면 현행헌법 하에서 가능한 권력억제와 분산마저도 실천 불가능한 것이다. 영국의 명예혁명, 미국의 독립혁명, 프랑스의 대혁명 등 세계사의 모든 민주혁명의 키워드는 권력억제와 분산에 있었다. 한국사회의 정치 경제 사회 문화 등 모든 문제의 원죄는 권력집중화에 있다 해도 과언이 아니다. 대통령 1인에의 권력집중화현상은 아첨꾼을 만들어 최고 권력자의 눈과 귀를 가려 반민주적이고 반이성적 결정을 내리게 하는가 하면, 정경유착을 할 수 밖에 없는 환경을 조성하게 된다. 정경유착은 시장을 왜곡시킬 뿐 아니라 부패와 비리의 온상이 된다. 한국사회의 고질병인 지역갈등 계층갈등 세대갈등도 근본적으로 권력집중화현상 때문이다. 무소불위의 절대권력은 그를 창출한 지역출신 인사들의 출세도구가 되기 때문이다.

　이러한 관점에서 권력억제와 분산은 반드시 이루어져야 한다. 현재로서는 분권형 대통령제가 권력집중화 현상이 낳은 각종 난치병을 치유하는 유일한 수술방안이다.

(2) 외생적 배경

　분권형 대통령제(divided presidential, Semi-presidential System)란 이원집정부제의 한국적 변형을 의미하는 것으로 가설한다. 제5공화국 임기 말에 정부형태를 이원집정부제로 하자는 헌법개정 논의가 일자마자 이원집정부제가 정권연장의 방패라는 오해와 비판을 받은 적이 있다. 이원집정부제와 정권연장과는 아무런 상관이 없지만 제5공화국 당시의 시대적 상황에 의해 혹시 정권연장을 위한 방패물이 아닌가 하는 강한 의구심이 재야단체로부터 나오자 자취를 감추어 버린 것이다.

　16대 대통령선거를 앞두고 창당된 국민통합21이 추구하는 정부형태로서 한번 오해의 도마에 오른 이원집정부제 보다는 '분권형 대통령제'란 용어를 선택한 것이 계기가 되어 분권형 대통령제는 비로서 한때 상당한 화제가 되었다. 더욱이 분권형 대통령제는 16대 대통령 선거를 앞두고 제왕적 대통령의 폐단이 노출되던 시점이어서 한국정치의 모순을 씻어 줄만한 치료제라고 여겨지기까지 하였다. 국민통합21은 민주당과 후보단일화 과정에서 분권형 대통령제로의 헌법개정을 관철시켰다.

　그러나 민주당과 국민통합21 간의 단일화가 대선전날 저녁 마지막 단계의 유세도중 벌어진 국민통합21 정몽준대표의 해프닝(happening)성 사건으로 일단은 무위로 돌아가자 분권형 대통령제는 또 수면으로 들어가 버린 격이다. 그러나 민주당의 노무현후보는 익일날 대선이 끝날 때 까지 유효하다고 유권자들에게 선언했다. 노무현후보가 대통령으로 당선된 이후 대선전날 정몽준에 의한 대통령후보 단일화 철회사건으로 민주당과 국민통합21간의 단일화조건은 무효화 된 것으로 간주하였다.

분권형 대통령제란 용어는 유럽의 학계에서 이원집정부제와 더불어 오래전부터 사용해 왔던 것이다. 22개 유럽국가 중 13개 국가가 분권형 대통령제를 채택하고 있다. 한국에서 의원내각제냐 대통령제냐의 논란의 핵심은 어느 것이 어느 것 보다 좋거나 나쁘다는데 있지 않다. 최고 권력자의 절대권력 행사가 파생하는 부작용이 너무 크기 때문에 권력분산을 통한 견제를 어떻게 실용화 시킬 것인가에 있다. 동시에 각종 여론조사에 의하면 대통령제가 의원내각제보다 선호도가 훨씬 높다.

이러한 점을 감안해 분권형 대통령제는 선호도가 높은 대통령중심제를 채택하되 의원내각제적 주요요소도 가미함으로서 한국에 실제하는 대통령제론자와 의원내각제론자 그리고 21세기 시대정신인 분권화정신 등 모두를 충족시킬 수 있다는 장점이 있다. 특히 분권형 대통령제의 중도타협적인 지향성을 바탕으로 한국의 고질병인 정치세력의 균열을 대통합으로, 지역갈등·계층갈등·세대갈등을 국민대화합 속에 용해 할 수 있는 상징성을 지닌다.

2. 분권형 대통령제의 목표

분권형 대통령제란 대통령의 제왕적 권력을 분산시켜 대통령은 국가수반으로서 외치를 맡고, 국무총리는 행정수반으로서 내치를 맡게 하는 제도를 말한다. 대통령과 국무총리간은 권한분할 뿐 아니라 대통령에 대한 총리의 견제기능도 가능토록해 대통령제의 단점인 제왕적 권력집중화를 막고 조기레임덕현상, 권력형 부정부패, 식물대통령 등을 막아 임기 말까지 국가경쟁력을 위해 일하도록 하는데 있다.

현행헌법 테두리에서 대통령의 의지에 의해 분권형 대통령제와 유사한 책임총리제를 실시한다면 어느 정도의 기능적 효과는 얻을 수 있지만 분권형 대통령제의 본질인 대통령에 대한 견제 효과는 얻을 수 없다. 노무현대통령은 단일화 이전 민주당후보 시 공약사항이었던 책임총리제에 대해 2004년 9월 10일 국무회의에서 2005년부터 '총리중심 국정운영'을 하겠다고 시사한바 있다.12) 이것은 "내각과 여당을 중심으로 국정을 운영함으로써 각종 현안을 둘러싼 정쟁에서 벗어나겠다는 것으로 풀이 된다"고 청와대의 한관계자의 말을 인용해 언론들이 밝혔다.

그러나 현행헌법 하에서의 '책임 총리제'란 그 개념부터가 모호하다. 현행헌법 제86조 2항에 의하면 "국무총리는 대통령을 보좌하며, 행정에 관하여 대통령의 명을 받아 행정 각부를 통할한다"고 되어 있다. 현행헌법 하에서 국무총리란 대통령의 수석 보좌역 혹은 수석 국무위원으로서, 대통령이 임무를 주는 데 따라 그 역할이 결정되는 그런 지위다. 이러한 점에서 현행 헌법체계 아래에서는 '책임총리제'든 '분권형총리제'든 한계가 있기 때문에 '분권형 대통령제'와는 형식과 취지 양 측면에서 본질적으로 다르다.

---

12) 노무현 대통령은 2004년 9월 10일 열린 국무회의에서 "우리 헌법은 전형적인 대통령제도 가능하고, 총리 중심의 국정 운영도 가능하다"며 "지금부터 총리 중심의 국정 운영을 점차 명료화하고, 내년부터 본격적으로 총리 중심으로 내각을 운영 하겠다"고 밝혔다고 청와대 관계자가 전했다.

분권형 대통령제에서는 국무총리의 독자적 권한이 헌법사항이기 때문에 국민으로부터 나오는 것이지만, 현행법 하에서 국무총리의 권한은 대통령의 의지에 달려 있기 때문에 설사 책임총리제를 실시한다 해도 근본적으로 다른 의미를 지닌다. 특히 분권형 대통령제의 본질은 집권 측 내부의 권한분할 뿐 아니라 대통령의 제왕적 권력의 억제기능에 있다. 따라서 분권형 대통령제의 본질적 기능과 목표는 헌법개정을 통해서만 가능하다.

분권형 대통령제의 목표는 첫째, 대통령에 대한 국무총리의 견제를 통해 승자독식의 대통령제의 문제점을 보완한다. 둘째, 대통령에의 권력집중화현상과 그로 인한 정경유착과 비리, 아첨배 양산, 지역갈등을 막고, 셋째, 대통령이 막강한 권력을 통해 포퓰리즘을 생산 후견세력으로 하여 국회, 언론, 기업 등을 장악하려 들고 선거에 악용하는 사례 등을 막아내어 초당적 입장에서 국가발전의 거시지표에 매진하도록 한다. 넷째, 대통령제와 의원내각제의 장점을 동시에 살릴 수 있으며 다섯째, 대외적으로는 강력한 국가와 대내적으로는 민주정부 및 책임정치를 동시에 구현함으로써 사회혼란과 정치불안을 극복하여 국민통합을 효율적으로 이루어 내게 하는 데 있다.

3. 한국의 분권형 대통령제와 적실성

한국의 권위주의 정치문화와 정치엘리트들의 권위주의행태라는 변수를 감안하면 헌법개정을 통한 분권이 아니고는 권력집중화와 그 부작용을 막을 길이 없다. 현시점에서 완전한 2원집정부제 보다는 한국의 정치문화를 고려해 권력을 기능중심으로 2원화하고 상호견제가 가능한 분권형 대통령제가 적실성이 높을 것이다.

(1) 3권분립문제

21세기 들어오면서 선진국형 국가들은 강력한 대통령의 권한을 3권간의 실질적인 견제와 균형을 통해 행정부나 의회의 독주를 막고 민주적 국가경영을 도모하는 것이 일반적이다. 그래서 한국의 분권형 대통령제도 고전적 3권분립과는 달리 '강력함'이란 현대국가의 특징을 살려 3권으로 분리된 권한을 갖는 정부(government of separated powers)를 만드는 것이 아니라, 권한이 분담된 분리된 기구의 정부(government of separated institutions sharing powers)가 되어야 한다.

다시말해 3권분립이라 해서 한 국가의 권한자체가 3부로 나누어져 담을 쌓고 별개로 운영되며 상호 감시와 견제를 취하는 것이 아니라 기능중심으로 3권분립을 한다. 이렇게 기능중심의 3권분립은 국가위기 시에 3부가 통합된 기능수행을 통해 견제보다 오히려 국가적인 강력한 힘으로 모아지게 만들 수 있는 장점이 있다.

(2) 분권형 대통령제의 내용

대통령은 국회의원과 임기를 같이하고, 국가원수로서 국민에 의해 직접 선출되며 책임대통령제를 만들어야 한다. 레임덕 현상의 조기화를 막고 책임정치를 위해서도 임기 4년으로 1차에 한하여 연임의 기회를 가지도록 하는 것이 좋다.

① 대통령의 권한
첫째, 행정수반으로서의 권한은 국방·외교·안보·통일 등 外治에 국한한다. 단지 국제관계와 국방정책 그리고 국제경제 분야 등 外治에 있어서도 대통령은 정부와 합의를 도출해야 한다.

둘째, 국가원수로서의 권한은 대법원장·헌법재판소장·중앙선거관리위원장 등에 대한 임명권, 赦免權, 긴급명령권 및 계엄선포권 등을 가진다. 단 대법원장은 대법판사위원회의 제청, 헌법재판소장과 중앙선거관리위원장은 국회의 제청에 한해 형식적 임명에 그친다. 헌법재판소의 재판관은 헌법재판위원회의 제청에 의해 대통령이 형식적인 임명을 한다. 중앙선거관리위원 역시 중앙선관위원회의 제청에 한해 대통령이 형식적 임명권을 가진다. 헌법재판관과 중앙선관위원 등의 임기 중 징계나 기타 신분변동 사항은 당해 제청위원회의 제청에 한해 대통령이 명한다.

셋째, 정치적 권한으로서 국무총리임명권은 가지나 국회다수당의 체청이 있어야 하고, 국회재적 과반수 찬성으로 인준을 받아야 한다.

넷째, 국회가 내각불신임결의를 할 경우 내각의 건의를 조건으로 대통령은 국회해산권을 가진다.

다섯째, 대통령은 내각회의 의결을 거처 법률안 거부권을 행사한다.

② 국무총리의 권한

첫째, 대통령의 권한에 속하지 않는 內治분야의 행정권과 인사권을 실질적으로 행사한다.

둘째, 내각의 통할자로서 헌법이 정하는 행정각부 등에 대하여 독자적인 지휘, 감독권을 가진다. 단지 국정전반의 통합과 연계되는 부분은 대통령과 합의를 도출해야 하고 기타부분은 대통령에게 보고하여야 한다.

셋째, 국회가 내각불신임결의를 하였을 경우 내각회의의 의결을 거처 대통령에게 국회해산을 건의하는 권한을 가진다.

③ 국회의 권한은 기존의 고유권한에다 재적과반수 찬성으로

내각불신임 결의권을 가지는 대신 국무총리, 국무위원에 대한 개별적 해임건의 권한은 엄격한 제한을 두되 법률로 따로 정한다.

(3) 제왕적 대통령 관련권한 처리

첫째, 역대 제왕적 대통령을 가능하게 했던 검찰, 정보기관, 감사원, 조세권, 사법부, 금융부분 등을 대통령으로부터 분리 독립시켜야 한다. 둘째, 실질적인 분권형 대통령제 하에서 검찰권, 조세권, 금융부분은 총리 산하에 두고, 정보기관은 대통령 산하에 두되 기능상 독립시켜야하며, 감사원은 국회에 귀속시킨다.

사법부의 모든 인사권은 최종적으로 대법원장에 두도록 해 명실 공히 상호 견제와 균형을 이루도록 하고 부정이 근원적으로 발을 붙이지 못하도록 한다. 셋째, 대통령의 권한에 속하는 각료는 대통령이, 국무총리의 권한에 속하는 각료는 국무총리가 임면권을 가진다. 넷째, 대통령의 국무총리에 대한 파면권은 제청권자인 국회의 요청이 있을 때 한에 행사한다.

4. 분권형 대통령제와 동거정부

분권형 대통령제의 본질과 목표의 효율성을 위해서는 여소야대이어야 한다. 분권형 대통령제의 본질은 집권측 내의 권한분산이 아니라 대통령의 국민·국회·사법부 등에 대한 권력행사 억제에 있기 때문이다. 만약 與大野小일 경우는 자파인 여당에서 국무총리가 나오기 때문에 원격조정을 통해 분권형 대통령제의 본질이 희석될 여지가 높다.

與小野大가 분권형 대통령제의 본질과는 훨씬 잘 어울리지만 코아비타시옹(Cohabitation)이란 동거정부가 수립되어야 한다. 만약 대통령 소속의 여당이 총선에서 과반수 의석획득에 실패해 與小野大 정국이 형성될 경우 행정부 구성은 야당 측에 맡김으로써 동거정부가 탄생한다.

동거정부가 과연 한국의 정치문화에 적실성이 있을 것이냐는 별개의 문제이지만 뿌리 내리기가 쉽지 않을 것이다. 한국정치사에서 여소야대는 여대야소보다 훨씬 강도 높은 여야의 긴장을 불러들여 정치권은 요동을 치게 되고 드디어 그 파장은 심각한 사회적 긴장과 소외 및 정치권불신으로 이어져 왔다.

그럼에도 순수한 이원집정부제이든 분권형 대통령제이든 동거정부는 실질적으로 권력분산을 전제로 한 정부형태의 가장 이상적인 형태이다.

프랑스는 1981년 이후에 와서야 정치적으로 좌우파 성격을 지닌 대통령과 수상이 국정을 나눠 맡아 함께 수행하는 소위 코아비타시옹(Cohabitation)이란 좌우동거정부를 통해 이원집정부제의 기능을 살려왔다. 프랑스의 경우 동거정부가 들어서면, 대통령의 권한은 국방과 외교에 국한되고 수상이 경제 등 나머지 모든 권한을 갖게 된다. 따라서 대통령이 펴온 국정 노선은 대폭 수정되는 것이 관례이다. 이원집정부제의 시원인 독일의 바이마르공화국과 프랑스의 제5공화국은 與大野小를 이루었기 때문에 이원집정부제는 실패한 것으로 평가된다.

제14장 한반도의 평화체제구축과 통일

I. 서 론

2000년 '6·15남북공동선언'은 남북정상의 회담결과라는 것만으로 분단사에 처음이라 그만큼 통일에 대한 기대도 컸지만 기대와는 달리 수년이 지나도 공동선언의 핵심내용[1]은 접근조차 되지 않고 있다.

남북간은 당장의 통일보다는 한반도의 냉전구조해체와 평화체제구축이 더욱 중요하다. 이념을 달리하는 국가간의 평화통일이란 세계사적 유례가 없는 데다 통일을 위한 남북간의 1차과제가 평화체제구축에 있기 때문이다.

여기서 우리는 다음과 같은 의문을 떠올릴 수 있다. 한반도의 평화문제가 남북간의 관계개선이나 냉전구조해체만으로 이루어질

---

[1] 남북공동선언 주요내용
① 통일문제는 우리 민족끼리 힘을 합쳐 자주적으로 해결. ② 남측의 '연합제 안'과 북측의 '낮은 단계 연방제 안'이 서로 공통점이 있음을 인정하고 이 방향에서 통일을 지향. ③ 8·15에 즈음하여 이산가족방문단을 교환하고 비전향 장기수 등 인도적 문제 조속 해결. ④ 경제협력을 통한 민족경제의 균형적 발전과 사회, 문화, 체육, 보건, 환경 등 제 분야의 협력과 교류활성화. ⑤ 상기 합의사항의 조속한 실천을 위해 빠른 시일 내 남북 당국간회담 개최. ⑥ 적절한 시기에 김정일 국방위원장 서울답방.

수 있는가 아니면 주변4강과의 관계 속에서만 이루어질 수 있는 것인가. 또 남북공동선언 이후 남북간은 과연 냉전구조가 해체되어 왔는가 아니면 냉전구조의 본질은 그대로 둔 채 상호 필요성에 의한 한시적 협조나 거래관계만 있는 것인지 등에 대한 판단은 매우 중요하다. 왜냐하면 앞으로의 남북관계 전망이나 한반도의 평화정책 그리고 최근 정치권에서 불거지고 있는 국가보안법 개폐문제 등을 논의함에 있어서 요긴한 지렛대가 될 수 있기 때문이다. 또 한국의 경우 대통령을 비롯한 정치지도자들은 하나같이 북한의 최고 권력자를 만날 것을 희망하고 그 방법을 모색해 왔다. 이러한 현상을 어떻게 볼 것인가에 대한 분석시각에도 도움이 될 것이다. 만에 하나라도 한국의 정치지도자들이 모양 갖추기를 어떻게 하든 속내는 자신의 정치적 입지를 다지기 위해 북한의 최고권력자를 만난다고 할 때는 통일이나 평화체제 문제와 무관한 일종의 정치적 음모로서 엄청난 대가를 지불해야 하고 자칫 평화와 안보에 멍에가 될 수도 있다.

한반도평화는 민족문제이면서 국제적 성격을 띤 이중성 때문에 동북아시아 전체의 질서재편과 맞물려 있으므로 남북공동선언은 주변4강으로 하여금 잠시 새로운 도전과 기회에 직면케 하고 민감한 반응을 일으키게 하는데 충격요법으로서는 충분하였나. 지금 주변 4강은 다시 원섬으로 돌아가 북핵문제를 해결하기 위한 6자회담의 성사여부에 각국의 이해득실을 놓고 저울질 하고 있다. 그러나 2004년 11월 미국 대통령선거에서 유럽의 대부분 국가들이 케리후보의 당선을 희망했지만 주변 4강중 러.중.일 모두 부시후보의 재당선을 희망했다. 러.중.일은 집권2기 부시의 대북 정책방향인 북한 핵의 철저한 봉쇄와 다자회담을 통한 해결방안이라는 원칙에는 동의할 것이다.

오간스키(A. F. K. Organsky)에 의하면 평화란 正義와 일치시켜서도 안 되고 현상유지와 동의어로 생각해서도 안 된다고 하였다.[2] 이것은 평화란 단순하기보다 매우 복잡하고, 정태적으로 고여 있는 것이라기보다는 동태적으로 움직인다는 것을 의미한다.

국가간의 역학관계에서 발생하는 것이 전쟁과 평화라면 각 나라의 국력과 국제사회의 힘의 분포상황은 시간에 따라 변화하기 때문에 한번 주어진 평화가 영구히 지켜질 수 있는 것은 아니다. 이것은 곧 평화를 위해서는 끊임없는 연구와 노력이 주어져야 한다는 것을 의미한다.

이러한 차제에 나온 국민의 정부 '대북포용정책'과 참여정부의 '평화번영정책'은 다같이 평화를 지키고(peace keeping) 평화를 만들어 가는 것(peace making)[3]이란 점에서 그 이전 정권들의 대북정책이나 통일정책과도 크게 다를 바 없다.

평화가 동태적 개념으로 파악되는 한 평화정착을 위한 어떠한 하나의 정책이 유일한 수단으로 존재가치를 지닐 수는 없다. 시간과 환경변화에 따라 평화정책은 가변성을 지닐 수밖에 없기 때문이다. 이러한 점에서는 한민족공동체통일방안과 햇볕정책 그리고 평화번영정책은 동일선상의 단계적상승관계라 볼 수도 있으나 구체적인 수단이나 추진과정에는 당연히 상황변화에 따른 차이가 있다.

특히 地政學的으로 주변 강대국이 탐욕을 낼만한 중요한 위치에 있는 한반도의 경우 평화에 대한 연구가 얼마나 긴요한지는 신라의 건국(B.C. 57년)에서 조선왕조의 마지막 해인 1910년까지 약 2000년 동안 920여 회의 外侵이 있었다[4]는 것으로 미루어 짐작할 수 있다.

---

2) A. F. K. Organsky, 「Word Politics」 2nd edition, New york: Alfred A. Knopf, 1968, pp. 338~376.

3) 「대북정책 관련 쟁점에 대한 설명지침」, 민주평화통일자문회의사무처, 2000년 4월 3일, p. 9.

4) 劉鳳榮, "外寇와 十勝之地", 「白山學會 8號」, 1970, p. 221.

한반도의 평화는 아직도 1953년 7월 27일 체결된 미완성의 정전협정에 의해 불안정하게 유지되고 있는 셈이다. 1972년 '7·4남북공동성명'이 밝힌 자주-평화-민족대단결의 조국통일 3원칙도 남북이 각기 자기편의적 해석을 하다 南은 유신헌법을 만들어 장기집권을, 北은 사회주의헌법을 만들어 권력세습의 길을 걷는 등 '국내용 선언'용으로 이용되고 말았다. 물론 1992년 2월 19일 남북기본합의서5)와 후속협상에 의해 정전상태를 평화상태로 전환할 때까지 정전협정의 효력이 유지된다는 원칙의 확인과 불가침 합의가 있었으나 북한은 이미 이를 지키지 않고 있는 실정이다. 그래서 한반도는 지금도 휴전상태하의 불안정한 평화를 유지하고 있는 것이다.

이것은 남북의 평화문제는 고정 불변적인 규범이나 장치에 의해서라기보다 그때그때의 정책대안과 주변4강의 정세 그리고 동북아질서 유지자의 對한반도정책 등에 의해서 유지되는 불안한 상황에 놓여 있다는 것을 의미한다.

가까운 현대사만 보더라도 분단 직후의 '좌우합작운동'으로부터 '남북기본합의서'에 이르기까지 여러 차례의 남북간 공식·비공식 접촉과 회담을 통해 유의미한 평화관련 공동선언을 발표했지만 남북간의 평화와 분단문제를 해결할 공통된 정책방안을 만들지 못하고 도중하차한 경우가 너 많았다. 더욱이 주변4상의 對한반도정책이 한반도의 평화정착보다 그들의 對동북아정책을 위한 떠받치기 위한 수단으로서의 의미가 더욱 강할 경우 남북간의 합의만으로는 한반도평화체제구축의 실효성이 별로 없게 된다.

이러한 관점에서 본 장에서는 한반도 평화문제에 관한 한 주

---

5) 남북기본합의서 제1장 제5조: 남과 북은 현 정전상태를 남북 사이의 공고한 평화상태로 전환시키기 위하여 공동으로 노력하며 이러한 평화상태가 이룩될 때까지 현 군사정전협정을 준수한다.

변4강의 對한반도정책과 남북간의 합의가 맞물릴 경우에 한반도 평화정착이 가능하다는 것을 증거 해 내고 그에 따른 적절한 방안을 도출하기 위해 토대가 되는 선결과제를 연구하는데 중점을 두기로 한다.

아래에서는 모겐소(H. J. Morgenthau)의 현실주의이론(realist)[6]을 바탕으로 하고, 전쟁이론으로서 오간스키의 힘의 轉移이론(power transition theory), 평화이론으로서 세계정부론(world government)·집단안보이론(collective security)·세력균형이론(balance of power)·상호의존이론(interdependency theory) 등을 염두에 두면서 한반도의 평화체제구축을 위한 인프라구축을 위해 선결과제에 중점을 두고 서술하기로 한다.

Ⅱ. 한반도의 地政學과 평화논쟁

한반도는 대륙세력과 해양세력을 맞닿게 하는 연결고리 지점에 위치해 있다. 그래서 대륙세력이든 해양세력이든 그들의 세력을 확대하거나 방어하려고 할 때 한반도는 젖줄과 같아서 1차적으로 공략대상이 되는 지정학적 특수성을 지니게 된다. 더욱이 한반도는 동북아의 허브국가로서 지정학적 중요성에 비해 취약한 국력과 체제 때문에 전쟁과 외침이 끊이지 않았다는 점에서 한반도에서의 전쟁과 평화논쟁은 특별한 의미를 지닌다.

---

6) Hans J. Morgenthau, 「POLITICS AMONG NATIONS」-The Sturuggle for Power and Peace-, Fifth Edition, Alfred A.Knopf, Inc., New York, 1973 참조. 이책의 핵심 내용은 국가간의 관계에서 힘으로 뒷받침되지 않는 평화란 있을 수 없고, 국력에 맞는 각국의 적절한 역할과 정책만이 세계평화의 길임을 역설하고 있다.

삼국시대 외침은 대륙에서 110회, 해양에서 33회로 총 143회나 된다. 또 고려시대에는 대륙에서 125회, 해양에서 292회 등 총 417회로서 평균 1년에 1회 정도나 외침을 받았다. 조선시대 역시 대륙에서 192회, 해양에서 168회 총 360회로 평균 1년 半이 못되어 한 번씩 난리를 겪은 셈이다.[7]

사실 중국왕조로서 우리를 노골적으로 침공하지 않는 나라는 晋·宋·明뿐이다. 晋과 宋은 그 국력이 우리를 쳐들어 올 만큼 되지 못했고, 明은 우리의 현명한 외교에 의해서 그 侵攻을 미리 막을 수 있었다. 해양방면에서의 외침은 거의가 일본이었으나 근세에 와서는 프랑스와 영국, 미국의 침공도 있었다.

이에 반해 이웃나라 일본은 그 본토에 외국침입이 거의 없었다는 것은 우리에게 무엇을 의미하는 것일까. 첫째, 일본은 해양국가로서 지정학적으로 한반도만큼 중요한 위치에 있지 않았기 때문에 그만큼 강대국들의 야욕의 대상이 되지 않았다. 둘째, 지정학적으로 중요한 위치에 있는 데도 불구하고 평화와 전쟁에 대한 철저한 연구와 대비로서 국력을 강화하지 않았다.

이러한 점에서 평화란 국력과 외교라는 두 기둥을 버팀목으로 해 존재하는 생명체나 다름없다. 평화란 살아있는 생명체이기에 생성과 소멸사이를 반복하는 것이지 한자리에 영구히 머무는 영구평화란 존재하지 않는다. 따라서 한반도의 평화는 최소한 주변 4강(미·러·중·일)과의 연계 속에서 파악되는 것이 유리한 것이다. 역사적으로 주변 강대국들의 利害에 따라 한반도의 현상유지정책 여부가 결정되어 왔던 것도 지정학적 중요성에 비해 국력이 취약했기 때문이다. 이에 반해 일본은 四面이 해양에 노출되어 四面楚歌의 입장에서 침공 받을 가능성이 높다는 전제하에 언제나 '선제공격의 준비가 최상의 전쟁방어책' 이라는 현실주의

---

7) 劉鳳榮, *op. cit.*

적 대응책으로 힘을 키워 주변국의 침략야욕을 주저하게 하는 일종의 섬근성(insularism)으로 평화를 유지해 왔다.

지정학적 입장에서는 지금도 한반도가 동북아질서 재편의 중요한 위치에 있기에 한반도의 평화문제 자체가 한반도 못지않게 주변 강대국들의 연구대상이 되어 왔던 것이다. 주변 강대국들의 한반도 연구가 정형적이지 못한 것은 각국마다 자국의 최대이익 수혜의 입장에서 수립한 대외정책과 대한반도정책이 맞물려 있기 때문이다. 예컨대, 한·미간에는 동북아지역의 패권세력 등장 저지라는 점에서는 이해가 일치하나 이를 추진하는 과정에서 전략적 우선순위에 차이가 있다. 그래서 대북정책이나 한반도의 평화정착 등에 '한·미 공조체제'의 확립이 말과 같이 쉽지 않다. 한반도의 평화정착에 대해 미국은 세계전략→동북아전략→한반도전략의 접근 순이고 한국은 한반도전략→동북아전략→세계전략의 접근 순으로 정책안을 정한다.

또한 미국은 세계질서 유지자로서 세계지배전략의 차원에서 북한의 대량살상무기 확산방지책을 추진한다. 또 중국을 견제하기 위해 미국의 한반도 영향력확대라는 차원의 동북아지배전략이 상위정책 목표이고, 남북한 긴장완화와 관계개선은 상위정책 목표의 범주 내에서 추진하는 것이다. 이에 반해 한국은 남북관계의 실질적 개선과 평화정착을 의미하는 한반도전략을 최우선 순위에 두고 있다.

미국·러시아·중국·일본 등 한반도의 주변국이 요구하는 한반도의 평화와 한국이 요구하는 한반도의 평화가 다르다. 남북한 간에도 한반도평화의 개념과 추진방법이 현재로서는 서로 다르다. 이러한 어려움 때문에 6.15남북공동선언에서도 가장 중요한 한반도의 평화문제에 대해서는 구체적인 조항을 설정하지 못했다[8]고 본다.

갈퉁(Johan Galtung)은 평화를 소극적 평화와 적극적 평화로 유형화하였다.9) 소극적 평화란 전쟁의 부재 또는 회피상태를 의미하고 적극적 평화란 모든 갈등과 분쟁을 무력에 의해서가 아니라 토론과 타협을 통해 해결할 수 있는 인간공동체를 형성해 가는 과정을 의미한다.

한반도에서의 평화는 단순히 남북한간의 전쟁이나 갈등관계의 부재만을 의미하는 것이 아니라 갈퉁의 적극적 의미의 평화상태를 실현하는 것을 함께 포함해야 한다. 즉 남북한간의 분단상태를 극복하여 하나의 통일된 민족공동체를 실현하는 과정과 수단으로 평화의 의미가 규정될 필요가 있다. 바로 이 점이 한반도 주변강대국의 한반도 평화정책과 한국의 평화정책의 차이점이기도 하다.

북한의 경우 "조선반도에서 주한미군이 철수되고 군사적인 행동이 중지된 가운데 평화상태를 회복하는 상태"10)가 진정한 평화로 보고 있다. 6.15남북공동선언 이후 북한은 김정일 국방위원장에 의해 간헐적으로 주한미군의 현실성을 용인하는 것처럼 보도되고 있는 반면 남북공동선언 이틀 후인 2000년 6월 17일부터 주한미군철수와 연방제 통일방안을 종전처럼 다시 방송을 하기 시작해 정확한 북한의 진의와 평화개념이 무엇인지를 단언하기 어려운 상태이다.11) 만약 김정일의 주한미군 용인발언을 남북공동선언용이라 한다면 북한체제를 위한 실제용은 따로 있다는 말이다. 이렇게 본다면 남북공동선언은 북한당국의 입장에서는 외국에 대한 선전과 남으로부터의 경제적 실리를 챙기는 전술변화

---

8) 송영대, "남북정상회담에 대한 평가", 「민족정론소식」 7, 자유민주민족회의, 2000. 7. 15, pp. 4~5.

9) Johan Galtung, "peace research: past experiences and future perspectives", 「Peace and Social Structure」 Vol. 1, Atlantic Highland: Humanistics Press, 1975~80, pp. 244~262.

10) 「조선말 대사전」, 평양: 사회과학출판사, 1992, p. 109.

11) 2000. 6. 17 문화일보, 6·18 이후의 동아일보·조선일보 등 국내신문 참조.

상의 문제이다.

한국의 경우 주한미군의 주둔은 남북한관계 개선의 걸림돌이 아니라 오히려 북한의 대남도발 억지력(deterrence)으로 작용함으로써 한반도의 평화와 안정은 물론 나아가 동북아 전체의 평화유지에 근간으로 작용하고 있다[12]고 본다. 이것은 남북한간에도 한반도의 평화에 대한 개념과 인식을 달리하고 있음을 말한다. 평화에 대한 개념설정이 다르다는 것은 평화정착을 위한 조건이나 정책대안 그리고 추진방법 등이 모두 다름을 의미하기 때문에 한반도의 평화체제구축은 그만큼 어려운 것이다.

Ⅲ. 한반도 평화체제 구축의 성립조건

1. 국민동의 없는 남북관계의 虛實과 한반도 평화체제

남북공동선언 1주년을 맞아 당시 김대중 대통령은 통일문제는 20년 내지 25년 이후에나 논의하자고 국민들을 설득 시켰고 지금은 오직 평화체제구축에 전념할 때라고 선언하기에 이르렀다. 통일에 대한 기대가치가 너무 높아 수위를 조절한 셈이다. 데다 스카치폴에 의하면 국민들의 기대가치와 현실가치 사이에 갭이 가장 큰 '참을 수 없는 간격'에 이르면 민중봉기나 혁명이 발생할 결정적시기가 된다고 한다.

노무현정권이 들어선 직후 특검에 의해 6.15남북공동선언 관련 남쪽(한국)주역들은 대북비밀송금 의혹 및 비리 때문에 사법처리 되었고, 북쪽(북한)은 핵문제와 테러문제로 인해 국제사회로부터

---

12) 통일교육원, 「통일문답」, 통일부 통일교육원, 1999, pp. 33-34.

고립화 되었다. 2003년 5.15한미공동선언에 의하면 노무현정권은 정경분리를 일부 조정하는 등 햇볕정책의 기조를 벗어나 한미동맹관계를 우선하는 정책으로 선회를 해버린 셈이다.

한국은 자유민주주의 체제이기에 정책결정과정이나 추진과정에 최소한 국민의 대체적인 동의를 구해야 한다. 6.15공동선언은 사전에 국민적 여론을 구하지 않았고 의회의 동의조차 구하지 않았다. 이것은 자유민주주체제의 본질에 반할 뿐 아니라 사후 공동선언에 대한 국민적 합의도출을 어렵게 하는 원인이 되었다. 바로 이렇게 소수 몇 사람에 의해 음모에 가까운 비민주적 방식으로 남북정상회담을 추진하는 과정에 뛰어든 것이 남쪽의 엄청난 비리와 북쪽의 허구성이다.

북한은 1960년대 '고려연방제' 발표 때부터 1980년대 '고려민주연방제'에 이어 오늘에 이르기까지 미국과 평화협정을 통해 공산화통일을 하는 것이 유일한 방안이라고 명문화하였다. 이러한 가운데 남북공동선언에서 통일문제의 남북간 자주적 해결 주장은 북의 허구성에 불과한 것이다.

대북정책을 수립 추진함에 앞서 다음 몇 가지 조건이 전제되어야 한다. 첫째, 이념을 달리하는 국가 간 동족이라는 것만으로 평화통일이 이루어진 나라가 세계사에 없다. 특히 이념을 달리한 1국2체제 능 어떤 종류의 연방제도 한시적·임시적으로 잠시는 몰라도 국가체계라는 현실에서는 성립되지 않는다. 둘째, 인류역사상 구걸외교에 의해 평화가 보장되거나 얻어진 적도 없다. 셋째, 이념을 달리하는 나라간 통일이란 동독처럼 스스로 붕괴되거나 아니면 전쟁이란 수단을 통해서만 가능했던 것이 역사적 경험이다. 넷째, 현재로서는 미국이 실질적인 세계질서 유지자(balancer)이고 세계경찰(world government)의 역할을 하고 있다.

그동안 역대정권들의 대북정책이 순기능보다는 역기능이 많았던 것은 정책결정과 추진과정을 비공개적 폐쇄적으로 한 탓이다.

참여정부의 평화번영정책이 한반도 평화체제 구축을 우선하고, 교류와 협력을 바탕으로 인도적 지원과 경협을 하며, 북한의 핵제조와 소유를 불용 한다는 원칙론에서는 과거 역대정권의 대북정책과 본질에 있어서 차이가 없다. 단지 평화번영정책은 통일·외교·국방정책 전반을 포괄하는 개념이고, 경협을 군사 분야의 긴장완화와 신뢰구축으로 연결시켜 안보와 경제를 균형발전 시킨다는 점, 한반도평화를 동북아 질서개념에서 파악한다는 점, 국민참여와 국회동의를 바탕으로 추진하겠다고 약속한점 등 추진방법상의 차이를 보이고 있다.

차제에 평화와 통일문제가 역대 대통령마다 독특하게 발표해 상징적 인 정치적 미란다로 활용해 온 점을 정확히 인식할 필요가 있다. 특히 한반도평화체제문제는 국가존망을 가늠하는 지극히 현실적인 문제로서 잠시도 곁눈질 할 수 없는 중차대한 문제이기에 전임대통령과의 차별화를 통한 정치적 입지마련이나 정치위기로부터 국면전환용 상징조작(political manipulation)이 되어서는 안 된다.

2. 평화체제 구축과 성립 조건

현재로서는 한반도 평화체제의 개념과 목적 그리고 구축수단에 대해 남북이 서로 다르고 주변4강 역시 각기 다르다. 그것은 각국이 지정학적으로 이해관계에 있는 한반도의 평화에 대해 그들의 대외전략과 國益이라는 잣대로 설정했기 때문이다. 특히 6.15 남북공동선언이후 북한과 주변4강 모두가 공동선언 정신에 대한 지지표명은 했지만 외교적 수사에 불과한 것이다. 왜냐하면 그들의 기존 대한반도정책은 변화되지 않고 있기 때문이다. 예컨대, 공동선언 제1항에서 통일문제의 자주적 해결과 이에 대한 주변4

강의 지지표명은 한반도평화에 대해 많은 변화를 보여 주는 것 같지만 실제에 있어서는 아무것도 이루어질 것이 없는 허상에 불과하다.

특히 자주성에 대해서 남측은 당사자해결원칙으로, 북측은 외세배격과 주한미군철수 등으로 자기편의적 해석을 하고 있어 공동선언의 실효성이 전무할 뿐 아니라 허구성에 불과하게 된다. 북한핵문제도 지리적으로 한반도에 위치할 뿐이지 문제해결은 한반도를 넘어선 국제원자력기구(IAEA)의 문제이기에 남북간 자주성의 문제는 이미 아닌 것이다. 설상가상으로 북한마저 핵문제는 남북간에 해결할 것을 원치 않는다.

2004년 10월 1일 미국 대통령후보 TV토론회[13])에서 북핵문제가 공화당의 부시(George W. Bush)후보와 민주당의 케리(John Kerry)후보 간 핵심 쟁점으로 떠올랐듯이 한반도의 자주문제를 넘어선 것이다. 또 북핵문제에 대해 부시는 6자회담을 통해서 케리는 미북직접접촉을 통해서 해결한다는 방안을 제시하였다. 그러나 미북직접 해결방식은 한국을 따돌린다는 북한의 전략이 깔려있고, 미국의 역대민주당은 바로 직접접촉이라는 지렛대를 이용해 한국에 많은 것을 요구해왔고 남북을 저울질해 어려움만 가중 시켰지 해결된 것은 아무것도 없었다. 부시가 재선에 성공했

---

13) 미 공화당 조지 W 부시 대통령과 민주당 존 케리 상원의원의 첫번째 대통령후보 TV토론회에서 북한의 핵 개발 문제가 핵심 쟁점으로 떠올랐다. 케리 후보는 "부시 대통령은 대량살상무기를 용납할 수 없다며 이라크와 전쟁까지 했지만 북한은 지금 4~7개의 핵무기를 보유하고 있다"고 말했다. 또 "내가 대통령이 되면 즉각 북한과 양자회담을 열어 핵 문제는 물론 휴전협정과 경제 문제, 인권 문제, 장사정포 배치 문제, 비무장지대 문제 등을 모두 테이블에 올려놓겠다."고 약속했다. 이에 대해 부시 대통령은 "우리가 양자회담을 하는 순간 6자회담은 좌초할 것"이라면서 "그것이 바로 김정일이 원하는 것"이라고 주장했다. 그는 "6자회담은 반드시 계속 추진돼야 하고 지금까지 효과가 있었다."면서 "중국을 지렛대로 이용해야 하고 김정일이 약속을 지키지 않는다면 미국에 대해서만이 아니라 중국에 대해서도 잘못하는 셈이 된다."고 말했다.

기에 남북관계의 기조는 크게 바뀌지 않은 상태에서 6자회담이 계속될 것으로 예상된다. 부시팀은 북한 핵이 양자간의 접촉으로 절대 풀리지 않을 것으로 보고 있기 때문이다.

주변4강국들은 남북공동선언에 대한 지지표명과는 달리 기존의 對한반도정책을 고수하고 있는 것이다. 특히 미국의 부시대통령은 2002년 2월 17일부터 한·중·일 3국의 정상들과의 회담에서 대량살상무기(WMD: Weapons of Mass Destruction)를 개발하여 테러조직에 판매하는 국가들에 대해 강력하게 응징할 것이라고 했다. 태러조직에 대량살상무기 판매국으로 북한을 포함시키고 있어서 미북전쟁설도 만만치 않게 떠돌고 있는데다 북핵문제까지 걸려 있어서 한반도 평화문제는 시급한 과제이다. 또 미국은 테러리즘이 박멸될 때까지 테러전쟁은 멈추지 않을 것이라고 천명함으로써 미국과 북한간의 갈등은 현재로서는 심각한 위기를 맞고 있다. 이것은 한국의 안보문제나 대북문제에 당연히 영향을 미친다.

북한 역시 남북공동선언 이후 '주체89년(2000년)'에서 10월 말경 제작한 것으로 보이는 북한군 「학습참고자료(병사·사관용)」 중 "적에 대한 환상을 없애고 계급의 총창(銃槍)은 더욱 날카롭게 벼릴 데에 대하여"란 문서에서 다음과 같이 제시하고 있다. 김정일 국방위원장의 "나의 통일관은 본질에 있어서 무력통일관"이라고 인용한 뒤, "군인들은 평화통일과 관련한 그 어떤 말에도 귀를 기울이지 말아야 하며, 적들의 속임수에 넘어가 평화통일에 대해 사소하게나마 미련을 가져서도 절대 안 된다."면서 "오직 총대만이 남녘땅을 해방하고 조국을 통일하는 유일한 길이라는 철석같은 신념과 신조를 가지라"고 강조했다. 문서는 또 "적에 대한 환상은 죽음"이라는 김 위원장의 말을 인용하면서, 이라크를 예로 들어, "적에게 기대를 가지고 타협의 길로 나가게 되면 파멸에 이르게 된다"고 강조하고, "당이 평화통일 구호를 높이 들수록 군대는 싸울 준비를 더욱 다그쳐야 하며, 우선적으로 전투정치훈련을 강화하라"고 지시했다.14)

그러나 국제사회로 하여금 테러지원국가·깡패국가(rogue state)·악의 축(axis of evil)으로 지목 받은 이라크는 미국과의 전쟁개시 6주동안 엄청난 파괴와 전상자를 낸 끝에 결국 2003년 5월 1일 패전국으로 후세인정권은 막을 내렸다. 인류적 입장에서 세계적인 반전운동도 일어났지만 독재자의 말로라는 평가도 만만치 않았다. 후세인정권은 막을 내렸지만 테러전은 지금도 계속되고 있어서 미국의 요청에 의해 한국은 자이툰부대를 이락에 파병하였다.

자국의 이익이라는 관점에서 보면 나라마다 기존평화정책의 변화는 매우 큰 어려움을 주게 된다. 평화 자체가 동태적 개념이므로 기존의 평화정책의 기조를 유지하기 위해서 안보환경 변화에 민첩하게 대응해야 된다. 따라서 한반도의 평화정책을 수립할 때 북한을 비롯한 주변4강의 변화와 더불어 생각하지 않으면 아무런 의미가 없게 된다.

첫째, 일단은 한국의 시각에서 무엇을 왜 어떻게 라는 평화원칙을 수립하고 1차적으로 북한을, 2차적으로는 주변4강을 설득시켜 나갈 추진전략을 짜야 한다.

이 경우도 가장 난제는 한반도평화체제 구축방안에 대해 미군주둔문제나 국가보안법문제 등에 대해 남북간은 물론 한국마저 정파간·세대간 본질적으로 시각이 다르고 갈등관계에 있다는 점이다. 우선 한반도평화에 대해 남북 간의 갈등관계를 공통이익적인 공존의 평화관계로 변화시켜야 한다. 남북 간 공통이익적인 개념을 도출함에 있어서 셸링(Thomas C. Schelling)의 억제게임(games of deterrence)15)을 도입하는 것이 좋다고 본다. 이 경우도 마치 치킨

---

14) 金正日, 全軍에 무력통일 준비지시, 월간조선, 3월호, 2002. 2.
15) 셸링의 억제게임은 갈등하는 양측간에도 공통이익이 존재한다고 전제하고 이를 지키기 위해 위협과 약속 같은 공약으로서 상대방을 억제하는

게임(game of chicken)16)이나 罪囚의 딜레마(prisoners' dilemm a)17)처럼 상호협력 여부나 自白 여부를 예측하기 어렵기 때문에 정책결정이 쉽지는 않다.

둘째, 한반도 평화체제구축을 위해서는 누가 당사자가 되어야 하느냐가 확실히 정해져야 한다. 한반도의 진정한 평화정착을 위해서는 남북이 당사자가 되어 평화체제를 만들어 내어야 한다. 남북공동성명에서 자주적 해결이라고 하지만 매우 관념적 용어

상황을 말한다. 도이치(Karl W. Deutsch)는 억제이론을 평가하면서도 고의로 無謀性이 창출할 가능성을 비판한다. 예컨대, 치킨게임에서 車窓을 가리거나 운전대를 내팽개치는 측이 승리하리라는 기대에서 무모성이 나올 수 있다는 것이다.

16) 치킨게임은 可變總計게임의 한 모델로서 한적한 도로상에서 A와 B가 마주보고 고속으로 자동차를 몰아 용기를 겨루는데, 충돌을 피하기 위해 먼저 방향을 트는 편은 치킨(chicken:졸장부)이라고 조롱을 받으며, 계속 정진하는 보다 무모한 편이 승리하여 영웅 대접을 받는다. 치킨게임에서 AB의 정면충돌에서 오는 부정적보상이 가장크다. 치킨게임에서는 ① AB 모두 길을 벗어나는것(상호협동) ②B배신 A협동 ③ B협동 A배신 ④ AB 모두배신의 유형이 가능하다. A와 B가 모두 합리적이라면 그들은 배신의 결과가 협동의 결과보다 훨씬 두려운 것이기 때문에, 이 경우 합리적이고도 자위적인 해결책은 각기 방향을 돌림으로서 상호협동의 결과를 낳는다. 국제정치에서 이와 같은 전략은 강경노선 보다 온건노선을 택한다.

17) 죄수의 딜레마는 可變總計게임의 한 모델로서 치킨게임 보다 더 현실적이다. 죄수의 딜레마는 ①AB죄수 모두 침묵→석방 ②A침묵 B자백→B는 자유와 보상금, A는 重刑 ③AB 모두자백→보다 가벼운 刑을 받는 유형이 있다. 두 죄수는 격리되며 하등의 커뮤니케이션과 의견조정의 수단이 없다. 이와 같은 갈등상황에서 합리적 해결책이란 서로 침묵을 지켜 협동함으로써 모두 긍정적 보상을 얻을 수 있음에도 불구하고 상대방의 배신에서 오는 부정적 보상이 너무 크기 때문에 A와 B는 모두 자백을 한다는 것이다. 중요한 것은 계속되는 게임의 결과에 가장 영향을 미치는 초기 몇 번의 플레이의 제어효과(lock-in effect), 항상 배신하는 냉소자(cynics)와 항상 협동하는 순교자(martyrs)는 죄수의 딜레마 게임에서 패배할 것을 알게 된다. 가장 성공적인 전략은 협동을 주도하고 보답 받는 한 이를 계속하며, 배신이 빈번하게 계속될 때는 보복하며, 그러나 상호 협동으로 전환하기 위하여 자주 2~3회의 협동적 手(move)를 취한다.

선택에 불과해 여전히 문제는 남아 있다. 북한은 지금도 휴전협정 조인당사국 문제나 군사작전권 문제를 들어 한반도평화문제를 미·북이 당사자가 되어 해결해야 한다고 주장한다. 주변4강 역시 마찬가지로 남북이 한반도평화의 당사자라는 것을 확인해 주지 않는 상태에서 도와주겠다고 말만 하고 있다.

셋째, 평화의 개념은 전쟁회피라는 소극적 개념에서 인적 유대라는 적극적 개념으로 바뀌어야 한다. 이러한 관점에서 정전체제는 평화체제로 대체되어야 하고, 적극적 개념으로서 남북한의 공존·공영을 지향하는 것이어야 한다.

넷째, 평화체제는 당연히 남북한간에 남북한의 평화공존을 위해 군사적 신뢰구축과 군비통제를 위한 기능수행이 가능해야 한다. 군비통제는 군비동결, 군사력재배치, 군사훈련축소, 군축 등을 포함한 넓은 의미로 해석되어야 한다.

다섯째, 평화체제는 점진적으로 남북한 분단구조를 극복하고 평화통일을 실현시킬 수 있는 분위기와 여건을 마련하는데 긍정적인 역할을 할 수 있어야 한다. 여기에는 비무장지대의 평화적 이용이나 남북한간의 외교적 대결종식, 정치적 신뢰구축에 필요한 기능수행이 포함되어야 한다.[18]

여섯째, 旣說한 바와 같이 한반도의 평화체제는 민족문제이자 동시에 국제문제라는 특수한 의미를 지니므로 남북은 물론 국제적 보장체제까지 확보해야만 보다 완벽한 평화체제를 일구어 낼 수 있다. 이를 위해 한국은 동북아 국가들과 경제와 군사적 결속력을 높여야 한다. 그리고 동북아 간 문화교류 확대와 청소년 교류를 비롯한 인적교류를 확대해 나가야 한다.

---

18) 신정현, "평화체제구축과 국가안보", 「평화체제구축과 국가안보-패러다임의 변화와 지속-」, 한국북방학회, 99년도 상반기 한국북방학회 학술토론회(1999.6.11), p. 27.

Ⅳ. 한반도 평화체제 선결과제와 주변 4강의 인식

현재로서는 한반도의 평화체제에 대해 利害당사자 6개국(남·북·미·러·중·일) 모두가 다른 배경과 논리에 의해 다른 정책방안을 가지고 있다. 이러한 문제의식에서 보면 아무리 대단한 한반도 평화정착 방안을 제시한다 해도 이해당사국간은 양보하지 않는 한 물과 기름처럼 섞일 수가 없는 방안이 됨으로 실현 가능한 항구적인 평화체제구축을 위한 길을 마련하기 어렵게 된다. 즉, 갈퉁의 적극적 평화개념은 성립되지 않는다.

한반도의 냉전체제를 평화체제로 유도하기 위해 정전체제를 평화체제로 전환하려는 제도적 조치나, 共存을 위한 실질적이고 본질적인 對한반도정책의 변화가 없는 가운데 '6·15남북공동선언' 이후 평화문제에 엄청난 변화가 있을 것처럼 인식하는 것은 자칫 안보정책을 잘못 설정할 가능성이 있다. 특히 북한의 김정일 국방위원장은 8월 12일 남한 언론사 사장단과의 오찬에서 행한 소위 '제2차 김정일 쇼크'라 불리는 전향적 발언은 예상보다 훨씬 파격적이어서 진의여부가 의심스럽기조차 했다.19) 그 이후 일련의 남북관계추진 과정에서 김정일의 전향적 발언은 의심을 했던 것처럼 지켜지지 않았으며 원맨쇼를 통한 위장전술에 불과했다. 결과적으로 김정일은 우리의 언론사 사장단들을 희롱한 셈이고 언론사들은 김정일의 손바닥에서 놀아난 셈이다. 아니 언론의 사명을 잊고 정권 측에 놀아난 부끄러운 일이 아닐 수 없다. 문제는 그럼에도 불구하고 한반도 평화체제 구축을 위해 김정일

---

19) 2000년 8월 14일 문화일보, 2000년 8월 15일 조선일보 본문 및 사설 참조. 특히 이산가족 주거지 방문, 백두산·한라산 교차관광, 직항로개설, 노동당규약 개정, 조속한 시일 내 서울답방, 장관급회담의 획기적 진전, 미사일개발문제, 외교부문(북미, 북일간의 수교문제) 등에 대한 피력.

정권과 끊임없는 접촉을 해야 한다는데 있다.

이러한 일련의 교류와 협력관계는 물론 공동선언의 지지나 화해의 다짐 등 그 자체가 바로 평화체제로 이행되는 것은 아니다. 그러나 이들이 순기능할 경우 파생되는 민족역량결집을 통해 남북과 주변4강의 정부로 하여금 한반도의 평화체제로의 길을 트게 하는데 조력과 압력행사를 할 수는 있다. 즉 남북정부에는 세계의 보편적 가치인 민주주의와 시장주의가 지향하는 평화체제, 주변4강 정부에는 1차적으로 한반도의 평화통일에 유익한 평화체제 보장으로의 정책전환을 유도하는 데 심리적 압박을 가할 수 있게 된다. 그렇다고 문제해결이 완결된 것은 아니다. 한반도평화체제에 대해 同床異夢격인 6개국간의 주장에 최소한의 공분모라도 형성되어야 비로소 논의의 의미가 있게 된다. 공분모가 발생하려면 적어도 평화체제의 핵심쟁점 중 토대(infra structure)에 해당하는 몇 개의 선결과제에 대한 논의가 있어야 한다. 한반도평화체제에 대해 남북한간도 개념과 논리적 배경을 달리하고 있는 입장에 주변 4강국에 대해 남북이익적인 한반평화체제구축을 위해 협력적 동반자관계를 기대한다는 것은 국제정치의 기본원리에도 벗어나는 것이 된다.

아래에서는 한반도평화체제구축을 위한 노력과 정책대안이 허구가 아닌 실효성을 가지기 위해 핵심적인 선결과제를 쟁점별로 살펴보기로 한다.

1. 등가와 비등가, 힘의 균형과 힘의 우위 논쟁

한반도 평화를 위해 북한을 지원할 경우 북한을 일방적 또는 非等價로 도와주어 힘의 균형분포 상태를 이루는 것이 평화정착에 도움이 되느냐 안되느냐로 나누어져 있다. 대체로 보수적 성향을 지닌 측은 북한이 공산화통일을 위한 대남전선전술을 수정하지 않는 상태에서 우리의 무조건적 비등가지원은 군량미나 군수물자로 전용될 가능성 때문에 북한정권이 평화보다는 전쟁을 선택할 여지를 높여주거나, 북의 김정일 독재정권의 연장 또는 생존수단으로 작용할 수 있다고 주장한다.[20] 이에 반해 진보적 성향을 지닌 측은 상호주의보다는 일방적 또는 비등가적 지원이 오히려 평화와 통일을 이끌어 내는데 도움이 된다고 주장하고 있다.[21]

이러한 논쟁 자체는 정책결정과정의 신중과 민주적 절차로서 바람직하기는 하다. 문제는 권위당국자 측이 어느 쪽으로 정책결정을 하든 우리사회의 다른 한쪽이 승복을 하지 않을 만큼 팽팽한 대결구도를 이루고 있는 실정이다. 김대중정권과 노무현정권의 핵심인사나 그 언저리에 있는 인사들은 인도적이냐의 여부를 묻지 않고 비인도적인 것도 인도적이란 이름으로 비등가를 원칙으로 지원을 추진하였다.

그러나 인도적 분야는 비등가, 비인도적 분야는 등가와 상대주의 원칙을 존중하되 인도적 분야도 배분과정의 투명성과 공개성이 보장되어야 한다. 힘의 배분과 분쟁가능성 간의 관계를 설명하는 국제정치학의 '세력균형'이론(balance of power)과 '힘의 전이'이론(power transition theory) 간에도 평화와 전쟁발생 가능성에 대해 주장을 달리하고 있어 논쟁의 대상이 되고 있다. 세력

---

20) ① 현대코리아 2000년 6·7월호 권두언 ② "외투를 벗은 것은 南", 民族正論소식 7, 2000. 7, p. 9. ③ 정용석, "동아일보 사설을 재음미한다", Ibid., p. 11. ④ 기 소르망(Guy Sorman), "북한의 성공한 드라마", Ibid., p. 8.
21) 국민의정부에 참여한 소장학자들의 대부분은 비등가설 또는 무조건 지원을 주장한다.
　　김영환, …나는 통일비용이라는 말에 심히 불쾌감을 갖고 있다. 우리는 북한과 북한사람들에 대해 아무런 조건 없이 헌신적으로 도와주려는 자세를 가져야 한다. … "북한을 공격적으로 포용하라", 「신동아」 8월호, 2000. 8.

균형이론은 갈등관계에 있는 국가간 '힘의 균형'(power parity)이 유지될 때 전쟁가능성이 감소되고 체제의 안정과 평화를 기할 수 있다. 이에 반해 힘의전이이론은 갈등관계에 있는 국가간에 어느 한쪽이 다른 한쪽에 비해 힘의 '압도적 우위'(power preponderance)를 유지할 때 전쟁의 가능성이 감소하고 평화가 유지 된다[22]고 보는 것이다.

세력균형이론은 국제체제를 일종의 무정부상태(a state of anarchy)로 인식하기 때문에 정치·경제·군사적 힘의 균형이 체제의 안정과 평화를 산출한다고 보는 것이다. 이 이론의 주장대로라면 어느 한쪽이 힘이 강대해져 상대쪽을 압도하게 되면 이 우세한 힘으로 상대를 공격하여 굴복시키려 하기 때문에 전쟁이 일어난다는 것이다. 이때 힘이 강한 쪽이 공격자가 된다.

힘의전이이론은 국제체제를 근본적으로 힘의 배분이 '상당히 불균형한 계층체계'(a highly skewed hierarchy)로 인식하기 때문에 힘의 압도적 우위를 차지하고 있는 초강대국이 존재할 경우 체제의 안정과 평화유지의 가능성이 높다고 보는 것이다. 따라서 서로 '대결하고 있는 국가집단'(contending groups of nations) 간에 정치·경제·군사력의 균등분배는 오히려 전쟁 가능성의 확률이 더 높다. 이 이론에 의하면 평화는 국가간의 국력의 불균형의 차이가 클수록 가장 잘 유지된다.

이에 대해 오간스키와 쿠글러(Jacek Kugler)는 전쟁발생과 힘의 배분 간의 상관관계를 실제 있었던 세계사의 전쟁기록을 통해 어느 이론이 적실성이 더 높았는가를 검증하였다. 그 결과는 다음과 같다.[23] 세력균형이론은 주로 약소국群에서 적실성이 높

---

22) A. F. K. Organsky and Jacek Kugler, 「The War Ledger」, Chicago: Univ. of Chicago Press, 1980. Robert E. Bohrer & Alexander C. Tan, " Balance of power and Korean Peninsula", 「The Journal of East Asian Affars」, pp. 44~45에서 재인용.
23) 구체적인 검증과정과 결과는 다음을 참조. Organsky & Kugler, Ibid.,

았고, 힘의전이이론은 주로 강대국群에서 적실성이 높았다. 그렇다고 이러한 검증결과를 일반화할 만큼 모든 케이스에 다 들어맞는 것은 아니다. 어떠한 경우는 힘의 분배가 균등할 때도 전쟁이 일어났고, 불균등할 때도 전쟁은 일어났으며 특수한 경우는 힘의 분배상태와 관계없이 전쟁이 안 일어나기도 했다.

한국에서 역대 정부의 대북정책을 평가할 때 주로 보수주의자들은 힘의전이이론, 진보주의자들은 세력균형이론의 편에서 남북간의 평화와 안보문제를 보려는 경향 때문에 견해차이보다 편가름하는 경향마저 있어 심지어는 타협을 모르는 국론분열로 이어지기도 했다. 결국 힘의 전이와 세력균형은 이율배반적 선택의 문제가 아니라 한 국가의 평화정책을 수립함에 있어서 배합의 문제로 보아야 할 것이다.

한반도의 평화체제구축을 위한 정책방안을 만들 때 세력균형과 힘의 전이 간의 관계설정 및 배합정도를 명확히 해야 한다. 또 적실성을 높이고 국론분열을 피하기 위하여 평화체제구축을 위한 대북정책을 결정할 때 힘의 균형이냐 힘의 전이냐 그 선택배경(이론적 근거)과 사안에 따라 배합을 명확히 하여 국민들에게 설득하고 합의기반을 조성할 필요가 있다.

2. 남북한의 평화체제에 대한 인식과 당사자문제

한반도 평화체제구축 문제에 있어서 당사자문제의 중요성은 아무리 강조해도 지나치지 않다. 논의의 당사자가 누구냐에 따라 평화의 개념과 내용 그리고 방법을 달리하고 있기 때문이다. 한반도 利害관련 각국이 자국의 이익과 대외정책 목표에 따라 평화

---

pp. 50~52.

의 개념과 내용 그리고 평화체제구축 방안을 政略차원에서 설정하고 있다는 것은 당연하다. 따라서 한반도평화 논의에 앞서 한국입장에서의 평화개념과 내용 그리고 평화체제구축 방안을 먼저 설정하여야 한다. 다음은 이것을 궁극적으로 실천하기 위해서는 '주 당사자'와 '협력적 당사자'를 확정해 접근해 나가야 한다.

현재 한반도 평화체제구축이라는 동일한 의제(agenda)를 놓고 한국과 북한 그리고 주변4强(미·러·중·일) 간에 논의의 당사자가 누구냐라는 설정도 각각 다르다. 그동안 남북한은 한반도 평화체제구축을 위한 선결과제로서 논의의 당사자가 누구이어야 하느냐에 대한 합의 없이 여러 형태의 남북접촉과 회담을 수차에 걸쳐 해왔다. 이렇게 당사자에 대한 합의가 없는 가운데 평화에 대한 남북관계는 결국 알맹이가 없는 설전이 되거나, 아니면 평화의 과실은 없지만 남북 각자가 처한 국내의 국면전환용을 위한 정치선언장이 된다. 그러나 이것은 남북 당국자들이 정치생명을 유지하기 위한 정치적 음모로서 국민기만에 해당된다.

(1) 한 국

한국은 1974년 8월 15일 평화통일 3대 기본원칙24)에서 한반도의 평화정착을 위해 남북대회를 성실히 진행시켜야 한다는 공식 발표 이후 평화의 당사자가 남과 북임을 확실하게 하고 있다.

---

24) 74. 8. 15 박정희 대통령은 광복절기념사를 통해 평화통일 3대 기본원칙을 발표하였다.
　　① 한반도에 평화를 정착시켜야 한다. 이를 위하여 남북은 상호불가침 협정을 체결하여야 한다.
　　② 남북간의 상호문호를 개방하고 신뢰를 회복해야 한다. 이를 위하여 남북대화를 성실히 진행시켜야 하며, 다각적인 교류와 협력이 이루어져야 한다.
　　③ 이 바탕 위에서 공정한 선거관리와 감시 하에 토착인구비례에 의한 남북한 자유총선거를 실시하여 통일을 이룩한다.

1982년 1월 22일 정부는 '민족화합 민주통일 방안'을 발표하고 이를 실천키 위해 남북한 대표들로 민족통일협의회를 구성하여 국호, 정치이념, 정부형태, 대내외 정책의 기본방향, 정부형태, 총선거의 방법과 절차 등의 문제를 남북이 상호 협의한 후 해결한다[25]는 것이다.

1988년 '7·7선언'을 통해 북한을 대결의 상대가 아니라 '선의의 동반자'로 간주하고, 남북간 인적·물적 교류협력을 하자고 제의하였다.[26] 이것은 한반도의 평화는 남북이 주 당사자가 되어야 한다는 것을 나타내는 말이 된다.

1994년 8월 15일 제시된 '민족공동체 통일방안'[27]에서 남북연합단계는 남북이 상호신뢰를 더욱 다지면서 평화정착과 민족의 동질화를 촉진시켜 나가야 하는 단계라고 설정하고 있다. 이것은 통일문제를 풀어 가는 정책추진의 주체는 남과 북이 당사자가 되어야 한다는 뜻이다. 1995년 대통령의 광복 50주년 경축사에서 한반도 평화정착을 위한 남북당사자 해결원칙을 분명히 명시하였다.[28]

金大中정부는 한반도문제를 민족 내부문제인 동시에 국제문제로 보고 있다. 이는 한반도 문제의 해결을 위해서는 미국·일본·중국·러시아를 비롯한 국제사회의 협력과 지지가 필요하다는 것을 의미한다.[29] 한반도의 평화와 통일 문제에 있어서 미국·일본·중국·러시아를 협력과 지지의 대상이라고 한 이면에는 직접적인 문제해결의 당사자는 '남과 북'이라는 것을 의미한다고 보아야 한다. 또 남북공동선언 1항인 '한반도 통일문제의 자주적 해결'

---

25) 대통령비서실, 「전두환 대통령 연설문집 2」, 1988, pp. 46~48.
26) 대통령비서실, 「노태우 대통령 연설문집 2」, 1990, pp. 255~263.
27) 통일원, 「8·15 대통령 경축사 해설자료」, 1994 참조.
28) 송대성, 「한반도 평화체제」, 서울: 세종연구소, 1988, 참조.
29) 大統領秘書室, "한반도 평화와 공존공영의 길" 「金大中大統領演說文集」, 2000. 2. p. 275.

이란 "남북한이 주변국과 모두 좋은 관계를 맺으며, 이들의 지지와 협력 속에 남북이 당사자원칙에 따라 협력함으로써 한반도문제를 풀어 가자는 원칙이다."30) 한국은 한반도통일문제는 물론 그 전제인 한반도평화체제구축 논의의 주 당사자를 남북당국으로 보고 있다는 뜻이 된다.

요컨대 한국은 74년 이래 일관되게 한반도평화체제구축 논의의 주 당사자는 남북당국이어야 한다고 공식화해왔다. 김대중정권의 '주 당사자'는 남·북, '협력적 당사자'는 주변4강국인 미·러·중·일이라는 '2+4의 형태'를 취한 것도 74년도 대북정책과 동일선상에서 좀더 현실화 시킨 것이다.

노무현대통령은 2004년 8.15경축사에서 "지난 2000년 '6·15 남북 공동선언'은 남북한만의 합의가 아니라 세계를 향한 평화의 약속이었던 만큼 반드시 지켜져야 한다."며 "우리는 현재 추진 중인 각종 협력사업을 계속 추진해 나가고 금강산 관광사업도 계속되도록 하겠다."고 함으로서 主당사자는 남북이 됨을 나타낸 것이다.

단지 한반도평화체제 문제를 박정희정권부터 김영삼정권 때까지는 통일정책의 일환으로, 김대중정권 때에는 대북정책의 일환으로, 노무현 정권에서는 동북아질서 차원에서 남북관계를 보려하는 평화번영정책의 일환으로 다루었다.

⑵ 북 한

북한은 1960년 8월 14일 김일성의 해방 15주년 경축사 前夜祭 연설을 통해 제시한 '연방제통일안'에 평화체제구축을 위한 논의의 주 당사자는 북한과 미국 당국이 되어야 한다고 지목한 이

---

30) 「남북공동선언 쟁점과 설명 관점」, 민주평통자문회의사무처, 2000. 7. 12, p. 3.

래 오늘까지 이르고 있다.

‘연방제통일안’에서 미국이나 남조선 당국자들은 조선의 통일을 지연시키고 분열을 영구화하기 위해 두 개의 조선정책을 들고 나왔다고 비판하면서도 한반도에서 긴장상태를 완화하고 전쟁위협을 제거하는 문제는 미국과 정전협정을 평화협정으로 바꿈으로써만 해결될 수 있다고 규정하고 있다.[31]

1980년 10월 10일 조선노동당 제6차 대회에서 김일성은 보고연설을 통해 ‘연방제통일방안’을 개칭한 ‘고려민주연방공화국 통일방안’을 제시하면서 전제조건을 달았다. 즉 김일성은 고려민주연방제통일방안의 전제조건으로서 국가보안법폐지, 각종 반공단체 폐지, 반공정부타도, 주한미군철수, 북한과 미국 간에 평화협정체결 등을 제시하였다.[32] 고려민주연방제 통일의 전제조건으로 제시한 ‘북한과 미국간에 평화협정체결’이란 한반도의 통일문제든 평화문제든 협상 당사자는 남북당국이 아니라 ‘북한과 미국’이 당국자라는 것을 의미한다.

1995년 3월 3일자 북한의 ‘로동신문’에 의하면 “…당사자는 어데 까지나 우리와 미국이다. 정전협정에 도장을 찍은 것도 미국이며 남조선에 있는 무력에 대한 작전지휘권을 장악하고 행사하고 있는 것도 미국이다. 남조선괴뢰들은 미국의 허수아비에 불과하다. …” 이렇게 북한은 일관성 있게 한반도 평화정착을 위한 당사자는 북한과 미국이 되어야 한다고 주장하고 있다.

북한이 한반도의 평화정착을 위한 당사자는 미국이어야 한다고 주장하는 근거는 다음과 같다. 첫째, 북한과 미국은 정전협정에 서명한 당사자이다. 둘째, 미국은 그의 군사력을 남한에 주둔시키고 있기 때문에 실제로 한반도 평화문제는 북한과 미국간에

---

31) 배찬복, “대학에서의 통일대비 교육방안과 대책”, 「大學敎育協議會 論文集」, 한국대학교육협의회, 1996, pp. 106~107.
32) Ibid. 참조

해결되어야 한다. 셋째, 남북한간에는 이미 남북기본합의서와 불가침분야의 부속합의서가 채택되었기 때문에 별도의 평화보장을 위한 협정체결은 불필요하다는 것이다.

1997년 12월 9일 제네바에서 6·25전쟁 당사국인 南·北·美·中의 4자회담[33] 제1차 본회담이 개최된 이후에도 북한은 계속해서 '주한미군철수'와 '북미평화협정' 체결을 조건으로 내걸기에 뚜렷한 성과를 내지 못하고 있다. 특히 98년 10월 21일 제네바에서 열린 제3차 본 회담에서는 '4자회담 공동발표문'과 '분과설립 및 운영에 관한 각서'를 채택하고 '한반도 평화체제구축 분과위원회'와 '한반도 긴장완화분과 위원회' 구성에 대한 합의가 성사되고 99년에는 세 차례의 분과위원회까지 열려 기대가 매우 컸었다.

그러나 여전히 한국은 남북한 당사자의 주도와 미·중의 보장 형식을 주장하는 데 반해 북한은 북미평화협정과 주한미군철수에 4자회담의 목적을 두고 있다. 북한이 북·미 평화협정을 의식해 4자회담은 북·미간에 주도되어야 한다고 설정하는 한 4자회담의 진전도 기대하기 어렵게 되었다.

요컨대, 북한은 한반도평화문제에 대한 논의의 당사자는 북한과 미국이라고 1960년 이래 한결같이 주장해오다 2000년 6·15공동선언 1항에서 남북문제의 '당사자원칙'을 兩정상간 합의발표함으로써 노력여하에 따라서 한반도 평화체제구축 문제가 자주화할 여지가 생겼다. 단지 공동선언에서 평화체제에 대한 언급이나 조항이 빠져 있고 자주화마저 남북간 강조점과 해석에 차이[34]가 있어 현재로서는 당사자문제가 해결되었다고 속단할 수

---

33) 1996년 4월 16일 한·미 정상회담을 통해 정부는 한반도의 평화와 안정 유지를 목적으로 남북한과 미·중이 참가하는 4자회담을 제안하였다. 의제문제에 합의를 이루지 못하다가 제3차 예비회담에서 우리측 안을 받아들여 '한반도 평화체제구축과 긴장완화를 위한 제반문제'로 합의하였다.

34) 당사자문제에 대해 남북국방장관회담 등이 열리는 것 자체가 현실적으로 남북당국이 당사자임을 의미하는 것으로 주장하는 입장과, 북한당국

는 없다. 특히 그 이후 수차의 남북국방장관회담을 하는 동안 평화체제구축을 위한 당사자문제는 언급되지 않았다. 게다가 북의 일방적인 남침으로 인한 서해교전사태[35]와 20여 일 후에 있은 북한의 유감표명을 놓고 또다시 남남갈등이 재연되고 있는[36] 실정이다.

특히 김정일의 답방이 이루어지지 않음으로서 남북공동선언은 기대와는 달리 1회성으로 그쳤고 추상적·포괄적 합의내용을 재

에 의한 자주화의 외세배제론 해석과 남북장관급회담에서의 의제선정 등에서 남북당국이 당사자로 해석할만한 근거가 전혀 없고 북한은 필요성에 의한 전술적 변화 이외 근본적 변화가 없다고 주장하는 입장으로 극명하게 나누어져 있다.

35) 2002년 6월 29일 서해 연평도에서 발생한 북한 함정의 선제공격에 의해 고속정 1척 침몰, 4명 전사, 1명 실종, 19명 부상이라는 결과와 함께 해군의 자존심이 급격히 추락했다. 이에 대해 국회 대정부 질문에서 한나라당 맹형규 의원은 "북한 함정을 격침시키지 못한 것은 국민적 분노의 대상이라며" 서해교전 '완패'의 원인은 군의 손발을 묶은 채 전투에 임하도록 한 청와대와 군 지휘부에 있다"고 주장했다(매일경제, 2002.7.22 참조).

36) 매일경제, 2002. 7. 26 참고
서해교전 사태에 대한 북한의 유감표명을 놓고 정부와 집권당인 민주당 북측의 유감표명을 사과로 받아들이며 이를 평가하고 있으나, 한나라당과 희생 군인들의 유가족 등은 "그게 무슨 사과냐"며 회담을 수용해선 안 된다고 목소리를 높이고 있다
서해교전으로 햇볕정책에 타격을 입은 정부는 북측제의가 온 지 두 시간도 지나기 전에 "사과의 의미를 갖는 것으로 장관급회담을 통해 남북관계를 복원하는 것은 타당하다"는 설명 자료를 낼 정도로 기민함을 보였다. 민주당의 노무현 대통령 후보도 "북측의 태도변화를 긍정 평가한다"고 했고 한화갑 대표는 "북한이 과거와는 달리 진일보한 태도를 보였다"며 평가했다.
그러나 제일야당인 한나라당은 "진정한 사과로 볼 수 없다"면서 "재발방지약속, 가해자 처벌 등에 대한 의사표시가 있어야 한다"고 했다. 이회창 한나라당 대통령 후보도 "(유감표명이) 북한의 진정한 의사인지, 그리고 진의가 무엇인지 신중히 지켜봐야 한다"며 유보적 입장을 보였다. 김종필 자민련 총재는 아예 "그런 게 무슨 사과냐. 다분히 의도적인 도발이었는데 우발적이라고 말도 안 되는 소리를 하고 있다"고 평가절하 했다.

확인하고 구체화할 기회마저 주어지지 않았다.

이것은 당사자문제의 자주화가 그만큼 어렵다는 것을 뜻한다. 한반도평화문제에 있어서 한반도 이익적인 평화제체제제구축을 놓고 방법론에서 남북의 견해가 다르다는 것을 단적으로 드러내는 대목이기도 하다. 어쨌든 북한당국은 당사자문제를 아직은 남북으로 인정할 의향이 없다는 것을 의미한다. 북핵문제를 다룬 2001년의 북미기본합의서(Agreed Framework between the Democratic People's Republic of Korea and the United States of America), 2003년 '베이징회담'에서도 북한은 적극적으로 한국을 배제시켰다. 미상원의 '북한인권법안' 처리로 북핵문제와 한반도평화문제를 다룰 2004년 6자회담(한국·북한·미국·중국·러시아·일본)은 3차에 걸쳐 열린 이후 일단 미궁으로 빠졌지만 남북이 주도적 역할을 하지 못하였다.

3. 주변 4강의 평화체제에 대한 인식과 당사자 문제

주변4강이라 불리는 미국·러시아·중국·일본은 한반도의 평화문제를 한반도의 입장에서가 아니라 그들 나라의 세계전략이나 최소한 동북아질서체제의 시각에서 그들의 국익에 맞게 설정한다. 동북아는 세계적인 냉전의 해체에도 불구하고 중국과 일본의 새로운 구도의 경쟁, 북한의 핵위기 촉발 등은 심리적 차원에서는 일종의 안보딜레마(security dilemma)에 빠지게 된다. 바로 여기에 주변4강의 한반도 평화문제에 대한 인식이 무엇인가를 확실히 해둘 필요성이 있다. 평화란 동태적이고 살아 움직이는 생물체와 같아서 매우 가변적이지만 현재로서의 주변4강은 한반도의 평화란 동북아의 안정과 평화를 유지하는 선행조건으로만 간주하고 있다.

이러한 인식에 의하면 주변4강은 대체로 한반도의 현상유지정책을 선호하고 있다. 그러므로 주변4강의 한반도평화 개념은 갈등의 소극적 평화로서 더 이상의 변화도 전쟁도 없는 상태로서 현상유지(status quo)를 의미하게 된다. 다시 말해 주변4강은 남북이 전쟁을 '하는 것'도 아니고 '안 하는 것'도 아닌 현재의 불안정한 평화상태를 유지하기를 바라고 있다는 뜻이다.

이에 반해 한국은 갈등의 적극적 평화로서 戰爭回避뿐 아니라 人的紐帶와 통일지향적 개념으로 사용한다. 바로 이 점이 한반도평화에 대한 한국과 주변4강의 차이점이다. 그리하여 한국과 주변4강은 평화체제구축 논의의 당사자 설정을 달리하게 되고 더불어 불안정한 평화는 계속되고 있는 실정이다. 4강의 이러한 시각이 지속되는 한 동북아의 정세변화는 한반도의 평화를 흔들어 놓을 수 있으며 설상가상으로 기설한 바와 같이 평화의 개념과 평화정착의 당사자설정이 남북간에도 다름은 한반도의 평화문제가 남북이 아닌 타국에 의해 그들이 필요로 하는 내용으로 결정된다는 불행한 가설이 성립된다. 이러한 문제에 대한 근본적 해결 없이는 한반도의 안정된 평화정착을 기대하기 어렵게 된다.

요컨대 주변4강이 직·간접적으로 남북관계에 영향을 미치는 한 한반도 평화체제구축은 남북간은 물론 주변4강과의 다자적·쌍무적 공조체제하에서 이루어 낼 수밖에 없다.

(1) 미 국

1) 미구의 대한반도 정책

미국은 세계전략과 동북아전략 구도 하에서 對한반도정책을 결정함은 기설한 바와 같다. 미국은 세계적인 탈냉전과 과다한 경제적 지출을 줄이기 위해 클린턴정부를 전후해 부시정부에 이르기까지 전통적인 양자안보체제에서 다자안보체제로 전환하고 있는 경향을 보이고 있다. 그렇다고 동북아지역에 대한 미국의 패권유지정책 의도가 바뀐 것이라고 볼 수는 없다. 미국의 한반도정책이란 어떠한 경우에도 동북아에서 기득권유지와 영향력 행사를 전제한다는 점에서 현상유지정책의 일환으로서의 다자외교로 해석해야 할 것이다. 단지 2004년 11월 미국대선기간동안 민주당의 케리후보가 북한과의 직접접촉을 통해 북핵문제를 해결하겠다고 하는 양자주의를 후보공약으로 내세웠지만 대선에 실패함으로서 무위로 돌아갔다. 부시가 재선됨으로서 한반도의 주변4강은 모두 다자주의를 선호하게 되었다.

미국의 안보체제전환은 韓·日, 中·日간의 역사적 갈등, 소련붕괴 후 동북아지역에서의 중·일간 세력확장경쟁 등을 감안할 때 다자안보체제로 전환을 하여도 동북아의 집단적인 힘으로 미국에 응수하지 않을 것으로 판단하고 오히려 미국의 동북아지배전략과 세계전략에 유리하다는 판단에서 비롯된 것으로 해석된다.

이러한 맥락에서 미국은 4자회담을 받아들이고 북한을 국제무대에 끌어내어 남북과 4강 간 한반도 평화정착을 논의하도록 유도하였다. 이와 같은 미국의 對한반도정책 전환은 첫째, 남북 등거리외교 가능성과 연착륙정책에 따른 북미관계개선. 둘째, 갈등의 전쟁부재 또는 전쟁회피 등 소극적 평화에 만족할 가능성. 셋째, 미국은 한반도 평화체제구축 논의의 주 당사자가 남북만은 안 되고 미국을 포함한 남북이나 미국과 북한 간이라도 좋다는 결과를 낳게 된다. 넷째, 6자회담에서 미국이 중국과 러시아 일본을 끌어들인 것도 미·중·러·일 모두가 북한의 핵정책(핵소유와 비핵지대화)에 반대하고 있다는 점에서 중·러·일본을 지렛대로 이용하기 위해서이다.

미국의 對한반도정책이란 근본적으로 對세계전략과 對동북아전략의 하적 개념이므로 클린턴정부와 부시정부 간 對한반도정책 기조에는 큰 차이가 없다고 본다. 단지 대외정책의 추진과정이나 추진전략은 상황에 따라 다를 수 있다. 예컨대, 미국의 대북정책 추진과정에서 클린턴정부는 당근(carrot)을, 부시정부는 회초리(stick)를 주로 사용해왔다. 특히 주한미군문제와 국가미사일방위체제(NMD)를 놓고 남북공동선언 이후 중국의 한반도에 대한 영향력확대와 북한의 자세에 대해 경계를 하고 있는 입장이다. 미국정부는 설사 한반도가 통일로의 길을 걷는다 해도 그들의 동북아전략에 변화가 없도록 할 것이다.

미국은 아직 기존의 對한반도정책을 긍정적으로 바꿀 만큼 북한을 신뢰하고 있지 않다. 미국은 경의선 복원에 대해 한국정부의 평가와는 달리 북한이 분계선으로부터 자기들 쪽에서의 공사는 언제 착수할 것인지에 대해 언급하지 않고 있음을 주시하고 있다.37) 이것은 남북관계개선에 대해 한국정부와는 달리 크게 기대하지 않고 있다는 뜻이다.

2) 부시정권의 신보수주의와 대북정책

미국의 전통적 보수주의와 대립되는 개념으로 나온 신보수주의는 미국식 자유민주주의와 시장경제 체제가 도덕적으로 우월한 것이며 이를 전체주의 독재국가에 확산시키기 위해 힘을 바탕으로 전쟁까지도 감수하며 적극 개입해야 한다는 입장에 서 있다. 부시 행정부 출범 당시만 해도 소수 의견에 불과했던 이 같은 주장은 9.11테러 이후 급속히 확산돼 마침내 부시 행정부의 핵심 안보전략으로 자리 잡게 됐다. 실제로 부시정권하의 딕 체니 부통령, 도널드 럼즈펠드 국방장관 및 폴 울포위츠 국방부 부장관, 존 볼튼 국무부 차관, 콘돌리자 라이스 백악관 국가안보보

---

37) 북한에 대한 미국의 불신과 남북관계의 변화에 대한 미국방장관의 회의적 시각에 대해서는 "2000 Report to Congress Military Situation on the Korean Peninsular, September 12, 2000", www.defenselink.mil/news/Sep2000/korea09122000.html 전문을 참조.

좌관 등 미국 정부의 안보 전략을 결정하는 핵심 당국자들이 모두 신보수주의 노선을 걷고 있는 것으로 분석됐다.

신보수주의자들은 팍스 아메리카나(Pax Americana), 즉 미국의 패권에 기반한 국제적 안정을 지향하면서 그 수단으로 압도적 군사력을 지향하고 있다. 럼즈펠드 국방장관이 주한미군을 포함한 해외주둔 미군을 해·공군 위주로 재편하려는 것도 이런 맥락이다. 특히 공격을 받기 전에 미리 위협 요인을 제거하는 '선제공격 독트린(doctrine of preemptive strike), 그리고 국제평화를 위협하는 국가에 대한 '정권교체'를 역설하고 있다. 럼즈펠드 장관은 2003년 4월 북핵문제로 열리고 있는 베이징 3자회담(북미중) 직전 '중국과 손을 잡고 북한 김정일 체제를 전복시켜야 한다'는 내용의 비밀 메모를 회람시키기도 했다.

3) 부시정권의 '선택적 북핵' 제재

2003년 4~6월 사이 한·미, 미·일, 한·일 연쇄 정상회담에서 북핵문제의 평화적 해결 원칙에 합의했음에도 불구하고 미국 주도의 국제적 대북 제재 움직임이 빠른 속도로 진행되고 있다. 9.11테러 이후 테러위협에 단호히 대응해야 한다는 미국 국민의 공감대가 형성돼 있고 '선제공격 독트린'에 대한 적극적 반대도 없다. 부시는 선거이슈로 '테러와의 전쟁'과 '강력한 정부'를 내세운 것이 2004년 재선성공의 결정적 요인이 되었다.

북한이 핵 개발 계획을 포기하라는 국제사회의 요구를 거부하고 사태를 계속 악화시킬 경우 미국은 경제·군사적 제재를 포함한 '추가적 조치'를 검토하게 될 것이며 그 방법은 선제공격(preemptive strike)과 정권교체(regime change)가 될 가능성이 높다.[38] 특히 미국 2004년 대선과정에서 민주당의 케리후보는 북

---

38) 미국의 신보수주의 이념과 전략정책연구, 외교안보연구원, 2003. 6.

핵문제에 대해 부시대통령과는 달리 미·북 양자회담을 제시하고 있지만 경우에 따라서 북한에 대한 선제공격도 할 수 있다고 밝힌 결과는 부시와 마찬가지이다.

부시 행정부는 2001년 출범 당시만 해도 클린턴 행정부의 지나친 국제문제 개입을 비판하며 '방어적 현실주의' 외교노선을 표방했으나 9.11테러 이후 강력한 군사력을 바탕으로 테러세력에 대한 선제공격을 감행해야 한다는 신보수주의 주장을 받아들여 '공세적 현실주의'노선으로 전환했다.

미국이 이라크전에 반대했던 프랑스와 독일까지 끌어들여 대량살상무기(WMD)우려국에 대한 수출봉쇄방안 마련을 위한 10개국회의를 개최하는 것과 때를 맞춰 일본은 북한에 대해 잇따라 강수를 두고 있다. 미국과 일본은 최근 북한선박에 대한 검색을 비롯해 해상봉쇄망 구축에 박차를 가하는 등 강경조치를 취하고 있다. 미국의 북한에 대한 해상추적은 완전한 '입출항제재'(embargo)에는 미치지 못하지만 '선택적 제재'(selective interdiction)에 해당하는 것으로 한일정상회담 중 있었던 일본의 북한선박 검색도 이 같은 조치이다.

더욱이 미·일 양국의 이 같은 움직임은 미·일정상회담에서의 '강경한 조치' 합의(2003.5.24), 부시대통령의 'WMD확산방지구상(PSI)' 발표(2003.5.31), G8정상의 북한핵 포기 촉구성명(2003.6.3), 미·일 양국차관의 '더욱 강경한 조치' 합의(2004.6.10), '북한인권법안'(2004.7하원통과, 2004.9.28상원 만장일치통과)채택 등 일련의 외교적 압박이 계속되고 있다.

미국은 현행 체제로 미사일 수출에 대한 충분한 차단 및 예방효과가 나타나지 않을 경우 장기적으로 새로운 체제를 만들어갈 것으로 예상된다. 조지 W 부시 대통령은 폴란드를 방문 중이던 2003년 5월 31일 '대량살상무기 저지 조치(PSI)'를 제안해 논의의 물꼬를 터놓았고 볼턴 차관은 마드리드 회의에서 '컨테이너

보안 조치(CSI)'로 그 구상의 일단을 구체화했다.

북한에 대한 국제사회의 압박 작전이 어디까지 갈지 예측하기 어렵지만 최소한 유엔안전보장이사회에서 북핵 문제를 논의하는 단계까지 이뤄질 가능성이 크다. 이 문제는 2003년 1월 이후 안보리에 계속 계류되어 왔다. 현재로서는 미국의 북한에 대한 압박 공세는 핵제조 보유를 억제하고, 미사일 수출, 마약 밀수, 위조달러 불법 공급 등 3대 외화 수입원을 차단해 경제제재효과를 거둠으로써 북한을 대화의 장으로 끌어내고 있다.

(2) 러시아

러시아는 경제난에도 불구하고 지상군 150만, 핵무기 6,000개, 항공기 4,500대, 탱크 17,000대 등을 보유하고 GDP의 7.4%를 군사비로 책정함으로써 군사강대국의 자리를 유지하고 있다. 이러한 군사력을 바탕으로 98년 9월 '미·러 정상회담'을 통해 미국의 각종 지원을 얻어내고, 98년 11월 '러·일 정상회담'을 통해 영토문제를 미제로 남겨둔 채 투자약속을 얻어냈고 2000년까지 평화협정을 체결키로 하는 등 '창조적 파트너십' 선언을 이끌어냈다. 98년 11월 '러·중 정상회담'을 통해 냉전종식 후 유일하게 초강대국으로 치닫는 미국에 제동을 거는 '전략적 동반자관계'의 강화를 통해 실질적 군사·경제 협력자 관계로 격상시키는 성과를 얻어냈다.

2000년 7월 중국을 방문한 푸틴 러시아 대통령은 전략적 동반자관계를 재확인하고 이어 북한을 방문하여 상호우호협력을 약속하고 러시아의 위상을 제고시키려고 노력하였다. 특히 미국이 북한을 테러유발국가 및 불량배국가(rogue states)에서 감시대상국(states of concern)으로 바꾸긴 했지만 의미상 차이가 없음에도 불구하고 러시아는 북한에 무기를 판매하는 등 아직도 실질적으로는 군사적 동맹국임을 암시하고 있다. 미국과 일본의 북한 선박 봉쇄에 대해서도 러시아는 중국과 더불어 강하게 항의하고 있다.

이러한 일련의 움직임은 러시아가 동북아지역에서 기득권을 잃지 않으려는 노력으로서 다음과 같은 동북아와 한반도 정책목표를 수립하게 된다.

러시아의 동북아 정책목표는 ① 역내 신국제질서 재편과정에 적극동참 ② 일본의 재무장 및 군사대국화 견제 ③ 중국의 反러화 방지 ④ 한반도에 대한 영향력 확대 ⑤ 역내군축의 실현 ⑥ 다자간안보협의기구 창설 등이다. 동북아 정책목표를 달성하기 위한 수단적 성격의 한반도정책은 ① 한반도의 평화와 안정유지 ② 남한과 경제교류를 통한 실익추구 ③ 북한에 대한 영향력 견지모색 ④ 일본의 對러시아 접근유도 ⑤ 아·태진출의 교두보 확보 등이다.

요컨대 러시아 역시 현재로서는 동북아질서의 현상유지적 범위에서 남북등거리외교(two Korea policy)와 한반도 평화체제를 지지한다. 이러한 관점에서 러시아는 미·일의 한반도 영향력을 견제키 위해 한반도 평화정착의 주도적 역할을 하거나 적어도 배제되거나 소외되는 것을 원치 않을 것이다. 이것은 러시아가 한반도 평화체제구축 논의의 당사자가 남북만이 되는 것을 원치 않는 의미도 있지만, 한국이 한반도 평화체제구축 방안을 수립함에 있어서 최소한 주변4강 중 러시아만을 배제할 수 없다는 메시지이기도 하다.

특히 94년 10월 미국과 북한 간 제네바협정 이후 미국이 對北 '수용정책'(engagement policy)과 '확장정책'(enlargement policy)으로 일관하다 2000년 미국의 개입이 없는 자주적 남북정상회담이 성사된 틈을 타 러시아의 개입이 더욱 적극적이었고, 남북간의 자주성회복이 빠를수록 한반도를 둘러싼 주변4강의 힘겨루기가 더욱 치열해지고 있다.

'강한 러시아 재건'을 모토로 내세운 블라디미르 푸틴 대통령의 '신외교정책'이 탄력을 받으면서 러시아가 舊소련붕괴 이후 10여 년 동안 미국이 주도해온 국제무대의 새로운 중심축으로 급부상하려 노력하고 있다. 그러나 대통령 당선 직후 영국·이탈리아·스페인 등지를 차례로 돌면서 미국의 NMD구축에 대한 공동대응을 제안했으나 돌아온 것은 외교적 냉대뿐이었으며 舊소련연방의 하나였던 우크라이나에서까지 자존심의 상처를 받았다. 푸틴 방문 직전 클린턴정부 시절 울브라이트 국무장관이 우크라이나에 도착해 클린턴의 방문소식과 1억9천만 달러의 경제지원을 약속했다. 미국은 잇달아 러시아의 턱 밑에 있는 카자흐스탄·키르기스탄·우즈베키스탄 등 3국에 1억 달러의 경제지원계획을 발표함으로써 러시아의 존재를 무력하게 만들었다. 2003년에는 발틱3국(에스토니아, 라트비아, 리투아니아)마저 나토에 들어가는 등 나토의 끊임없는 동진도 러시아의 고민거리이다.

그래서 푸틴은 유라시아국가임을 내세우며 G8정상회담에 앞서 유럽지역의 냉대와 무력감을 만회하기 위해 중국과 북한을 잇달아 방문하고 유화정책을 통해 서방으로부터 얻지 못한 것을 아시아에서 얻고, 다시 이를 토대로 미국 및 유럽에 대한 발언권을 강화하자는 아시아카드를 활용한 일종의 '스윙선략'을 펼치고 있다. 푸틴 대통령은 특히 중국·북한 등과 손잡고 G8정상회담에서 NMD(국가미사일방위체제) 구축에 주력하고 있는 미국에 일격을 가함으로써 그동안 미국이 주도해온 동북아 국제질서의 재편을 노리고 있다.

2000년 8월 장쩌민 국가주석과 러·중 정상회담을 갖고 미국의 패권주의에 반대하는 베이징선언을 발표했다. 대만문제를 국내문제로 간주하고 있는 중국의 입장에서도 미·일의 TMD(전역미사일방위체제)가 대만을 포함할 경우 자존심의 상처를 받는 것이다. 한때 '잠재적 적국'으로까지 생각했던 러·중이 '미국의 위협' 앞에서 서로간의 갈등요소를 해소하고 실질적 협력관계의 문을 연 것이다.

이러한 주변4강간의 동북아질서에 대한 경쟁은 푸틴이 방한 때 약속했던 한반도평화 지지선언과는 달리 한반도를 위한 한반도 평화체제구축에는 바람직하지 못하게 작용할 것으로 예측된다.

⑶ 중 국

존스홉킨스대 국제대학원 중국학과장 램튼(David M. Lamton) 교수는 2020년 인구 16억명의 중국은 경제규모에 미국을 초월하고, 군사력은 배가된다는 연구결과를 발표했다.

중국은 현재 舊소련의 붕괴로 인해 러시아의 동북아지역 영향력 약화가 첫째, 미국 영향력 극대화에 의한 동북아질서재편 둘째, 일본이 동북아 및 한반도에서 미·일동맹이나 미국의 원격조정을 통한 세력 확대 셋째, 동북아질서와 한반도의 평화문제에 중국의 영향력 확대 등을 놓고 고민과 더불어 전략적 차원의 정책과 진로를 모색하고 있다.

이러한 차원에서 보면 중국의 한반도정책은 對동북아전략, 특히 對美日전략의 일환으로 수립하는 가운데 자국의 이익을 취하려는 고전적 현실주의 전략을 구사하고 있다. 중국이 남북정상회담을 고무하고 지지한 것도 미일세력의 확대를 견제하고 남북간에 중재자역할과 한반도에서의 지배적 세력행사를 위한 면이 강하다. 중국이 1992년 갑작스런 한중수교를 결정한 것도 첫째, 1991년 '걸프전' 때 미국을 적극지원[39]한 일본이 미국을 등에

---

[39] 걸프전 때 일본은 미국으로부터 20억$의 전쟁분담금을 배정받고 현찰 110억$과 20억$의 전쟁물자 등 130억$을 제공. 이에 반해 대부분의 나라들은 분담금이 많다고 불평을 하였고 일부 국가들은 깎아 달라고 요청

없고 동북아에로의 영향력을 확대하자 견제세력으로서 바람막이 역할을 할 한국과 수교를 결정했을 가능성. 둘째, 72년 미국과의 핑퐁외교 후 黑猫白猫論을 내세워 미·일과 외교정상화를 하고 현대화의 길을 택한 지 20년이 되었지만 중국이 원하는 중화학 분야의 기술을 얻지 못하자 한국으로부터 기술습득을 하겠다는 판단 아래 수교를 결정했을 가능성. 셋째, 6·25전쟁 당사자인 중국이 한반도에의 영향력을 확대하고자 하는 의도 등으로 보아진다. 이러한 관점에서 보면 중국측의 '중·한수교성명'에 나타난 "한반도의 평화적 통일에 대한 한민족의 염원을 존중하여 스스로의 평화통일을 지지 한다"40)라는 '한반도평화문제의 남북당사자의 역할' 지지는 액면 그대로 받아들여질 수가 없다. 이해관계가 대립될 때는 철저히 자국의 입장에서 냉정한 판단을 내리는 것을 볼 수 있다. 예컨대, 중국이 북한의 非核地帶化를 반대하고 한국의 非核化 정책에 손을 들어준 것도 핵보유국으로서 비핵화가 중국이익에 부합되기 때문이었다.

요컨대, 중국은 한편 한반도평화체제에 대한 기존의 현상유지정책을, 다른 한편 한반도의 평화체제 및 남북관계개선에 주도적 역할을 수행하려는 노력을 하고 있다. 이것은 한반도의 평화정착화 문제를 남북당사자 역할에만 맡기지 않겠다는 것과 미·일의 한반도 및 동북아 영향력 확대에 대한 견제정책의 의미도 보아야 한다.

장쩌민(江澤民) 중국 국가주석은 남북공동선언에 대해서도 남북한간의 대화·협력을 통한 관계개선을 적극 지지한다는 입장을 표시한 것도 미·일의 한반도 및 동북아 영향력 확대에 대한 견제정책의 하나로 보아야 할 것이다. 장 주석은 베이징을 방문한 북한의 김윤혁 최고인민회의 상임위원회 서기장을 접견한 자리

하는 등 미국의 심기를 불편하게 하였다.
40) 中·韓修交聲明 第5項, 人民日報, 1992. 8. 25.

에서 "중국은 북남 쌍방이 대화와 협상을 통해 관계를 개선하려
는 노력을 지지하며 조선반도의 자주 평화통일을 확고하게 지지
할 것"이라고 밝혔다[41]고 중국 국제방송이 보도한 것 역시 중국
의 동북아전략으로 보아야 한다. 즉, 중국이 한반도에서 미국과
일본의 영향력 확대를 견제하기 위해 한국에 대한 유화정책을
채택한 것으로 해석된다. 특히 최근 미일정상회담(2003.5)에 이어
한미정상회담(2003.6.6) 시작당일 일본 군사대국화의 가능성을 시
사하는 유사법제(contingency legislation) 통과와 일본 항구에서
북한선박 나포 등에 대해 중국은 강력한 비난과 더불어 경계를
늦추지 않고 있다.

한때 클린턴 정부가 중국을 '미래의 동반자'라고 부른적은 있
었으나 미국과 중국은 상호 '전략적 경쟁자(Strategic rival)'라
고 보아야 한다. 이러한 가운데 미국과 중국은 남북문제를 고리
삼아 협력무드를 만들어 나가기도 한다.

이러한 시각에서 보면 중국의 對한반도 정책은 전쟁도 통일도
원치 않는 현상유지정책을 선호하고 있는 것이 된다.

(4) 일 본

일본 역시 거시적 관점에서는 미국·중국·러시아와 마찬가지
로 남북간 戰爭不願, 崩壞不願의 입장에서 한반도의 현상유지와
등거리외교가 일본의 국익과 동북아전략에 도움이 된다고 판단
하고 있다. 그러나 일본은 한반도 분단의 원천적인 원인 제공자
이기에 남북정상회담과 같은 한반도문제에는 주변4强 중 어느
나라보다 민감한 반응을 나타내고 있다.

평양 남북정상회담을 전후한 김정일의 중국방문과 러시아 푸
틴의 북한방문과 한국방문에 대해 일본은 위협과 불안을 느꼈을

---

41) 2001. 7. 11 중국 국제방송.

것이다. 만약 한반도가 통일이 되면 일본은 중국과 더불어 냉담한 세력으로 남을까에 대한 우려 때문에도 다른 어느 나라보다도 한반도문제의 한반도化를 싫어할 것이고 현상유지적 안정을 바랄 것이다.

바로 이러한 점 때문에 한반도 안보와 평화문제에 대한 中日간의 경쟁은 대단하다.[42] 이러한 경쟁이 심화될수록 구한말 3국(일·청·러) 각축전의 양상을 나타낼 수도 있으나 한반도평화체제의 궁극목표인 한반도통일에는 得보다 失이 많게 된다. 특히 일본은 북한의 핵과 미사일전략이 남한에 대해 위협요인으로 존재하는 한 일본에 대해서도 잠재적 위협요인이 된다고 인식한다. 이러한 점에서 일본은 4강 중 어느 나라보다도 한반도의 평화와 안정을 강조하고 있다. 일본은 한반도의 위기상황 발생방지를 위해 KEDO(한반도에너지개발기구)에 집행이사국으로 참여하고, 미·일 '신안보체제'의 틀 안에서 한국에 대한 북한의 군사적 위협을 막기 위해 미군에게 일본 내의 군사기지와 시설의 사용을 인정하고 있다. 그러면서도 일본은 정경분리라는 명분으로 북한과 수교를 위해 노력하는 등 북한에 대해 '이중정책', 한반도에 대해 '두 개의 Korea(two Korea policy)' 정책을 견지하고 있다. 이러한 관점에서 일본이 말하는 한반도의 평화와 안정이란 통북아선략과 과거 일제침략의 죄상에서 나오는 것으로 갈등의 소극적 평화, 즉 전쟁회피 개념으로 보아야 할 것이다.

일본은 한반도에서 어떤 경우도 적대적인 정권수립은 그들의 동북아전략 차질과 일본의 안보에 위협적이라 판단하여 원치 않을 것이다. 일본이 북한의 핵·미사일개발의혹 해소와 경제·기

---

42) 1998년 8월 북한이 대포동미사일 발사실험 때 일본이 즉각 미국과 TMD(전역미사일방어) 공동연구와 1미터급 첩보위성발사를 결정한 것은 중국을 겨냥한 것이고, 중국이 남북정상회담 전 김정일을 초청해 NMD(미국의 국가미사일방어)와 TMD에 대해 반대에 공동보조를 취한 것은 일본을 겨냥한 것이다.

술지원을 교환조건으로 하여 북·일 수교를 추진하고 있는 것도 이러한 현상유지정책의 일환으로 해석된다. 한국과도 때로는 무역마찰을 빚는 등 갈등이 있음에도 한·일 우호협력관계를 유지하고 있는 것도 같은 이유일 것이다.

특히 일본은 국제환경의 변화로 인해 국수주의적 경향을 강화하고 있다. 미국정부는 1995년 2월 가상적국 소련은 붕괴했지만 이 지역의 국제정치적 안정을 위해 미국의 정치적 개입을 계속하겠다는 나이(Nye)보고서가 채택되었다. 그러면서 미국정부는 동북아 안정자(stabilizer)로서의 역할은 하지만 어떻게 하면 미국의 비용부담은 줄이고 같은 효과를 낼 수 있는 방안으로서 일본의 역할을 적극적으로 활용한다는 결론을 내렸다.

미국은 일본이 이제 세계 제2의 경제대국이 되었기 때문에 그에 상응하는 수준으로까지 군사안보적 역할을 증가시켜 동북아 안보의 파트너로 삼겠다는 것이다. 이러한 전반적인 방향 아래 추진된 것이 이른바 1997년 신방위협력지침(New Defense Guideline)이다. 그 핵심은 동북아지역에서의 안보위협 상황이 발생하는 경우 일본의 군사적 역할을 강화시키는 것이었다. 또 일본은 한국의 현충일(2003.6.6) 날 盧武鉉 대통령의 일본 국빈방문 1시간여 전에 한국 정부의 연기요청을 사실상 무시한 채 자국의 방위수단이란 명분으로 군사대국화의 길을 트는 有事법제[43]를 통과시켰다. 미일정상회담(2003.5) 이후 일본은 미국과 더불어 북

---

43) ▲ 자위대법(개정)＝방위 출동 발령 후 자위대에 의한 사유지 강제 수용이나 가옥 철거 등을 가능하게 한다. 자위대의 행동 원활화를 위해 도로법 등 20개 법률의 적용을 자위대에는 예외로 할 수 있게 한다.
  ▲ 안전 보장 회의 설치법(개정)＝안전보장회의에 조언하는 '사태대처전문위원회'를 신설한다.
  ▲ 무력 공격 사태 대처법＝일본에 공격이 가해졌을 경우 정부는 각의에서 대처, 기본 방침을 결정해 총리를 長으로 하는 대책본부를 설치해 대응책을 강구한다.

한선박 봉쇄 등 대북강경노선으로 선회하고 있다. 존스홉킨스대 램튼(David M. Lampton)교수는 그렇다고 미국이 유사시(북한과 문제가 생길때, 중국의 군사 대국화 견제 등) 일본이 어느정도 돕기를 바라지만, 지역을 위협할 정도로 일본이 강하게 돼서는 안된다는 점을 잘 알고 있기에 일본의 무제한 군사대국화는 허용하지 않을 것이라고 강조한다.

아무튼 보수적 성향의 공화당 부시 정권의 등장으로 일본의 군사역할 증대는 훨씬 더 빨리 가시화되고 있다. 물론 현재 미 국무부의 아미티지(Armitage) 부장관은 일본헌법을 개정하여 집단안보차원에서 군사적 활동을 가능하게 해야 한다고 공공연하게 주장하고 있다.

이렇게 일본의 동북아 안보역할은 한반도의 안정적 평화체제 구축에 긍정적 기능을 할 것이라 볼 수만은 없다. 이러한 미·일의 對동북아정책이 중·러와의 갈등관계로 변화된다고 할 경우 동북아는 새로운 형태의 냉전구조가 형성될 것이고 한반도의 평화에는 역기능으로 작용할 가능성이 있다. 한일정상회담에서 일본당국이 북핵에 대한 강경조치를 표방했지만 對한반도정책은 거시적 관점에서 현상유지정책이다.

4. 자주와 동맹, 선택이냐 보완이냐

국가간의 관계에 있어서 자주냐 동맹이냐의 논쟁은 오래전부터 간헐적으로 있어왔지만 2차전쟁 이후부터는 약소국가 중심으로 언제나 뜨거운 논쟁의 이슈가 되어왔다. 특히 참여정부에 와서 외교통상부 尹永寬장관의 전격적인 교체를 기폭제로 한국의 외교정책에서 자주냐, 동맹이냐의 논쟁이 뜨겁게 일고 있다. 청와대 주변은 '자주'를 주장하고 외교부는 '동맹'을 중요시하다 마침내 있었던 외교부장관의 경질이 자주파에 밀린 듯 한 인상을 국내외에 주게 된 것이다. 이것이 마침 기존에 있어왔던 자주와 동맹 논쟁에 기름을 부운 격이다.

사태는 이분화 된 이러한 논쟁이 논쟁에 그치지 않고 반미냐 친미냐, 진보냐 보수냐로 불이 옮겨 붙어 사회적 갈등과 혼란으로 연계되고 있다는데 문제의 심각성이 있다. 우선 현대사회가 이분화 할 수 없는 성질로서 이미 다양한 변수로 복잡하게 얽혀 있을 뿐 아니라 외교정책도 2분화해서 어느 하나에 매달릴 수 없는 성질이다.

문제는 이러한 자주냐 동맹이냐, 친미냐 반미냐, 진보냐 보수냐의 논쟁에 있어서 자주·반미·진보 성향의 세력과 동맹·친미·보수 성향의 세력 간에 한반도 평화문제를 놓고 접근방법부터 달리 설정해 마치 물과 기름처럼 겉도는 논쟁만 하는데 있다.

다툼의 논거를 따라가면 우리는 지금 한반도평화문제를 한반도의 남북이 자주적으로 풀어나가느냐 주변4강과 더불어 해결해 나가느냐의 신중한 문제에 부닥쳐 있다. 물론 한반도평화문제를 국제적 보장을 받기위해서라도 주변4강과 협력적지지 관계를 형성한다는 것이 역대정권부터 현 정권에 이르기까지 공식 정책(public policy)임에는 틀림없다. 문제는 정책당국자들이 가끔 개인적으로 자주가 중심축인 것처럼 발언을 해 혼선을 준 것이 다툼의 기폭제가 되는 것 같다.

다툼으로서의 논거는 양쪽이 다 충분한 이유가 있다고 본다. 특히 한반도평화구축을 위한 외교정책으로서 김영삼정권 이후 노무현정권에 이르기까지 2+4라고 설정하고 있다. 사실 이것은 우리의 희망사항에 불과할 뿐 주변4강(미.러.중.일)은 그들의 자국이익 입장에서 對한반도평화정책을 설정하고 있다는데 있다. 다시 말해 한국은 한반도이익을 위한 한반도평화를 원하지만 4강은 그들 나라들의 이익을 위한 한반도평화정책을 가지고 있는 것이다. 그래서 4강의 對한반도평화정책은 현상유지정책이지만 그 추진과정과 전략은 4강의 각국마다 조금씩 다른 것이다. 예컨대 미국의 對한반정책이란 세계정책⇐동북아정책⇐ 한반도정책을 수직선상으로 배열 해 놓고, 세계지배전략으로서 세계정책을 상위목표로 놓고 동북아정책은 세계정책을 추진하는데 필요한 중간목표와 수단으로 채워진다. 하위목표에 해당하는 미국의 對한반도정책이란 중간목표인 동북아정책의 범주 내에서 동북아정책을 받쳐주는 내용과 방법으로 결정되는 것이다. 바로 이부분에서 자주파의 분노와 다툼의 논거를 찾아낸다고 보아진다.

대체로 자주파는 자주와 동맹 중에서 어느 쪽을 택할 것이냐 하는 문제로 논리를 전개한다면, 동맹파는 주로 동맹과 자주는 상호보완적인 것이라고 논리를 구성하는 경향이 짙다. 이러한 다툼에 대한 분석틀은 국제관계의 경험과 국제정치의 일반이론에서 따올 수밖에 없다.

국제정치는 강대국 간의 잔치무대라 해도 과언이 아니다. 강대국 간의 정책에 의해 국제정치의 목표와 방향이 결정되고 약소국의 운명은 강대국에 의해 결정된다는 것이 통설이다. 약소국이 국제정치에서 어느 정도까지 자주적인 외교정책을 수립하고 집행할 수 있느냐하는 문제에 대해서 논쟁의 여지는 있지만 그리 많시 않아 실망하지 않을 수 없다.

일국의 외교전략은 국가가 대외환경의 변화에 적응해 가면서 그의 생존과 발전을 위한 국익실현 추구와 국가목표 달성을 위한 거대한 기획을 의미 한다. 어떠한 나라도 망하기로 작정하지 않는 한 철저한 외교전략의 바탕에서 자국의 이익(national interest)을 타국에 대해 주장하고 그것을 실현시키는데 외교정책의 목적을 둔다. 이러한 면에서 외교란 곧 전쟁과 평화의 다른 말이라 해도 과언은 아니다. 국가적 이익의 최대치는 그 국가의 자유와 독립을 위한 생존과 안전의 유지에 있다. 자국의 생존을

방위하고 안전을 확보한다는 것은 외교정책의 제1차적인 중요임
무이며 목적이다. 이러한 외교정책의 목적을 달성하기 위한 수단
으로서 국가의 능력에 따라 ① 자주 ② 비동맹 ③ 동맹결성 중
선택하거나 배합을 통해 수행된다.

약소국들은 강대국들의 틈바구니 속에서 국가이익과 국가적 존
립을 어떻게 하면 자주적·효율적으로 지켜 나갈 것인가에 혼신을
다 하지만 '중립외교'(neutralism) 아니면 종속외교 이외에 묘책을
찾기 어려웠던 것이 역사적경험이다. 그러나 그것마저도 오스트리
아처럼 1955년 4대강국에 의해 강요된 중립화(neutralization)국가
나 인도, 스웨덴, 인도네시아 등의 국가들처럼 비동맹(non-
alignment)국가들은 이미 자주라기보다 타율성이 강하게 작용하기
때문에 자주외교를 얼마나 지켜내는지 매우 의심스러울 정도이다.
특히 한국과 같이 지정학적으로 4강에 둘러싸인 나라들은 중립도
어렵고 자주도 힘들어 외교를 펼치기가 어렵고 힘든 상태이다. 어
렵고 힘든 만큼 외교의 중요성도 강한 반면 자칫 일을 그르치는
경우도 많아 그동안의 외교정책에 후한 점수를 주기가 어려울 정
도이다.

현실적으로 국제관계를 볼 때, 어느 나라이고 완전히 자주적일
수는 없다. 서로 의지하고 도우면서 살아가야 하는 필연성을 어
느 국가도 부인하지 못한다. 강대국과 약소국 간의 외교는 자주
보다는 동맹의 범주에서 실익을 나름대로 챙겨 나가는 것이 거
의 모든 나라임도 어쩔 수 없는 현실이다. 단지 이상적인 자주파
의 주장은 동맹관계의 보조수단으로서 같은 동맹이라도 강대국
과의 협상을 유리하게 만드는 일종의 압박전략은 되는 것이다.
이러한 점에서 자주와 동맹은 배타적인 개념이 아니라 상호보완
적인 개념으로 인식해 나가야 한다.

국력의 차이에 따른 한미관계의 불균형이 있음에도 대미관계
에서 실리도 챙기고 자주도 관철하는 것은 말처럼 쉬운 일이 일

이 아니기에 약소국의 서러움이 있는 것이다. 한미관계는 부분이 아닌 전체를 보고 판단해야 한다. 더욱이 남북이 안보상은 아직도 첨예한 대립을 하고 있는 상태에서 한반도평화문제를 남북이 자주적으로 해결한다는 것은 거의 불가능한 상태이다.

근본적으로 힘이 모자랄 때에는 동맹을 통해 다른 나라의 힘을 보태서라도 갈등관계에 있는 나라와 힘의 균형을 이루어야만 하는 것은 외교의 기본에 속한다. 예컨대, 한미동맹 관계가 심각한 상태에 빠져 한국군 단독으로 북한군의 침략을 막아야하는 사태가 발생할 경우 16일 만에 수도 서울 방어선이 무너진다는 국책연구기관인 국방연구원의 모의분석결과가 2004년 10월 정기국회에서 밝혀졌다.44)

동맹은 맹목적으로 따라가는 崇美와는 전혀 다를 뿐 아니라 민족공조를 저버린 굴욕적 사대외교는 더욱 아닌 외교특유의 보편적 가치이다. 미·이락전쟁과 테러戰에 한국군 파견을 놓고 자주냐 동맹이냐의 다툼의 논거가 팽팽하지만 상호동맹이나 집단안보체제는 이미 세계의 보편적 질서로 자리 잡아가고 있다.

특히 9.11테러 이후 미국은 일방주의적인 경향에서 새로운 협조 및 동맹관계를 모색하는 쪽으로 외교의 방향전환을 하고 있다. 유럽이나 아시아의 주요 국가들은 벌써 자기에게 유리한 동맹 및 협조관계 정립을 위해 새로운 논리와 구상을 개발하고 미국 측과 접촉하고 있다. 중국이 러시아와 길게 끌어오던 국경문제를 정리하고 프랑스를 비롯한 유럽 국가들과 협조관계를 강화하는 것 등도 미국과의 새로운 세력균형의 판도 위에서 재정립하겠다는 전략적 선택의 결과라 볼 수 있다.

---

44) 북한군의 장사정포는 170mm 자주포와 240mm 방사포 1천여문 가운데 300여문이 휴전선 최근접거리에 배치해 수도권에 위협이 되고 있다. 자주포 사거리는 54km로 안양에서 성남까지, 방사포 사거리는 60km로 인천에서 군포까지 사정권에 들어간다.

분단의 긴장 속에서 중국·일본·러시아 세 강대국을 이웃에 두고 있는 한국은 국제적인 세력균형의 재편과 한미동맹관계의 재정립을 위해서 효과적인 외교전략을 가다듬어야 한다. 자주냐 동맹이냐 반미냐 친미냐의 소아적인 논쟁보다 어떠한 세력균형을 어떻게 유도할 것인가에 총력을 기울여 우리의 생존과 자유를 지킬 수 있는 확실한 외교전략을 선택해야만 한다.

V. 결 론

요컨대, 한반도 평화체제구축 문제에 관한 한 주변4강의 '한반도문제의 국제화'란 틈바구니로부터 벗어나 '한반도문제의 한반도화'가 한국외교의 최대 과제이지만 실현가능성이 매우 희박하다. 한반도 평화체제구축 문제에 있어 남북과 주변4강 간 시각이 다를 뿐 아니라 남북간도 구체적인 데서 아직은 많은 차이를 나타내고 있기 때문이다. 현재로서는 한반도문제의 한반도화를 주된 정책으로, 한반도문제의 국제화를 보조정책으로 활용하는 것이 가장 바람직하다.

남북공동성명 발표 직후 한때 남북관계개선과 통일의 전망이 보이자 로빈 림 일본 나고야 난잔대학 국제정치학 교수는 '주변4강은 한반도통일을 두려워한다'는 Herald International Tribune 기고문에서 한반도의 통일은 核보유 강국 탄생을 의미하므로 주변4강의 경쟁과 개입을 촉발시킬 가능성이 있고, 또 주변4강은 한반도에서의 자국의 이익을 지키기 위해 초조해하고 있다는 것이다.

이것은 한반도의 평화체제구축문제는 남북만의 합의로 이루어지기 어렵다는 것을 의미한다. 그렇다면 차선책은 남북과 주변4

강 양자간 '전략적협력관계'를 이루어 내는 교량구축외교를 추진하는 것이 가장 실리적이다. 그렇다고 교량구축외교가 쉬운 것은 아니다. 남북과 주변4강 모두 6개국이 한반도평화문제에 관한 합의를 이루지 못한 상태에서 각국이 그들의 국익에 따라 同床異夢격인 협상을 하는 사이에 한반도에는 갈등의 불안정한 소극적 평화45)가 계속되고 있는 실정이다. 이러한 가운데 남북마저도 어리석게 소모전을 일삼아 온 것이 사실이다.

최근 미·북간 뜨거운 이슈가 되고 있는 북한 핵문제의 해결은 현재로서는 한반도평화의 관건이다. 이를 위해 2003년 4월부터 시작된 베이징 3자회담 이후 혼미를 거듭하던 '회담의 틀' 문제가 양자회담에서 다자회담에로의 새로운 국면을 맞고 있다. 2004년부터 다자회담으로서 남·북·미·러·중·일 6개국이 베이징 6자회담을 하고 있다. 제3차 6자회담을 마친 후 미국 하원과 상원에서 북한인권법이 만장일치로 통과되자 6자회담은 북한의 거부로 교착상태에 빠지기도 하였다. 이렇게 총론에서는 한반도 주변국들의 대체적인 합의가 이루어지고 있으나 각론에서는 아직은 상당한 차이가 있다.46)

평화체제란 정태적·고착적 개념이 아님은 旣說한 바와 같다. 한국의 한반도평화체제구축이란 분단영구화나 휴전선의 온존이 이루어져서도 안 되지만, 주변4강의 한반도평화체제구축이란 현재의 현상유지정책에서 보면 분단영구화와 휴전선의 온존을 의

---

45) Johan Galtung, "Peace Studies as Countertrend in International Relations Theory: On The Linkage Between Cosmology and Epistemology", 「평화연구」, 고려대학교평화연구소, 1998, p. 243.

　　－ 'Thus, peace is no longer seen just as the absence of war, more properly termed armistice, but as the effort to withstand the tendency to have conflicts enter the violent phase. One definition of positive peace would, simply be the capacity to handle conflicts without violence, and in addition constructively.' －

46) 각국의 북핵 해결방안 (2004년 9월 현재)

미한다. 더욱이 평화체제구축을 위한 협상 당사자를 북한의 주장대로 북미 간으로 설정해도 안 되며 기타 주변국에만 의존해서도 안 된다. 그것은 본론에서 지적한 대로 미국은 세계지배구도와 동북아질서의 하적 개념으로 한반도의 평화문제를 취급하기 때문에 '한반도문제의 한반도화'나 한반도의 적극적 평화가 이루어지기 어렵다. 더욱이 한반도의 주변국들은 지금도 그들의 이익에 따라 한반도의 평화개념을 설정하고 있다.

이러한 경우 한국은 한반도의 평화를 유지할 수 있는 중심축이 무엇인가를 최우선적으로 고려해야 한다. 한국은 미국·러시아·중국·일본 4국이 적어도 한반도 차원에서는 경제와 안보에 공통된 이해관계를 갖도록 고무하는 노력을 해야 한다. 가능한 4국의 이익과 남북의 이익이 교접되는 정책대안을 만들어 공동체

구분	북한	한국	일본	미국	중국	러시아
원칙	선 체체보장 후 북핵포기	미.북 동시행동 '단계적 포괄접근'	선 북핵포기 후 경제지원	선 북핵포기 후 체제보장	-	-
단계별 방안	(4단계) 미국의 중유공급 재개와 한미일 식량지원 실시, 북 핵개발 포기 의사와 표명→북미 불가침조약 채결 및 경수로 지연 보상, 북 핵시설 동결 및 사찰수용→북미, 북일 국교정상화, 북 미사일 문제 해결→경수로완공과 북핵시설 완전패기	(3단계) 북이 핵포기 의사 표명하고 미국의 북 체제보장, 과감한 접근, 대북 북공격 입장 표명→북의 NPT 복귀와 영변 핵시설 동결, 폐연료봉 재처리 등 원상복구하고 미는 중유공급 재개와 식량지원→ 북한이 완전한 핵포기 하고 미국 등은 불가침 확약 및 과감한 경제지원	▲일본의 대북요구 (5개항) ① 핵무기 개발 포기 ② 핵시설 해체 ③ 보유 핵무기 폐기 ④ 납치자 문제 해결 ⑤ 미사일발사 실험.수출중지 ▲한미일의 대북 제공(5개항) ① 불가침 확약 ② 에너지 지원 ③ 식량지원 ④ 중유제공 ⑤ 북일수교 교섭 재개	- 구체적인 로드맵은 아직 밝히지 않고 있음. -북한이 안전하고도 검증가능하며 불가역적으로 핵을 폐기하면, 체제보장과 과감한 경제지원한다는 원칙만 제시	- 구체적인 로드맵 알려지지 않았음. -한반도 비핵화 지지 (북핵 불용 입장)와 북핵 문제의 평화적 해결이란 두 가지 원칙만 주장	-구체적인 로드맵 알려지지 않았음. -한반도 비핵화 지지 -북핵 문제만은 미국과 원칙적으로 공조 -북한체제와 안보의 틀을 깨지 않도록 여유를 줘야 함
방식	양자대화 보장하면 다자대화도 가능	양자대화→ 다자대화	다자대화	다자대화	양자대화→ 다자대화	다자대화

화 해 나가야 한다. 우리의 대북정책과 한반도평화정책을 추진하는 지렛대로서 선결과제에 해당하는 대북지원상의 등가와 비등가의 문제, 6개국의 한반도평화체제구축에 대한 인식문제의 보편화, 자주와 동맹의 우선순위 등에 대한 충분한 토론과 국민적합의가 있어야 외교적 힘을 발휘할 수 있다.

제15장 구제질서변화와 한구의 생존전략

I. 국제질서 변화와 한반도 주변정세

1. 탈냉전과 新국제질서 구축

2차 세계대전 이후 1991년 12월 27일 소련붕괴 때까지 국제환경은 자본주의 체제를 대표하는 미국블록과 사회주의 체제를 대표하는 소련블록이라는 양극화현상(bipolar system)을 이루어 왔다. 양 진영간은 자본주의와 사회주의라는 이념적 적대관계와 군사적 봉쇄관계를 근간으로 형성된 정치·외교·경제·군사 등 전 영역에서 적대관계와 대결관계에 있었다.

따라서 냉전을 주도했던 이념은 자본주의와 사회주의 이었기에 파악하기가 쉬웠다. 敵과 友邦의 구별도 복잡한 분석틀 없이 같은 블록에 속하는 국가간은 우방이고, 소속블록이 다르면 이유 없이 적이 되기 때문에 구별에 어려움이 없다. 물론 이 당시에도 제3세계나 중립국을 표방하고 정치·외교·경제·군사적 측면에서 독자성을 유지하려는 면도 있었지만 국가적 위기에 처했을 때는 생존전략상 양 진영 중 어느 한 진영에 자의반 타의반으로 편재되는 줄타기를 해왔다.

고르바초프(Mikhail Gorbachev:1931-) 소련의 최고권력자에 의해 추진된 페레스트로이카(perestroika)와 글라스노스트(glasnost)라는 급진개혁은 미국의 대소붕괴전략과 맞물려 6년 만인 1991년 12월 27일 사회주의 해체와 소련의 붕괴를 초래하였다. 이러한 해체와 붕괴가 자본주의 체제와 사회주의 체제라는 대립물간의 통일과 투쟁이라는 상호교호과정을 통한 변증법적 止揚이 아니라 일방적인 해체와 붕괴로 막을 내림으로써 사회주의의 긍정적 요소마저도 사회에 반추될 여지는 전혀 없었다.

미국에 의해 1992년부터 세계질서는 급속도로 재편되기 시작해 1993년도부터는 미국이 주도하는 신국제질서가 형성되었다. 소련붕괴 이후 무적의 중심적 자리를 차지하게 된 미국은 지구 전체를 하나의 경영단위로 하여 세계화·신자유주의·脫민족주의라는 새로운 이념에 의해 실질적인 지구경영학을 내놓았다. 이것은 냉전의 산물인 자본주의 대 공산주의라는 지구의 양극화적 경영에 상응하는 것으로 보아도 될 것이다. 단지 세계화·신자유주의·탈민족주의는 미국의 세계지배전략에서 나온 지구경영원리라는데 차이점이 있다. 이러한 미국의 일방적인 세계질서지배구도에 대해 2001년 9월 4일 독일의 슈레더와 프랑스의 조스팽 수상까지도 공동기자회견을 통해 '유럽의 자본주의는 미국식자본주의'라고 반기를 들 때가 있었으나 제3세계국가들은 처음부터 한결같이 반내시위를 해왔다. 이러한 가운데 일어난 사건이 소위 2001년 '9·11미국테러사건'이라 할 수 있다. 물론 슈레더와 조스팽은 기자회견 3일 후 미국의 강경대응에 개인견해라고 기자회견을 다시 해 한발 빼버렸다.

미국의 부시정부는 2001년 9월 11일 오전 9시 15분경 발생한 뉴욕의 테러사건을 45년 일본의 진주만 기습에 비교하면서 미국에 대한 선전포고로 받아들였다. 4대의 비행기 납치사건에 의한 무역센터 테러, 펜타곤 테러 및 피츠버그 부근 추락에 의해서 희생된 인원은 미국 남북전쟁이래 가장 큰 사망자만 2001년 12월 15일 통계로 3,251명에 이르는 희생자가 발생한 것으로 발표하였다.

이번 테러 공격은 미국의 자본주의 상징인 무역센터와 군사력을 상징하는 펜타곤을 공격한 치밀한 계획에 의해서 자행되었다. 상상을 초월한 무시무시한 테러사건이 왜 세계질서지배국가인 미국에서 발생했는지를 놓고 엇갈린 주장이 있긴 하나 대체로 미국의 세계지배구도 방식인 세계화나 신자유주의에 대한 저항이라고 평가하고 있다. 또 일부 아랍권은 종교갈등에서 오는 문명충돌로 받아들이기도 하며, 미국의 시민사회운동과 NGO의 국제활동에 관심을 갖는 사람들은 대체로 미국정부의 對아랍권에 대한 외교정책을 주원인으로 생각한다. 즉, 親이스라엘 편중외교 탓으로 돌리고 있다.

미국은 테러와의 전쟁을 선포하고, 이슬람 문화권의 테러범들을 악역으로 규정하며 'American Rising'을 호소해 미국 국민들의 절대적 전쟁지지 속에서 예상보다는 빨리 2개월만에 아프가니스탄의 텔레반정권을 내쫓고 사실상의 승리를 장식했다. 미국이 빠른 시간에 전승국이 된 데는 이라크와 북한을 제외한 세계의 모든 나라들로부터 전쟁지지를 얻어낸 것이 한몫을 하기도 했다.

부시 대통령은 9.11 테러참사 이후 아프간 테러전을 승리로 이끈 후 행한 첫 의회 국정연설(2002.1.29)에서 이란, 이라크, 북한 등 불량국가와 테러국가들은 세계 평화를 위협하려고 무장함으로써 악의 축(axis of evil)을 이루고 있다고 선언했다. 미국은 이 '악의 축' 국가들의 대량살상무기 제조 및 운반기술, 물자획득을 용인하지 않겠다고 다짐했다.

미국은 이라크가 대량살상무기(WMD) 사찰에 충실하지 않는다고 이라크를 공격하기 위해 2차례나 유엔결의안을 준비했지만 부결대자 선제공격을 감행했다. 독일의 게르하르트 슈뢰더 총리, 프랑스의 정통우파지도자인 자크 시라크 대통령과 프랑스의 리오넬 조스펭 총리, 러시아의 블라디미르 푸틴 대통령이 종전 직전까지 강력히 반전주장과 비판을 쏟아냈지만 미국은 영국의 힘을 얻어 전쟁을 밀어 붙였다.

조지 W 부시 미국 대통령은 2003년 5월1일 항공모함 에이브러햄링컨호 선상에서 6주 동안 지속된 이라크와의 전쟁에서 승리했다고 선언했다. 그렇게 전쟁반대와 미국을 비난했던 프랑스·독일·러시아도 고개 숙이고 미국지지를 선언할 수밖에 없었다. 이것은 탈냉전 이후 미국중심의 단일 초패권주의 세계질서가 아직은 건재 하다는 것을 의미한다.

부시 미국 대통령과 푸틴 러시아 대통령은 도시창건 300주년 기념행사가 한창인 러시아의 상트 페테르부르크에서 정상회담을 통해 양국의 '전략적 동반자관계'를 재확인했다. 이어서 서방선진 7개국과 러시아 정상 그리고 옵서버로 초청된 후진타오 중국주석 등 20개국 정상들은 프랑스의 에비앙에서 열린 G8정상회담(2003.5.1-3)에서 新국제질서의 기본방향을 제시하였다.

그러나 2004년 11월 부시의 재선은 온건파 파월(Colin Powell)의 퇴장과 강경파 라이스(Condoleezza Rice) 국무장관 입성을 낳았다. 아것은 미국의 일방주의 및 강경 외교로 선회할 가능성이 높아졌음을 의미한다. 재선직후 시작된 미군의 테러전 진원지인 이라크 팔루사 공격은 그런 가능성에 힘을 실어순다. 미국의 핵심 외교안보라인이 바뀌는 만큼 정책의 연속성보다는 변화를 예상하고 대비하는 것이 옳다. 미국 외교정책의 기조가 변하더라도 한반도정책은 기존 틀을 유지하도록 해야 한다. 북핵의 경우 새 외교안보팀 출범을 계기로 미국이 적극적으로 나선다면 해결이 빨라질 수도 있을 것이다.

한반도의 경우는 남북정상회담과 평화번영정책을 통해 남북긴장완화가 다소 이루어지기는 하나 물밑 이념대결구도는 만만치 않다. 아직도 실정법상 상호 '주적개념'으로 묶여져 있고, 북의 경우 휴전선 전방의 무장은 점차 강화하고 있는데 반해 남은 주한 미군감축 과 후방배치를 하는 등 '힘의 균형'(balance of power) 에 균열이 생성되는 조짐 속에서 새로운 형태의 안보불안이 나타나고 있다.

한반도 전쟁발발시 '러시아는 2000년 2월 '유사시 자동 무력개입'이란 조항을 '상호협의한다'로 개정한 '러-조 우호친선 및 협력에 관한 조약'을 북한과 체결 했기에 대북지원은 제한적일 것이지만, 중국은 1961년 체결한 '조-중 상호원조 조약'에 의해 중국의 대북 군사력 지원 규모는 중국군 18개 사단 40여만 명과 항공기 800여대, 함정 150여척이 투입될 것으로 추정되고 있다.

이즈음에 정치권에서 여당은 국가보안법 폐지, 야당은 개정안으로 극한 政爭을 하는 가운데 80%의 국민이 폐지를 반대하는 여론조사가 나오고 있다.

요컨대 한국은 생존문제로서 新국제질서에 편승해야 하는 한편, 한반도에 간헐적으로 나타나는 냉전질서에도 대처해야 하는 아이러니한 모순에 처해 있다. 전쟁과 평화는 생물체로서 시시각각 변할 수 있기에 구조주의접근과 동태적접근을 동시에 하지 않으면 안 된다.

2. 한반도 주변정세와 안보 · 통일 환경

한반도는 지정학적으로 동북아질서의 중심축의 역할을 해왔기에 주변국은 물론 세계열강들의 탐욕대상이 되어 왔다. 그래서 우리나라는 신라 때부터 한일합병 때까지 2,000여 년 동안 무려 920여 회에 걸쳐 외침을 당한 쓰라린 경험을 지녔다. 그럼에도 끈질긴 우리 민족정신에 의해 슬기롭게 극복하고 국권을 유지해 왔다. 군사력이 약하다 싶으면 백성들로 구성된 義兵이 외세의

침범에 분연히 대항하여 많은 공을 세우기도 했었다.

지금도 동북아는 남북문제, 러·일간 북방영토문제, 중국과 대만 간의 양안문제, 프랑스 등 유럽으로부터 일본의 플루토늄반입문제, 미·일의 신안보조약에 대한 중·러의 견제문제, 신북방3국(러.중.북)문제, 뉴욕 9.11테러사건 이후 불거진 북한핵문제 등 미해결의 지역갈등이 생존하고 있다. 프랑스 에비앙에서 열리고 있는 G8정상회담에 참석중인 각국 정상들은 2일 북한과 이란을 대량살상무기 확산과 관련해 주요 우려대상국(state of concern)으로 선정하였다. 이어서 G8 정상들은 북한의 우라늄 농축과 플루토늄 생산 계획, 국제원자력기구(IAEA) 안전조치협정위반은 비확산체제를 손상시키는 것이며 명백한 국제의무 위반에 해당한다고 발표하였다. 북한의 대량살상무기나 핵문제가 북한과 미국 또는 북한과 IAEA만의 문제에 그치지 않고 한반도 전체의 안보환경에 주요한 변화를 주게 된다.

99년 3월 23일 UN결의에 의해 NATO(북대서양조약기구)로 하여금 코소보분쟁개입, 유고의 세르비아계에 대한 공습명령은 국제법과 국제관행을 초월하는 결정이라는 논쟁이 있었음에도 미국은 힘으로 밀어붙인 것이다. 이것은 군사패권을 바탕으로 미국이 펼치는 새로운 국제질서가 자리 잡아 나아감을 의미한다. 또 미국이 2002년의 아프산 전쟁과는 날리 UN결의안을 얻지 못하자 아랍국들을 비롯해 프랑스, 독일, 러시아의 적극적인 반대에도 불구하고 이라크를 2003년 3월 선제공격한 전쟁 등은 미국이 옳다고 판단하면 그것이 곧 국제정치에서 정당한 것으로 힘을 받고 국제질서의 잣대가 된다는 말이다.

문제는 미국의 군사적 패권에 의한 미국중심의 新국제질서에 차원에서 행해진 코소보공습에 반기를 든 러시아·중국·이슬람 등이나, 미·이라크전쟁에서 반기를 든 프랑스·독일·러시아 등은 미흡하지만 미국의 견제세력으로 등장하고 있다는 점이다. 우리는 지정학적으로 이들 나라들의 가운데 끼여 자칫 좌충우돌하다 아관파천 때처럼 국권에 상처를 입을 가능성이 매우 높은 것이다.

더욱 북한은 남북공동선언과 평화변영정책에 연연하지 않고 북핵문제를 비롯해 남북관계에 이해가 틀리면 언제라도 찬물을 끼얹는 냉온정책을 계속 구사하고 있다. 지금도 북한은 우리의 우방인 미국을 한편 그들의 적대관계로, 다른 한편 친미정책을 통해 한미간을 이간시키려 하고 있다. 이것은 한국에 어떤 정권이 들어서든 친북 공산체제가 아닌 한 북한의 입장에서 일시적으로는 몰라도 중장기적으로는 타도대상이지 협력과 공존의 대상이 되기는 어렵다는 것을 의미한다. 금강산관광을 통해 북한에 매달 800만 달러라는 엄청난 수입원을 만들어 주었고, 비료 및 양곡을 보내주는 등 정경분리원칙에 의해 북한의 경제를 도와주고 있음에도 2002년 6월 29일 연평도 서쪽 14마일 해상에서 북한경비정의 선제기습포격으로 남북해군 간에 발생한 서해交戰을 비롯해 납득이 안 가는 사건을 계속 유발하고 있다.

세계화와 신자유주의를 바탕으로 한 新국제질서 하에서 국력증가에 전력을 다해야 함에도 북한과 같이 가기위해 포용정책과 평화번영정책을 통해 북한을 여러 각도로 도우고 있다. 그럼에도 남북은 공존과 협조관계가 잘 유지되지 않아 엄청난 국력소모를 하고 있다. 북한은 미사일과 핵문제로 인해 UN이나 미국, 일본 등 외부세력에 의한 전쟁에 휩쓸릴 가능성이 상존하고 있다. 특히 미국의 상하원에서 통과된 '북한인권법'은 미국이 주장하는 '북한 돕기와 민주화'와는 달리 북한의 핵野慾을 자극하고 탈북자를 부추길 여지가 있어 북한당국이 반발하는 한 남북관계에는 역기능으로 작용할 가능성이 높다.

북한은 98년 8월 31일 '미사일을 이용한 인공위성발사'를 강행함으로써 이미 사정거리 1천7백~2천2백㎞에 달하는 대포동1호

미사일 개발에 성공했음을 보여주었다. 더욱이 사정거리가 4천3백~6천㎞가 될 것으로 추정되는 대포동2호 개발이 성공할 경우 미국 알래스카와 캘리포니아 등 서부지역 일부가 북한 미사일의 사정권 안에 들게 된다.

특히 북한은 1천5백~5천t에 달하는 화학무기를 보유하고 있으며 연간 5천t을 생산할 수 있는 시설을 갖추고 있는 것으로 파악되고 있다. 또 생물학무기도 이미 지난 80년 바이러스균 배양실험에 성공하고 80년대 말에 이르러서는 생체실험까지 완료한 것으로 알려져 있다. 단 북한이 정교한 ICBM급 미사일을 개발하기 위해서는 고추진능력확보, 재돌입 로켓의 설계, 단계별 대기권 재돌입이 정확하고 안정적으로 이뤄질 수 있도록 하는 구성부분의 시스템화 작업이 필요하다. 따라서 미국은 북한이 핵 및 화학·생물학 폭탄을 탑재할 수 있는 ICBM을 개발하려면 약 10년 정도가 더 걸릴 것으로 전망하고 있다. 그러나 북한이 지금이라도 또다시 미사일 시험발사를 강행한다면 이 같은 추정보다 훨씬 이른 시일 내 ICBM급 미사일을 보유할 가능성도 배제할 수 없다.

이러한 북한의 미사일발사계획에 대해 UN과 미국 그리고 일본은 절대 그냥 넘어가지 않을 것이다. 주변국에 의해 만약 무력제재로 나타나면 이것은 한반도냉전을 의미한다는 데 문제의 심각성이 있다.

그동안 남북정상회담과 베이징 4자회담 등을 통해 평화통일을 시도해 보았지만 눈에 띠는 결실을 거두지 못했다. 한국의 입장에서는 북핵문제와 한반도평화문제를 위해서 남북이 주도하고 주변4강이 협력적동반자관계로 2+4(남·북+미·일·러·중)의 6자회담이 바람직하지만, 북한을 비롯한 주변4강이 반대해 미국이 주도하는 베이징 6자회담을 3차에 걸쳐 시행하든 중 미국상하원의 '북한인권법'을 만장일치로 통과시킴으로서 현재 6자회담이 난관에 부닥쳐 있다. 그럼에도 부시2기 집권에서는 북핵문제가 북한과 공화당 케리후보가 원하는 대로 미국과 북한 양자간의 접촉으로 절대 풀리지 않을 것으로 보고 있다.

부시의 대북 접근법은 크게 두 갈래(two-track)가 된 셈이다. 한 갈래가 '핵의 저지'라면 다른 갈래는 '북한의 인권문제'다. 부시의 대북정책에서 북의 인권은 핵에 버금가는 무게를 지니게 될 것이다. 미국은 핵의 저지든 인권문제든 양자보다는 동맹국을 동원한 다자문제로 해결하는 것이 이익이라 판단하기 때문이다. 미국은 중국을 끌어들임으로서 중국을 견제하고 중국은 다시 북한을 견제한다는 승수효과의 지렛대를 이용하기 위해서 이다.

한국의 입장에서는 평화문제나 통일문제는 어디까지나 남·북이 주체가 되고, 주변4강은 평화와 통일의 협력적동반자 개념으로서 협력, 보호, 보증, 안전판의 역할을 해줄 것을 희망하고 있다. 미·일·러·중은 지금도 기존의 동북아질서의 현상유지가 그들 국가에 이익이라는 발상 때문에 한반도평화는 갈퉁의 소극적평화 개념으로서 불안한정한 평화가 계속되는 것을 원하고 있기 때문이다.

최근 북한의 대포동미사일 발사실험과 북핵문제 등에 불안을 느낀 일본은 재무장 움직임을 보이고 있다. 일본의 집권자민당이 자위대를 국방군으로 대체하고, 국제분쟁에 직접 개입할 수 있는 '집단적 자위권'을 보장하는 헌법개정을 추진하고 있다. 개헌을 시도하고 있는 일본의 강경우익들이 북핵위기를 필요 이상으로 부풀려 국민들의 안보의식을 악용하고 있다는 점도 있음을 한국이 유념해야할 부분이다. 일본이 미국주도의 미사일 방어체제(MD)와 대량살상무기 확산방지체제(PSI)에 적극 협조하고 있는 것도 같은 맥락이다. 일본은 '기다리기만 하는 군대'에서 '언제든 출동 가능한 군대'로 전환하고 있는 셈이다.

이는 일본의 군사대국화를 경계해온 중국을 자극하는 요체이다. 따라서 중국은 북한이 일본을 불안하게 하는 행동을 하는 것을 탐탁지 않게 생각하고 있다. 중국과 일본의 무장화 에스컬레이트는 결국 미국·러시아·중국·일본 모두에게 긴장을 주게 되고 한반도는 위험지경에 빠지게 된다. 이러한 모든 이유 때문에 동북아안보와 관련된 모든 국가들이 한 자리에 모여 안보 및 경제문제를 논의하는 '동북아 컨소시엄'을 구성할 필요가 있다.

6개국이 모여 '동북아 컨소시엄'을 구성한다면 북한문제뿐 아니라 모든 지역문제를 협의할 수 있는 틀을 갖추게 된다. 그러나 후진타오 중국총서기는 북한핵문제에 북한주장 되로 북미 양자회담을 한때 제의하기도 했지만 미국의 단호한 거부로 지금은 6자회담에 동참하고 있다.

미국은 북한의 대량살상무기 확산도 테러와의 전쟁 차원에서 범세계적으로 막겠다는 의지이다. G8공동성명은 대량살상무기 우려국으로 북한과 이란을 명시적으로 거명 했지만 미국이 지목하는 WMD확산방지안(PSI:Proliferation Security Initiative)의 핵심 대상국은 북한이다.

월포위츠 국방부 부장관이 한국의 국방비 증액을 권유하고 주한미군 전력증강 의지를 밝혔지만 반미운동의 강화로 미궁에 빠졌다. G8회의에 참가한 부시 대통령의 강경한 대북입장과 주한미군의 한강이남 재배치 등은 한반도의 안보 및 통일환경의 직접변화를 예고하는 것으로 우리가 유의해야 할 시사점을 던지고 있다. 특히 2003년 6월 5일 한·미 양국이 주한미군 2사단을 한강 이남으로 옮기기로 합의한 것은 한반도의 안보지형을 뿌리부터 바꾸는 것이 된다. 설사 한·미 정부는 세계적인 미군 재편전략에 따라 이뤄지는 것으로서 4~5년쯤 뒤의 일이고, 이 기간동안 주한미군측이 110억달러의 군비투입으로 전력강화 작업이 따른다 해도 50여 년 가까이 지속된 한국의 안보환경과 안보의식을 구조적으로 바꾸는 것이어서 대중심리에 미칠 충격은 너무도 크다. 특히 2004년 재선에 성공한 부시대통령은 상하원마저 공화당 다수확보에 성공해 힘을 바탕으로 한 현실주의 노선을 견지할 가능성이 높아졌다.

Ⅱ. 패러다임의 변화와 한국의 적응

1. 새로운 패러다임의 특징

21세기의 가장 큰 변화 중 하나는 지난날 공산주의와 자본주의간의 경쟁구도 또는 대결구도로 사회현상을 분석하고 설명했던 패러다임은 더 이상 쓸모가 없게 된 점이다. 물론 남북관계라는 특수한 사정(아직도 냉온이 교차)은 존재하지만 세계적 흐름 속에서 '개인의 삶의 양식'과 '한국의 생존전략'을 찾고 구축하는 데는 냉전시대의 패러다임으로는 더 이상 설명이 불가능하게 되었다.

그야말로 국내외 환경의 급격한 변화는 기존의 삶의 양식, 가치관, 세계 이해 양식, 사회적·정치적 제도 등이 완전히 쓸모없어질지도 모르는 상황으로까지 내몰리고 있다. 반면에 우리가 그러한 변화의 방향을 가늠하고 그 미래를 준비하기 위해 마련한 새로운 패러다임의 특징으로서 '지식정보' '세계화' '신자유주의' '탈산업사회' 등의 개념적 도구들도 매우 가변적이어서 아직은 그 자체의 연구와 대응책만으로는 우리의 마음을 어둡게 하는 면이 많아 영구적이고 확고한 대안이 될 수 있는 것은 아니다.

그럼에도 20세기 말부터 강타하기 시작해 21세기로 이어져 지역과 정치이념을 초월해 존재하고 강력한 영향을 주고 있는 새로운 '패러다임(paradigm)'의 특징들에 대한 연구를 통해 오늘의 현실을 극복하고 대안을 찾으려는 노력은 할 필요가 있다.

2. 지식정보사회로의 가속화

작금의 시대를 '정보폭발' '지식폭발'의 시대로 평가한다. 개인의 삶을 영위하기 위해서도 국가의 생존을 위해서도 지식정보는 필수적이다. 미국 MIT대학의 한 연구가는 현재 18~24개월에 2배씩 늘어나는 인간의 지식이 2010년에 이르면 2~3주 단위로 2배씩 늘어날 것으로 추정했다. 이렇게 엄청난 속도의 국내외적 환경변화는 주로 지식정보화 쪽으로 모아지고 있다. 피터 드러커는 21세기를 지금까지의 산업화시대와는 성격이 완전히 다른 경영환경의 급격한 변화, 끊임없는 신기술의 등장, 심화되는 경쟁환경 등으로 특징지어지는 초경쟁환경(Hyper-competition)이라고 정의했다.

한국에도 시장자율화와 외국자본 및 기술의 도입이 가속화됨으로써 지적능력을 중심으로 하는 국가 및 조직차원의 경쟁력 확보가 매우 시급한 과제로 등장하고 있다. 우리나라의 경제 및 산업일반에 대해 심층분석을 실시한 한 외국 컨설팅업체는 한국경제가 경쟁력을 상실한 주요 요인을 선진국들과의 지식격차로 진단한 바 있다.

세계의 석학들이 21세기를 '정보지식사회'로 지칭했듯 새로운 천년은 '정보·지식혁명'이라는 새로운 패러다임을 통해 보다 풍요롭고 발전적인 삶의 질을 추구할 수 있으며 이를 가능케 한 것이 바로 지식정보사회의 핵심적 인프라인 컴퓨터와 정보통신이다.

이제 인터넷은 모든 사람들의 화두로 등장했다. 현재 우리나라의 인터넷 실력이 세계 2위, 인터넷 보유 증가율 세계 1위라고 한다. 이에 따라 우리 정부도 국민 모두가 디지털시대의 지식정보·통신혁명 속에서 능동적으로 적응해 나가는 한편 우리나라를 21세기 세계중심국으로 도약하기 위한 전략을 적극 추진하고 있다.

앞으로는 인터넷을 지배하는 민족이 세계사의 중심에 서게 될 것이라는 전망에서 한국이 인터넷 강국으로 떠오르고 있는 것은 매우 고무적인 것이다. 정부는 초고속정보통신망 구축 2단계사업을 당초 2002년에서 2000년으로 앞당겼고, 3단계사업도 2010년에서 2005년으로 앞당겨 완성할 계획이다. 또한 세계에서 컴퓨터를 가장 잘 쓰는 나라를 만들기 위해 2002년까지 학생·전업주부·자영업자·군인·직장인 등 약 2,500만 명의 국민들에게 정보화교육을 시켰고, 전국 모든 초·중·고교에 총 47만3,500대의 컴퓨터를 보급하여 학교전산망을 구축했다.

몇 년 전 한 언론사는 '산업화는 늦었지만 정보화는 앞서가자'라는 표어를 제시한 적이 있다. 18세기 말 산업화에 적극적으로 대처한 나라들이 전 세계를 주도했듯이 21세기는 정보화물결에 어떻게 대처해 나가느냐에 國運이 달려 있기 때문이다. 정보화와 인터넷을 통해 경제위기의 극복뿐 아니라 세계중심국가로의 도약도 가능하다는 것이 전문가들의 중론이다.

3. 세계화와 무한경쟁

(1) 세계화

세계화란 매우 다의적이어서 한마디로 정교하게 개념화하기란 어렵다. 특히 세계화의 용어를 사용자가 아전인수로 편의적 해석을 하는 경향 때문에 혼란스럽기조차 하다. 그렇다고 세계화가 한순간의 추세나 유행이 아니라 새로운 경제질서로 확고히 자리잡아 나라에 따라서는 富를 창출하는 원천이 되기도 하고 貧으로 퇴락하는 원인이 되기도 한다. 또 세계화는 무원칙이나 단순한 질서체계가 아니라 그 나름의 규칙과 논리가 있어 이를 터득한 자만이 이익을 누리거나 대응책을 세워 손실을 줄여갈 수 있다. 세계화는 결국 지구경영방식이므로 그 함정까지도 알아내 극복책을 강구할 때 시대의 주역이 되고 그렇지 못하면 스스로 도태됨을 깨우쳐 주는 메시지가 담겨있다.

미국 해군대학 교수 토머스 바넷(Tomas P.M. Barnett)이 쓴 「펜타곤의 새지도」(Pentagon's New Map)에 의하면 전 세계를 세계화 흐름의 수용정도에 따라 '기능적핵심지역'(Functionning Core)과 '비통합 갭'(Non-Integrating Gap)지역으로 양분하였다. 핵심지역은 세계화를 적극적으로 받아들인 곳으로 민주주의, 시장경제, 언론자유, 책임있는 정부, 삶의 질 개선 등이 존재한다. 미국·일본·유럽연합·한국·러시아·중국·인도·호주·남아공 등이 이 지역에 속한다.

갭지역은 세계화의 흐름을 거부하거나 소극적인 지역으로서 독재정권이 출몰하고 빈곤, 질병, 학살 같은 사회병리현상이 창궐해 있다. 전세계인구 60억중 20억이 이 지역에 거주하며 '오사마 빈 라덴'과 '알카에다' 같은 테러조직의 온상이기도 하다. 중동지역·아프리카·중앙아시아·발칸지역·북한·서남아시아 등이 여기에 속한다.

따라서 세계화를 '국가', '시장', '시민사회' 등과 연계해 글로벌 가버넌스(global governance)의 문제를 규명해 나가지 않으면 국제환경변화에 민첩한 대응을 못해 국가적 어려움을 겪게 된다. 더욱이 세계화를 주도하는 국가들의 설명대로라면 개별국가의 개념이 약화되고 세계가 단일의 공동체로 확산된다. 최근 몇 년 사이에 정보통신기술의 발달로 전 세계의 단일화된 물류 인프라 구축이 가능해지고 저렴한 컴퓨터 하드웨어와 소프트웨어가 보급되면서 새로운 글로벌 인프라가 형성되었기에 단일시장이 불가능한 것은 아니다. 광범위한 인터넷의 보급은 경제 패러다임의 변화를 가져올 정도로 급속하게 웹 비즈니스의 등장과 성장을 불렀고 세계 각 기업들의 사업방식도 근본적으로 바꾸어 놓았던 것도 사실이다.

그렇다고 세계의 모든 국가가 균형과 형평의 감각으로 세계화라는 패러다임의 변화를 수용하기에는 함정이 너무 많다. 여기에 대응하기에는 아직도 지구의 80%나 되는 노동집약 산업국가들은 기술집약 산업국가들에 비해 세계화를 받아들이기에는 가격경쟁이나 품질경쟁 등에서 절대 불리한 입장이다. 정략적 측면에서는 바로 이러한 점 때문에 미국을 비롯한 선진산업국가들이 세계화를 주도하는지 모른다.

그래서 노동집약 산업국가들이나 농업국가들의 대분분은 형평성이 고려되지 않는 무한경쟁의 단일시장에서 1등과 일류만 살아남을 수 있는 세계화를 현실적으로 받아들이기 어려운 환경에 처해 있다. 그래서 이들 국가들은 가능한 '인간의 얼굴을 한 세계화'(globalization with a human face), '인간적인 글로벌 가버넌스'(humane global governance), '사회적 책임을 갖는 세계화'(socially responsible globalization) 등의 요구를 하나 받아들여질 가능성은 거의 없다.

문제는 '호랑이를 잡으려면 호랑이 굴로 들어가야 한다'는 말대로 구조조정을 통해 선진국형 모델로 산업을 전환시켜 경쟁력을 갖추는 것 이외의 극복방안은 현재로서는 없다. 이러한 점에서 구조조정은 계속되어야 하나 나라마다 전통과 문화, 산업환경, 상거래의 조건, 국민성 등이 달라 집단이기주의 표출과 국민적 갈등 앞에 방향감각마저 상실하고 있는 실정이다.

(2) 무한경쟁

세계화가 내걸고 있는 하나의 지구촌, 전쟁 없는 평화, 인류공영 그리고 그들에 대한 휴머니티한 설명은 명분에 불과하다. 오히려 세계화의 핵심내용은 시장개방에 있다. 시장개방을 통해 모든 국가들은 글로벌 스탠더드化된 미국식 자본주의와 미국식 경제운영방식을 따르라는 한편, 미국이 국제기구를 통해 세계경제를 조정하는 데 있다. 따라서 현재 전개되고 있는 세계화는 국제금융시장의 주요 매니저들과 IMF나 IBRD 등 미국자본이 주도하는 국제금융기구들에 의해 추진되고 있다. 각 국의 발전전략 역시 글로벌 자본주의의 주요행위자들에 의해 유도되고 결정되고 있는 셈이다.

이러한 미국식 자본주의를 시장의 팽창과 국가기능의 축소를 통해 전 지구화하고 단일 룰에 의해 무한경쟁을 하는 것이다. 무한경쟁시대를 맞아 지구의 약 80%나 되는 '노동집약산업국가'들이 가격경쟁·품질경쟁·자본경쟁에서 구조적으로 불리한 조건을 감수한다면 몰라도 그렇지 않다면 생존을 위해 기술집약 산업국가로 전환하지 않으면 안된다.

다시말해 세계화의 핵심내용은 '시장단일화'에 있지만 소련붕괴이후 '하나의 지구촌', '전쟁 없는 평화', '인류공영' 등의 필요성을 강조하는 명분에 가려져 진의를 파악하기 어려울 뿐이다. 더욱이 이러한 구조를 세계화주도 국가들은 '티티테인먼트' (tittytainment)라는 컨셉으로 설명한다. 티티테인먼트 자체도 조작적 정의를 통해 독특한 의미를 부여해 놓았기에 전략적 횡간을 읽어내기란 어려운 일이다. 즉 앞으로 지구촌은 20%의 잘사는 사람들이 나머지 80% 사람들을 먹여 살린다는 것이다.

티티테인먼트란 즐긴다는 것을 뜻하는 entertainment와 엄마의 젖꼭지를 의미하는 tits 또는 titty를 합성한 용어로서 마치 엄마와 아기와의 관계처럼 20% 대 80%를 설명한다. 엄마는 아기가 배고프다고 울기만 하면 젖을 주듯이, 또 울지 않더라도 엄마는 알아서 영양관리를 해주듯이, 아기가 물그릇을 엎질러도 밉지 안 듯이…… 또는 기막힌 오락물과 적당한 먹거리의 절묘한 결합을 통해서 이 세상의 좌절한 사람들을 기분 나쁘지 않게 만들 수 있다는 것 등의 예로 설명한다.

이러한 과정에서 세계는 시장단일화와 완전시장주의라는 틀에 의해서 '20 : 80의 사회'로 재편되어 간다. 사실은 이러한 과정을 통해 '엄마와 아기와의 관계'와는 아무런 관련이 없는 자본이 지배하는 '시장만능주의 정글'에서 중산층은 몰락하게 되고 많은 사람들은 사회로부터, 많은 국가들은 세계로부터 배척받게 된다. 이들은 약간의 오락물과 먹거리에 만족하면서 살아야만 한다.

이제 우리는 언제, 어디서 누구와도 경쟁해야 하는 '무한경쟁'이라는 전쟁 밭에 노출되어 어느 누구도 예측할 수 없는 시공의 개념을 초월한 불확실한 변화의 시대에 살아야만 한다. 지금의 시대를 경영학자들은 제5의 산업혁명이라고 말하고 있다. 변화의 물줄기에 편승하지 못하면 기업이든 국가든 미래는 매우 불투명해진다. 생존게임(survival game)에 살아남기 위해 변화의 물줄기를 타고자 하는 노력이 바로 구조조정이다.

21세기가 깊어지면서 더욱 가속화되고 있는 전 지구적 무한경쟁체제는 기업이 처한 사회·문화·경제적 환경에 복잡성과 불확실성을 더하고 있다. 기업들은 이러한 경쟁체제에서 뒤지지 않기 위해서 구조조정을 통해 경쟁력을 강화해야 한다. 경쟁력을 갖기 위해서는 원가절감과 품질향상에 부단한 노력을 기울여야 하고 자기자본비율도 높여 나가야 한다. 기업구조개선을 통해 업종전문화와 전문경영인체제 그리고 기술집약산업으로 전환해 나가지 않으면 팔리는 물건을 만들 수 없다. 기업변신을 위한 신기술 및 신제품 개발에 힘을 쏟아야 하며 부가가치 창출에 전력을 다해야 한다. 이런 생산현장의 개선과 관련해 나온 말들이 '적시생산방식(Just-in-time)', 도요타 생산방식, 간소생산방식(Lean Production System) 또는 총체적 품질경영(Total Quality Management) 등이다.

4. 신자유주의와 시장만능주의

(1) 신자유주의란 무엇인가

신자유주의란 매우 다의적이다. 신자유주의가 시대마다 분명히 존재는 하나 용어의 다의성 때문에 실체파악은 매우 어렵다. 따라서 신자유주의에 대한 용어가 시대마다 사용자마다 그 필요성과 사용목적에 따라 다르게 사용(同語異意)해 왔으므로 일의적으로 명확하게 개념규정을 하기는 어렵다. 더욱이 사용자의 시각에 따라 긍정적 의미와 부정적 의미가 동시에 혼재되어 개념상의 혼란이 가중되고 있다. 그러나 대체로 비판적 시각에서 더 많이 접근해 온 셈이다.

손님을 하나라도 더 끌기 위해 조금이라도 더 싸고 좋은 물건을 만들려고 경쟁하다 보니 싸고 좋은 물건이 넘쳐나 나라 전체가 잘살게 된다고 한다면 신자유주의를 긍정적 개념으로 사용하는 경우이다. "삼밭과 총림(叢林)에서 삼·쑥·잡목은 자신의 생존과 성장을 위해 햇볕을 더 받으려고 경쟁하다 보니 곧고 크게 자란다."라든지 "스님들은 진리를 향해 경쟁하다 보니 그 가운데서 대덕(大德)들이 출현한다."는 등의 예도 신자유주의의 긍정적 측면을 나타내는 말이나.

2001년 '9·11테러사태'나 아르헨티나의 경제몰락의 원인을 신자유주의 탓으로 돌리거나 경기후퇴의 원인을 미국중심의 자본주의 탓으로 간주하려는 것은 신자유주의를 부정적 개념으로 사용하려는 것으로 보아도 무방할 것이다.

미국의 윌슨 대통령이나 영국의 대처 수상 때도 신자유주의정책을 통해 경제정책의 획기적인 전환을 추진했지만 반대하는 이웃나라가 없었다. 1993년 이후 미국중심으로 제기된 신자유주의는 각국에 긴박감도 주지만 정면으로 크레임을 해 전쟁도 불사하는 나라도 나왔다. 윌슨대통령이나 대처수상의 신자유주의와 소련붕괴 이후 미국에 의해 주도되고 있는 신자유주의와 어떻게 다른지에 대한 명확한 답을 찾아봄으로써 21세기 유령처럼 전지구적으로 휩쓰는 작금의 신자유주의에 대한 정체를 파악하고 이에 대한 대응방안도 강구할 수 있게 된다.

소련붕괴를 거쳐 미국중심의 세계지배구도와 신국제질서가 생성된 1993년 이전의 신자유주의란 자국의 경제발전전략을 의미한다. 이에 반해 1993년 이후 오늘날의 신자유주의란 미국의 지구경영학으로서 지구적 완전시장주의 즉 완전시장개방과 시장만능주의를 의미한다. 따라서 경쟁력이 약한 국가나 경쟁력이 약한 상품은 완전시장주의 앞에 무릎을 꿇을 수밖에 없다.

아르헨티나는 10여 년 전부터 페소화의 달러화 연동과 공기업 민영화 등 대외 개방정책을 추진해왔다. 그러나 결과는 국가 부도였다. 미국식 자본주의 시스템 도입이 결과적으로 실패하고 만 것이다. 이렇게 아르헨티나 경제가 몰락의 길을 걷게 됨에 따라 라틴아메리카 각국에서는 미국식 자본주의 시스템을 근간으로 하는 '신자유주의'(neo-liberalism)에 대한 불신이 증폭되고 있다.

아르헨티나는 한때 세계 제5위의 경제대국이기도 했지만 풍부한 자연자원을 믿고 자국의 경쟁력을 향상시키지 않았으며, 기술향상을 통한 국산품애용보다는 국민들의 외제 선호의식의 만연화 등으로 인해 21세기 초국적 무한경쟁시대 앞에 자살하듯 스스로 쓰러질 수밖에 없었다. 플로리다 대학의 에두아르도 카마라 중남미 센터 연구원은 "미국은 라틴아메리카의 정치개혁을 요구했지만 그 결과 정치적 진공상태가 초래되었다"며 "라틴아메리카 사람들은 자국의 정치가와 정당을 전면 부정하기에 이르렀다"고 개탄하였다.

⑵ 신자유주의 도전과 응전

전 지구적 완전시장주의를 의미하는 신자유주의는 기회라기보다 극복해야 할 도전으로 인식하는 국가나 기업들이 더 많다. 신자유주의시대는 결국 경제영역을 비롯해 문화·정치·군사·사회·언어·IT산업 분야 등 인간의 생활과 관련된 모든 영역이 '전 지구적 단일 무한경쟁'에 노출되어 유형·무형의 생존투쟁을 벌이게 된다.

1997년 한국경제는 인도네시아·태국 등 동남아시아 여러 나라와 함께 심각한 외환위기를 겪었다. 상당한 지식인들은 이 환란이 국경을 넘나드는 '자본의 전 지구화 현상'에 의해 초래됐다는 인식을 갖고 있다. 더욱이 자본의 전 지구화 현상은 헤게모니를 다투는 일부 선진국들과, 이익의 극대화를 도모하는 다국적 기업들에 의해 의도적으로 확산되고 있다는 '음모론'이 제기되기도 한다.

그렇다고 자본의 전 지구화라는 새로운 세계질서가 대두하게 된 원인이 설사 음모론이든 무엇이든 간에 탓만 하고 있을 수는 없다. 신자유주의로 인해 부정적 영향을 받는다고 생각하는 나라들은 첫째, 능동적으로 응전을 서둘러 시장의 개방화와 자본의 전 지구화에 따르는 충격을 최소화하는 한편 구조조정을 통해 경쟁력을 높여 나가야 한다. 둘째, 하나의 시장을 지향하여 강력한 경제공동체를 이룩한 유럽연합(EU)처럼, 동아시아 국가들도 긴밀히 협력하여 지역경제블록을 만들어 전 지구화에 대한 완충장치를 마련해야 한다. 셋째, 우리나라가 단일시장의 전 지구화에 효과적으로 적응하기 위해서 '글로벌 스탠더드'를 능동적으로 수용해야 한다. 설사 글로벌 스탠더드가 제도적·문화적·혁명적 변화를 요구하는 어려움이 있거나 불공정게임법칙과 불평등의 심화가 따른다 해도, 수용하지 않고 저항하는 것만으로는 승산이 있을 수 없다. 미국은 양보하지 않을 것이기 때문이다.

새뮤얼 헌팅턴은 『문명충돌의 위험』이란 글에서 "더 이상 서구는 서구의 보편주의를 다른 문명에 강요해서는 안 된다"고 지적했지만 실효성은 거의 없다. 미국은 아프가니스탄과 이라크와의 테러전쟁 이후에도 이란에 대한 전쟁가능성과 북한에 대한 경고가 계속되고 있기 때문이다.

미국 존스홉킨스대 국제정치경제학과 프랜시스 후쿠야마 교수 역시 9·11사태가 표면적으로는 '문명의 충돌'처럼 보이지만 궁극적으로는 '역사의 종말'이라고 단언했다. 그는 결국 서구자유민주주의와 완전시장주의에로 세계의 모든 문명이 수렴되는 현상은 누구도 막을 수 없을 것이라고 결론을 내렸다.

그렇다고 중산층의 몰락과 부의 편재현상을 부추기는 시장만능의 신자유주의를 우리가 지향해 가야 할 21세기 한국사회의 비전이라고는 말할 수 없다. 일단은 신자유주의를 피할 수 없기에 비판적 수용을 해야 할 뿐이다. 수용의 방법도 딱하나 완전시장주의를 기초한 무한경쟁에 살아남기 위해 경쟁력을 높여 나가야 한다. 그러면서도 다른 한편 민주적이면서도 효율적 경쟁력을 갖춘 한국적 모델을 만들고 세계시장에서 진지한 논쟁을 유도해내고 이를 통해 국민적 합의를 도출해야 한다.

Ⅲ. 한국의 생존전략

21세기는 초국가(transnational)시대, 무국경(bordless)시대, 무한경쟁시대, 정보통신시대로 요약될 수 있다. 이러한 즈음 한국의 생존전략을 수립한다는 것은 매우 어려운 문제이다. 왜냐하면 환경조건이 다르고 경쟁력이 다름에도 세계 모든 나라들은 단일의 게임규칙에 의해 경쟁을 벌인 다음 승자만이 살아남을 수 있기 때문이다. 바로 이러한 잔인한 게임에서 승자가 되기 위한 수단이 생존전략이다.

환경조건이 좋고 경쟁력을 이미 갖춘 나라는 생존전략을 수립하는 것도 쉽지만 한국과 같이 노동집약산업이 주류인 나라나 자원빈곤 국가, 또는 전통문화가 강한 나라의 경우 생존전략을 수립하기란 매우 난해하다. 弱肉强食의 동물의 세계에서 살아남기 위해 위약한 동물일수록 오랫동안의 진화과정을 통해 갖가지의 자구수단을 강구하듯이 냉혹한 국제질서에서 살아남기 위한 자구책을 강구한다는 것은 어려운 문제임에는 틀림없다.

그러나 군사력 이외에는 갖춘 것이 없었던 중국이 등소평 이후 혜성같이 자본세계에 뛰어들어 21세기가 요구하는 변화의 물결을 재빨리 받아들인 후 아시아경제의 블랙홀이 된 것을 보면 자구책을 강구한다는 것이 불가능한 것만은 아니다. 일본의 세계적인 경제평론가 오마에 겐이치(大前硏一)는 중국이 공산주의를 포기하지는 않겠지만 자본주의와 결합한 국민주의를 새로운 국가노선으로 표방할 가능성이 크다고 전망하고 중국경제는 앞으로 수년간 더 승승장구할 것이라 보고 있다. 현재 중국은 과감한 변화를 통해 21세기의 환경조건을 한발 앞서 갖추어 가고 있다. 중국기업은 충분한 생산성을 갖추고 있으며 주식시장에서 자금을 끌어와 자동화기계 등을 도입해 경쟁력 있는 상품을 내 놓아 2001년에 이미 한국과 일본의 대미수출을 능가하는 단계에 이르렀다.

21세기의 초국가시대·무국경시대·무한경쟁시대·정보통신시대에 대비해 한국의 생존전략으로서 무엇을 선택해야 하는지를 분야별 쟁점사안 중심으로 규명해보면 다음과 같다.

1. 구조조정을 토대로 경제력 향상

소련체제 붕괴(91. 12. 27)이후 92년 과도기를 거쳐 93년부터 실시된 지구경영 스타일은 그 이전에 비해 너무도 다른 혁명적 변화이다. 93년부터 지구경영의 총수로서 미국은 세계화나 신자유주의란 사상과 논리체계 하에 초국가와 무국경 그리고 무한경쟁시대로 탈바꿈시켜 놓았다. 이러한 내용의 전 지구적 국가경영은 정보통신의 발달을 통해 가능하도록 하였다.

이제 개별국가로서의 생존전략을 수립할 때 반드시 시대적 변화와 미국을 고려하지 않으면 성공할 수 없게 되었다. 이러한 점에서 구조조정은 끊임없이 변화하고 있는 변화된 환경에 적응하고자 하는 노력으로써 단기적인 차원을 넘어 중장기적인 시각에서 이뤄져야 한다.

이러한 시대적·세계적 변화가 모든 나라에 같은 조건과 혜택 또는 손실을 주는 것이 아니라 그 나라의 상황에 맞게 얼마나 민첩하게 대처하느냐에 따라 결과는 엄청나게 달라지는 것이다.

98년 겪었던 IMF[1]외환위기를 이러한 시각에서 본다면 93년 이후 한국의 문민정부는 집권기간 내내 세계화나 신자유주의에 대한 깊은 연구와 정책적 대안이 이루어지지 않았던 결과로 보아야 될 것이다. 한국정부가 이러한 세계적 변화와 한국의 함정이 무엇인가를 미국의 지구경영스타일이란 시각에서 볼 수 있었던 것은 적어도 99년 중반이후라고 보아진다. 98년 99년에 와서도 정부는 계속해서 탈민족주의·신자유주의·세계화 등에 대해 정책적 대안 없이 주도하는 국가들의 정략적 주장 그대로 여과 없이 언론을 통해 이끌리어 갔다.

---

1) IMF프로그램은 저성장·긴축재정·긴축통화정책·고금리 등에 의하여 금융개혁·자본시장개방·재벌개혁·노동시장개혁을 도모하고 이로써 외화유입→경상수지적자개선→환율 및 물가안정을 주요골자로 하고 있다.

바로 이러한 세계적 변화에 대처하자는 것이 구조조정이라면 한국의 전통적인 기업경영 방식을 거의 송두리째 바꾸어 놓지 않으면 '팔리는 물건'을 만들 수 없게 된다. 근본적으로 경제시스템의 건전성과 투명성이 제고되는 시장경제시스템을 구축하기 위해 금융·기업·노동·공공부문 등에 집중적으로 체질개선을 위한 구조개혁을 해야 한다.

예컨대, 금융기관들은 '은행도 망할 수 있다'는 인식과 '부실을 키우면 내가 죽는다'는 자세로 엄격한 대출심사와 여신관리를 해야 한다. 기업부문에서도 부채비율이 대폭 축소되고 제대로 된 사외이사제·결합재무제표 도입 등을 통해 기업경영의 투명성과 책임성 기반이 제고되어야 한다. 여기서도 사외이사가 오히려 경영인측과 합세하여 눈감아주고 공동으로 부당한 이익을 챙기는 식은 아니함만 못하다. 또 과거의 방만한 외형위주 경영에서 주주와 현금흐름을 중시하는 경영이 정착되어야 한다. 또한 세계적인 경쟁력을 갖기 위해서는 오너중심의 경영에서 전문경영인 중심으로 탈피해야 하는 등 지배구조개선을 해야 하고, 선단식에서 업종전문화로 구조조정 되어야 한다.

이와 함께 노동부문에서는 정리해고제 도입 등 노동시장의 유연성이 제고되고, 최저임금법 적용 확대 등을 통해 근로자 권익이 신장되어야 한다. 노동시장의 유연성과 근로자의 권익은 밸런스가 이루어져야 함에도 집단이기심으로 어느 한쪽만 강조되어 끝없이 마찰을 불러일으키고 있는 것이 작금의 난제이다.

공공부문에서도 공기업 민영화를 통해 생산성을 제고하고 행정규제를 절반수준으로 대폭 축소해야 한다. 여기서도 한국의 고질병 중의 하나인 공무원들의 의식구조의 변화가 이루어지지 않고 있다는 데 문제가 있다. 특히 사회전반에 만연돼 있는 도덕적 해이(moral decay)를 제거하고, 달라진 법과 제도가 경제주체들의 의식과 행태의 개선으로 구체화되도록 해야 한다.

요컨대 근본적으로 구조조정을 통해 선진산업형태로 변화시켜 내지 못하면 초국가시대, 무국경시대, 무한경쟁시대에 살아남을 길이 없다. 마치 빙산에 부딪친 타이타닉호처럼 적어도 금융과 기업들은 엄청난 부채로 침몰하고 말 것이다.

2. 안보역량을 토대로 평화유지

공산권체제 붕괴 이후 동서냉전은 종식됐으나 지역간·민족·영토·종교적인 갈등으로 국지적인 분쟁요인이 계속되고 있고, 생화학을 비롯한 핵 및 미사일 등 대량파괴 무기의 확산으로 새로운 안보위협이 대두되고 있는 실정이다. 또한 WTO체제의 출범이후 각 국가는 자국의 경제적 이익을 위해 본격적으로 무한경쟁을 해 나가고 있다.

이러한 현상은 국경을 넘나드는 전 지구적 무한경쟁에서 오는 불평등심화로부터 자국·자민족·자국경제·자국종교를 지키려는 데서 다양한 갈등관계가 표출되는 것이다. 무국경의 무한경쟁과 불평등의 심화가 어우러져 약자로 하여금 테러를 선택하는 것 이외의 뾰족한 방어수단이 없다는 인식을 주고 있다. 힘이 지배하는 국제정치에서 테러는 약자에게 있어 핵무기로서의 수단이 되기 때문이다. 그래서 많은 전문가들은 21세기 인류 최대의 적이 테러일 것이라고 예언해 왔는데 이것이 확인된 것이 바로 2001년 9월 11일 미국 역사상 처음으로 미국 본토가 테러리스트들의 공격 대상이 된 사건이다.

한반도 역시 테러안전지대로부터 벗어날 수가 없다. 그 이유로는 첫째, 북한은 미국주도의 세계화나 신자유주의로부터 가장 경제적 타격을 받을 나라 중의 하나이기 때문이다. 북한은 현재 아프가니스탄이나 크게 다를 바 없이 시장만능주의에 대처할 경쟁력이 전혀 없는 상태로 보아야 한다. 둘째, 북한은 이라크 전쟁 이후에도 이란과 더불어 대량살상무기 의심의 나라로서 테러지원 국으로 분류돼 있다. 미국은 현재 북한에 '엄격한 상호주의'를 적용하고 있다. 부시행정부는 과거 클린턴행정부 때 만들어진 페리 프로세스[2]와는 달리 만약 북측이 핵과 미사일 활동을 계속할 경우 이에 대한 대가를 치르도록 하는 한계선(red line)을 분명히 할 것이라고 밝히고 있다.[3] 이에 맞서 북한은 후방지역 침

---

2) 이른바 페리 프로세스는 클린턴정부의 대북정책으로서 북한에 대한 한·미·일의 정책 협력을 증진시키는 것이며, 한반도 평화문제를 논할 때 미국을 따로 떼어낼 수는 없다는 점을 강조한다. 한·미·일의 3각 협조 및 감독그룹(TCOG)이 구성되고, 다른 나라는 젖혀두고 한 나라만 불러내 협상을 하는 평양의 입지를 좁히는 한편, 북한의 핵·미사일 문제도 대화로 풀어간다는 입장이다. 페리는 평양을 방문한 길에 이 메시지를 재확인시켰다.

3) 대북정책(햇볕정책) 관련 한·미 정부 입장
① 미·북 대화: △미국－대화 시작 위한 유인책 없다. 엄격한 상호주의 적용 △한국－신축적이며 호혜적 상호주의 자세 필요. 북한 체면 고려한 유인책 필요
② 미·북회담의 급(級): △미국－현 대북협상 특사급에서 회담 후 필요하면 격상 △한국－김정일을 설득할 만한 고위급 인사
③ 남북대화: △미국－미·북대화는 별개로 한국책임 하에 진행되는 남북대화 지지 △한국-남북대화 진전 위해 미·북관계 개선 필요
④ 핵·미사일 문제: △미국－국제원자력기구(IAEA)와 북한간 과거 핵 활동 사찰일정 조기 합의 긴요. 북한의 미사일 개발·수출활동 동결되어야 한다 △한국－표면적으로는 미측 입장 지지하나 남북관계 진전에 장애초래해서는 곤란.
⑤ 재래식 무기: △미·북 대화의 핵심의제 △한국－남북간 군사신뢰구축 차원의 장기과제
　참여정부에 와서는 노무현 대통령의 한미정상회담 이래 실용주의 외교노선을 취하고 있다. 따라서 대북정책과 관련해 당장은 한·미 정부 입장이 같다. 김대중정권의 햇볕정책과 노무현정권의 평화번영정책은 정권 초기 승계관계라고 표현했으나 본문에서 이미 밝힌 바와 같이 한미정상회담을 전후로 해 북한에 더 이상 끌려 다니지 않겠다는 의지표현과 더불어 추진수단이 완전히 달라졌다. 문제는 참여정부가 대북정책의 일관성을 견지하지 않고 사안에 따라 입장을 번갈아가며 표명함으로 매우 혼란스럽다. 바로 이점이 미국정부로부터 한국정부의 안보문제에 대해 불신을 받는 이유이다.

투를 위해 10여만 명의 특수부대원을 갖고 있다. 셋째, 불평등 심화의 근본원인이 미국의 세계지배전략에 있다고 보는 경우 바로 그 미군이 한국에 주둔하고 있기 때문에 한국은 미국의 불만 국가들로 하여금 테러 표적이 될 수 있다. 더욱이 북한 수뇌부에는 과거 동족에게 가혹한 테러를 자행했던 인물들이 아직도 건재하고 있다.

이러한 테러위협으로부터 벗어나 평화체제를 유지하는 길은 안보역량 강화 이외의 더 좋은 방법은 없다. 어느 국가든 외부의 물리적 위협으로부터 완전히 자유로울 수 없는 한 생존권을 확보하고 국가를 유지하는 수단으로서 안보역량 강화를 최우선 과제로 한다. 이런 이유로 오늘날 대부분의 국가들은 한편으로 군비통제를 실현하면서 다른 한편으로는 첨단장비와 소수정예부대를 갖춘 군사력의 질적 우위를 확보함으로써 국가안보의 확고한 기반을 구축하고자 노력하고 있다.

불확실성의 안보위협에 대비하기 위해 나라마다 '외형적 규모의 적정화'와 '질적 능력의 강화'로 특징지어지는 새로운 패러다임의 안보역량 강화가 추구되고 있다. 평화란 안보역량의 확보 없이 대화만으로 성립될 수도 없으며 또한 평화는 근본적으로 동태적 개념이므로 한번 평화는 영원한 평화가 될 수 없다. 그러므로 어느 정도 평화를 정착화 시키고 안정된 경제생활을 하려면 안보역량의 확보는 필수적이다. 현대전에서 안보역량이란 첨단병기+소수정예부대+군인정신이다.

요컨대 안보와 평화는 토대와 상부구조의 관계에 있게 된다. 이러한 점에서 한국의 대북포용정책은 간헐적으로 사안에 따라서 '남·남 갈등'과 '한·미 갈등' 심화는 매우 심각할 정도로 진전된다. "안보는 말로만 하고 대북정책에서는 퍼주기만 한다"는 유행어가 세간에 퍼져 나가고 있는 실정이다. 또 안보역량에 대한 접근에도 한·미간 시각차이가 있기 때문에 한국의 대북정책에 대한 한·미간 갈등이 있는 것이다. 이러한 갈등은 한반도의 평화체제 수립에 바람직하지 못하다.

2001년 이후 미국의 부시정부는 김대중정권의 햇볕정책을 비판하고 못마땅하게 여겨 마찰을 빚기도 하였다. 노무현정부의 평화번영정책도 취임초기에는 김대중정부의 햇볕정책을 승계한 것으로 인식되어 미국과의 대북관계 및 안보상의 마찰을 빚어왔다. 노무현 대통령은 2003년 5월 워싱턴 정상회담을 통한 5.15한미공동선언에서 그의 지지자들로부터 굴욕외교라는 비난을 감수하면서 부시정부의 대북 강경정책을 실용주의외교란 측면에서 수용하기에 이르렀다. 6.15남북공동선언과 5.15한미공동선언은 북한문제에 대한 인식과 접근방법이 근본적으로 다르다. 노무현정부에서 핵문제와 경협을 연계시킨 점, 대북관계에 있어서 한미공조 강조 등은 햇볕정책의 근간인 정경분리원칙에 정면충돌을 의미하므로 햇볕정책 자체를 용도 폐기한 것이나 크게 다를 바 없다고 평가된다. 특히 북핵문제에 '위협증대시 추가조치 검토'를 5.15한미공동성명에 수용한 것은 노무현정권이 햇볕정책과는 달리 더 이상 김정일 위원장의 덫에 끌려 다니지 않겠다는 의지의 표현이고 더 이상의 대남 위협성 발언에도 시달리지 않겠다는 뜻을 담고 있다고 평가된다. 문제는 그 이후 노무현정권의 대북정책이 5.15한미공농성명과는 다른 양상이 나타나는데서 미국과의 마찰이 왕왕이 있어온 셈이다. 그렇다고 6.15남북공동선언은 전혀 무의미했던 것만은 아니다. 6.15남북공동선언의 추진엔진에 해당하는 햇볕정책은 김영삼정부 시절 김일성 조문사건 이래 얼어붙은 남북 간의 물꼬를 트는데 기여했다.

문제는 양립하기 어려운 남북공조(민족공조)와 한미공조(국제공조) 문제를 슬기롭게 해결해야 한다. 남북정상회담 이후 전통적인 한미동맹에서 남북 화해·협력으로 비중이 옮겨가는 과정에서 북한 핵문제가 불거짐으로써 다시 남북공조는 후퇴하고 한미

공조가 강화됐다. 외교정책이란 국익을 최우선 가치로 하여 상황
변화에 따라 변화된다. 그렇다고 정부의 대외정책이 정책기조도
없이 일관성을 견지하지 못하면 안 된다. 정책의 적정성과 일관
성을 유지하기 위해서는 다양한 의견을 수렴해야 함에도 한국정
치의 지도자들은 특정성향의 참모들 의견만 편애하는데서 자칫
왜곡의 길을 걷게 된다. 2004년 정기국회에 계류중인 국가보안법
폐지만 해도 집권당내에 국가보안법 개정론자가 더 많았지만 대
통령이 폐지론자의 의견만 수렴한 탓인지 "국가보안법은 박물관
으로 보내야 한다"는 폐지론 발언이후 집권당내 개정론자는 없
어졌다.

노무현 대통령은 방미전후 대북관련 발언이 크게 달라졌다.[4]

---

4) 노무현 대통령의 미국방문 전후 北관련발언의 변화
<미국방문 전→미국방문 기간>
▶ "(당선한 시점)미국하고 갈등이 있더라도 북한에 대한 공격은 내가 반
대할 것이라고 딱 마음먹었다."(1.18 TV 토론)→ "그들(북한)의 궁극적
목적은 이해하기도 어렵고, 목적을 달성하기 위한 수단, 방법, 외교·정
치적 방법은 동의하기 어렵다."(방미 직전 워싱턴타임스 회견)
▶ "(북한에) 더 이상 퍼주더라도 투자를 해야 한다. 미국이 이래저래 말
하면 어렵겠지만, 한국민이 확고한 의지를 가져야 한다."(2.13 한국노총
방문시)→ "나는 북한을 그렇게 많이 신뢰하지는 않는다."(5.12 뉴욕타
임스 회견)
▶ "전쟁을 막고 불안을 없애기 위해선 (미국과) 다른 의견도 말해야 한
다."(2.19 대한상공회의소 주최 조찬)→ "(북한의) 장기 개발계획에 대해
선 미국과 사전에 조율할 것."(5.12 코피 아난 유엔사무총장 접견시)
▶ "북한은 개방 중이며 이미 변화하고 있다. 정권 안보와 정상적인 대
우, 경제지원 등 그들이 원하는 것을 우리가 제공해주면 그들은 핵 야망
을 포기할 것이다."(3.3자 뉴스위크 회견)→ "만약 53년 전 미국이 우리
한국을 도와주지 않았다면 저는 지금쯤 정치범 수용소에 있을지도 모른
다는 생각을 하고 있다."(5.12 코리아소사이어티 주최 만찬)
▶ "(북한의 미국 정찰기 위협사건에 대해) 미국에 대해 '너무 앞서가지
말라'고 촉구했다."
(3.5 영국 더타임스 회견)→ "(북한의 마약, 미사일 수출 등) 위험한 물
건, 불법적이고 반인류적 물건을 세계로 확산시키는 것을 차단하는 문제
는 한국도 적극적으로 도와야 한다. (미국의 입장에) 동의하고 공조할

이것이 상황변화에 따른 현실주의적 실용주의외교로의 정책변화인지인지, 미국의 강한 요구에 굴복해 이상주의적 자주외교를 잠시 유보한 전술적 차원의 것인지는 두고 보아야 할 일이다.

노무현 대통령과 고이즈미 준이치로(小泉純一郎) 일본 총리는 일본에서 열린 한일정상회담(2003.6.6~9)의 결과 발표된 '한일공동성명'에서도 "북핵 문제의 평화적 해결을 위해 북한이 더 이상 사태를 악화시키는 행동을 해선 안 되며, 북핵 프로그램은 검증가능하고 불가역적인 방법으로 폐기돼야 한다."고 강력히 촉구했다. 이것은 5.15한미공동선언과 맥을 같이 하는 것으로서 노대통령의 대북관이 현실주의적 실용주의노선[5]으로 일단은 바뀌었음을 시사한다.

현실주의적 실용주의 노선은 이상주의적 자주외교 보다는 안보역량을 튼튼히 해 한반도 평화역량의 토대를 구축하는 길이 되는 반면 자칫 굴욕외교로 빠질 가능성이 없지 않다. 따라서 실용주의외교 노선을 선택하되 상호 협력증진의 방안이 되도록 주의를 기울여야 한다.

남북지도자들은 역사적 당위성을 지닌 한반도 평화체제구축과 통일을 위해 이제 더 이상의 위장이나 가면을 벗어 던지고 진지하면서도 가능한 현실논의를 해 나가야 한다.

것이다."(5.14 워싱턴 한국특파원 회견)
5) '한일공동성명' 중 노대통령의 실용주의외교노선으로 볼만한 북한핵 관련 조항만 보면 다음과 같다.
　　양 정상은 북한 핵문제는 한반도뿐 아니라 동북아 지역의 평화와 안정 및 국제적 핵비확산체제에 심각한 위협이라는 점에 인식을 공유하였다.
　가. 이와 관련, 양 정상은 북한의 핵무기 보유는 물론 어떠한 핵개발 프로그램도 용인하지 않을 것임과 이 문제를 평화적, 외교적으로 해결해야 한다는데 합의하였다.
　나. 양 정상은 북한 핵문제의 평화적 해결을 위하여 북한이 더 이상 사태를 악화시키는 행동을 취하지 않도록 강력히 촉구하였다.
　다. 또한 양 정상은 북한의 핵무기 프로그램이 검증가능하고 불가역적인 방법으로 폐기돼야 한다는 점을 강조하였다.

3. 민주화를 토대로 국민통합

급변하는 국제정세에 대처하고, 전 지구적 무한경쟁에 승자가 되며, 先평화체제구축 後한반도통일을 이루며, 심각한 남남갈등 극복을 위해서 국민통합이 이루어져야 함은 모든 국민이 잘 알고 동의한다. 국민통합은 곧 국력을 상징할 뿐 아니라 敵과 我를 구분하기 어려운 無국경시대의 무한경쟁을 하는데 긴요한 힘의 원천이 되기 때문이다.

그래서 국민통합은 항상 당위적 차원에서 역대정부마다 주장해온 것이지만 특히 지난 남북정상회담(2000. 6. 15) 이후 국민통합을 어느 때보다도 강조했고 학계에서도 이미 많은 연구물이 나와 있다. 국민통합은 당장에 벌어질 남북간 실무회의에서 협상력을 높이는 가장 확실한 길이 되기 때문이다. 그럼에도 지역간, 정파간, 이해집단간, 세대간의 분열과 갈등은 수그러들 기미는 보이자 않고 점점 심화되어 가고 있다. 특히 남남갈등은 국가적 경쟁력을 약화시키므로 21세기 전 지구적 무한경쟁시대에 절대 해로운 것이다. 더 나아가 이러한 남남갈등은 한반도의 평화나 통일한국을 이루는 데에도 큰 장벽이 될 수밖에 없다.

대북정책 관련 남남갈등의 가장 근본적인 원인은 대북정책에 대해 국민적 이해나 합의를 사전에 구하지 않았다는 점이다. 또 사후에도 정부안과 다른 여론은 수렴하려는 노력을 하지 않았다는 점이다. 우리의 敵은 외부에 있는 것이 아니라 내부에서 발아(發芽)되고 존재한다. 남남갈등은 이기심과 도덕적 해이, 거짓과 불신 풍조, 사치와 낭비, 교만과 탐욕 등을 부추기므로 더욱 심각한 국가적 난제이자 대외관계에서 협상력을 떨어뜨린다.

우리나라 특유의 국민통합문제는 역대 대통령들이 취임 초부터 강조돼온 단골 주제이지만, 총선 때마다 영·호남으로 갈린 선거결과를 보면서 국민 누구도 정상이라고 생각하지는 않는다.

마치 조선조 말 당쟁으로 수십 년 간 국가운명이 비참해졌던 과거와 지금의 지역주의가 다를 바 없는 것처럼 말이다.

문제는 지금까지 수없이 많은 국민통합 방안이 제시되었고 실천하고자 노력을 했음에도 이루어지기는커녕 오히려 지역갈등을 비롯한 국론분열만 심화되어 온 데 심각성이 있다. 아마 국민통합의 필요성을 강조한 나머지 본질을 파악하지 못하고 구호에 그쳤거나, 접근방법과 추진과정상 국민통합 정책의 우선순위 등에 문제가 있어 국민통합을 위한 근본적인 문제를 해결하지 못했기 때문이라 본다.

국민통합을 뒤집으면 국민갈등이 된다. 결국 국민갈등의 본질적 원인을 찾아내 극복한다면 국민통합이 이루어지는 것이다. 국민갈등은 본질적으로 비민주적인 국가경영으로부터 반추된 것이다. 문민정부이후 오늘날까지 그 이전의 군부통치시대와 다름없는 권위주의적 요소들이 의사결정이나 추진과정 구석구석에 배어있다. 특히 누구에게나 민감한 사안인 인사정책은 아주 비민주적이다. 아직은 초기단계인 참여정부도 크게 예외는 아닐 것이다.

이것은 '민주화운동'과 '민주주의자'와는 별개문제라는 것을 말한다. 이러한 관점에서 민주화를 통한 국민통합 방안을 몇 가지 고찰해 보기로 한다.

(1) 인사의 공정성 문제

'인사는 만사'라는 말이 있다. 국민통합의 가장 큰 저해요인은 지역편중인사와 코드인사에 있다. 날이 갈수록 우리나라의 총선과 대선은 물론 정당까지도 철저히 지역주의에 의존하기 때문에 정권획득에 성공해 정부를 구성할 때도 지역편중인사를 할 가능성이 매우 높다. 역대 어느 정권도 지역편중인사로부터 자유로울 수가 없다.

정권 측의 기반인 특정지역편중인사 등 인사의 불공정은 이유야 어디에 있든지 엄청난 부작용이 나타나고 부패의 띠(고리)가 형성된다. 첫째, 특정지역편중인사는 다른 지역 사람들로 하여금 심각한 소외와 갈등을 갖게 한다. 이렇게 인사의 불공정에서 오는 소외와 갈등은 직접적인 엄청난 손실을 주게 되므로 지역간의 갈등과 골이 깊어질 수밖에 없다. 심지어 김대중 대통령의 국민의 정부 시기에는 정부 측의 대북정책에 대해서도 지역에 따라 무조건 지지(호남)와 무조건 반대(영남)가 확연히 나누어지고 있다. 둘째, 특정지역에서 인사편중을 통해 권력의 핵심(검찰, 경찰, 청와대, 안기부, 군부)요직을 독점했을 경우 '부패의 띠'가 형성되어 '부패의 구조적 만연성'으로 이어진다. 왜냐하면 서로 덮어주기 때문에 견제기능이 없어 부정부패가 적발될 가능성이 없는 데다 최고권력자의 눈을 가리게 되므로 나라전체가 송두리째 부패의 늪으로 빠질 가능성이 높아진다. 예컨대, 2002년 일반 검찰수사에서 무혐의 방면된 사건이 특검에 의해 소위 '이용호 게이트' 사건으로 노출되자 검찰, 경찰, 청와대, 안기부 등의 공권력의 핵심부서장들이 수사대상에 줄줄이 올라 권력의 진공상태가 생겨나기도 하였다. 또 권력형비리가 노출되자 국민적 허탈감, 정치불신, 정부불신, 대통령의 급격한 권력누수(lame duck) 등으로 이어져 국가경영에 엄청난 차질을 빚었다.

코드인사 역시 심각한 국민적 갈등을 불러일으킴으로서 국민통합의 커다란 저해요인이 되고 있다. 역대정권마다 정권의 이념적성향이니 정권자의 성격에 맞은 소위 코드인사를 해왔다. 보수성향의 지도자는 보수성향의 엘리트만을 충원하였고, 진보성향의 인사는 진보성향의 엘리트만을 충원하였다. 국가적 이익을 배분할 때도 철저히 코드를 따져 수주하였다. 그래서 정권 측과 이념을 달리하는 측은 정권에 맞서 비판이란 이름으로 사실은 무조건적 반대노선을 선언하고 투쟁일변도로 싸움을 벌려 그들의 이익을 쟁취해 내려 하였다. 이러한 가운데 이루어지는 모든 경쟁은 공정게임이나 정의배분을 위한 노력보다 오직 정권획득을 위한 수단적 투쟁전술에 의해 승부가 나기 때문에 인간의 가슴에는 독재보다 더 무서운 독선이란 독버섯이 자라나게 된다.

특히 민주화운동에 뛰어들어 독재와 싸운 사람일수록 쉽게 독선에 빠지는 경우가 많다. 독재와 효율적으로 싸우기 위해 독선으로 무장했던 것이 그만 독선의 함정에 빠진 것이다. 그래서 독재는 스스로 잘못임을 알지만 독선은 끝까지 잘못을 깨닫지 못하고 편가르기해 하나가 다른 하나를 악으로 규정해 밀어내는 밀어붙이기 명수가 되는 것이다. 이러한 유형의 코드인사는 빠른 속도로 온 사회를 오염시켜 인간으로 하여금 라포포트(Anatol Rapoport)6)의 합리적선택(rational choice)의 기회마저 잃게 한다.

민주주의국가에서는 설사 정무직인사라 해도 전문성과 업무능력, 도덕성, 경험에서 우러나오는 지혜와 포용력 등이 매우 중요하다. 코드인사가 해를 거듭할수록 심각해 문민정부 이후 오늘날까지 코드란 이면에는 모든 인사 대상자를 개혁과 반(反)개혁세력으로 나눠 보는 이분법적 인식마저 깔려 있어 심각한 사회적 갈등요인이 되고 있다.

---

6) 라포포트(Anatol Rapoport): 게임이론에 있어서 합리적 선택에 관한 記述的 이론의 중요성 및 가능성을 주장하는 인물이다. 합리적 선택이란 가장 바람직한 결과를 가져오는 행위를 선택하는 일이다. 그것은 형식적·처방적 이론을 필요로 하지만 가장 중요한 것은 사람들의 선호나 선택의 틀을 알려주는 記述的 이론이다. 형식적이론(formal theory)은 경험적자료에 의존하지 않고 어떤 公理로부터 연역해 낸 해결책을 제시한다. 처방적이론(prescriptive theory)은 최적의 결정을 제시하는 것으로 주어진 목표의 추구를 주안점으로 한다. 기술적이론(descriptrive theory)은 행태적자료에 의존하는 경험적이론으로서 인간의 실제결정이나 선택을 지도할 수 있는 원리를 추구한다. 형식적이론은 처방적이론에 기반을 두며 기술적이론과 종합되어야 한다.

(2) 생활민주주의 문제

자연법사상에 의하면 인간의 자연권은 법률 이전의 天賦의 권리로서 국가가 법률로써도 이를 제한하거나 침해할 수 없다. 「세계인권선언 전문」에서도 '인류 사회의 모든 사람이 태어나서부터 존엄한 것이며, 또한 누구나가 동등하고 타인에게 넘겨줄 수 없는 권리가 있음을 말하고 있다. 인류의 양심을 짓밟은 야만스러운 행위는 인권에 관한 무지와 멸시에서 생겨난 것이다. 그러므로 사람들이 언론과 신앙의 자유를 갖고, 공포나 결핍으로부터 면할 수 있는 세계를 맞이하는 것이 모든 인간의 으뜸가는 소망'으로서 선언되었던 것이다. 21세기를 사는 우리들이지만 아직도 자연권이니 인권이니 하는 말 자체가 사치스럽게 들리기도 한다. 결국 민주주의의 본질적 가치가 우리들의 일상생활 속에 구현되지 않는다면 아무리 선진민주제도를 형식적으로 도입한다 해도 아무런 의미가 없는 것이다.

인간은 동서고금을 막론하고 집단의 구성원으로서 살아갈 수밖에 없기에 소속 집단의 조직원리나 운영스타일은 바로 구성원 개인의 '삶의 양식'(way of living)의 문제가 된다. 근래에 와서 한국은 많은 대가를 치르면서까지 여러 차례 민주화운동이 일어났지만 아직도 삶의 터전인 소속집단의 구조나 운영스타일은 봉건주의나 크게 다를 바 없는 권위주의적이다. 민주주의 산실이라고 하는 대학도 전혀 예외가 될 수 없다.

결국 단위집단의 민주화야말로 국민대중의 생활민주주의를 보장하게 한다. 국민대중의 생활터전인 단위집단의 민주화는 국가경영 스타일이나 정치권의 민주화로부터 연원되므로 정치권의 민주적 운영이 그만큼 중요한 것이다. 국가경영자인 대통령은 소속집단부터 민주적 운영을 한 다음 전국의 다양한 단위집단으로 확산되도록 유도해야 할 책무가 있다. 윗물이 맑아야 아랫물이

맑은 이치처럼 이것이 바로 생활민주주의 시대를 여는 계기가 될 것이다. 그러나 생활민주주의가 이루어지지 않는 상태에서의 국민은 불만세력으로 전환될 수밖에 없고 그만큼 국가경쟁력은 약화되는 것이다. 후기 산업화시대에는 산업화 초기시대의 국민동원체제나 과도성장정책 등과 같은 타율적 국민통합은 적합성이 매우 낮아 유용성이 없다.

작금의 한국은 시대적 과제로서 국민통합의 중요성에 반해 지역갈등·계층갈등·세대갈등이 위기상황에 달하고 국론분열로 엄청난 국력낭비를 초래하고 있다. 특히 이러한 현상은 극도의 개인이기주의, 집단이기주의, 정치적 아노미현상, 도덕적 해이 등과 맞물려 상승화(escalate)하고 있다는 점에 문제의 심각성이 있다. 이러한 갈등은 생활민주주의를 실현함으로서 원초적으로 치유될 수 있다.

4. 정보통신 발달을 토대로 국민정보화

정보의 기원은 생물의 탄생과 함께 시작되었다. 생물은 생존유지를 위해 끊임없이 외부로부터 그를 둘러싼 정황에 관한 소식을 얻고, 이를 식별·평가하여 외부환경에 대응하는 행동을 취한다. 그래서 정보에는 반드시 생활주체 → 객체 → 소식 → 평가 → 행동선택 → 효용성 실현이라는 사이클이 있게 마련이며, 이를 '정보 사이클'이라 한다. 정보 사이클은 곧 인간의 생활 사이클이고 의사결정 사이클이기도 하다. 그리고 '정보의 효용'은 어떤 특정의 목적을 달성하기 위한 행동선택에 작용하는 유용성이다.   생물의 진화와 함께 정보의 개념도 복합화·고도화하여, 인간의 경우에는 언어나 문자로부터 컴퓨터 인터넷과 같은 고도의 정보매체가 생산되었다. 정보는 인간이 사회생활을 유지하는

데 필요불가결의 생활용구가 되었다. 국가가 영토·국민·주권에 의하여 형성되고, 일정한 영토에서 국민이 원하는 주권에 의하여 통합되는 것과 같이 통신도 수요자(주체)의 의도에 의하여 필요한 정보가 주어진 매체를 통하여 수수되는 작용 또는 현상이다. 정보와 통신은 인간의 생활 그 자체일 뿐 아니라 국가경쟁력의 토대가 된다.

앞으로의 사회는 지식정보화를 누가 소유하고, 어떻게 활용하느냐에 따라, 개인은 물론이고 집단간·국가간의 경쟁력에 의해 좌우된다. 본격적인 글로벌(Global)시대를 맞아 시장측면의 국경은 이미 무너졌으며, 기존 산업사회의 폐쇄적·비효율적 구조를 지닌 조직은 무너지기 시작했다. 또 대기업과 은행이 무너지며 은행의 저축마저도 예금자의 책임 아래 이루어지고 있다. 이제 21세기 전 지구적 무한경쟁에 대비하기 위한 국가경쟁력의 토대 구축을 위해서 뿐 아니라 국민대중의 일상생활마저 정보통신에 의존하지 않을 수 없게 되었다.

이렇게 세기적 시대변화에 따른 정보화 사회는 국민대중 모두에게 새로운 형태의 정보능력과 지식을 요구하고 있다. 국민대중들도 미래를 예측하고 대비하기 위해서는 창의성을 길러야 하며, 정보수집 능력을 길러 환경의 동향을 민감하게 포착해야 한다. 또한 정보를 정확하게 판단하고, 거기에 따라 행동방침을 신속히 정해야 하며, 정보를 매개체로 한 집단간의 협력체제 구축이 필수적으로 요구된다.

미래 사회는 디지털이 중심이 되는 사회이다. 이에 따라 우리 사고의 틀도 바꾸어야만 한다. 변화된 사회적 요구를 충족시키고 21세기 무한경쟁에 살아남기 위한 생존전략으로써 국가차원에서 정보통신의 발전전략을 수립하고 추진해야만 한다.

<부 록>

 * 필자가 CBS방송국 정치담당 해설위원으로서 맡은 주제들에
대해 우선 주요한 목차만이라도 제시한다. 정치현상에 나타나는
뜨거운 이슈에 대해 이 책에서 사용한 잣대(theoretical frame)로
분석한 것이기에 참고가 되리라 본다. 머지않아 본문(해설내용)
은 '정치평론집'이란 책으로 묶을 계획이다.

1. 公明選擧(1994.7.20)
2. 북한의 인권과 통일(94.8.13)
3. 북한의 핵카드 강경배경과 정부대응(94.8.30)
4. 국민이 신뢰하는 국회의 위상(94.9.9)
5. 국정감사의 자세(94.9.28)
6. 북미합의 후의 정부가 할 일(94.10.19)
7. 국회는 열려야 한다(94.11.8)
8. 지방자치시대는 열려야 한다(94.12.6)
9. 정치인들은 정말 정신차려야 한다(94.12.13)
10. 派黨을 벗어나야 한다(94.12.19)
11. 先進化정치를 기대하며(95.1.5)
12. 정당의 제모습(95.1.20)
13. 행정구역개편 논쟁(95.2.15)
14. 合意精神(95.3.18)
15. 행정공백(95.3.30)
16. 자치단체장 경선에 거는 기대(95.4.26)
17. 국회 이대로 좋은가(95.5.10)
18. 지방선거 위기(95.5.16)
19. 선거전 등권주의와 內閣制 거론시비(95.6.2)

● **저자** ●

배찬복(裵燦福)   서울대와 고려대 대학원 졸업. 비교정치학을 전공하다. 정치학박사
서울대, 공군대, 해군대, 경찰대, 국제대, 한성대, 국방대학원 등 강사
중앙공무원교육원·법무부·외무부·안기부·내무부·문공부·노동부·건설부·
서울시연수원 등 정책자문 및 강사
삼성·현대·LG·대우·포철·SK·한전·한국타이어 등 강사, 언론연수원 강사
사법, 행정, 외무, 입법 고시위원
법무부 자문교수 및 연구위원
국가보훈처 정책자문위원 및 평가위원, 재향군인회 정책자문위원
민주평화통일자문회의 상임위원, 신국가경영전략연구소 소장
다물민족연구소 이사, 한국교총 연구위원, 흥사단 통일본부 전문위원
21세기 도시정책개발원 연구위원, 동북아평화협력네트워크 연구이사
국무총리소속 4.3위원회 위원, 한중문예진흥원 연구이사
CBS방송국 정치담당 해설위원
국민훈장 포장(1987) 및 국민훈장 목련장 수상(1999)
명지대학교 법정대학 정치외교학과 교수(81-현)

학 회
한국이념교육교수협의회 회장, 한국사회교육학회 회장, 한국북방학회 회장

저 서
『이데올로기 理論과 實踐』, 『공산주의 도전과 실패』, 『現代思潮와 韓國社會(공)』, 『共産圈 體制論(공)』, 『南北韓의 政治社會化』, 『자유민주주의 본질과 미래』, 『풀어쓰는 정치학(수정증보판)』, 『Critique of ICC for WCC』(譯), 『The Word Council of Churches An Ecumenical Tower of Babel』(譯)

* 논문 및 기고문: 코프라티즘적 국가경영에 관한 연구 외 262편

-3정 증보판-
풀어쓰는 정치학

● 초판 발행	2002년 8월 30일
● 수정증보판 발행	2003년 7월 30일
● 3정증보판 발행	2004년 11월 30일
● 지 은 이	배찬복
● 펴 낸 이	채종준
● 펴 낸 곳	한국학술정보㈜
	경기도 파주시 교하읍 산남리
	파주출판문화정보산업단지 526-2
	전화 031) 908-3181(대표)·팩스 031) 908-3189
	홈페이지 http://www.kstudy.com
	e-mail(e-Book사업부) ebook@kstudy.com
● 등 록	제일산-115호(2000. 6. 19)
● 가 격	25,000원

ISBN   89-534-2196-9 93340 (Paper Book)
　　　　 89-534-2197 7 98340 (e-Book)